U0451305

国家社科基金后期资助项目

铁路与郑州城市化进程研究
（1905～1954）

Research on the Railway and the Urbanization Process of Zhengzhou: 1905–1954

刘晖 著

商务印书馆
创于1897 The Commercial Press

2018年·北京

国家社科基金后期资助项目
出版说明

  后期资助项目是国家社科基金设立的一类重要项目，旨在鼓励广大社科研究者潜心治学，支持基础研究多出优秀成果。它是经过严格评审，从接近完成的科研成果中遴选立项的。为扩大后期资助项目的影响，更好地推动学术发展，促进成果转化，全国哲学社会科学工作办公室按照"统一设计、统一标识、统一版式、形成系列"的总体要求，组织出版国家社科基金后期资助项目成果。

全国哲学社会科学工作办公室

序

江 沛

时值《铁路与郑州城市化进程研究（1905～1954）》由商务印书馆出版之际，刘晖把书稿清样提交给我，希望能为之作序。我当然十分高兴做这件事，既为刘晖主持的国家社科基金后期资助项目顺利结项而感到欣慰，亦为自己指导的博士生能有如此成绩而自豪，同时也为近年来自己一直倡导开展的中国近代交通社会史研究领域一部创新性著作问世而感到振奋。

从本质上讲，中国近代交通社会史的研究，是一项以现代化理论为指向、以现代化具体进程为关照、以近代交通体系的特征规律及其功能影响为对象的理论探索，所强调的是现代性对于传统社会转型的根本意义和价值。简而言之，现代化的具体表征就是经济生产方式从自然经济转向工业化再进入信息化，生活方式从村落聚集转向城市化，政治由神权经帝王集权再转向政党政治，文化从神灵崇拜经宗教趋向、精英文化再向大众文化转型，思维方式从神学思维向玄学思维过渡进而奠定科学思维，等等。其中，经济生产方式与生活方式的变迁，则是现代化进程的最初缘起及动力所在，是现代性展开的基础所在，也是近代交通社会史研究的重心所在。

近代中国铁路网络对于城市化进程及格局的影响是巨大的，甚至是结构性的。自晚清至民国时期，中国中东部地区的铁路建设，自北向南主要有三纵三横：三纵即南满铁路、津浦铁路（连接沪宁铁路）、平汉铁路（连接粤汉铁路）；三横即中东铁路、京奉铁路、陇海铁路，直到中华人民共和国成立乃至20世纪50年代，中国中东部地区最为重要的城市，基本上都位列上述铁路线上。铁路不仅联通各区域的重要出海港，形成港口与腹地的经贸往来路线，使得元明以来因政经分离而渐次形成的南北贸易格局一变而为东西走向，更为重要的是，各条铁路线串连起了原来条块分割的区域经济。与此同时，区域城市化进程以及城市格局的重构，极大地改变了区域经济和社会的发展形态，这一基本态势的形成，直至今日仍然没有发生根本性改变。因此，研究中国近代铁路与城市化进程的关系，对于理解中国近代社会转型具有十分重要的意义。

中国近代交通社会史的研究由来已久，民国时期即有金士宣、凌鸿勋、曾锟化等前辈的筚路蓝缕、开拓在前，1949年后特别是1980年后有宓汝成、聂宝璋、朱荫贵以及台湾地区的张瑞德等先生发扬光大，90年代后再有江沛、朱从兵、丁贤勇、马陵合、谭刚等中青年学者的推动，终于形成今天研究队伍较为稳定、研究成果推陈出新、史料整理蔚成规模、发展势头令人可喜的学术生态。

在研究的方向上，基于铁路史为中心的研究成就较多，分别形成以南开大学为主的华北群体，以苏州大学、杭州师范大学、安徽师范大学为中心的华东群体，以西南交通大学、西南大学为中心的西南群体，以东北师范大学为中心的东北群体，四个群体分别以各自区域铁路的发展为研究重点，兼涉其他交通领域，逐步形成自身的研究特色。就华北群体的铁路史研究而言，倾向于依据铁路特性与经贸、工业及社会变迁的相关度，率先形成以铁路与城市化进程为重点的研究方向。刘晖围绕铁路与郑州城市化进程的历史考察形成了诸多成果，是交通社会史及城市史研究的佼佼者。

郑州被称为"铁路拉来的城市"，作为这一城市类型的典型代表，其城市化进程的深度研究，对于解析铁路交通枢纽型城市的形成及区域经济中心的带动作用，具有十分重要的普遍性意义。刘晖从郑州城市的前近代形态切入，描述了以驿路、黄河及运河为中心的传统交通体系，受制于黄河频繁决堤、元代京杭运河凿通致使中国南北交通线路整体东移的影响，致使郑州从繁盛渐趋衰落的历史进程，给读者投射出一个传统社会形态下交通能力较弱的内陆城市的典型印象。20世纪初京汉铁路、汴洛铁路的兴建，使郑州一跃成为铁路交通枢纽，此书展现了以新式交通构造郑州地域形态、交通运输业兴起、城市工商业勃兴等，带动以郑州为中心的商圈的形成，在激发出城市新的生命活力的同时，郑州日渐成为与上海、汉口、天津遥相呼应的中原地区经济的龙头。这一经济发展形态的形成，也深刻影响郑州城市内在空间结构的演变，进而因人口拥入、新式职业分布、文化教育发展，带动了现代城市要素的快速增长。此外，郑州区域经济中心地的构建，不仅形成了与之密切相关的交通经济带，而且对农业的产业化转型具有重要影响，从而推动城乡关系呈现良性互动的发展态势。

作为对铁路与近代城市化进程研究的一个典型，刘晖对铁路与郑州城市间关系的解析，不仅在于厘清铁路枢纽对于一个城市经济发展所具有的革命性价值，是城市经济结构、空间结构、人口及职业结构形成及变化的决定性因素，更重要的是这一考察对象的变迁在各区域中具有共性价值，其在现代性所带来的社会结构变迁中具有普遍性意义。放开眼界，自东北向南考察，就可以看到诸如哈尔滨、长春、安东、天津、青岛、济南、徐州、张家口、集宁、石家庄、郑州、蚌埠、株洲、镇江等城市，与郑州城市发展之命运转折形态具有共性特征。因此，这一研究的学术意义及现实意义就十分凸显了。

从理论启示的价值层面来讲，英国工业革命爆发后，围绕工业技术、近代交通体系而展开的世界近代历史进程，深刻影响并改变了人类生存的形态，物质财富急剧增加，人类生活质量大大提高，现代化由此起步。尽管现代化进程亦带来了战争、环境等诸多问题，但从整体上而言，认同的看法远远多于反对的声音。

但是，当眼光转向中国近代历史进程时，在关于工业技术与近代中国社会变革之关系的认识上，与世界历史的有关评价相比较，却存在极大的差异。在强烈的民族主义支配下，关于中国近代历史进程动力的考量，缺乏从世界现代化进程和国际经济一体化背景的思考，或因作为侵略者的西方同时又是现代性的代表，致使在认识上陷入两难境地。当铁路、轮船进入近代中国时，我们正确地认识西方国家在开拓中国市场时对政治经济利益的贪婪追求，但基本上停留于此，对于清末民初现代交通体系初步构建的艰难、交通的经济功能对于中国经济转型、城市化进程甚至人们思想观念的开放转型所具有的重要价值和深层次影响，对于近代中国对外开放规律性的把握，缺乏深度探讨。在近代港口及航运、铁路运输如何改变近代中国经济结构、贸易走向、经济中心位移，交通对城市格局、城市人口集聚乃至人口跨区域流动所带来的影响，交通运输（包括电政）推动信息传播、转变地方主义认识及家族意识的关系，以及交通、信息传播与近代中国国族认同之间的重要关联性等，均缺少基于世界经济体系视野来展开认真而富有逻辑性的思考与研究。显然，对中国近代交通社会史的讨论，是对70年来近代史研究侧重于展示近代中国反帝反封建运动的革命正当性及道德正义性的一个重要补充，亦有助于理解被纳入世界经济体系的近代中国社会所呈现出的新旧杂陈、"变"与"不变"的历史复杂性，更有助于思考这种历史复杂性背后实际生发的从传统向现代转型的社会发展主旋律及其所带来的社会影响。

与此相关的另一个话题是，刘晖在南开大学攻读历史学博士学位期间，赴日本爱知大学国际中国学研究中心（ICCS）攻读中国学博士学位，分别于2010年6月、2014年3月获得南开大学和爱知大学的双博士学位，他对学业的执着、对学术研究所付出的努力超出常人。据悉，刘晖还有意就南开大学博士学位论文所进行的研究加以拓展，把铁路与郑州城市化进程研究的视域向当代延伸，进一步深化对中国内陆交通功能型城市经济社会发展内在机理的剖析与理解，并在此基础上思考多元交通时代综合交通系统在郑州城市结构体系内外的现实意义，从而科学把握现代中国城市化进程和区域社会变迁的历史复杂性。如果未来若干年这部著述也能出版的话，可以让读者以更加宽广的视域观察跨越20~21世纪的郑州，审视其作为中原城市群核心城市、国家中心城市的历史演变过程，思考现代立体交通与城市经济、文化、政治功能综合性发挥之间的互动关系等诸多问题，这是一件十分令人期待的事情。

是为序。

2018年11月22日于南开大学

目 录

第一章 序 章 ·· 1
 第一节 概念界定 ·· 6
 第二节 研究方法 ·· 11
 第三节 学术史 ··· 14
 第四节 资料概况 ·· 21
 第五节 研究的创新及难点 ·· 24
 第六节 研究框架 ·· 25
第二章 传统交通体系与郑州城市发展的历史脉络 ······························ 29
 第一节 交通：地域间关系的标尺 ·· 29
  一、交通方式的演进与地域间关系的建构 ······························ 29
  二、交通线作用与城市的互动和成长 ···································· 31
 第二节 区域传统交通体系的沿革：驿路、黄河及运河 ··············· 35
  一、驿路系统 ·· 35
  二、水运系统 ·· 39
  三、区域传统交通格局的变迁 ··· 43
 第三节 从繁盛到衰敝：传统交通体系下郑州城市的发展态势 ····· 45
  一、古都的繁盛：从行政中心到商业都会 ······························ 45
  二、交通要津：再现繁荣 ·· 47
  三、交通衰微：中部"塌陷"之城 ·· 48
 第四节 小 结 ··· 49
第三章 新式交通与郑州地域构造的演化 ··· 50
 第一节 全球性话语：铁道技术的应用与城市发展 ····················· 51
  一、近代铁路的诞生 ·· 51
  二、铁路与全球城市的成长 ·· 52
 第二节 平汉、陇海（汴洛）：近代铁路的兴筑 ························· 54
  一、平汉铁路 ·· 55
  二、陇海（汴洛）铁路 ··· 57

1

第三节 综合交通：新式交通体系的初步构建 ················· 60
　一、公路系统的初成 ······································· 61
　二、邮政、电信：从无到有 ································· 65
　三、航空业的起步 ··· 67
第四节 郑州地域构造的变容：基于新式交通格局 ··············· 68
　一、地域经济中心的位移 ··································· 70
　二、地域经济空间的拓展 ··································· 71
　三、铁路沿线市镇勃兴 ····································· 72
第五节 小　结 ··· 75

第四章 铁路与近代郑州交通运输业的发展 ······················· 77
第一节 货运与客运：郑州铁路交通业的兴起 ··················· 78
　一、商货运输 ··· 78
　二、客运 ··· 87
　三、战乱的影响 ··· 88
第二节 商货运输：以铁路转运为中心 ························· 95
　一、原棉转运 ··· 96
　二、转运公司 ·· 102
第三节 打包、货栈、搬运诸业：铁路交通关联产业的发展 ······ 105
　一、打包业 ·· 106
　二、货栈业 ·· 109
　三、搬运业 ·· 111
第四节 利、弊之间：铁路联运制度的实施 ···················· 112
　一、铁路联运制度与运输效率的提升 ························ 113
　二、铁路联运制度对郑州市场的负面影响 ···················· 115
第五节 小　结 ·· 117

第五章 铁路与近代郑州城市工商业的初兴 ······················ 118
第一节 城市工业：因铁路而兴 ······························ 118
　一、从铁路附属工厂到新式城市工业的兴办 ·················· 118
　二、铁路关联性企业及城市手工业的快速发展 ················ 121
第二节 棉纺织业的发展：以豫丰纱厂为例 ···················· 126
　一、豫丰纱厂的创立 ······································ 126
　二、经营史略 ·· 131
　三、历史评价 ·· 134
第三节 商品贸易：市场的繁盛 ······························ 136

一、市场初步繁荣 …………………………………………… 136
　　二、棉花市场独具特色 ……………………………………… 138
　　三、药材业 …………………………………………………… 145
　　四、商会及商号 ……………………………………………… 147
　第四节　小　结 …………………………………………………… 160
第六章　外部商圈的影响及郑州区域中心地的形成 ……………… 162
　第一节　三大商圈的延及：天津、汉口、上海 ………………… 164
　　一、天津商圈 ………………………………………………… 164
　　二、汉口商圈 ………………………………………………… 166
　　三、上海商圈 ………………………………………………… 170
　第二节　区域中心地的形成：郑州、开封的兴衰比较 ………… 173
　　一、铁路与郑州区域中心地 ………………………………… 174
　　二、铁路和开封经济地位的更迭 …………………………… 178
　第三节　资金的集聚与流动：区域中心地功能的一种体现 …… 180
　　一、钱业 ……………………………………………………… 180
　　二、银行业 …………………………………………………… 183
　　三、郑汴洛金融业之比较 …………………………………… 187
　第四节　小　结 …………………………………………………… 189
第七章　铁路与郑州城市空间结构演化及功能转变 ……………… 192
　第一节　火车站、新市街：城市中心位移 ……………………… 193
　　一、火车站 …………………………………………………… 194
　　二、商埠开辟与新市街的形成 ……………………………… 197
　第二节　都市规划：交通功能型城市的建构 …………………… 202
　　一、《郑埠设计图》：第一次都市规划 ……………………… 205
　　二、《郑州市新市区建设计划草案》：第二次都市规划 …… 207
　　三、《郑州市复兴规划指导委员会初步建设计划纲要》：第三次都市
　　　　规划 ……………………………………………………… 212
　　四、《郑州市将来发展计划》：第四次都市规划 …………… 212
　　五、功能分区：四次都市规划的分析比较 ………………… 214
　第三节　铁路线：城市空间的界限与突破 ……………………… 218
　　一、新市街：城市空间的外延性成长 ……………………… 218
　　二、地价变化与城市空间、职能的关联性 ………………… 221
　　三、市政建设与城市空间的改善 …………………………… 223

第四节　"火车拉来的城市"：城市景观变化与功能转换 …………… 224
　　　一、城市景观变化 ………………………………………………… 224
　　　二、城市功能转换 ………………………………………………… 227
　　第五节　小　结 ……………………………………………………… 234

第八章　铁路与郑州城市社会结构变迁及观念更新 ……………………… 236
　　第一节　城市人口：增长与结构 …………………………………… 236
　　　一、城市人口数量的快速增长 …………………………………… 236
　　　二、城市人口结构的多元构成 …………………………………… 238
　　第二节　文化教育、同业公会、社团：新媒体与新组织 ………… 242
　　　一、文化教育 ……………………………………………………… 242
　　　二、同业公会与社团 ……………………………………………… 249
　　第三节　"出城"与进城：社会生活观念更新 …………………… 252
　　　一、现代社会观念的生成 ………………………………………… 252
　　　二、城市现代生活的丰富与多元 ………………………………… 254
　　第四节　工人运动：郑州社会政治力量的演化 …………………… 257
　　　一、工会组织的普遍设立 ………………………………………… 257
　　　二、经济权利的维护 ……………………………………………… 262
　　　三、政治权益谋求与社会政治力量消长 ………………………… 264
　　第五节　小　结 ……………………………………………………… 267

第九章　铁路与近代郑州城乡经济关系的重构 …………………………… 268
　　第一节　交通经济带：基于郑州交通功能型城市的再认识 ……… 268
　　　一、交通经济带与区域经济空间演化 …………………………… 269
　　　二、交通枢纽城市的影响力 ……………………………………… 270
　　第二节　区域经济的近代转型：以植棉业为视点 ………………… 272
　　　一、铁路与棉花生产的区域化、专业化 ………………………… 274
　　　二、铁路与区域棉花生产的商品化 ……………………………… 277
　　　三、铁路与区域棉花种植结构的嬗变：由传统中棉到现代美棉 … 279
　　　四、影响郑州区域棉业转型的多重因素 ………………………… 282
　　第三节　市场结构与运销结构：郑州城乡经济变迁 ……………… 285
　　　一、市场结构 ……………………………………………………… 285
　　　二、运销结构 ……………………………………………………… 289
　　第四节　小　结 ……………………………………………………… 291

第十章　终　章 ……………………………………………………………… 293

参考文献 ·· 298
    一、中文文献 ·· 298
    二、外文文献 ·· 310
索　引 ·· 315
图表目录 ·· 320
后　记 ·· 323

第一章 序　章

从近代中国城市的成长轨迹来看，它必须通过与外界环境的不断交流以寻求发展所需要的物质能量。一个偶然进行商业活动的聚集点发展形成之后，城市主要沿着对外进行物质能量交流的生长轴（一般是指城市对外交通干线）而展开，这在生产力比较低下的社会中表现得特别突出，展现出一种自我生长的状态。城市成长的这种态势合乎生态学意义上的边缘效应，也就是在两个种群之间的边缘区是物质能量最丰富和交换最频繁的地带，在经济学上又因交通沿线具有潜在的经济发展优势而决定城市的沿线发展。[①]在城市孕育成长的过程中，城市中的各种生产要素聚集在一起，便产生一种经济效应——城市聚集效应[②]，从而促动城市的快速发展。

近代以来，伴随中国工业化进程的演化，传统的交通工具及运输方式已无法适应扩大流通、开拓市场的需要，铁路这种更高效的运输工具被引入中国。铁路作为历史上最具革命性的交通工具之一，它的导入大大加速了中国经济的发展进程，并进而成为社会嬗变的推动器。近代中国已由农业社会逐步向工业社会转型，而工业化生产的规模展开及效率提升是以技术发展和交通近代化为前提，以贸易市场化为归宿的。正是工业化的增长及贸易需求，推动了以铁路为中心的近代交通体系的建立。[③]近代交通体系初步形成以后，中心城市往往也是一个地区的交通枢纽。城市的发展与交

[①] 王立、邓梦，《道路交通对城市空间形态的影响》，《城市问题》2003年第1期。
[②] 管楚度把城市聚集效应划分为极化与扩散两种样态。在城市发展的早期，聚集效应以极化效应为主，其特点是集中化，即构成城市的各种占有空间的经济区或单位受到同一聚集"引力"（运输快捷、方便、成本低）的作用，均期望聚集到市中心，这时聚集力对城市产生的是极化效应。本书所探讨的近代郑州的城市化主要体现为一种极化效应，而且这种极化效应通过铁路的作用得以强化。在城市化的后期，聚集效应则主要表现为扩散效应，即城市市区所受聚集力过大时，聚集力所产生的正效益将小于负效益，那么这种聚集压力必然会使市中心的人口向城市四周扩散，城市所受的极化效应转为扩散效应，其先期为城市的扩张，中期是周围形成卫星城，而后形成城市圈。
[③] 江沛，『華北における近代交通システムの初步的形成と都市化の進展』，青柳伸子訳，〔日〕『現代中国研究』第18号（2006年3月）。

通的发展互为因果关系，便利的交通条件促进了城市的成长，与此同时，城市物流、人流及信息流又刺激了交通的进一步发展。现代化的交通工具和联络工具，使物资和人口的移动、信息的转换和传播更加频繁，城市之间、城乡之间的联系日益加强。①在铁路交通的殷惠下，许多城市得以快速发展。

近代中国城市在地理空间分布上处于一种非均衡状态，主要集中在三纵两横构成的"井"字形交通线上，南北方向的交通线为东南海岸线、京哈铁路线和京广铁路线；东西方向的两条交通线为长江水运线和陇海铁路线。这五条贯穿中国东西南北的运输线构成一个"井"字形，近代以来形成的主要城市群和主要大中城市多集中于这五条线上。②从近代中国城市史的发展脉络来看，交通枢纽型城市的崛起，构成了城市发展的一种新类型。就铁路对近代城市发展的影响而言，大致可分为四种类型③：（1）城市发展的起点很低，因铁路而迅速成长为交通功能型城市，如郑州、石家庄、驻马店、蚌埠等，是近代中国城市体系的一个新的类型；（2）城市原本具有相当的规模，是区域（地区）的行政中心或商业中心，而铁路的通

---

① 隗瀛涛主编，《中国近代不同类型城市综合研究》，成都：四川大学出版社，1998年版，第695页。

② 何一民，《近代中国城市发展与社会变迁（1840～1949）》，北京：科学出版社，2004年版，第178页。

③ 顾朝林认为，铁路对中国近代城市的发展产生了深刻影响，可分为三种情形：其一，由于铁路修建而形成铁路枢纽城市，如郑州、石家庄、蚌埠等，为数虽不多，但对此后中国城市体系的发展却具有重要的地位和作用；其二，由于铁路通过而促进了原有城市的进一步发展，如北京、济南、徐州等；其三，由于铁路建设，改变了区域原有交通线路货物的流量和流向，使原有交通型城市停滞乃至衰落，如大运河沿岸的扬州、淮阴、临清，上海附近的浏河、嘉定等。而在李文耀看来，中国近现代城镇的布局和兴衰深受铁路的影响，大致有三种类型：一是崛起型。这类城市起步于铁路的修筑和开通，城市从无到有、快速发展起来。如黑龙江的哈尔滨，安徽的蚌埠，江苏的浦口、连云港，河北的石家庄等，都是因修筑铁路而发展起来的新兴城市；二是衰落型。这类城市是因为铁路兴起、原有交通条件改变而趋于衰落。如大运河沿岸的山东临清，江苏淮阴、淮安，上海附近的嘉定等。三是强化型。这类城市是因为铁路枢纽从根本上改变了其城市功能，从而促进城市经济迅速发展。如河南的郑州、江苏的徐州和南京等城市，均属于这一类型。参见顾朝林等，《中国城市地理》，北京：商务印书馆，1999年版，第67页；李文耀，《铁路与中国城市的发展》，《人民铁道》2001年4月28日。李文耀与顾朝林的观点略有不同，特别是在郑州城市发展类型的判定方面存在分歧，主要分歧点在于对铁路开通前郑州发展起点的判断。两者均有一定的道理，笔者倾向于顾朝林的观点，认为近代郑州属于崛起型城市。郑州曾为商都180年，加上郑韩之都175年，计为古都355年，可谓是拥有辉煌的历史。但数经沉浮，随着历史的画卷延展，近代郑州城已严重蜕变，尽管为一县治地，可城域颇小，仅仅是一座小县城而已。铁路通车后，郑州迅速崛起，城市规模大为拓展，两相比较，郑州在铁路开通前的历史起点是非常低的，与徐州、南京、济南不可相提并论。郑州是在清末民初依靠便利的铁路交通发展起来的，据此将郑州列为崛起型城市而非强化型城市更为妥当。

行强化了城市的原有优势，其与交通的复合作用推动了城市的加速度发展，如北京、天津、徐州、济南等城市；（3）铁路建设使得区域交通线路发生位移，改变了区域人员、商货流动的路径与态势，一些传统交通线上的城市因之失去了原有的交通区位，致使城市趋于衰落，如淮阴、临清、周家口、嘉定等；（4）铁路引发区域交通格局的转换，一些城市因为区域交通中心地位的旁落而陷于低度发展或相对衰落，如开封、保定等。近代中国铁路虽然线路稀少，配置偏低，技术经营水平亦不高，但在社会生产尚不发达的情况下，其在交通运输业中的重要作用日益彰显，铁路线的交叉点往往成为城市诞生、成长的最佳位置。以铁路为中心的近代交通体系的初步形成，为大规模长途贩运、中外商品交流以及市场的进一步扩大提供了可能，它改变了中国过去陆路交通极不方便的状况，铁路沿线区域成为近代中国继沿海沿江地区之外重要的经济成长区，以铁路枢纽型城市为经济及贸易节点而展开的新的经济贸易网络，成为改变近代中国经济和贸易格局的重要推动力量。在铁路交通网络的节点上，一大批交通功能型城市随之兴起，郑州即是其中之一。

郑州位于河南省中部偏北，北临黄河，东部、南部接黄淮平原，地理位置非常优越。郑州在商代曾经有过辉煌的历史，后几经盛衰，19世纪末期沦落为一座在经济上自给自足的小县城，城区面积仅2.23平方千米。[①] 1905年与1909年，平汉铁路及其支线汴洛铁路（陇海铁路的前身）相继筑成通车，郑州处于十字交叉点，即通过平汉铁路北可达北京，转接天津，向南可抵汉口，连接长江水路；通过陇海铁路向西至观音堂（后至陕州、潼关、西安、宝鸡、天水、兰州等地），向东经徐州北上通济南、青岛，南下达浦口、上海，由徐州继续东行即达海州大浦港[②]出海，由海路南下到上海，北上至青岛，能够与诸多通商口岸直接联系，可谓是四通八达。平汉、陇海铁路以及现代公路，构成了近代河南交通运输网络的基本框架，郑州则居于这个交通网络的中心。[③] 在各种近代交通运输方式的联动作用下，郑州逐步发展成为中原地区粮食、棉花等农副产品及工业制成品的转运中心，河南省内及周边诸省的很多商品均以郑州为集散地。1920年

---

① 郑州市地方史志编纂委员会编，《郑州市志》（第3分册），郑州：中州古籍出版社，1997年版，第3页。

② 今属连云港市。1926年7月，陇海铁路徐（州）海（州）段通车大浦，陇海铁路管理局遂建大浦港，港口位于临洪河河口，后因临洪河淤积严重，终废弃不用，并于20世纪30年代初另辟连云港，作为陇海铁路的终端海港。

③ 这一点主要体现在铁路交通方面。20世纪上半叶郑州地域的公路交通体系尚处于建构的初级阶段，中原地区的公路交通网络呈现以开封为中心向四周辐射的特征。

前后的调查结果显示，"郑州的发展，是最近十几年的事情，即铁路开通以来，河南、陕西、甘肃、山西西南部的物资以此为自然的集散中心地，客商频繁往来，遂形成今日的隆盛局面"①。优越的交通区位条件，给封闭、衰落的郑州带来了发展的契机和驱动力，郑州由此开始向近代城市转型。

铁路在郑州交会，这一特殊的交通地理位置奠定了郑州在中原交通体系的中心地位，同时铁路亦成为近代郑州城市化的引擎和助力器，促使城市商品贸易日益繁荣，工业化进程加速，诸多因素交互作用，有力推动了郑州的城市化进程。以铁路为中心的近代交通体系与城市的互动关系，成为审视近代中国区域社会变迁的一个重要视角，这是笔者选择铁路与近代郑州城市化进程的互动关系作为研究对象的原因所在。

研究以中国区域社会转型中的重要因素之一——铁路为切入点，探讨近代新式交通体系与城市化进程之间的互动关系，把空间视域定位于一个典型的铁路交通功能型商贸城市——郑州。郑州作为中国内陆地区的新兴交通功能型城市，其枢纽地位早在20世纪20～30年代就已奠定，郑州的交通区位影响力已远非省界之内。人们普遍对"郑州是火车拉来的城市"这一说法深信不疑，但具体到郑州是怎样被火车拉来的？近代郑州的城市转型与铁路交通之间的内在关联性如何？两者在微观层面的互动关系如何？怎样对此做出评价？却难以回答，实际上处一种历史认知的模糊状态。由于研究视角的不同，对郑州凭借铁路交通的助力实现其城市发展的整体性研究尚待进一步完善。②在前人研究的基础上，把近代中国区域社会转型中的重要因素之一——铁路作为切入点，将研究的主体限定在城市经济社会变迁层面，揭示城市和城市经济社会的发展、演变及其规律，③从微

---

① 〔日〕青島守備軍民政部鉄道部，『河南省鄭州事情』，青島：青島守備軍民政部鉄道部，1922年版，第7頁。

② 前期相关成果主要包括：张瑞德，《平汉铁路与华北的经济发展（1905～1937）》，台北：台湾"中研院"近代史研究所，1987年版；何一民，《近代中国城市发展与社会变迁（1840～1949年）》，北京：科学出版社，2004年版；〔美〕吴应铣，《发展、经济落后与衰退的现象——河南铁路运输业的引进》，郭孟良译，《殷都学刊》1992年第2期；吴俊范，《近代中国外向型经济的发展及其影响》，《中国历史地理论丛》2006年第1辑；江沛，『華北における近代交通システムの初歩的な形成と都市化の進展』，青柳伸子訳，〔日〕『現代中国研究』第18号（2006年3月）；熊亚平，《铁路与沿线地区城乡经济关系的重构——以1888～1937年间的石家庄、郑州、天津为例》，《安徽史学》2009年第3期；朱军献，《近代郑州棉花市场与城市发展》，《史学月刊》2009年第3期；朱军献，《由边缘而中心——近代以来郑州崛起之动因分析》，《历史教学》2009年第22期，以及笔者关于铁路与郑州城市化研究的系列成果，等等。

③ 朱士光，《城市历史文化研究中几个理论性问题的刍荛之见》，《史学集刊》2011年第6期。

观上考察近代交通与郑州城市经济社会变迁之间的互动关系，透视铁路带给郑州的历史巨变，从而剖析铁路与郑州城市化进程之间的内在关联性，是本书的意图所在。

郑州借助近代铁路交通，与各大通商口岸密切往来，从而将中原经济逐步融入全国乃至世界经济体系，其自身的外部市场空间进一步扩大，外向型经济样态初步形成。特别是在铁路辐射区域，乡村已经不再是原有的封闭聚落的概念，它已不可能独立于市场体系之外，乡村与都市之间拥有了空间互动的条件，其商业化程度得以快速提升，由此促动区域社会按照一定的历史逻辑演进。

本研究将主要探讨传统交通体系与郑州城市发展的历史脉络，交通变革所带来的近代郑州地域构造演化，铁路与近代郑州交通运输业发展、城市工业兴起、商业繁盛、城市空间结构变容、城市人口扩张、社会观念意识演进、城市社会结构变化以及城乡经济关系重构等[①]诸多方面的问题，明晰其内在关系，由此来认识郑州作为近代交通网络的节点，是怎样凭借铁路助力来推动城市化进程的。并以这种逻辑演化关系为考量基点，思考影响郑州城市化进程的多元因子及其与铁路之间的内在关系，从而深度分析区域社会变迁的历史复杂性，以清晰认知近代郑州的城市化进程。

以铁路为中心的新式交通体系对郑州城市化进程的促动及其所引发的

---

① 本项研究是在导师江沛教授的悉心指导下进行的，前期取得了一些初步的研究成果，发表一系列相关论文，如：《交通体系视野下的近代中国社会变动》（合著），《近代史研究》2010年第3期；《铁路与近代郑州棉业的发展》，《史学月刊》2008年第7期；『近代鄭州の隆盛と鉄道（1905～1937）』，〔日〕根岸智代訳，〔日〕『現代中国研究』第24号（2009年3月）；《民国时期郑州城市工商业的历史考察——以铁路为视点》，〔日〕『愛知論叢』第85号（2008年9月）；《交通变革与近代郑州地域构造的变容》，〔日〕『ICCS現代中国学ジャーナル』（ICCS Journal of Modern Chinese Studies）（电子期刊）2010年第1号（2010年3月）；《近代交通网络的初成与河南植棉业的发展（1905～1937）》，〔日〕『愛知論叢』第84号（2008年3月）；《略论铁路与民国时期河南省植棉业的现代转型》，《历史教学》（高校版）2009年第16期；《铁路交通视野下民国时期郑州城市工商业的初兴》，《宁夏社会科学》2013年第6期；《铁路与近代郑州城市空间结构变动及功能演变》，《安徽史学》2015年第4期；《近代铁路交通视阈下商圈互动与郑州区域中心地的形成》，《历史教学》（高校版）2015年第7期；《铁路与河南省经济的近代转型》，『"现代中国的社会变容与东アジアの新環境"国際シンポジウム論文集』，大阪大学中国文化フォーラム2009年版。此外，笔者曾在日本中国现代史研究会大阪会议上发表报告《铁路与郑州城市化进程（1905～1937）》，在选题思路、框架结构、研究方法、新史料发掘等诸多方面，得到日本大阪大学田中仁教授、爱知学院大学菊池一隆教授、近畿大学上田贵子老师、立命馆大学张兵先生等专家的热情指教。研究的顺利进行，得益于日本爱知大学国际中国学研究中心加加美光行教授、马场毅教授的悉心指导！得益于南京大学张宪文教授、北京师范大学朱汉国教授、中国社科院左玉河研究员、河南大学翁有为教授以及复旦大学朱荫贵教授、吴松弟教授、樊如森教授的不吝赐教！得益于王先明教授、李金铮教授、张利民教授、李少兵教授等授业恩师的谆谆教导！

区域社会变迁，它既不是直线的，也不是简单的新旧取代过程，而是一种多重力量博弈、新陈代谢的过程，研究重在揭示铁路在这一过程中的突出作用及两者之间复杂的互动关系。城市化（包括近代城市化）是一个内涵丰富的概念，哪怕是城市的个案研究也是一个庞大的系统工程，基于学识、能力和资料的搜集所限，笔者仅就铁路对近代郑州城市化进程影响较为突出的若干方面展开探讨。当然，铁路的作用并不是孤立地发挥出来的，往往是与其他因素交织在一起共同产生影响的。近代工业生产、商业贸易等因素与铁路交通运输的复合作用，共同推动了20世纪上半叶郑州的城市化进程。

本项研究的推进具有一定的理论及现实意义。首先，剖析郑州城市的近代起源与内在发展脉络，全面展示铁路在郑州城市发展中的先导作用，有助于强化铁路对于郑州乃至近代河南经济社会转型重要性的认识，从而进一步发掘铁路交通在区域经济社会发展中的现代意义；其次，探讨以铁路为中心的近代新式交通体系与近代郑州城市化进程之间的互动关系，深刻分析影响近代城市成长的多元因子，全面把握区域经济社会变迁的历史复杂性，有助于明晰对近代郑州城市化进程的认知；再次，解析近代郑州城市发展的历史根基，是正确树立该城市乃至区域发展思路的前提。以铁路为视点亦能为中原城市群的现代规划与建设提供理论及现实的支撑，有助于深入思考多元交通时代铁路在郑州城市结构体系内外的现实价值；最后，加强对新式交通体系与近代郑州城市化进程之间内在关联性的探讨，总结近现代河南区域社会发展的规律，亦有助于深化对河南社会发展内在机理的认识与理解。

第一节 概念界定

铁路与近代郑州城市化进程研究，涉及郑州、城市化、平汉铁路、陇海铁路、交通枢纽、城市聚集效应等诸多核心词汇，因此，有必要做一简要的解释与澄清。

1. 郑州

郑州曾为商朝的都城，隋开皇三年（583）实行州、县二级制，并将荥州改名为郑州，开皇十六年（596）改称管州，在大业初年复称郑州。此后，郑州的称谓数度更迭，辖区亦多次变动。明代以前，郑州大体上是管城县辖区，明以后郑州（不含领属县）辖区面积有所拓展。明嘉靖时期，郑州城内有6街3巷，即时丰街、大市街、敏德街、里仁街、咸宁街、清丰街，槐花巷、纸坊巷和回回巷（回族聚居区），城外区域共有4乡、4村、5屯、4坊和29保。康熙时期，州域内设有4坊、11屯、32保和24峕。到了雍正二年（1724），郑州被升为直隶州，雍正十二年（1734）废止。光绪三十年（1904）郑州再次升为直隶州。清代郑州辖区（不含领属县）的地域略有扩大，大体为东至中牟县界35里，东北至原武县界30里，西至荥阳县界18里，西南至密县界30里，西北至荥泽县界35里，南至新郑县界35里，东西长53里，南北长65里，总面积约701平方千米。

几经沉浮，清末时期郑州沦落为一座人数不足2万的小城。1913年，郑州撤州置县，改称郑县，全县设7区、55段、630村。1928年3月18日，民国河南省政府决定将郑县城区划出，设立郑州市。郑州市的建制于1931年1月13日被撤销，复称郑县，但习惯上多称郑州。[①]1935年，郑县7区被合并为4区，其中第一区辖129保、1297甲，区署设在城内；第二区辖96保、996甲，区署设于曹洼；第三区辖66保、735甲，区署设于三十里铺；第四区辖88保、955甲，区署设在京水镇。

1954年，河南省省会由开封迁至郑州。

2. 平汉铁路

平汉铁路，是连接北京与汉口的一条南北交通大动脉。该路初称卢汉铁路，北起卢沟桥，南至汉口，由湖广总督张之洞提议创设，最初计划实行"官督商办"，因官银无望、华商无人问津，转由举借外债筑路，最终与比利时达成筑路协议。比利时公司接办后，把卢汉铁路的南端终点定为汉口玉带门，北端起点由卢沟桥延至北京正阳门，并于1898年6月正式签订《卢汉铁路比国借款续订详细合同》和《卢汉铁路行车合同》，向比利时公司借款450万英镑。是年底，从南北两端同时开工。1906年4月全线建成通车，改称京汉铁路，1928年继称平汉铁路。平汉铁路在建成时均为单线，标准轨距1435毫米，全路干线总长1214.5公里，郑州境内过线长度为70.2公里。平汉铁路在通车之初共设车站78个，其中郑州属地有黄河南岸、荥泽（后改称广武）、郑州、谢庄、新郑5个车站，1912年增设南阳寨、小李庄、薛店3个车站，郑州站系平汉铁路中段规模最大的火车站。

3. 陇海铁路

陇海铁路，又称陇秦豫海铁路，是西起甘肃省兰州市、东至江苏省

[①] 因郑州的称谓在历史上数度出现变化，为统一起见，本书在行文过程中，除在引文中沿用民国时期关于郑县的叫法外，余则概用郑州这一称谓。

连云港，横跨甘肃、陕西、河南、江苏四省的一条交通干线，全线长1760.4公里，早期筑路款主要来自比利时借款。陇海铁路并非一次成路，而是分段建设而成。陇海铁路的前身是汴洛铁路（开封至洛阳），当时是作为平汉铁路的支线来修建的，1905年动工，1908年底建成通车，与平汉铁路在郑州交会。1913年，汴洛铁路并入陇海铁路，在此基础上向东西两个方向展筑。东段于1915年自开封延伸到商丘、徐州，与津浦铁路相接，继又于1920年开工修建徐州至海州大浦段，至1923年竣工，可通过海路北上至青岛，南下抵达上海。1927年，陇海铁路西段由观音堂修筑到灵宝，1930年11月，灵宝至潼关段开工，1931年12月竣工。1932年8月至1934年12月，潼关至西安段建成。随后，1935年1月西安至宝鸡段开工，1936年12月建成通车。而陇海铁路宝鸡至天水段工程较为复杂，施工难度大，1939年5月动工，用了近7年时间，才于1945年12月勉强竣工通车。中华人民共和国成立后，续修西段工程天水至兰州段，于1953年7月完工，陇海铁路至此全线建成通车。

4. 研究的时空断限

从纵向时间轴上来说，把研究的起点设定为1905年，是年黄河铁路大桥完工，平汉铁路南段和北段分别通车，郑州火车站建成，铁路运输开始在区域物资、人口、信息的流动中扮演重要角色，郑州城市发展亦附上了浓厚的铁路色彩。研究的下限为1954年，是年河南省省会由开封迁入郑州，在铁路等要素之外，又增加了一个影响郑州城市变迁的重要因素——政治，郑州城市发展遂步入一个多重因素共同发挥影响力的新阶段；从横向空间轴上来看，本书论述的对象主要是郑州这座交通功能型城市50年经济社会变迁的历史，但是城市演变的历史并非是一种孤立的存在，亦涉及郑州与周边城市（开封、洛阳等）及乡村的互动关系，当然这些分析均是在铁路这个视角下展开的；就关系轴而言，在近代交通体系推动世界城市化进程快速发展的时代背景下，探讨铁路对郑州区域中心地形成及其城市经济社会变迁的重要作用，天津、汉口、上海等口岸商圈依托铁路与郑州商圈的互动亦在考察之列，从而以一个较为宏观的多层面、立体化视角展开研究。

5. 交通枢纽

交通枢纽是指交通网络中各条运输线的交会点，交通枢纽所拥有的交通区位往往会使之成为城市形成的地理条件，故近代新兴城市特别是内陆城市多为交通枢纽。无一例外，交通枢纽均具有一定的区位优势。区位是指一个地区相对于其他地区的地理位置以及人类行为活动的空间，是自然地理区位、交通地理区位以及经济地理区位在空间地域上实现有机结合的一种具体表现。本书涉及的主要是铁路引发的郑州交通区位的形成，这一区位所指的是铁路交通运输网络这种经济地理现象在地理上的高发区域，强调的是交通要素与人的经济社会活动之间相互联系、相互作用在空间位置上的反映。任何类型的交通运输网络均具有两种显著的功能：一是运输，二是集散或吸引。有学者根据运输需求与供给的空间形态理论（即交通需求是以地理面——一定地域范围和地理点——城市上的需求形态呈现，而运输供给只能以地理线网——路网的供给形态呈现，用逻辑的供给线沟通面、点上的需求，由此可以求得运输空间的均衡），由城市节点确定交通网络上的结点，并把这种城市节点称为交通节点，[①]亦即交通枢纽。郑州因处铁路交通运输网络的节点而形成枢纽位置，故本书所论及的交通枢纽指的是铁路交通枢纽。

6. 城市化

从汉语词源上来看，城市是由"城"和"市"两个字组合而成的。"城"是指围绕聚落人群修筑而成、用以防御的环形墙垣，一般有内、外两重，分别称为城和郭，"市"则是指交易的场所。《周易·系辞》："列廛于国，日中为市。致天下之民，聚天下之货，交易而退，各得其所。"城市作为人类活动的重要节点，是被组织化了的、能够为人的各种活动提供合理服务的空间。[②]英国著名的城市经济学家巴顿（K. J. Buton）把各种活动因素在地理上的大规模集中称为城市，认为城市是一个坐落在有限空间地区内的各种经济市场，包括住房、土地、劳动力、运输等因素相互交织在一起而形成的网状系统。[③]美国学者施坚雅则认为，城市是区域的纽结，是用以在时间和空间上连接人类各项活动并使其成为一体的"指挥所"[④]。对于城市可以从地理学、经济学等诸多方面来下定义，但所有的城市概念都存在一个根本特征——人口和经济活动在空间上的集聚。

城市化的内涵非常丰富，目前还没有一个统一的解释。城市化作为一个历史过程，它的基本含义是指由于工业化而引起的人口向城市集中

---

① 管楚度，《交通区位论及其应用》，北京：人民交通出版社，2000年版，第32~36页。
② 〔日〕戸所隆，『商業近代化と都市』，東京：古今書院，1991年版，第8页。
③ 〔英〕K. J. 巴顿，《城市经济学：理论和政策》，北京：商务印书馆，1984年版，第14页。
④ 〔美〕施坚雅，《十九世纪中国的区域城市化》，载李范文、陈奇猷等主编，《国外中国学研究译丛》，西宁：青海人民出版社，1988年版，第5页。

的过程。《辞海》把城市化定义为"人口、用地和经济、文化模式由农村型转向城市型的过程和趋势,主要表现为城市数目的增加、城市规模的扩大和城市经济方式、生活方式的某些特征向农村扩展"。如果从社会学的视角来观察的话,城市化就是一种城市性生活方式①的发展过程,它意味着人们不断被吸引到城市,并被纳入城市的生活组织中去,而且还意味着因城市发展而出现的城市生活方式的不断强化。不同的学科往往依据自身的学科特点来界定城市化的含义,但归纳起来有两类观点颇具代表性:一是"人口城市化"观,认为农村人口转化为城市人口,或者农业人口转为非农业人口的过程,就是城市化的过程;二是"空间城市化"观,认为城市化是指某一区域内的人口规模、产业结构、管理手段、服务设施、环境条件以及人们的生活水平和生活方式等要素,由小到大,由粗到精,由分散到集中,由单一到复合的转化或重组的动态过程。②

美国学者弗里德曼(J. Friedmann)把城市化过程分为城市化Ⅰ和城市化Ⅱ,分别为实体上的城市化和意识层面上的城市化。城市化Ⅰ是指人口和非农业活动在不同规模的城市环境中的地域集中过程、非城市型景观转化为城市型景观的地域推进过程;城市化Ⅱ是指城市文化、城市生活方式以及价值观向农村地域的扩散过程。③在美国学者路易斯·沃思(Louis Wirth)看来,城市所具有的普遍的社会特征应表现在三个方面:一是规模大;二是人口稠密,为永久性聚居地;三是在社会和文化方面具有异质性的人群。近代城市化和现代意义的城市化在内涵上并非完全相同,它仅仅是城市化的初级形态,但是城市化的主要内容已经涵盖其中,如:(1)农村人口不断向城市聚集,城市人口的比例大为增加;(2)城市景观的地域扩展;(3)二、三产业在空间上向城市集中;(4)城市生活方式和价值观念的普及等。

---

① 城市性生活方式是一种以非农业生产为基础的生活方式,人口向城市集中是为了满足第二、三产业对劳动力的需要而出现的。在城市化或是城镇化的概念选择上,周一星倾向于使用后者。参见周一星,《城市地理学》,北京:商务印书馆,1995年版,第59~60页。
② 刘海湘、青连斌,《城市化的内涵和研究视角》,《学习时报》2006年10月24日,第6版。
③ 欧名豪、李武艳等,《城市化内涵探讨》,《南京农业大学学报》(社会科学版)2002年第2期。

第二节　研究方法

从严格意义上来说，铁路与近代郑州城市化进程这一选题既可归到城市史的范畴，又可纳入交通社会史研究，涉及交通、城市、经济、社会等诸多领域，属于历史学、城市学、交通经济学、空间经济学、城市社会学等多学科的交叉研究。既然如此，本研究的理论根基必须建立在上述学科的相关理论以及地域交通理论的基础之上。一项研究跨越这么多学科，其难度不言而喻，笔者只能在直接关乎该选题各学科分支理论认知的基础上开展这一课题研究。

首先，本项研究属于城市史的范畴，应遵循城市学的基本理论，用城市学和历史学相结合的方法探索城市史研究的新路径，讲究"史论结合"。在著名城市史研究专家傅崇兰先生看来，城市研究必须依据"五个理论"和"两个方法"[①]："五个理论"包括城市与区域发展关系理论、城乡相互依存与相互作用理论、城市是人类历史范畴的社会形态理论、自然地理环境是城市发展基础的理论、城市文化的延续性理论；"两个方法"即传统理论方法的继承与创新、西方相关理论的借鉴与运用。关于铁路与郑州城市化进程研究，既要从铁路交通的视角探索近代郑州这座城市形成与发展的历史，发挥历史学的长时段、综合性的学科优势，又要在城市经济、城市功能、城市空间和城市规划等诸多方面汲取城市学、经济学、地理学、规划学等学科的理论，还原历史时态中城市的本来面目，重绘郑州这座交通功能型城市近代以来浓厚的铁路色彩。

其次，本项研究属于交通社会史的研究范畴，应遵循交通社会学的一些基本理论和研究方法。交通社会学是跨交通学和社会学的新兴交叉学科，是探索社会交通行为、交通现象以及交通行业良性运行和整个交通系统与社会协调发展规律的一门社会科学，[②]关于交通与社会生活诸多要素之间的关系及其发展规律的研究，一般需要采用社会学的视角和方法。交通社会学的基本理论主要包括交通空间转换原理、交通系统生成原理等，依托这些理论探讨铁路交通方式的功能、交通区位现象、交通市场及交通经济带的形成、交通节点与城市发展，全面展示郑州作为平汉、陇海铁路的重要节点，在城市的

---

① 傅崇兰、白晨曦等，《中国城市发展史》，北京：社会科学文献出版社，2009年版。
② 谷中原，《交通社会学》，北京：民族出版社，2002年版，第2页。

近代演化过程中所呈现出来的交通功能的特性。如交通空间转换原理，表明任何形式的交通都是实现客体空间位移的手段，发达的交通运输网络的构建，能够推动交通客体空间转换速度，扩大客体转换的空间范围，使交通满足主体需求的价值得以实现，成为社会与经济发展的促动力。郑州因铁路的筑通而获取发展动力，使得传统小城的旧有面貌迅速改观，最终成为区域性的经济中心城市，依据交通空间转换原理就不难理解了。

此外，经济学领域中的区位理论，对交通与社会经济关系有着深入阐释，这亦是本书的一个理论工具。区位理论是关于人类活动，特别是经济活动的空间区位选择及空间区域内经济活动优化组合的理论。经典的区位理论是由德国经济学家约翰·海里因希·冯·杜能（Johann Heinrich von Thünen）和阿尔弗雷德·韦伯（Alfred Weber）创立的，其中约翰·海里因希·冯·杜能是农业区位论的代表，阿尔弗雷德·韦伯则是工业区位论的先驱。1826 年，约翰·冯·杜能在《孤立国同农业和国民经济的关系》一书中分析了农业区位问题，阿尔弗雷德·韦伯则在 1909 年发表了《工业区位论》，这是世界上第一部全面而系统地论述工业区位理论的著作，认为工业企业的最优区位必须在运费、工资及聚集三者的关系中寻求，而运费因素（成本分析）对工业区位发挥着决定作用。

区位理论在德国著名经济地理学家克里斯塔勒（W. Christaller）那里得到进一步发展完善，形成了中心地理论。所谓中心地，简单而言就是指向周边地区提供各种货物与服务的地方。中心地理论作为一种城市区位理论，旨在研究城市空间组织和布局，探索最优化城镇体系，它产生于 20 世纪 30 年代初，这是西欧工业化和城市化发展最为迅速的时期。克里斯塔勒在 1933 年出版的《德国南部的中心地》一书中首次使用了这一概念。克里斯塔勒通过对德国南部城市和中心聚落的大量调查研究，提出城市在空间上的结构是人类社会经济活动在空间的投影，创立了主要依据城市向它周围的腹地所提供的服务来解释城市体系空间结构的理论。克里斯塔勒发现，一定区域内的中心地在职能、规模和空间形态分布上具有一定的规律性，中心地空间分布形态会受市场、交通和行政三个原则的影响而形成不同的系统，并采用六边形图式对城镇等级与规模关系加以概括。克氏并不是要解释某一个城市的绝对位置、大小和作用，而是要通过寻找基本的和起主导作用的因素建立起解释区域城镇空间结构的理论模式，即一般规律性。这一理论的研究亦提出假设条件，主要包括均质平原和经济人两点。[①]

---

① 周一星，《城市地理学》，北京：商务印书馆，1995 年版，第 320～327 页。

尽管克氏的理论假设在现实中难以实现，常常会出现聚落在空间分布变形的情况，但他对中心地体系的解读不无道理。

各种要素在空间上的合理移动与分布，是获得相对经济效益的基础，距离因素特别是因距离所造成的运费问题，是影响产业分布的重要区位因素。在交通效能得以充分发挥的今天，尽管距离的作用大为减弱，但从传统形式上来看，工业接近原料产地和消费地则会降低运输造成的成本，以铁路为中心的近代交通网络的构建亦会大大降低远程贸易成本，从而激发起市场的活力，交通受益地工商业由此得以繁盛，中心地逐步形成，这在近代郑州城市化进程中得到清晰显现。

本项研究在一定程度上亦受到施坚雅模式的影响。美国学者施坚雅的研究属于结构——功能分析模式，主要包括两大理论——集市体系理论和区域体系理论，前者主要研究中国乡村社会，以《中国农村的市场和社会结构》①为代表，后者主要研究中国城市化，以《中华帝国晚期的城市》②为代表。施坚雅非常重视交通运输对近代中国市场体系的作用，他认为近代交通运输对基层市场的影响，主要表现在三个方面：一是传统的基层市场趋于消亡；二是高一级的中间市场转变为现代贸易中心；三是村庄的社会职能与此同时得以强化。在施坚雅看来，近代中国的市场体系还很不成熟，1948年时"中国农村市场体系中只有10%发展成为现代贸易体系"③。施氏对近代中国基层社区、集市乃至其区域体系的解读颇具说服力，但是其对近代中国市场体系的判断在铁路沿线地区则是另外一种境况。就乡村、市场、城市与铁路这个话题而言，施坚雅的判断是只有在一个已经商业化的中心市场体系内发展起近代交通网络，并达到这一体系中的基层市场消亡时，才会出现真正的现代化。相反，如果没有体系内交通运输条件的改进，商业化只不过是一种虚假的近代化。它意味着每个市场上贸易总量增长的结果与以前论述过的传统变化理论所预言的东西没有什么不同：现有的市场增加集期和新市场的形成④。施氏认为市场体系是优先于近代交通网络而出现的，这在西方社会的确如此，而东方社会则需要具体分析。中国在以铁路为中心的近代交通体系尚未形成之前，特别是在内陆地

---

① 〔美〕施坚雅，《中国农村的市场和社会结构》，史建云、徐秀丽译，北京：中国社会科学出版社，1998年版。
② 〔美〕施坚雅，《中华帝国晚期的城市》，叶光庭等译，北京：中华书局，2000年版。
③ 〔美〕施坚雅，《中国农村的市场和社会结构》，史建云、徐秀丽译，北京：中国社会科学出版社，1998年版，第115页。
④ 同上注，第98页。

区，市场化与商业化还很不成熟，并非是近代市场体系促发新式交通的成长，或者至少可以说远没有西方社会表现得明显，反而体现为另外一种历史景象：是近代交通运输催生了近代中国内陆贸易体系与市场体系，从而推动了沿交通线城市的现代化进程。

研究将充分利用中外相关档案史料、统计资料及陇海、平汉铁路沿线调查报告书等第一手资料，采用东亚同文会、满铁、青岛守备军民政部铁道部、"中国驻屯军乙嘱托铁道班"等在当时所做的丰富的调查资料，并结合地方志与文史资料，注重史料分析，把研究建立在坚实的史料基础之上。

第三节 学术史

铁路与区域城市化进程之间的互动关系，是近代中国社会转型过程中颇具特色的现象之一。"铁路与郑州城市化进程研究（1905～1954）"这一论题，涉及两条铁路——平汉铁路和陇海铁路，研究的主题是深入探究铁路与郑州城市化进程的互动关系。郑州这座内陆城市因铁路而兴，但它到底是怎样被火车拉来的？人们可谓是知之不清、知之不深。因研究视角的差异性，以往关于铁路与郑州城市发展之间关系的研究尚需进一步加强。或许是中原战乱、史料散失的缘故，使得许多研究者望而却步，公开发表的与本论题完全匹配的论著尚不多见。[①]但这一课题的专题研究已经引起学术界的关注，一些学者在探讨近代铁路发展史、铁路与近代中国区域（城市）经济社会发展的关系，或是在近代城市史的相关研究中有所涉及。

---

① 从某一方面涉及这一论题的相关研究，参见张瑞德，《平汉铁路与华北的经济发展（1905～1937）》，台北：台湾"中研院"近代史研究所，1987年版；隗瀛涛主编，《中国近代不同类型城市综合研究》，成都：四川大学出版社，1998年版；何一民主编，《近代中国城市发展与社会变迁（1840～1949年）》，北京：科学出版社，2004年版；〔美〕吴应铣，《发展、经济落后与衰退的现象——河南铁路运输业的引进》，郭孟良译，《殷都学刊》1992年第2期；李占才，《铁路与近代中国城镇变迁》，《铁道师院学报》1996年第5期；袁中金，《河南近代铁路建设与经济发展》，《史学月刊》1993年第4期；吴俊范，《近代中原外向型经济的发展及其影响》，《中国历史地理论丛》2006年第1辑；江沛，『華北における近代交通システムの初步的形成と都市化の進展』，青柳伸子訳，〔日〕『現代中国研究』第18号（2006年3月）等。与本研究主题相近的成果，主要有熊亚平的《铁路与沿线地区城乡经济关系的重构——以1888～1937年间的石家庄、郑州、天津为例》（《安徽史学》2009年第3期）、朱军献的《近代郑州棉花市场与城市发展》（《史学月刊》2009年第3期）、《由边缘而中心——近代以来郑州崛起之动因分析》（《历史教学》2009年第22期）以及笔者的一组论文。此外，还有宋谦的《铁路与郑州城市的兴起（1904～1954）》（郑州大学2007届硕士学位论文）和郝鹏展的《论近代以来郑州的城市规划与城市发展》（陕西师范大学2006届硕士学位论文）等。

基于前人研究从微观上考察铁路与近代郑州城市化进程之间的内在关联性，是本项研究的目的所在。

1. 近代铁路发展史之陇海、平汉铁路研究

中国近代铁路史的相关著述较为丰富，一些研究成果详细展现了平汉铁路和陇海铁路的修筑历程、运营状况等。如金士宣、徐文述的《中国铁路发展史》[①]、凌鸿勋的《中华铁路史》[②]、肯德的《中国铁路发展史》[③]、曾锟化的《中国铁路史》[④]、谢彬的《中国铁路史》[⑤]、张嘉璈的《中国铁道建设》[⑥]、李占才的《中国铁路史（1876～1949）》[⑦]、杨勇刚的《中国近代铁路史》[⑧]、李国祁的《中国早期的铁路经营》[⑨]、何汉威的《京汉铁路初期史略》[⑩]等。民国政府的铁路管理部门亦组织编撰了一些铁路史著作，如关庚麟的《京汉铁路之现在及将来》[⑪]、北京政府交通部编撰的《中华国有铁路沿革史（光绪十五年至民国七年）》[⑫]等，对平汉铁路以及陇海铁路的历史沿革做了简略记述。日本关于近代中国铁路史的研究论著亦很多，比较有代表性的著作包括：日本铁道大臣官房外国铁道调查课编的『支那之铁道』[⑬]、日本铁道省运输局总务课编『支那之铁道』[⑭]、吾孙子丰的『支那铁道史』[⑮]以及华北交通株式会社编撰的『华北交通』[⑯]等。

---

① 金士宣、徐文述，《中国铁路发展史》，北京：中国铁道出版社，1986年版。
② 凌鸿勋，《中华铁路史》，台北：台湾商务印书馆，1981年版。
③ 〔英〕肯德，《中国铁路发展史》，李抱宏等译，北京：生活・读书・新知三联书店，1958年版。
④ 曾锟化，《中国铁路史》，北京：北平燕京印刷局，1924年版。
⑤ 谢彬，《中国铁路史》，上海：中华书局，1929年版。
⑥ 张嘉璈，《中国铁道建设》，上海：商务印书馆，1946年版。
⑦ 李占才，《中国铁路史（1876～1949）》，汕头：汕头大学出版社，1994年版。
⑧ 杨勇刚，《中国近代铁路史》，上海：上海书店出版社，1997年版。
⑨ 李国祁，《中国早期的铁路经营》，台北：台湾"中研院"近代史研究所，1976年版。
⑩ 何汉威，《京汉铁路初期史略》，香港：香港中文大学出版社，1979年版。
⑪ 关庚麟，《京汉铁路之现在及将来》，北京：京汉铁路管理局，1915年版。
⑫ 北京政府交通部编，《中华国有铁路沿革史》（光绪十五年至民国七年），北京：北京政府交通部，1918年版，台北：台湾"国史馆"，1984年影印本。
⑬ 〔日〕铁道大臣官房外国铁道调查课编，『支那之铁道』，东京：铁道大臣官房外国铁调查课，1923年版。
⑭ 〔日〕铁道省运输局总务课编，『支那之铁道』，东京：铁道省运输局，1938年版。
⑮ 〔日〕吾孙子丰，『支那铁道史』，东京：生活社，1942年版。
⑯ 〔日〕华北交通株式会社编，『华北交通』，北京：华北交通株式会社，1941年版。

2. 铁路与近代中国区域（城市）经济社会发展的关系

台湾地区学者张瑞德所著《平汉铁路与华北的经济发展（1905～1937）》[①]一书，是研究铁路与近代中国华北区域（城市）经济社会发展关系的代表性著作。张氏采用传统的历史学方法，通过平汉铁路通车前后经济情况之对比，勾画出铁路在区域经济发展中所扮演的重要角色。并结合平汉铁路经营状况的综合分析，系统论述了铁路对华北农业、工矿业、商业及城市化等方面的推动作用，客观地展示了铁路对华北经济社会的影响。关于铁路与郑州城市发展的关系，张瑞德认为铁路运输改变了传统的商业势力范围，助推了郑州城市商业的繁荣，从而推动了其城市化的进展。铁路的开通密切了郑州等新兴的交易次级市场与通商口岸的商业关系，区域间贸易关系遂得以改善。吴应铣的《发展、经济落后与衰退的现象——河南铁路运输业的引进》[②]一文，从发展与衰退两个层面考察了铁路运输与近代河南经济变迁之间的内在关系，阐明了交通枢纽地位对郑州工商诸业发展的促动作用。吴俊范的《近代中原外向型经济的发展及其影响》[③]，则关注到近代中原交通体系的构建对其外向型区域经济发展的影响，讨论了铁路与以郑州为代表的近代中原外向化商品集散市场勃兴的内在关联性。

袁中金的论文《河南近代铁路建设与经济发展》[④]，深入探讨了近代河南经济社会变迁与铁路之间的互动关系，认为铁路给河南省城市的整体布局带来深刻影响。袁文一方面指出河南省近代铁路发展水平不高，且受西方列强控制，这无疑加剧了河南经济的依附程度；另一方面，铁路的兴建亦促进了新式工业的发展、农业商品化以及城镇的兴起与繁荣。铁路在河南省近代交通运输业中占据着重要地位，并成为河南经济近代化进程中的先行性基础性部门，深刻影响到近代河南的城市格局、市场结构以及经济区域的分布，对郑州城市发展的商业取向发挥了决定作用。朱荫贵先生的《近代新式交通运输业与中国的现代化——以铁路轮船为中心的考察》[⑤]一文，认为铁路作为工业文明时代先进生产力的重要体现，是大量机

---

① 张瑞德，《平汉铁路与华北的经济发展（1905～1937）》，台北：台湾"中研院"近代史研究所，1987年版。
② 〔美〕吴应铣，《发展、经济落后与衰退的现象——河南铁路运输业的引进》，郭孟良译，《殷都学刊》1992年第2期。
③ 吴俊范，《近代中原外向型经济的发展及其影响》，《中国历史地理论丛》2006年第1辑。
④ 袁中金，《河南近代铁路建设与经济发展》，《史学月刊》1993年第4期。
⑤ 朱荫贵，《近代新式交通运输业与中国的现代化——以铁路轮船为中心的考察》，载朱荫贵、戴鞍钢主编，《近代中国：经济与社会研究》，上海：复旦大学出版社，2006年版。

制产品进入中国内地和资源流动的载体，是沟通中国与世界、打破国内各区域隔绝的利器和外部信息导入的媒介，是震撼和冲击中国传统生产、生活方式的演变器。因而它的影响不仅体现在贸易增加、人口迁移、城市的兴衰更替和交通运输功能的改善方面，而且扩散到社会生活的各个层面，这些在近代郑州城市化进程中亦得到鲜明的体现。

3. 近代城市史、交通与城市发展论的相关研究

隗瀛涛关于近代城市史的系统性研究[①]表明，一种新的城市类型——交通枢纽型商业城市伴随着近代交通体系的形成而在近代中国兴起，郑州作为其中的典型代表，显示出该城市以交通为主导功能的鲜明特点。曹洪涛、刘金声的《中国近现代城市的发展》[②]一书，认为正是平汉、陇海铁路的筑成通车，推动了郑州新市街的形成与发展。便利的交通和工商业的繁荣，为郑州城市化进程带来了新的推动力。何一民在《近代中国城市发展与社会变迁（1840～1949年）》[③]一书中，认为郑州这类交通功能型城市，因交通而兴的特点尤其明显，城市的其他功能也是因交通的发展而出现并为交通中心功能服务的。日本学者林上的《近代都市の交通と地域発展》[④]一书，认为随着技术的改良和蒸汽机车的引入，铁路对地域的影响远远超过最初的陆路交通工具——人力车、大板车或牛马车。在技术革新的条件下，基础设施趋于完备，由此人的活动空间得以调整和再编，近代城市亦伴随这一系列过程的反复进行而得到快速发展。曹钟勇在《城市交通论》[⑤]一书中，提出了城市交通的阶段性发展理论，较为全面地论述了城市交通与城市化发展之间的关系。曹钟勇认为，城市交通在城市成长期的最初阶段，以建立城乡间交通联系作为最主要的内容，工业革命驱动了城市化进程，现代交通工具的使用也使得城市化进程以史所未有的速度向前发展。同时，这也是人与物质财富向城市大量集中的过程，城乡之间及城市之间的交通系统由此得以发展与完善。

铁路与近代中国城市发展之间的关系，是铁路史研究的重要内容之

---

① 隗瀛涛主编，《中国近代不同类型城市综合研究》，成都：四川大学出版社，1998年版。
② 曹洪涛、刘金声，《中国近现代城市的发展》，北京：中国城市出版社，1998年版。
③ 何一民主编，《近代中国城市发展与社会变迁（1840～1949年）》，北京：科学出版社，2004年版。
④ 〔日〕林上，『近代都市の交通と地域発展』，東京：大明堂，2000年版。
⑤ 曹钟勇，《城市交通论》，北京：中国铁道出版社，1996年版。

一。江沛在『華北における近代交通システムの初歩的形成と都市化の進展』[①]一文中，认为近代铁路网络的确立，使原本在市场贸易网络中并无突出地位的郑州，快速成长为华北地区的区域中心城市，并引发近代城市格局向以铁路、港口为网络，以贸易或生产为功能的演变。姜益、徐精鹏的论文《铁路对近代中国城市化的作用探析》[②]，则从促进人口流动、城镇人口增多、市场规模扩大、新兴市镇崛起等方面，揭示了铁路对近代中国城市化进程的积极作用，认为近代中国第二次大规模的城市变迁发生在铁路兴起之后。由于铁路的强大运输功能，影响到货物的基本流向，改变了传统的运输通道，从而使原有城市（镇）体系再一次受到冲击，城市分布格局及功能性质发生了新的变化：沿传统运道分布的城市及集镇因传统运道衰败而趋于衰落或停滞，而在铁路沿线及其辐射区域，一大批新兴城市与集镇迅速崛起；一些原有城镇则因铁路筑通而日趋兴盛，郑州则是在这一背景之下因交通区位优势而迅速发展起来的。李占才的《铁路与近代中国城镇变迁》[③]一文，认为近代中国铁路的修筑、铁路运输业的兴起与发展，促进了铁路沿线新兴城镇的崛起，一些古老城镇的功能随之发生变化，铁路的负面作用是使得一些不通铁路的城镇趋于衰落。江沛、熊亚平的《铁路与石家庄城市的崛起：1905～1937年》[④]一文，以石家庄交通运输业的兴起、工商业发展繁荣、城市人口增长、新市街拓展等方面为着眼点，深入分析了铁路与石家庄城市发展之间的内在关系，对于本书的写作颇具启发意义。陈炜、赵健的《试论中国近代区域中心城市发展的原因》[⑤]，从宏观层面对交通运输近代化与区域中心城市发展之间的关系进行分析，认为交通运输方式不仅决定着城市的自身规模与地域结构，也关系到城市的地理分布及其中心作用的发挥。新式交通运输方式的出现和交通路线的改变，使得像郑州这样位于新的交通流量或主要交通线上的城市迅速发展起来。

---

① 江沛，『華北における近代交通システムの初歩的形成と都市化の進展』，青柳伸子訳，〔日〕『現代中国研究』第18号（2006年3月）。

② 姜益、徐精鹏，《铁路对近代中国城市化的作用探析》，《上海铁道大学学报》2000年第7期。文章认为近代中国发生的第一次大规模城市变迁是在1840年以后，由于沿海开埠，沿江通航，中国旧有的城市（镇）受到巨大冲击，在沿海滨江兴起了两大新的城市带。

③ 李占才，《铁路与近代中国城镇变迁》，《铁道师院学报》1996年第5期。

④ 江沛、熊亚平，《铁路与石家庄城市的崛起：1905～1937年》，《近代史研究》2005年第3期。

⑤ 陈炜、赵健，《试论中国近代区域中心城市发展的原因》，《曲靖师范学院学报》2004年第5期。

4. 铁路与近代郑州城市发展的研究

熊亚平在《铁路与沿线地区城乡经济关系的重构——以1888～1937年间的石家庄、郑州、天津为例》[①]一文中，认为华北地区铁路兴起并初步形成网络后，铁路的诸多优势促发新兴城市崛起，从而推动传统市镇的形态发生演化，沿海港口城市向腹地拓展的速度加快。由此，郑州的城乡经济关系得以重构：（1）居于城外的铁路站点剧烈变动，或直接演变为城市的一部分，或经历了由乡村到城乡边缘区再到城市的演变过程；（2）随着车站附近区域近代工业的迅速发展和扩张，城市、城乡边缘区和乡村的产业结构、城乡间工农业分工格局亦不断发生变动；（3）大规模的人口迁移和职业转换，使城市、城乡边缘区和乡村居民的职业结构不断发生改变。朱军献的《近代郑州棉花市场与城市发展》[②]，则以与铁路密切相关的郑州棉业的兴起为视点，认为郑州的棉花市场区位不仅影响到城市商业的发展，而且为棉纺工业的发展提供了重要的区位因素，成为其主要的成本优势。郑州棉纺工业的发展，对近代郑州的城市转型发挥了关键性作用。朱军献的《由边缘而中心——近代以来郑州崛起之动因分析》[③]《边缘与中心的互换——近代开封与郑州城市结构关系变动研究》[④]《地理空间结构与古代中原地区中心城市分布》[⑤]《无序生成与近代郑州城市空间结构之变动》[⑥]以及《郑州城市规划与空间结构变迁研究（1906～1957）》[⑦]等论文，则从区域城市发展的动力机制、城市空间结构等角度，对郑州城市发展的脉络进行探讨，认为近代郑州因为获得了推动城市发展的交通区位优势，才由此成长为中原地区最大的棉花集散中心和商业都会，继而推动现代棉纺织业的发展。棉纺优势与其他优势一起，构成一种强大的拉力，使得郑州获取了政治优势。种种优势累积循环，推动郑州由区域经济社会发展的边缘转而成为中心。宋谦的硕士学位论文《铁路与郑州城市的兴起

---

① 熊亚平，《铁路与沿线地区城乡经济关系的重构——以1888～1937年间的石家庄、郑州、天津为例》，《安徽史学》2009年第3期。
② 朱军献，《近代郑州棉花市场与城市发展》，《史学月刊》2009年第3期。
③ 朱军献，《由边缘而中心——近代以来郑州崛起之动因分析》，《历史教学》2009年第22期。
④ 朱军献，《边缘与中心的互换——近代开封与郑州城市结构关系变动研究》，《史学月刊》2012年第6期。
⑤ 朱军献，《地理空间结构与古代中原地区中心城市分布》，《中州学刊》2011年第3期。
⑥ 朱军献，《无序生成与近代郑州城市空间结构之变动》，《河南工业大学学报》（社会科学版）2011年第3期。
⑦ 朱军献，《郑州城市规划与空间结构变迁研究（1906～1957）》，《城市规划》2011年第8期。

(1904～1954)》①，从煤炭和棉花两个方面论述了铁路与郑州运输业发展的关系，初步研究了铁路与近代郑州工商业兴起的内在关联性。关于郑州城市规划研究，郝鹏展的《论近代以来郑州的城市规划与城市发展》②以及杨菲的《郑州城市规划与市政建设的历史考察（1908～1954）》③，基于城市规划的视角，对近代郑州城市发展的历史做了梳理，亦对交通因素给城市规划带来的影响做了分析。赵志强的博士学位论文《京汉铁路研究（1897～1937）》④，是一项关于京汉铁路的实证性个案研究，较为清晰地描述了京汉铁路的运营实态及其在沿线区域经济社会变动过程中的作用机制和影响程度，并以铁路为轴线，以包括郑州在内的诸多城市为节点，探讨了京汉铁路经济带的发展历程以及铁路与城市兴起的内在关联性。拙文《铁路与近代郑州棉业的发展》⑤《民国时期郑州城市工商业的历史考察——以铁路为视点》⑥《铁路交通视野下民国时期郑州城市工商业的初兴》⑦《交通变革与近代郑州地域构造的变容》⑧《近代铁路交通视阈下商圈互动与郑州区域中心地的形成》⑨『近代鄭州の隆盛と鉄道（1905～1937）』⑩和《铁路与近代郑州城市空间结构变动及功能演变》⑪等，分别对铁路与近代郑州棉业、工商业兴起、地域构造演化、区域中心地形成及其与郑州整座城市发展的内在关联性做了初步分析，并以植棉业为例对铁路筑通所引发的郑州城乡经济关系重构展开探讨，这一系列性研究对于清晰认知铁路与近代郑州城市化进程之间的互动关系有所助益。

上述丰硕的研究成果深化了对交通功能型城市乃至区域社会变迁之复

---

① 宋谦，《铁路与郑州城市的兴起（1904～1954）》，郑州大学 2007 届硕士学位论文。
② 郝鹏展，《论近代以来郑州的城市规划与城市发展》，陕西师范大学 2006 届硕士学位论文。
③ 杨菲，《郑州城市规划与市政建设的历史考察（1908～1954）》，郑州大学 2011 届硕士学位论文。
④ 赵志强，《京汉铁路研究（1897～1937）》（未刊稿），南开大学历史学院 2008 届博士学位论文。
⑤ 刘晖，《铁路与近代郑州棉业的发展》，《史学月刊》2008 年第 7 期。
⑥ 刘晖，《民国时期郑州城市工商业的历史考察——以铁路为视点》，〔日〕『愛知論叢』第 85 号（2008 年 9 月）。
⑦ 刘晖，《铁路交通视野下民国时期郑州城市工商业的初兴》，《宁夏社会科学》2013 年第 6 期。
⑧ 刘晖，《交通变革与近代郑州地域构造的变容》，〔日〕『ICCS 現代中国学ジャーナル』（ICCS Journal of Modern Chinese Studies）（电子期刊）第 1 号（2010 年 3 月）。
⑨ 刘晖，《近代铁路交通视阈下商圈互动与郑州区域中心地的形成》，《历史教学》（高校版）2015 年第 7 期。
⑩ 刘晖，『近代鄭州の隆盛と鉄道（1905～1937）』，〔日〕根岸智代訳，〔日〕《現代中国研究》第 24 号（2009 年 3 月）。
⑪ 刘晖，《铁路与近代郑州城市空间结构变动及功能演变》，《安徽史学》2015 年第 4 期。

杂性的认识，把中国近代交通社会史研究推向深入层面。但具体到近代郑州城市的个案研究，则显得非常薄弱，一些研究仅仅涉及这座城市的某一两个层面，无法形成对交通与郑州城市之间关系的整体性认识，研究尚存有待进一步完善之处：

1. 现有的研究成果多集中于铁路交通及城市史领域，涉及铁路与近代中国城市化进程的关系问题，与本项研究具有一定的关联性，但关于铁路与近代郑州城市发展之间关系的专题研究尚不多见。

2. 前人的研究多侧重于宏观层面，微观层面的透视极少，且缺乏对铁路与近代郑州城市化进程之间互动关系的深入剖析，尚未形成对近代郑州城市化进程的清晰认知。

3. 研究视域相对狭窄，或是在近代中国城市化的整体研究中，仅仅作为众多类型中的一种来进行城市的解读，或是仅仅粗线条地梳理郑州城市发展的历史脉络，对铁路与郑州城市发展内在关联性的深度解读尚显不足。尽管一些研究在纵向的时间轴上着墨不少，但对郑州因由铁路交通运输因素而在各大商圈、港口与腹地之间进行空间互动着墨不多，这些方面的研究有待于深入拓展。

4. 在资料运用方面，对档案史料、调查报告、报刊资料等尚未进行充分发掘，特别是对当时日本的诸多机构或商业人士对郑州及铁路沿线所做的经济调查，或是利用较少，或是间接引用，考证不足，对相关资料的使用往往先入为主，脱离其原有的时空联系，断章取义、误读误用的现象时有发生。

第四节　资料概况

就与本书关联之史料而言，在搜集过程中总会不断出现新的惊喜与担忧。惊喜的是又增加了一点点与本书主题相关的资料，担忧的是本书架构最终能否很好地支撑起来。一则苦于具体的微观资料太少，二则缺乏系统性的史料汇编，相关史料过于分散，漫无边际，难以穷尽。权且基于目前所能掌握的资料，做一大致概括。

1. 档案史料

档案史料是本书的基础，主要包括河南省档案馆馆藏陇海铁路管理局、平汉铁路管理局、省建设厅、交通银行郑州分行等卷宗，中国第二历史档案馆馆藏平汉铁路管理局和陇海铁路管理局档案，实业部、铁道部、交通部、资源管理委员会档案以及郑州商会档案等，台湾"中研院"近代史研究所档案馆馆藏经济部、内务部及郑州商埠史料，日本外务省外交史料馆馆藏中国铁道杂件、陆军省陆之密大日记、铁道省卷宗等与郑州相关部分，以及郑州铁路局、郑州市建设局档案和个人（如河南地方史专家胡文澜先生）收藏之有利用价值的史料。这些档案史料涉及平汉、陇海铁路的修筑、路务以及郑州城市建设、商业繁荣状况等，用以解析铁路与近代郑州城市成长的内在关系。

２．调查统计资料

当时的一些社会调查，为系统研究平汉和陇海铁路运输发展状况、两路与郑州城市发展及区域经济社会变迁，提供了大量的第一手调查史料。如陇海铁路管理局车务处的《陇海铁路全线调查》（1932年）、中国国民党陇海铁路特别党部的《陇海铁路调查报告》、陈伯庄的《平汉沿线农村经济调查》、行政院农村复兴委员会所编《河南省农村调查》、河南省政府秘书处统计室编《河南省政府五年来施政统计》（1935年）、河南省实业厅编《河南全省棉业调查报告书》、华商纱厂联合会棉产统计部编《中国棉产统计》、河南省地质调查所编《河南矿业报告》以及河南省统计学会编《民国时期河南省统计资料》，等等。

同期，日本青岛守备军民政部铁道部所做调查『河南省鄭州事情』、日本铁道部庶务课的『鄭州事情』、横滨正金银行的『河南省鄭州事情』以及青岛守备军民政部的调查报告『鄭州ヲ中心トシタル工業』，粗线条地勾勒出铁路通车前后郑州工商诸业的变化态势。"中国驻屯军司令部乙嘱托铁道班"的『隴海鉄道調査報告』（包括总务・经理关系编、工务关系编）、『平漢鉄道調査報告』（包括总务关系编、运输关系编、车务・通信・保安关系编、经理关系编、工务关系编）、青岛守备军民政部铁道部的『隴海鉄道調査報告書』，以及日本铁道省总务部资料课的『隴海鉄道』『平漢鉄道』等，则是研究平汉、陇海铁路运输经营等状况的珍贵史料，其中不乏显示路地关系，即铁路与郑州之间关系的资料。19世纪末20世纪初，东亚同文书院对中国各地进行详细调查，在此基础上形成系列调查报告，包括『京漢線調査報告書』『河南湖北線調査報告書』『河南陝西線調査報告書』『漢口駐在班調査報告書』和东亚同文会『中国省别全誌』之河南省、陕西省、直隶省诸卷，以及36卷本的『東亜同文書院大旅行誌』等，均是珍贵的相关调查史料。此外，日本参谋本部『天津商工業調査』、东京商工会议所的『北支那経済調査報告』、南满洲铁道株式会社总务部资料课所编『北支事情総覧』以及华北航业总公会的『北支各港港湾要览』等，这些日文史料为研究平汉铁路和陇海铁路运输、铁路与沿线地区经济社会变动、铁路因素对南北商业圈和郑州商圈的影响，以及认识铁路和郑州在港口与腹地间互动关系中的作用，提供了一个广域的视角和难得的宝贵史料。

3. 方志

清代、民国时期编纂的方志，如《郑州志》《郑县志》《中华民国省区全志》《鲁豫晋三省志》《分省地志——河南》《大中华河南省地理志》《河南新志》等，对于了解近代郑州城市发展的历史轨迹、新交通线的开辟与郑州经济社会变迁、郑州城市的近代转型，以及铁路通车前后河南省各地农业、工业以及城市空间演变状况大有助益。《河南省志》《郑州市志（8卷本）》《郑州市交通志》、郑州市建设委员会编《郑州市建设志》以及郑州市辖各区、市的方志，对20世纪上半叶铁路交通与郑州区域社会变迁的历史多有回顾，从不同的侧面对该地区经济社会运行状况进行了详细描述。

4. 文史资料

《河南省文史资料》《郑州市文史资料》及关联地区的文史资料，涉及郑州的政治、社会、经济、市政建设等方面微观资料，内容丰富、翔实，是重要的、鲜活的资料来源。尽管当事人的回忆有时会有不准确或记忆偏失之处，其可靠性有时尚需佐证，但仍不失为是一种鲜活的历史资料，往往具有一定的说服力。

5. 散见于当时报刊的关联资料

诸多报刊，如《河南统计月报》《河南政治月刊》《中行月刊》《东方杂志》《铁路月刊（平汉线）》《陇海日刊》《铁路杂志》《铁路协会会报》《工商半月刊》《交通杂志》《交通经济汇刊》《大公报》《益世报》《农商公报》《国际贸易导报》《申报》等，刊载许多相关资料。主要涉及郑州行业发展状况、两路客货运统计，或是介绍郑州之地理、人口、交通、教育、风俗等各方面情况，或是关乎区域经济（含经济空间、市场体系）、郑州城市建设及国家社会关系等方面的问题，这些资料有助于审视交通变革在社会经济发展中的作用，有助于客观分析铁路对于近代郑州城市发展的意义。各类相关年鉴，如《平汉年鉴》《陇海年鉴》《铁道年鉴》《申报年鉴》《中国经济年鉴》等，亦是重要的补充资料。

6. 一些行业性专门性资料汇编

这些汇编资料也是重要的参考资料，如宓汝成编著的《中国近代铁路史资料（1863～1911）》《中华民国铁路史资料（1912～1949）》、中国第二历史档案馆编的《中华民国史档案资料汇编》、严中平主编的《中国近代经济史统计资料选辑》、戴鞍钢、黄苇主编的《中国地方志经济资料汇编》。江沛主编的《中国近代铁路史资料选辑》（104卷），以及喻守贞等编著的《全国都会商埠旅行指南》等，在铁路修筑、郑州地域经济社会变迁方面提供了一些有价值的研究史料。

第五节　研究的创新及难点

1. 研究的创新点

如前所述，铁路因素对于郑州的城市化进程极为关键，而以两者关系为主题的系统性整体性研究至今尚无人问津。从这个意义上说，本书的选题具有一定的学术创新价值。

在研究的路径方面，不仅对解释变量——铁路与被解释变量——近代郑州城市化进程两者之间的正相关关系进行梳理，而且注重在史料的基础上对其所产生的消极影响做一客观把握，显示区域经济社会变迁的历史复杂性。本项研究深入剖析郑州城市的近代起源与内在发展理路，展现铁路在近代郑州城市发展中的先导作用；同时注意分析影响近代郑州城市发展的多元因子，以实现对其城市化进程的清晰认知。

本项研究采用历史学分析方法，与此同时，还运用了经济学（区位理论）、交通社会学（交通空间转换原理、交通系统生成原理）等诸多学科的理论，在一定程度上增加了对郑州这个交通节点研究的理论深度。

在史料使用方面，发掘到一些国内学界较少使用的第一手资料，特别是大量的日文资料，包括1900～1930年日本人在郑州地域所做的经济社会调查（含铁路相关调查），如东亚同文会、华北交通株式会社、青岛守备军民政部铁道部、"中国驻屯军乙嘱托铁道班"、日本铁道部庶务课及日本驻汉口、郑州领事馆等的调查资料和相关档案资料，在一定程度上丰富了本项研究的史料基础。

本项研究把郑州这个"点"以及平汉、陇海铁路这两条"线"置于一个更为广域的视野中来展开探讨，剖析天津、汉口、上海三大商业"圈"经由铁路"线"这个媒介与郑州这个"点"的联动关系，并进一步研究郑州中心地与区域铁路交通网络所构筑的"面"的经济社会变动之间的内在关联性，使得研究的视域大为拓展。

2. 难点

近代城市化内涵之解读及其与现代意义上城市化的关系的把握。城市化是一个动态的概念，历时性地来区分城市化的近代含义和现代含义是非常必要的，这是一个比较难以把握的环节。研究必须注意历史时态层面的深度把握，把近代郑州城市化进程置于当时的历史场域中，置于近代城市化的框架内，由此来考察铁路与城市的互动关系。

对铁路与近代郑州城市化进程的互动关系以及与其他影响因素间关系的深度把握和分析。近代郑州因铁路而兴起，这是20世纪上半叶郑州城市发展史的一个鲜明特点，但郑州城市的成长在微观层面上受到铁路何种程度的影响，如何正确把握引起郑州城市变动的其他诸多因素及其相互联系，这需要一定的学识与驾驭能力。怎样防止"铁路决定论"，避免"以偏概全"，按照历史的本来面目（既不夸大亦不漠视其互动作用）来审视铁路这一工业化的产物，对笔者来说是一个挑战。

资料搜集亦存在一定的困难。关于陇海、平汉铁路整条线路的宏观资料，即面上的资料，包括当时的铁路沿线调查资料、部分年鉴资料以及档案馆藏资料，下些功夫即可查阅到，但是铁路线上的各个节点，即个体城市的资料、数据相当分散，许多具体的微观资料已无从查起，这给研究的进展带来诸多困难。由于晚清至民国时期，中原地区战乱频仍，加之郑州当时并非是省治所在地，而仅仅是交通要地和区域经济的新生地，政治地位的缺失，经济地位又处于初树阶段，因此，城市发展相关史料的留存在主观上未被重视，客观上又因战乱而严重散失。笔者在中国第二历史档案馆、国家图书馆、台湾"中研院"近史所档案馆、河南省档案馆、郑州市档案馆等收集到一些档案史料，并在日本亚洲经济研究所、国立国会图书馆、京都大学、大阪大学、神户大学以及爱知大学图书馆收集到一些关联资料。尽管如此，部分章节的微观史料依然不够丰富。

此外，本书的选题不算太大，但是诸种关系复杂，所涉及的史料是海量的。如何厘清史料以及对诸多繁杂的统计数据进行科学分析与运用，亦是笔者面临的诸多困难之一。

第六节　研究框架

本项研究以中国区域社会转型中的铁路因素为切入点，探讨以铁路为中心的近代新式交通体系与城市化进程之间的互动关系，把空间视域定位在郑州，时间跨度为1905年至1954年，从微观上剖析铁路与郑州城市发展之间的内在关联性。

本书包括序章、正文八章和终章，共十部分内容。

第一章，序章。主要内容包括研究的意义，对城市化、郑州、平汉铁路、陇海铁路以及交通枢纽等相关概念的界定，进行学术史回顾，明确创新点以及研究的困惑。促进近代郑州城市化进程的因素是多元的，铁路无疑是最重要的因素之一，如何处理诸多因素之间的相互关系？显示近代城市化的标量亦是多重的，而这些标量与铁路的关系度如何？保证客观的历史把握无疑也是至关重要的。

第二章，传统交通体系与郑州城市发展的历史脉络。交通是沟通区域间关系的媒介，被视为地域间关系的标尺。郑州曾拥有过辉煌的历史，明清时期趋于衰落，到19世纪末则沦落为一座人数不足2万的小县城。由以驿路、黄河、运河为中心的传统交通体系的历史沿革可以看出，在近代铁路修通之前，郑州城市发展动力已趋于衰微，陷于发展的困顿之中，交通资源不足使之在中国的城市体系中处于边缘地位。

第三章，新式交通与郑州地域构造的演化。从全球范围来看，近代都市发展与铁道技术导入及新式交通运输网络的构建密切相关。平汉、陇海两大铁路干线的筑通，确立了郑州在区域交通体系中的中心地位，由此引发地域空间构造的深刻变化：一是区域经济中心向郑州位移；二是铁路促使商品向更广阔的地区渗透，郑州地域经济的空间容纳力随之增强，经济空间由此大为拓展；三是铁路沿线一批新兴市镇快速崛起，新式交通体系对区域城市构成亦起到联动作用。

第四章，铁路与近代郑州交通运输业的发展。郑州交通节点的形成，促使其铁路客货运输量大幅提升，在沟通南北东西间的物流、客流中发挥了重要作用。铁路的修通加速了郑州转运、打包、仓储、搬运诸业的兴起，铁路联运亦对郑州运输业产生两个向度的影响。联运制度的推行，一方面使得平汉、陇海两路的运输量及运输效率均有所提高，郑州在整个铁路联运体系中的地位随之提升；与此同时，运输路线选择的多样化，使得主要依托贸易、转运的郑州在区域中转贸易体系中的地位有所降低。

第五章，铁路与近代郑州城市工商业的初兴。铁路附属工厂是近代郑州城市工业的先导，一批现代性质的工厂因铁路的修筑而兴建。近代郑州的城市工业几乎全部集中于轻工行业，表现出机器生产与手工制作并存、依托铁路而兴、规模一般不大的特点。豫丰纱厂在郑州的设立、经营及其历史命运，则从一个侧面验证了铁路交通对郑州城市工商业发展的重要性。铁路的筑通，使得郑州成为区域商货流通的集散中心，城市商业得以快速发展，市场初步繁荣，棉业至为繁盛，棉业成为郑州城市工商业的重要组成部分。

第六章，外部商圈的影响及郑州区域中心地的形成。现代交通的发展克服了农业时代阻碍城市之间以及城市与区域之间联系的时空障碍，使得城市特别是区域中心城市的吸引范围（腹地）大为延展。郑州恰处于天津、汉口和上海商业圈的交界部，既深受其影响与控制，又因铁路的贯通而对陕西省、山西省乃至甘肃省的商业影响日渐扩大，形成自身的辐射范围。在天津、汉口和上海三大商圈影响及其交互作用下，郑州依靠自然地理位置和交通地理位置的优势，逐渐成长为区域的经济中心地。郑州金融业亦在交通区位的殷惠下形成一定的区域性影响力，它一方面为郑州工商业发展提供保障，另一方面也体现了郑州的中心地职能。

第七章，铁路与郑州城市空间结构演化及功能转变。在铁路交通的影响下，郑州城市空间得以拓展，火车站和新市街成为新的城市中心，都市规划基于铁路进行布局设计，城市空间结构重新整合，外在景观发生巨大变化，市区的发展不再像传统城市那样呈现整齐划一的方格状结构，而是基于商业贸易对交通的需要，在平面上与铁路沿线作辐射状延伸，城市功能亦随之转换，交通功能得以彰显。近代郑州城市空间结构及功能的显著变化，主要体现在四个方面：一是城市发展重心向火车站和新市街转移，二是城市的空间结构呈现沿铁路放射性发展的态势，三是因循铁路形成不同的功能分区，四是铁路亦会导致对市区的分割。火车站和新市街遂取代传统驿站及官府衙门驻地而成为新的城市生活中心，郑州城市发展轨迹由此发生了根本性转变。

第八章，铁路与郑州城市社会结构变迁及观念更新。铁路因素以及城市空间扩张带来了人口聚集效应，郑州对人口的容纳力大为增加，大量农村人口以及外来商务人员拥入，工人、商人和知识分子群体迅速扩大，从而改变了近代郑州城市人口的结构层次。伴随铁路而来的大众传媒的兴起、教会信仰的交会碰撞、学校教育的渐次普及、工人与市民的组织化、公共服务设施与公共空间的整备，冲击着郑州人的感官与传统生活方式，促使人们的观念、视域从封闭走向开放，郑州城市社会生活在新旧交替、新旧交融中发生着深刻变化。铁路的发展促进了郑州的产业发展，工人力量的集中与增强所带来的是政治力量变迁以及罢工等政治运动的活跃，工人阶级的历练与成长亦逐步改变了郑州社会政治力量的对比。

第九章，铁路与近代郑州城乡经济关系的重构。以郑州为中心的区域交通经济带的形成，彰显了铁路以及近代郑州城市的辐射功能。铁路推动了郑州城乡经济的互动和发展，其腹地范围呈现一种动态的发展态势，在与其他城市的袭夺中不断发生变化。铁路与城市的聚集经济效应，推动了以植棉业为中心的农业生产的区域化、市场化、商品化趋势，棉花运销结构发生改变，市场结构亦由原来的产地市场、消费市场所构成的两级结构，发展成为原始市场——中转（或集散）市场——消费市场或终端市场所构成的三级市场结构，区域城乡经济关系由此得以重构。

第十章，终章。影响城市化进程的因素固然很多，但郑州因交通而兴的特点非常明显，铁路的作用尤其突出，城市的其他功能也是因交通而产生并为交通中心功能服务的。以铁路为中心的近代交通体系对郑州城市发展的促动，及其所引发的城市社会变迁，它既不是直线的，也不是简单的新旧取代过程，而是一种多重力量博弈、新陈代谢的过程。在多重因素、多种力量的博弈中，铁路对近代郑州城市化进程的作用得以彰显，展现了区域城市经济社会变迁的历史复杂性。以铁路为中心的交通体系对郑州城市经济社会变迁的影响延续至今，交通依然是这座内陆城市发展的强劲动力。

第二章　传统交通体系
与郑州城市发展的历史脉络

在史前及夏商周时期，郑州曾经位于中华文明源起的核心地带，这一政治资源优势成就了商都的繁荣。伴随商朝的灭亡，郑州城市的发展虽然失去了政治因素的支撑，却因为殷商遗民的重商之风带来商业贸易的兴盛，成为区域的商业中心地。此后，以隋唐运河、通济渠和驿道为代表的传统交通体系的构建，及其所形成的水陆联动、驿城互动态势，成为古代郑州城市成长的基本因子，城市的兴衰命运与交通可谓是紧密联系在一起。交通，既是衡量地域间疏密关系的一个标量，也是陆路交通时代内陆城市发展的主要动力源泉。

第一节　交通：地域间关系的标尺

交通是指在特定场所以外经过人工或者天然的通路所引起的社会的移动现象，人、货物或者音信是引发这种移动现象的客体，这三者被称为交通客体。[①]从这个意义上来说，交通包括人、物和信息三者的位移。就社会学的角度而言，交通是由人类行动本能演化而来的，为满足自身生活和发展需要而进行的，实现人、物、信息空间位置转换的社会活动或社会现象。[②]交通技术与交通手段，往往决定着空间相互作用的广度和深度，一个地区的交通状况往往成为该地区经济发达程度的重要标志，[③]交通可谓是地域间关系的标尺。

一、交通方式的演进与地域间关系的建构

交通具有多重含义，如相互通达、交流、交往、联络以及运输载体、

[①] 余松筠，《交通经济学》，上海：商务印书馆，1937年版，第4页。
[②] 谷中原，《交通社会学》，北京：民族出版社，2002年版，第24页。
[③] 李文荣、赵学勇，《交通运输条件对区域经济发展的影响》，《经济与社会发展》2003年第6期。

工具等。《管子·度地》"山川涸落,天气下,地气上,万物交通",所表述的是交通的基本含义,即相互通达、联络之意。陶渊明在《桃花源记》中所描绘的"阡陌交通,鸡犬相闻",其含义与之大致相仿。本书所论述的交通,是指交通工具以及人们基于各种需要而通过载体达成的位移。

人们的社会生活和生产活动需要大量的物质及信息的支撑,而交通客体本身具有属地性质,这就决定了各种元素借助载体实现流动的必要性,交通工具的重要性得以彰显。交通工具的先进性和现代水平如何,决定了地域间交通客体流动的速度、频度及活动范围。伴随人类生活与生产的客观需要,交通事业得以逐步发展。古人基于生存的需要,尽量沿着河道或距离河道较近的地方居住生活,船运成为最早的运输方式,而牛马车则是陆上交通工具的"先声",这些以人力、畜力或自然力为动力的运输方式,在相当长的一段历史时期内维系着人类社会交往的需求。

近代交通工具出现后,人们通过轮船、火车或者飞机,打破了以往交通、通信及地域的限制,人类的视野变得更为宽广,自然意义上很远的距离因交通工具的改善而使得所需时间或费用大为减少,世界在时空上的距离似乎被缩小了。纵然时间无法改变,但空间已变得不难逾越,速度拉近了遥远的距离,马克思称之为"时间消解空间"。距离不是固定的,而是可变的,是跨越其所需的时间与能量的函数,它意味着"空间摩擦系数"越来越接近零,这无疑是人类社会进步的一个重要标志。因为新式交通工具所带来的速度的提升,空间距离变得可以伸缩。新式交通能够迅速满足市场需求,实现速度经济所带来的超额利润也就在情理之中了。在现代供应链中,各个环节之间的地理距离越来越远,这更需要在尽可能短的时间内跨越这一距离。就内陆腹地发展与港口的关联性而言,各区域和作为辐射源的港口城市的空间距离与交通条件,是影响其现代化进程的最重要因素。[①]城市之间也不应仅以距离来计量范围,时间亦是重要的计量指标。

交通是人们进行社会交往的工具,社会交往是人类为了满足自身的某种需求而进行的相互沟通行为,是人类社会生活的重要内容之一。交通系统是保证这种生活方式得以不断延续的支持系统,交通的发达程度是人们社会交往范围扩大、效率提高的函数,一个社会有了方便、快捷的交通条

---

① 吴松弟主编,《中国百年经济拼图:港口城市及其腹地与中国现代化》,济南:山东画报出版社,2006年版,第14页。

件，人们的社会交往频率会大大增加。①人们交往的频度越高，意味着区域间的关系越密切。交通运输过程并不改变交通客体的物理性质、化学性质及其形态，只是对象的空间位置发生改变，从一处转移至另一处，由此实现资源的流动和更为合理的配置。作为联系地理空间社会经济活动的重要纽带，交通是实现社会化分工的重要因素。

区域间的贸易水平受到交通整备状况的制约，意味着交通与商业发展之间具有密切的关联性。民国时期著名实业家穆藕初对此曾深刻论析："等一货也，产地与商埠之代价，每每相差一倍以上，或竟有相差至三四倍之多。而尚不易沟通者，虽此代价相差之悬殊，不必全属之转运上。而转输之不便，运费之多耗，则为不可掩之事实。且此尚系去通航通车之地，不甚写远之处然耳。至于偏僻省份，虽有绝好之食用产品，除当地人民消费外，莫之奈何，而任其陈腐者有之。工业上需要之材料，除合于当地人民消费外，莫之奈何，而视同废物者有之。"②此外，穆藕初还注意到，即使在交通便利之处，若路政不修，行业不竞，运输效率低下，对商业的发展亦是不利。这表明交通是一个地区商业发展的基础条件，但这并不意味着交通条件的改善一定会带来区域间贸易的繁荣，路政管理和运输效率亦在一定程度上发挥着作用。不过，如果没有交通的整备，区域间的贸易状况就难以得到改善，交通促使原料产地、原料加工地和产品消费地之间的地域联系更加紧密。

就铁路交通而言，其"运输之安全迅速，大有影响于市价及生产，若论其直接之结果，即不啻商业界之影响也。当见因铁路发达而人民以往来便捷，辄舍小市场而趋大都会，致引起商业集中之现象。但商业以铁道而集中，而资本能经营同一之商业而绰有余裕者，观其经济上之活发，并足发挥国力表彰信用而屹立于商战不败之地，是铁道流通经济，节约资本，"③对于商业在更大空间和更广泛地域的发展产生深刻影响。

二、交通线作用与城市的互动和成长

交通与城市的形成之间亦具有密切关系，而且城市之间的联络必须依托交通，交通是衡量城市与城市、城市与乡村之间关系度的一个重要标

---

① 谷中原，《交通社会学》，北京：民族出版社，2002年版，第181页。
② 穆藕初，《交通与商业之关系》，载穆湘玥，《藕初五十自述·藕初文录（上卷）》，上海：商务印书馆，1926年版，第50页。
③ 剑男，《铁道发达之影响及与社会之关系》，《铁路协会会报拔萃》第1、2卷（1912、1913年度），第1～15期，第59页。

量。城市的起源是混沌吸引子所引起的一种"泵"作用的结果,一旦历史上某个地点中的混沌吸引子"泵"的作用形成,经济交流的"长程力"就会对距其一定远的距离产生"长程相关"的作用,使这个微观地点与远距离的宏观吸引区沟通。这时经由交通实现与一定远距离的交流,往往会在这个发生地形成城市,经济得以发展。城市经济运作效率是由人的物质利益所支配,这种利益又有赖于交通去扩张。[①]自古以来,交通条件就是一个城市形成和发展的重要因子。"交通之一大好处,是它构成一个分配中心所在地的最基本、最重要的原因。甚至可以说,交通条件是这类中心形成的唯一原因。由于某个原因或者某些原因,有一个地点最便于周围多数人的聚拢,因而人们自然地选择这个地点来进行交换、贸易。"[②]交通节点的所在地往往容易形成城镇,新式交通也往往成为催生新的通商贸易区的决定性因素。

　　西方国家在工业革命的驱动下,开始由乡村社会向城市社会转变,其城市交通步入成长期或者是快速发展期。而中国城市交通的发展起点与西方国家并不在同一个历史时点上,近代交通技术的导入,推动城市交通包括城市内部交通和城市外部交通进入成长期。"1919 年以前中国现代社会的发展既有限,又不平衡。最深远的变化可能发生在交通运输方面。它不仅有助于人和货物的更大流动,而且也有助于思想的更大流动。……在沿海和长江中下游的一些省份里,现代商业和工业以及有关的服务业已经在大城市中发展,并越来越多地使用非生命能源。不仅如此,城市已经有些成长,城市集中化在一定程度上有所加强。新教育、新职业和新技术提供的机会多少造成了更大的社会流动性。"[③]就近代工业而言,它在中国一些

---

①　管楚度,《交通区位论及其应用》,北京:人民交通出版社,2000 年版,第 37～38 页。混沌吸引子是物理学的一个概念,系美国气象学家爱德华·洛伦兹(Edward Lorenz)1961 年率先使用并提出混沌理论。混沌理论(Chaos theory)是一种兼具质性思考与量化分析的方法,用以探讨动态系统中(如人口移动、化学反应、气象变化、社会行为、经济交往等)无法用单一的数据关系,而必须用整体、连续的数据关系才能加以解释及预测的行为。吸引子是系统被吸引并最终固定于某一状态的性态,控制和限制物体运动程度的吸引子有三种:点吸引子、极限环吸引子和奇异吸引子(即混沌吸引子或 Lorenz 吸引子)。如果一个吸引子所产生的运动是对初始条件敏感的确定的非周期流,则称其为混沌吸引子。点吸引子与极限环吸引子都起着限制的作用,以便系统的性态呈现出静态的、平衡的特征,故它们也叫收敛性吸引子。而奇异吸引子则与前二者不同,它使系统偏离收敛性吸引子的区域而导向不同的性态,通过诱发系统的活力而使其变为非预设模式,从而创造不可预测性。

②　J. Russell Smith. *Industrial and Commercial Geography*. P. 841;何玉宏、刑元梅,《交通社会学研究》,《理论月刊》2004 年第 12 期。

③　〔美〕奈特·毕乃德,《现代化与近代初期的中国》,载〔美〕西里尔·E. 布莱克,《比较现代化》,杨豫、陈祖洲译,上海:上海译文出版社,1996 年版,第 232 页。

城市开始兴起后，使得这些城市对劳动力、生产性燃料、原材料等的需求量逐渐增大。而产品外销数量的增加，使得指向这些城市的人与物的空间运动频率大为提升。与此同时，人与物质财富的积淀又导致城市规模的拓展，并进而导致市内人与物的流动规模的扩大。这些原因是促使城市内外交通发展的基本动因，而近代交通的引入又在一定程度上加速了中国一些城市交通的发展，从而为城市交通进入成长期提供了条件。[①]城市内外交通的融合发展，为现代城市的成长提供了强劲的动力支撑。

通过交通网络的中介，城市之间彼此发生着方方面面的联络关系，并在交通线的导向作用下进行各种交换活动，有学者把交通运输线在城市间相互联系中的作用称为交通线作用。在交通尚不发达、运输需要大量费用与时间的时代，交通线的作用并不显著，城市工业及商业的规模均很小，一些小型生产区位往往形成于原料产地和消费地，城市的集聚规模因此不会很大。但是随着交通事业的发展，规模效益彰显，集聚空间亦变得越来越大，城市得以发展和扩张，区域交通干线网络的重要结点往往会形成大的城市[②]。在近代中国各区域向现代转型的进程中，"城镇地理位置是否处于东部沿海、是否处于以铁路、航运为主的近代交通体系的枢纽、是否具有独特的资源开发，将决定着一个城镇在现代化进程中的地位与功能，也将决定着一个城镇兴盛与停滞"[③]。一个城市与其他城市间的交通线作用越强，交通的路径选择越多，该城市成长的速度就会越快，而这种不断增长的城市规模又会进一步推进与其他城市的交流，交通线的作用随之扩大。

---

① 曹钟勇，《城市交通论》，北京：中国铁道出版社，1996年版，第102页。本书所探讨的郑州城市交通问题，与曹文中所归纳的中国城市内外交通发展的基本动因有所差异。郑州城市内外交通特别是外部交通发展的直接原因并非是该城市工业化及原料运输的需要，而是源自铁路的修建。铁路改变了郑州传统封闭的窘状，为城市工业、商业的发展创造了外部条件，并成为郑州城市化的助力器。铁路经由郑州之后，其城市外部交通实现了由传统驿路到近代交通的爆发性变革，而城市内部交通的变革则相当缓慢，在较长的一段历史时期内仍然延续着主要以人力、畜力为动力的传统样式。在曹钟勇看来，城市化既表征着人口向城市的集中，更表征着物质财富向城市的集中。从城市化外部来看，由于工业化以后，城市的经济性质由消费变为了生产性，故而向城市集中的物资也由食物等纯消费品变成了食物、工业性原材料、燃料等多种大宗物品，即引起大宗物品向点的大规模汇聚性空间运动。从城市内部来看，由于城市城市化以后人与物的流动在城市里的积淀量远远超出原始平衡期和基本生成期，从而导致城市规模的空前扩大。而城市规模的扩大，又会引起人与物在城市内部空间运动规模的扩大，从而使城市内部交通需求问题日益突出起来，特别是工业生产的特性要求人员大规模集中性的定时、定点、定向的空间运动，决定了城市内部交通中客运交通不同于以前任何时间的客运交通的特性。此外，近代交通工具的使用，又使得城市间、城乡间及城市内部的人与物的运输规模达到了空前的程度。上述关于交通与城市关系的判断大体上适用于郑州，只不过近代郑州的表现还比较初级。

② 叶舜赞主编，《城市化与城市体系》，北京：科学出版社，1994年版，第15页。

③ 江沛、秦熠、刘晖、蒋竹山，《城市化进程研究》，南京：南京大学出版社，第41页。

任何形式的交通都是实现客体空间位移的手段，某一区域交通方式的运行，要么是实现人的空间位移转化的过程，要么是实现物体空间位移转化的过程，要么是实现信息传递的过程。人类的定居生活、人类的生物的和社会的需求是产生这些位移的重要因素，交通系统的完善与发达是实现人、物、信息位移的必要物质条件。尽管交通是实现客体空间位移的唯一途径，但客体位移的发生并不取决于交通本身，而取决于主体的运输需求和客体的状况。若客体具有一定存量，主体又有将它移到所要到达的目的地的意向，这时主体就会利用交通工具，实现客体空间转换运动。但交通的工具价值到底有多大，往往不取决于主体需求程度，也不取决于客体的存在质量，而是取决于交通系统的发达程度。[①]发达的交通系统的建构，能够更充分地体现交通自身的价值。

"一条从生产地点通往内地一个人口聚集的主要中心的铁路，可以使内地的一个不通铁路的较近地点，比这个自然距离较远的地点，绝对地或相对地变远。同样，这种情况还会使生产地点到较大的销售市场的相对距离发生变化，"[②]这种相对距离的变化表明铁路给区域经济变迁所带来的是深层次变革。在英国学者克里斯蒂安·沃尔玛尔（Christian Wolmar）看来，铁路给各国造成的确切影响可能不尽相同，然而受此影响的每个国家都发生了意义深远的变化。铁路一旦建成，当地经济和社会形态的改变就不可避免。铁路所带来的变革以可预知和不可预知两种方式同时进行，其中最显著的优势在于运输成本的降低，无论是庄稼、矿藏或制成品，本地产品能够更加便宜地被运送至国内乃至国际市场。[③]"铁路事业之功用，一方在增进交通之便利，一方在调剂供求之平衡"，若"生产消费两方不能利用铁路以谋调节，遂致货不畅流，地难尽利"。[④]铁路等新式运输工具的导入，不仅带来了商品或者人在空间运动上的加速，而且空间距离体现在时间上则大为缩短，是邮政等事业发展和人口迁移的催化剂，从而密切了地域间的联系。

大工业按其本性来说是力求超出一切空间界限的，运输条件的改善往往会导致速度提高以及运输时间节约，而用节约出的时间又可以进一步扩大资本所能达到的空间范围。近代及现代交通运输业的发展加速瓦解了小

---

① 谷中原，《交通社会学》，北京：民族出版社，2002年版，第13～14页。
② 马克思，《资本论》（第2卷），《马克思恩格斯全集》（第24卷），北京：人民出版社，1972年版，第277页。
③ 〔英〕克里斯蒂安·沃尔玛尔，《技术、资本、战略的200年铁路史》，陈帅译，北京：中信出版集团股份有限公司，2017年版，第263页。
④ 第三届铁展陇海馆筹备处，《铁道部第三届全国铁路沿线出产货品展览会陇海馆专刊》（发刊词部分），出版地不详，第三届铁展陇海馆筹备处，1932年版，第1页。

生产的生产方式，促使大工业的经济体系全面形成。交通越发达，能够发挥地区优势的生产专业化就越有可能。①在现代工业经济体系中，交通依然发挥着独特的作用，交通运输成为重要的区位影响因素。但自工业革命和运输革命以来，随着科技进步和经济结构的逐步完善，空间距离对工业活动的作用发生了很大变化。②当然，运输的区位影响本身会因为地理环境、交通需求的差异性而有所不同，其影响力亦会发生一些变化，在一种新式交通工具到多元现代综合交通体系演化进程中，往往会经历由某新式交通方式问世初期的强化到逐渐弱化（有的是再次强化）的过程。就铁路来说，其功用已今非昔比，它正从长途运输市场的垄断产业转变为重要且高度专业化的行业，③铁路或许会打破以往的悲观预计，在21世纪重新崛起，进入一个所谓的"铁路复兴时代"。总的来说，若把交通置于原有的历史时空中来进行观照的话，它无疑是显示区域间关系的最为重要的标尺。

第二节　区域传统交通体系的沿革：驿路、黄河及运河

郑州地处中原腹地，传统交通时代主要依靠驿路系统和水运网络（黄河、运河）④来实现区域间的人员与物资流动，在王朝鼎盛时期曾经居于地域交通的中心地带，是贯通中国南北东西的水运及驿路交通网的重要联络地。郑州地域的传统交通体系曾经拥有一段辉煌的历史，在区域漕运以及内外物资、人员流通中发挥了重要作用。但伴随着全国整体交通路线的变动，郑州地域交通经历了由盛到衰，复又由衰及盛的历史演变。

一、驿路系统

驿路是中国传统交通体系中的一个重要载体，初成于秦汉，唐宋时期驿运极为繁盛。驿路即驿道，初称驰道，最初产生于秦朝。秦统一中国后，为整备交通，曾下令统一车轨，广修驰道。驰道沿途"十里一亭"，

---

① 荣朝和，《论交通运输在经济时空推移和结构演变中的宏观作用》，《地理学报》1995年第5期。
② 在胡佛等学者的现代区位分析中，交通运输已失去其原本最为突出的地位，而逐渐成为诸多区位影响因素中的一个。
③ 〔英〕克里斯蒂安·沃尔玛尔，《技术、资本、战略的200年铁路史》，陈帅译，北京：中信出版集团股份有限公司，2017年版，第382页。
④ 依托黄河、运河和其他自然水道所形成的水运网络以及陆路的驿路系统，共同构成了郑州区域的传统交通体系。

除管理辖区民政、维持治安之外，还提供旅客住宿。自周、秦至汉代，驿传制度逐渐完善，在交通干线设置驿传，驰道改称驿道。隋唐时期，全国驿运事业较为繁盛。到了北宋，推行驿运制度改革，采用步递、马递、急脚递等三种驿递方式。元承宋制，一般每60里设一个驿站，并专门设置通政院管理全国驿站，在中原地区共有106处陆路驿站①。

清代驿运沿袭明制，中央由兵部车驾清吏司主管，省一级由按察使司统辖驿传事务，州县则由州、县官管理，驿务繁忙者，由驿丞管理。清代设置有驿递和铺递，驿递的主要任务是传递信件、迎送使臣和运送官物。清代的铺递与明代急递铺制度基本相同，但规模较为庞大，比明代更为发达。驿站服役的差役被统称为驿夫，专司喂养马匹、递送公文、抬轿运物等事务。在清朝的驿传体系中，一般每两匹马配驿夫一名，如是通衢大路的驿站，设驿夫一二百名、七八十人不等，偏僻的驿站则只有二三十名。清代的驿路网络包括两种：一是以京师北京为中心至各省省会的驿路，被称为官马大路，简称官路；二是由省会至地方重要都市的驿路，被称为官马支路，简称大路。因清代河南省的省会在开封，有官马大路直接联结京师，官马支路则由开封向省内各地辐射。因此，开封是这一时期河南区域交通运输网络的中心，其主要线路包括②：

---

① 杨克坚主编，《河南公路运输史》（第1册），北京：人民交通出版社，1991年版，第92～96页。

② 同上注，第84～86页。在河南省地方史志编纂委员会编著的《河南省志·公路交通志》（河南人民出版社，1991年版）中，列举了清季河南省府开封与各府州县之间的7条主要驿路：一、东线。自永城县东南入境（接安徽宿州驿站），经永城县太丘驿、夏邑会亭驿、虞城石榴固驿、归德府商丘县商丘驿、宁陵县宁城驿、睢州蔡丘驿、杞县雍丘驿、陈留县莘城驿，至开封府大梁驿，全长260公里。东南诸省赴陕甘者，悉由此路乘传西上；二、西线。自开封府西行，经中牟县圃田驿、郑州管城驿、荥阳县索亭驿、汜水县驿、巩县洛口驿、偃师县首阳驿、洛阳县周南驿、新安县函关驿、渑池县义昌驿、蠡城驿、陕州硖石驿、甘棠驿、灵宝县桃林驿、阌乡县鼎湖驿至关东店出境（接陕西华阴县），全长450公里，为横贯全省东西之一大干路；三、南线。自武胜关入境（接湖北应山县），经信阳州驿、明港驿、确山县驿、遂平县驿、郾城县驿、临颍县驿、许州驿、洧川县驿、尉氏县驿至开封府大梁驿，全程353公里。西南各省公文驿递均沿该路北上，史称桂林官路，其冲要地位和驿传密度均超过其他路线；四、北线。自郑州管城驿北行，经荥泽县广武驿过黄河，至获嘉县亢村驿，再经新乡县新中驿、汲县卫源驿、淇县淇门驿、汤阴县宜沟驿、安阳县邺城驿至丰乐镇出境（接河北磁县），全程210公里；五、西北线。自荥泽县广武驿经武陟县驿、河内县覃怀驿至泽州府（山西晋城），全程115公里，是晋豫交通孔道；六、西南线。自许州驿西南行，经襄城县新城驿、叶县潕水驿、保安驿、裕州赭阳驿（今方城）、博望驿、南阳县宛城驿、林水驿、新野县淄阳驿至通铺出境（接湖北襄阳），全程315公里。此路北走郑汴，经禹州清颍驿、新郑县永新驿、郭店驿至郑州管城驿，南通荆（州）沙（市），属于云南官路，为军事驰逐之地；七、东北线。自山东曹州府菏泽入境，经考城县驿、仪封县驿、兰阳县驿（今兰考）至开封府大梁驿，全长100公里。

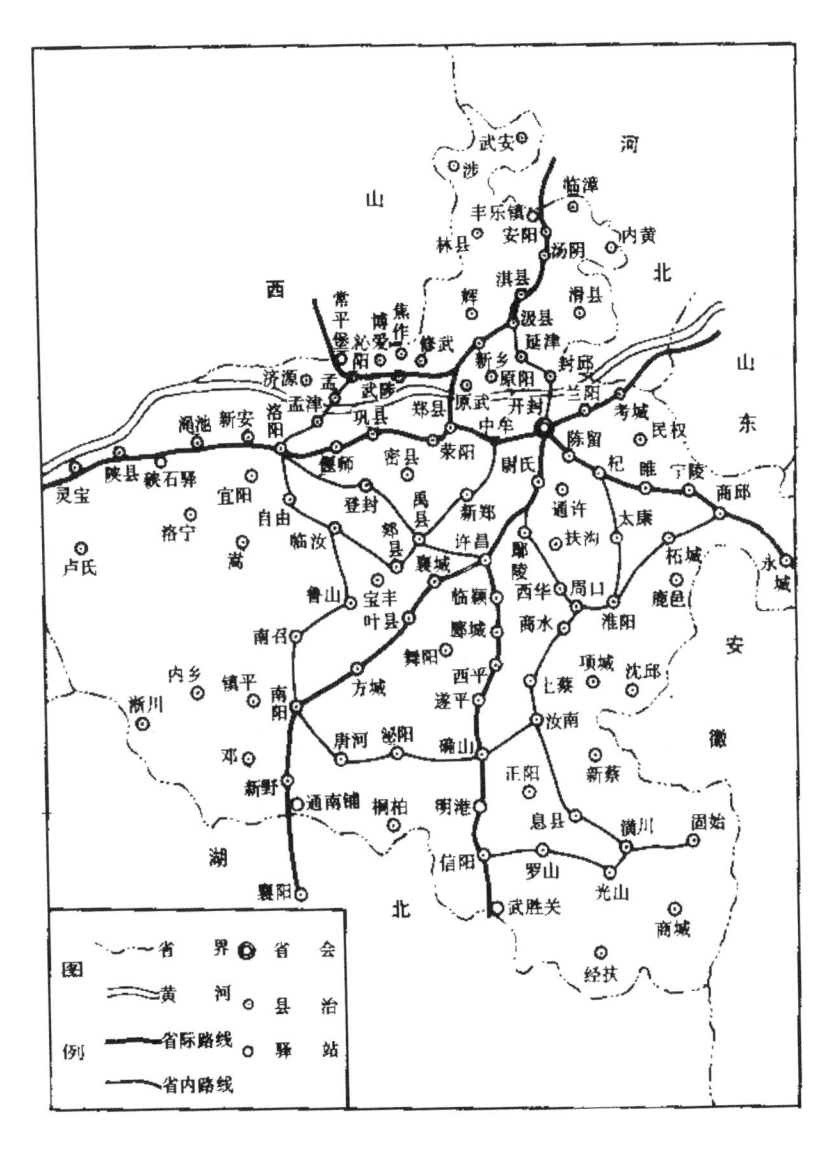

图 2.1 清末河南省驿运路线示意图

资料来源：杨克坚主编，《河南公路运输史》（第 1 册），北京：人民交通出版社，1991 年版，第 102 页。

1. 开封通往北京的运输线。一条是自开封西北行，渡黄河，经封丘、延津、过沙门关，再经淇门镇、宜沟驿、汤阴抵彰德府（今安阳）。往北经丰乐镇出河南境，与河北省磁州相接，再经顺德（今河北邢台）、真定（今河北正定）、保定而达京师；另一条是自开封北行，经开州（今濮阳）、清丰、孟固驿、南乐出河南境，与河北省的大名府（今大名县）相接，沿卫河抵临清，北行经沧州、直沽（今天津）达京师。

2. 开封经汝宁达湖广的运输线。一条是由开封南行，经朱仙镇、扶沟、上蔡至汝宁府。继续南行经马乡驿（今汝南）、真阳（今正阳）、铜钟驿（今正阳南）、罗山、定远驿，穿过大胜关至湖北省黄陂驿，再南行过金竹驿、黄陂到达江夏（今汉口）；另一条路线是自开封南行，经尉氏、洧川、许州（今许昌）、临颍、郾城、西平、上蔡至汝宁府，由汝宁府经过确山、明港驿至信阳，继续南行穿武阳关（今武胜关）入湖北境。

以上两条路线是纵贯河南全境的南北运输干线，是南粮北调和北棉南运的主要线路。清朝时期，汲县（卫辉府府治所在地，今卫辉）至许州一段，除往东绕道开封外，还可以经新乡渡黄河至荥泽（今荥阳），继续南行经郑州、新郑到达许州（今许昌）。郾城至确山一段，除绕道汝宁外，还可南行经西平、遂平、驻马店达确山，这两段在清代都是重要的运输线。

3. 由开封至西南部的运输线。由开封至许州（今许昌），西南行经襄城、叶县、保安驿、裕州（今方城）、博望驿至南阳。由南阳南行，经瓦店驿、新野达湖北襄樊。也可由南阳西南行，经邓州达均州（今湖北丹江口），以通巴蜀。

另有由开封至中国东南部的运输线，主要包括自开封沿蔡河东南行和沿涡水东南行两条线路，这是联结南京与河南、陕西、山西等省的重要运输线。

由北京通向南方的"官马南路"，当时有云南官路、桂林官路和广东官路三条干线。由江夏北行，经孝感、广水、舞阳、许昌、郑州、保定至北京的驿路，为"桂林官路"的北段。[①]郑州居于该段官路的中心位置，是重要的中转驿站。

[①] 刘照华，《湖北公路运输史》（第1册），北京：人民交通出版社，1991年版，第31页；赵志强，《平汉铁路研究（1897～1937）》（未刊稿），南开大学历史学院2008届博士学位论文。从桂林官路北段的走向来看，基本上是与平汉铁路相一致的。

从地理方位上来看，河南省境之内，除了东部的交通运输中心开封之外，在西部还有一个亚中心——洛阳，而郑州恰好位于两个中心之间，三者一线，构成一条东西方向横贯河南的重要陆路交通线，并沿途设置了大量相当于驿站的递运所，节递转运货物。

经过洛阳的重要交通线有两条，成十字交叉。一是东西运输线，沿该线西行经新安、渑池，穿硖石关抵陕州（今陕县），直通西安方向，东行经商丘、砀山至徐州方向；二是南北运输线，纵贯河南省西部。即自洛阳南行，穿龙门关，经彭婆镇、白沙镇、临汝镇至汝州，转南行经鲁山、穿鲁阳关、过古向城（今南召）抵南阳，它是秦岭五大运输线之一。自洛阳北行，由河阻渡黄河至怀庆府（今沁阳）。东北行经清化镇（今博爱）、承恩驿（今焦作）、修武、获嘉、新乡至卫辉府，转北行至彰德府出河南省境，继续北行达京师。由于黄河改道南移，运往京师的贡赋，主要依靠该线陆运。

此外，比较重要的区域性陆路运输线，还有彰德府至襄阳府（今襄樊）的运输线，[①]即出彰德府南行，途经汤阴县、淇县、卫辉府、新乡县，然后渡过黄河，经荥泽县、郑州、新郑县、襄城县、叶县、裕州、博望、南阳府、林水、新野县，抵达襄阳府。

及至民国时期，河南驿路系统并没有发生显著变化，主要是以省会开封为中心向周边市镇辐射延伸，尚保留着六条旧时驿路，[②]即：（1）由北平经过开封、许昌、信阳逾武胜关入湖北省，达汉口；（2）由开封经过郑县、洛阳、陕县入陕西省，通长安；（3）由第一路至许昌分歧，经南阳入湖北襄阳，再逾江陵至湖南西部；（4）由第一路至汲县分歧至洛阳，会第二路；（5）由本省西北部经过沁阳入山西晋城，再经长治通阳曲；（6）由开封东行经商丘通安徽。从整体上来看，区域驿路网络的格局基本上还是保持着旧有面貌。

二、水运系统

就河南省全境而言，其河流分属黄河、海河、淮河、汉水四个水系，"北部以河（黄河）为最大，西北诸水多入之，河以北诸水不入黄河者，率由卫河至天津入海，南部以淮（淮河）为最大，中部及东南、东北部水

---

① 赵志强，《京汉铁路研究（1897～1937）》（未刊稿），南开大学历史学院2008届博士学位论文。该线过郑州后，与开封至河南西南部的运输线大部重合，是沟通河南省南部与北部的一条重要交通线。

② 崔宗埙，《河南省经济调查报告》，北京：京华印书馆，1945年版，第13页。

多入之,其西南诸水则入于汉",故"豫水可分为河淮二系及从卫诸水、入汉诸水"①,支流众多,河道多可用于水运。

郑州地域的水路交通在历史上曾经拥有过辉煌,特别是借助黄河这条中国东西交通的重要航道,并通过黄河联络卫河、涡河、颍河等水系,西通关中地区,北连河北平原,东接鲁苏皖,具有重要的交通区位。

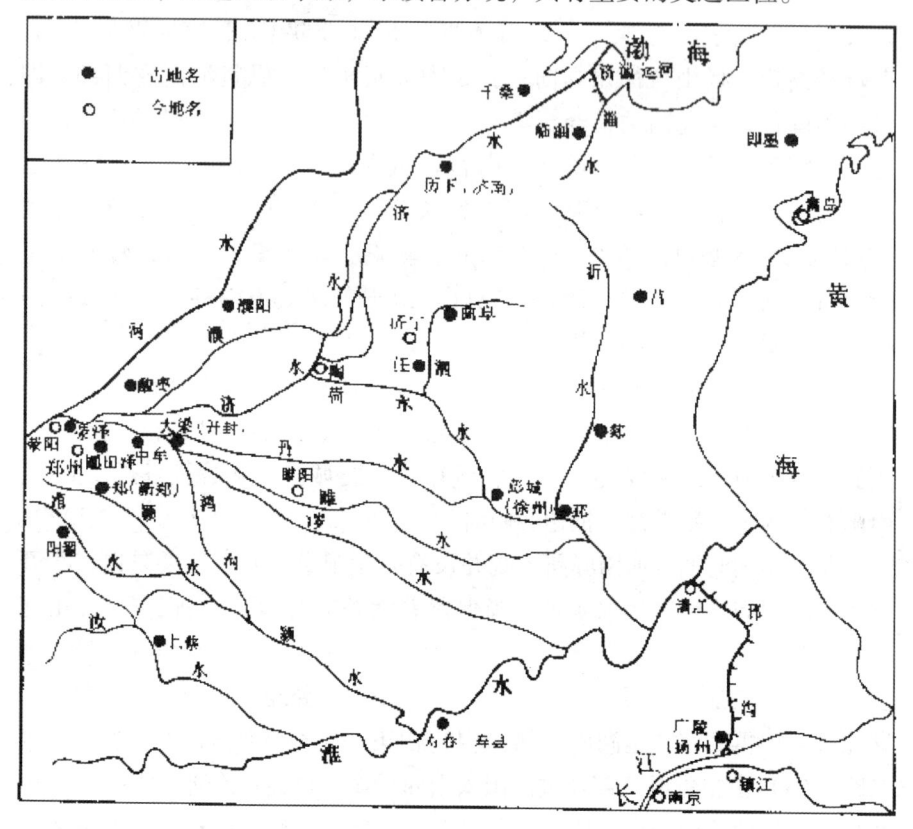

图2.2 鸿沟水系示意图

资料来源:河南省地方史志编纂委员会编,《河南省志·内河航运志》,郑州:河南人民出版社,1991年版,第23页。

战国时期,基于战争的需要而凿通鸿沟以连黄、淮,却意外地推动了区域水运的发展。鸿沟自郑州附近的荥阳引黄河水东流,经中牟、开封折而南下,入颍河通淮河,把黄、淮之间的济、濮、汴、睢、颍、涡、汝、泗等主要河道联结起来,构成鸿沟水系(如图2.2所示)。鸿沟经由郑州

---

① 《河南通志·舆地志山脉水系》,1942年铅印本,台北:成文出版社,1968年影印本,第127页。

东邻的圃田泽调节，水量充沛，与其相连河流的水位相对稳定，区域航运得以快速发展。鸿沟向南接淮河、邗沟与长江相连；向东通济水、泗水，连淄济运河；向北联通黄河，溯黄河西向，与洛河、渭水相连，汴郑一带遂成为中国北部水运交通网络的核心区域。

隋唐时期，中国的经济重心已开始南移至江淮地区。在此历史条件下，为加强黄河与淮河两大流域间的联系，凿通了联结黄淮的大运河——通济渠（唐名广济渠），沿黄、沿运河的许多城镇因此得到发展，洛阳在唐朝时期成为与都城长安（今西安）并称的全国最繁荣的城市。而汴州（开封）因位处黄河与汴河交汇处，有漕运之便，地位日益重要，成为南北交通的转运中心。[1]河南的水路交通较为发达，宋朝时期已形成以开封、洛阳为中心的水运网，其中开封附近的四大漕渠，即汴河、蔡河、五丈河和金水河构成汴河水系，被视为北宋王朝的生命线。此时的黄、淮、汴已形成完整的水运网，郑州位于该水运网络的中间地带。

宋元以后，中国的政治中心开始北移。从整体上而言，经济中心和政治中心均已疏离中原地区，元代京杭大运河的凿通更是促使全国的交通路线发生了整体位移，联结南北交通最为主要的交通线开始东移，使得南粮北运的主航道不再经过河南，河南水路运输开始萎缩，远不及隋唐宋时期繁荣，区域间的运输逐渐由以水运为主转为以陆路交通为主。由于汴洛地区远离新的政治中心及交通干线，加之战争因素的影响和黄河屡屡泛滥改道，汴河淤塞，汴洛水运网的作用开始弱化，沿线城镇遂趋于衰落。但由于水运比陆运更为廉价，故河南境内通航河道上的商运仍较活跃，不仅民间商船贩运有所发展，而且官办漕船也捎带货物，沿河贸易，[2]这无疑对河南区域经济发展起到一定的促进作用，郑州城市亦在区域水运网络的殷惠下得以缓慢发展。

明清时期，水运依然是郑州地域商货流通和人口流动的重要手段，河南进行内外联络的水路通道主要依托周家口水路、卫河水路、汉水水路、

---

[1] 林富瑞、陈代光，《河南人口地理》，郑州：河南人民出版社，1983年版，第177～178页。汴河源自郑州附近荥阳大周山，东流经开封、商丘、徐州合泗水入淮。隋炀帝开通济渠，引黄河水入汴，从而沟通黄河、淮河及长江。五代和北宋时期开凿了源自郑州的金水河、蔡河，在开封与汴河相汇，从而形成了汴河水系及开封这个水运中心，也使得郑州依托区域水运与外界的联系有所增加。

[2] 赵志强，《京汉铁路研究（1897～1937）》（未刊稿），南开大学历史学院2008届博士学位论文。

运河及黄河水路。①其中作为周家口水路主航道的贾鲁河②，成为中原地区的重要水运通道，对商货流通和区域经济发展均发挥了重要的推动作用。明嘉靖以后，贾鲁河不与黄河相通，而以京、索、须诸河为水源。清乾隆、嘉庆时期，贾鲁河宽约30米，深约6米，系区域漕运的交通干线。商人利用贾鲁河行驶商船，贩运私货。除了江淮物资由长江入淮，再溯贾鲁河至黄河流域的华北各地之外，西北地区的物产亦经过黄河运至中原地区，然后再经贾鲁河转运至江淮流域，在一定程度上促进了南北经济交往。③在传统交通时代，河川是城镇发展的重要依托，朱仙镇就因循贾鲁河航运而在明末清初时期发展成为全国四大名镇④之一，商业贸易一度甚为繁盛。朱仙镇，位于贾鲁河航运系统的终点，下行可达周家口，转淮河通安徽以及江、浙，舟楫畅通。使用小船可以上溯到京水镇，向北联络黄河水运。故而西北物产可通过朱仙镇南输，东南杂货亦可由此北运，且朱仙镇在空间地理位置上与省城开封很近，被视为省城外港。陆路运输则通过驿路南下经尉氏、许州（今许昌）可达武汉，北上经开封、卫辉、彰德（今安阳）可联通北京。因此，朱仙镇成为各地商旅联络中原的必经之地，水陆交通汇集，南船北马，由此分歧。⑤便利的交通区位条件，使得朱仙镇成为当时华北地区著名的水陆交通联运码头，这也成就了朱仙镇商业的繁

---

① 周家口水路，以江苏省镇江为中心，其商货沿运河抵至蚌埠，溯汇河而上运达周家口，再通过陆路转销中国北方的山西、陕西诸省；卫河水路，以山东省临清为中心，向西达河南新乡、卫辉，向北可至天津；汉水水路，河南西南部的物产通过水陆两路运达紫荆关，出老河口而经汉水至汉口。山西、陕西的物资由洛阳南至紫荆关集中，同样要通过汉水运抵汉口；运河及黄河水路，尽管因其航道窄浅，深受季节的影响，运输不振，但黄河民船在河南、山西和陕西之间物资流通方面的作用是不容忽视的。

② 贾鲁河有三：一是系元代贾鲁奉元顺帝之令所开之黄河，大约自河南仪封、睢县、考城、商丘、虞城、夏邑，山东曹县、单县而至江苏徐州，与今天的贾鲁河并非是一回事；二是今贾鲁河，本名孙家渡河，为明代刘大夏所开。1448年黄河决于荥泽孙家渡口，漫流祥符、尉氏、扶沟、通许、洧川、临颍、郾城、商水、太康、项城诸县，至寿州入淮。刘大夏于1494年修浚孙家渡口，另凿新河70余里，导水南行，经中牟、朱仙镇下至项城，南倾入颍，以杀黄河之势，并资通运，作为黄河故道，航运价值不大；三是本书所言造就朱仙镇崛起的贾鲁河，源自郑州属地荥阳东南诸山，上源有索、金、须、郑诸水合流于郑州附近，东流经中牟县北，由东南流经开封朱仙镇，折южно经尉氏、扶沟，至周家口合汝、颍二水为沙河，下达淮河。孙家渡河以黄河为水源，黄河泥沙易使河道淤塞；而贾鲁河以索、金、须、郑诸山源为水源，则使河道稳定，航运畅通。至明末时期，贾鲁河已完全开通，经常通航，取代淤积弃用的汴河，成为该区域包括郑州联系外部世界的通道，朱仙镇借此得以迅速发展。参见李长傅，《朱仙镇历史地理》，《史学月刊》1964年第12期。

③ 安国楼、王丽杰，《漫话贾鲁河》，《中州学刊》2003年第1期。

④ 即湖北的汉口镇、江西的景德镇、广东的佛山镇和河南的朱仙镇。

⑤ 李长傅，《朱仙镇历史地理》，《史学月刊》1964年第12期。

荣。此外，伊洛河岸边的洛阳，卫河航运终点的道口镇，依托唐河水运得以繁盛的社旗镇等，均是当时河南与外部进行物资交流、人员流动的重要节点城镇。但是从整体上来看，郑州地域的水运交通在明清时期呈现明显的衰落之势。

三、区域传统交通格局的变迁

在传统交通时代，郑州主要依靠水运和驿路来实现区域间的人口物资流动，在王朝鼎盛时期曾经位居区域交通的中心地带，是中国南北东西水运和驿路交通网的重要联络地。但是随着中国整体交通线路发生位移，郑州地域交通开始趋于衰落。

1. 相对发达的驿路交通网络

唐宋时期，郑州是联结四京即长安（今西安）——洛（今洛阳）——汴（今开封）——宋（今商丘）交通要道上的重要驿站。这条横穿豫陕两省的运输干线，是当时中国东西交通的大动脉，在军事、经济以及文化交流方面均发挥着重要作用。

前近代时期的中国，交通——主要是指陆路交通——首先是作为王朝控制系统而存在的，包括社会控制和疆域控制。自从清康熙实行"裁驿丞、归州县"，官路与地方行政中心更加紧密地结合成网络。[①]在清代，河南省城开封是区域驿路网络的中心，但在联结各府州县的7条主要驿路中，有3条[②]经过郑州，这表明郑州在该地域驿路网络中占有重要地位。康熙十四年（1675），河南省共有驿站120个，急递铺885所，铺兵3025人，其中州管驿站12处，县管驿站96处，驿丞管腰驿12处。而到了嘉庆年间

---

① 刘海岩，《近代华北交通的演变与区域城市重构（1860～1937）》，载〔日〕渡边惇，『20世紀前半華北地域の都市近代化にたいする日本の影響』（研究報告書），東京：駒沢大学文学部，2002年版，第155頁。

② 西线：自开封府西行，经中牟县圃田驿、郑州管城驿等驿站，由阌乡县鼎湖驿至关东店出境（接陕西华阴县），全长450公里，为东西横贯河南省的一大干路；北线：自郑州管城驿北行，经荥泽县广武驿过黄河，至获嘉县亢村驿等驿站，最后由安阳县邺城驿至丰乐镇出境（接河北磁县），全程210公里；西北线：自荥泽县广武驿经武陟县驿、河内县覃怀驿至泽州府（山西晋城），全程115公里，是晋豫交通孔道。此外，自许州驿西南行的驿路通道，经襄城县新城驿等驿站，由新野县湍阳驿至通铺出境（接湖北襄阳），此路北走汴京，经禹州清颖驿、新郑县永新驿、郭店驿至郑州管城驿，南通荆（州）沙（市），属于云南官路，为军事驰逐之地。参见河南省地方史志编纂委员会编，《河南省志·公路交通志》，郑州：河南人民出版社，1991年版，第18～21页。

(1796～1820），全省驿站减少为68处，①意味着中原地区驿路运输开始趋于衰落，郑州地域概莫能外。

从整体上来看，郑州是河南省驿路系统的重要节点，在区域交通格局中地位突出。但是相对于当时中原地区政治、经济和交通中心的开封而言，郑州在区域交通运输体系中尚处于次级的辅助性位置。

2. 区域水运由兴盛转而衰落

就水运交通区位而言，郑州所在的汴洛地区（郑州至开封、郑州至洛阳）位于黄河中下游相接之际，其古代水系西通洛阳、长安（今西安），东经汴京开封转至江淮，从先秦、汉魏至唐宋的1400多年间，一直是中国水运交通体系的总枢纽，被誉为"黄金水道"。郑州介于开封和洛阳两个水运中心之间，它的交通地位虽然未及汴洛，但其在传统运输网络中的作用是不容忽视的。

汉魏时期，疏黄河、连洛济、修汴蔡二渠，由此把中国的南北水系连为一体，区域漕运规模大为扩展。隋唐时期，通济渠得以凿通并在郑州、开封之间与汴河合流，然后分流入淮，从而提升了郑、汴在区域水运中的地位，郑州成为水旱转运码头，市面一度繁荣。

唐开元年间，曾重开郑州附近的板诸口以通漕运，郑州、洛阳、开封一线黄河的通航能力大为提升。如唐天宝二年（743），一年运抵西安和关中平原的粮食就达400万石，创造了唐代漕运量的最高纪录。宋元丰年间（1078～1085），为减缓汴河淤积，实施引洛入汴工程，在郑州汜水关通黄河，接运河，有效降低了汴河泥沙的含量，河道的改善亦推动了区域漕运的发展，而郑州恰恰处于这项工程的中心位置。②由隋唐而至宋朝，郑州数度被置为州府治所，是洛阳和汴梁（开封）两大都市之间的重要联络地，系中原地区重要的粮食转运中心，在区域水运交通体系中占据重要地位。

元朝至元十七年（1280）及此后，黄河多次决堤，泛滥成灾，汴河淤积，导致区域水运交通趋于衰落。加之元代京杭大运河的开通，全国交通的主航道已经疏离郑州地域，物资运输需求大为降低，区域水运严重萎缩，郑州的交通地位遂开始衰微，在地域交通衰落的大势中仅仅维持着低限度的商货流通。

---

① 杨克坚主编，《河南公路运输史》（第1册），北京：人民交通出版社，1991年版，第99页。

② 侯全亮，《郑州至开封古代水运兴衰之研究》，《黄河科技大学学报》2008年第4期。

3. 郑州地域传统交通体系整体趋衰的原因

及至清末,郑州地域以驿路和水运为中心的传统交通体系整体衰落。究其原因,主要可以归结为下述几点:

其一,元代京杭大运河的凿通使得中国南北交通主航道东移。尽管位处中原、扼交通要冲的郑州地域,在政治讯息南传和经济物资北调中时为经由之地,但毕竟是偏离了交通干线,地域交通的地位骤然下降。其二,黄河屡屡泛滥改道,汴河淤塞,导致郑州地域河运不靖,区域驿路交通亦趋于衰落。第三,自元明清始,中国的整体发展态势是政治中心北移,经济中心南移,这种疏离使得曾经的王朝统治中心地带和中华文化的发祥地蜕变为政治经济的"塌陷地",导致郑州地域在中国经济社会的整体发展格局中被边缘化。其四,晚清以降,郑州所在的中原地区战争频发,内乱匪祸横行,致使交通运输需求不振。

此外,运输工具的传统落后、效率低下亦是郑州地域交通格局无从改观的一个重要原因。交通变革是改变区域经济社会发展状况、畅通内外联络沟通的必然选择,现代公路应运而生。

第三节 从繁盛到衰敝:传统交通体系下郑州城市的发展态势

郑州位于黄河中下游地区、中原地区的核心地带,在历史上得益于黄河文明的孕育,加之其优越的交通地理条件和得天独厚的自然环境,形成了灿烂的古代文化,成为中华文明发祥的核心区域之一。但是,伴随前近代时期城市发展动力的衰微和交通区位优势地位相继旁落,郑州的发展遂陷于困顿之中。

一、古都的繁盛:从行政中心到商业都会

在史前及夏商周时期,郑州是轩辕黄帝、夏商王朝和众多诸侯国的立国建都之地,系都城所在地或王畿地区,是中原地区乃至全国的政治、经济、文化中心。

据《史记·殷本纪》记载,商代从成汤建国到纣王,共迁过6次都城,一般认为郑州商城是殷商王朝开国之王成汤的亳都。考古发现,郑州商代遗址的面积达25平方千米,都城遗址位于整个商代遗址的中部,由宫城、内城和外郭城三重城垣组成。宫城城墙断续延展,围绕于宫殿区之外,宫城墙基及其附近建有石筑水管道、水槽和壕沟。内城城垣东墙和南

墙的长度均为1700米，西墙为1870米，北墙长1690米，总计周长6960米。①仅皇宫所在的内城就如此之大，可见当时郑州已是一座具有相当规模的城市。外郭城展布于商城的南城墙和西城墙之外600～1100米处，采用"外夯土墙基法"筑墙，其修筑方法、夯土层结构、夯杵印窝形状等均与内城城垣基本相同。虽然当时并没有城市规划的系统理论，但遗址的布局表明郑州已经有了明确的功能分区和城市环境的考量。

商代之前，城市尚不具备完整的意义，城的性质主要是军事城堡，市的性质即商业性质还很薄弱。直至商代，城中开始具备"市""肆"等交易场所，城和市的功能兼而有之。早在商朝立国之前，商人的祖先就开始驯养牛马用于远距离经商，《尚书·酒诰》中就有商人"肇牵车牛，远服贾"的记载。郑州商城遗址发现有铸造青铜车轴头的陶范，表明当时已经拥有大批的车辆，交通运输工具的发展促使商业贸易的空间得以拓展。考古发现和文献记载相互印证，我们不难想象商代的商人赶着牛车马车，把郑州商城手工业作坊生产的各种产品输向四面八方，再把天南海北的各种特产运进商都的繁忙的历史景象。

商亡国之后，郑州丧失了支撑其发展的政治优势，但殷商遗民的重商之风却带给这座古城以新的生命力——商业贸易。殷商遗民依然生活在以管地（今郑州）为中心的中原地带，活动范围主要为今豫东商丘、豫西偃师、豫北安阳之间的区域。西周初期，武王把弟弟叔鲜封于管地，以监管殷商遗民。殷商遗民虽然失去了原有的土地和政治权利，但在"殷人重贾"社会风气的濡染下，多善于从事商业经营活动，因此经商成为周初时期商遗民的主要职业。

商品的价格往往深受地域差异的影响，这就迫使商家"引重致远"，异地贱买贵卖，赚取差价，故商业活动离不开交通运输的支撑，交通地理位置往往是商品频繁流动、促发商业繁盛的一个重要条件。郑州扼中国南北、东西陆路交通的孔道，拥有陆路交通时代商业发展的先天优势，中国最早的商业文化便在这里孕育产生。②

殷商遗民聚居于管地，主要依靠商业经营作为生存之道，这极大地促进了管地的商业贸易，使管地由政治中心、军事中心转而成为一个商业中

---

① 郑州市城市科学研究会、郑州古都学会编，《古都郑州》，郑州：中州古籍出版社，2004年版，第289页。

② 有学者认为中国的商业文化源自郑州，自商周时期郑州的商业活动就颇为频繁，诸多史料及文物的出土验证了这一推断。参见李立新，《中国商业发源于郑州说》，载郑州市城市科学研究会、郑州古都学会编，《古都郑州》，郑州：中州古籍出版社，2004年版，第264～269页。

心。后因历史的聚合发展，殷商遗民也由合而散，其浓厚的商业文化也随之由管地散播四方。自东周以后，中原地区战祸频繁，经济衰落，郑州城池亦遭到战火的焚毁，遂陷入极度衰败时期。尽管郑州在陆路交通中的地理位置并未发生转换，依然在州、县治所转换中获取稀少的成长资源，但战乱和诸侯割据等诸多不利因素使得区域间交往度大为降低，经济的整体衰败亦使得民众的生活需求降低，大范围、跨区域的商品流通受到制约，使得郑州原本所拥有的政治优势和商业优势接连丧失，其城市衰落亦在情理之中了。

二、交通要津：再现繁荣

隋唐是中国的繁盛时期，疆域统一、社会稳定、经济繁荣的时代背景，使得区域间的交往大为增加，郑州的交通区位优势再次彰显，由此获得了新的历史机遇。郑州地处中原交通要道，是从唐都长安通往山东、东南诸地的必经之地。特别是大运河和通济渠的凿通，地处通济渠中段的郑州遂成为水陆联运的要地，并逐步成长为区域物资流通的重要场所。陆路交通和水路交通的优势循环积累，成为当时郑州城市发展的重要推动力，地域经济遂逐渐得以繁荣。

隋开皇三年（583），隋文帝"悉罢天下诸郡"，实行州县二级制，改荥州为郑州，郑州之名始用于此时。隋开皇十六年（596）置管城县（今郑州市管城区），这是管城建县的开端，同年改称管州，管城是其州治所在地。而到了隋大业二年（606），管州复称郑州，辖管城、汜水、广武、原武、阳武、圃田、荥阳、新郑等11县，是郑州作为州治所最为辉煌的时期。同年在郑州巩县（今巩义市）营建了洛口仓，仓城周围20余里，储存粮食2000余万担，是当时全国最大的粮仓。此外，郑州的城市手工业亦较发达，所产的绫绢全国闻名。

唐武德四年（621），郑州城池重建，城内道路依据居民分布状况，自然集中于城西南隅一带，街道的平面轮廓呈规矩对称、十字骨架状、封闭式坊里布局。基于郑州在区域水陆交通网络中的重要地位，在郑州设立管城驿[①]，这是一个掌管投递文书、转运物资、招待来往官员的公办机构。管城驿是洛阳和开封之间最大的驿站，是联络长安、汴洛及中国东部区域

---

① 管城，是郑州在历史上曾经的旧称，现在一般认为是近代郑州老城的代称，从行政区划上来看，今属于郑州市管城回族自治区。管城驿是自唐代起设于郑州的一座著名驿站，是区域陆路交通的一个重要的联结点。

的重要驿所，来往人员昼夜不绝。管城驿最初位于城内，每天的驿车和人员往来于驿站内外，城门昼夜不能关闭，这给地处往来京师交通要道的郑州带来安全隐患。为此，唐文宗大和二年（828）在管城郊外重建新驿站，新修建的管城驿设施完善，舒适便利，是唐朝规模较大的驿站之一。郑州在区域交通的殷惠下获得了持续发展的动力，城市空间在驿站与城池的互动联结中得以拓展。

宋朝时期，郑州作为黄河与汴河水系的中转站，在区域水运网络中占有重要地位。但黄河频频决堤，自然灾害、区域水系淤积等不利因素开始制约着郑州城市的发展。

三、交通衰微：中部"塌陷"之城

伴随元代京杭大运河的凿通和中国交通干线的整体位移，郑州所拥有的交通区位优势逐渐消弭[①]，使其无法再沿着自身的发展逻辑向前演进。在区域水路交通衰落的情势下，陆路的驿路交通则成为郑州地域间联络沟通的重要方式。明洪武元年（1368），在州治的西南方向重新修建管城驿，新驿站共有正厅5间、后厅5间，还有左右马房、左右厢房、驿丞宅、学校厅、马神庙以及鼓楼等建筑若干，备有粮签马14匹，浙江市户马28匹，水充马2匹，签粮驴33头，管夫12名。[②]但郑州此时的驿站及驿路交通系统已远不及唐代发达，区域间的交通需求亦有所降低，驿路的联结作用大为弱化。

到了清代，中原地区经济不振，人口锐减，郑州城市亦衰敝不堪。清乾隆年间（1736～1795），郑州城内道路仅有29条，贯通四向的4条大道为主要街道，其他均为小街巷，城市的传统结构布局没有大的改变，仅仅是一座小县的治所，城市的发展空间非常有限。清同治二年至十年间（1863～1871），郑州斥资整修旧城池，基本上还是维持原有的规模。此时的管城驿依然位于州治之外，后迁至东郊的马号街。伴随传统驿运的衰落和新式交通体系的成长，曾经繁荣已久的管城驿完成了它的历史使命，最终在民国四年（1915）被改造成贫民工厂，完全退出了历史的舞台。

尽管郑州系华北区域交通线的重要节点，但这条交通线已经相对衰落，加之传统运输方式效率低下、位移空间范围有限，因此交通带给郑州的动力支撑已远低于隋唐时期，郑州遂再次趋于衰落。

---

① 元至明清时期郑州区域水运衰落的情势，参见本章第二节。
② 王吴军，《管城驿》，《郑州日报》2007年1月22日，第8版。

第四节 小　结

在美国学者施坚雅看来，由于非机械化运输工具所致运费的昂贵及两地间遥远的距离，一区域中心地区的城市与另一区域中心地区的城市间的贸易量被缩小到最低程度。用役畜驮运粮食，每走200英里（1英里＝1.609千米），其运输成本就要翻一倍，相对于这些粮食在第一地点生产的成本。运费的这种等差，使得笨重而价格低廉的商品被自然地排除在区域际的贸易之外。运输效率上这种系统的差异性对行政与社会交往所产生的影响，实际上并不比商业交往小，因此区际的相互交往沟通在各方面均受到抑制。[1]在以非机械化运输工具为主导的时代，尽管郑州曾长期处于区域传统交通体系的中心地带，交通方式的变迁给郑州这座贸易中转城市成长所带来的影响是显著的，但传统交通的运输效率较低，交通积聚的能量亦非常有限，特别是在大运河东迁、驿路变动、地域交通中心转移的情势下，运输需求更是大为减少。与此同时，与区域经济发展水平相对应，城市的发展需求亦处于较低的水平。从某种角度而言，交通与城市演进间的关系往往保持一种相对均衡的态势，因此，交通变迁的相对滞后致使城市所获得的发展能量也是相对的。郑州就是在这种基本均衡的历史时态中，受制于同时代的经济发展水准和交通需求，而沿着自有的逻辑兴衰更迭。

近代前期郑州地域的水陆交通运输系统依然存在，但运输规模已非常之小，这在沿海开埠通商、港口向内陆辐射、商品流动需求快速增长等新的时代背景之下，它所形成的微弱动力已无法支撑郑州城市的整体发展，其相对均衡的发展逻辑被打破了。在诸多因素的共同影响与作用下，一种以机械为动力的新式运输工具——火车被引入中原腹地，郑州城市发展的轨迹由此发生了革命性的根本转变。

---

[1] 〔美〕施坚雅，《十九世纪中国的区域城市化》，载李范文、陈奇猷等主编，《国外中国学研究译丛》，西宁：青海人民出版社，1988年版，第7～8页。

第三章　新式交通与郑州地域构造的演化

19世纪末之后，中国的整体交通面貌再次发生巨大变化，以驿路、运河为中心的运输路线逐渐被海运和铁路所取代，交通工具由木船车马转变为轮船火车。以铁路为中心的近代交通体系的初步形成，为大规模长途贩运、中外商品交流以及市场的进一步扩大提供了可能，它改变了中国过去陆路交通极不方便的状况，铁路沿线区域成为近代中国继沿海沿江地区之外重要的经济成长区。以铁路枢纽型城市为节点而展开的新的经贸网络，成为改变中国经济与贸易格局的重要推动力量。铁路交通枢纽型城市的崛起，构成了近代中国城市发展的一个新的类型。

平汉铁路、陇海铁路以及津浦铁路通车后，原本就非常衰微的中原水路运输系统遭遇沉重打击，水运沿线城镇亦无法保持原有的繁荣而迅速衰落。铁路改变了中原地区的整体交通布局，区域交通格局遂发生变迁，与之相伴，郑州的地域构造①亦发生显著变化。

就中国学术界的研究现状而言，目前关于郑州地域构造分析特别是近代交通与该地域构造演化之间关系的研究尚不多见，但学术界特别是经济地理学界对城市空间结构的关注与研究由来已久。②类似的研究主要集中在城市内部的结构功能分析方面，而对城市外部或地域整体空间结构的探讨尚显不足。受日本地域构造相关研究的启发，笔者尝试在一个较为宏观的

---

① 地域构造是人文地理学领域的一个概念，它是指某一地域或城市中不同功能区的分布与组合所构成的区域内部的空间结构。在第二次世界大战后的日本学界，地域构造是进行地域经济研究的一个常用概念，逐步形成了地域构造论，相关的研究及研究组织层出不穷。伴随理论与实证分析的进展，地域构造已成为日本学界关于经济的空间体系、地域变动、区域结构功能分析以及城市研究的重要工具之一。

② 如黄荣清的《北京城市的地域构造》，是中国学界少有的运用地域构造这一概念进行城市内部结构功能分析的论文。该文从人口聚集的角度对城市内部构造——功能区、居住区和中心地展开剖析，由此来观照北京城市的产业配置、地域功能以及城市规划建设问题；柴彦威则以城市居民行为方式与城市空间扩展的关系为着眼点研究城市的地域构造，对城市空间以及中日城市空间结构比较等诸多问题进行了有益探索。

全球视域之中，探讨铁道技术的传播对城市发展以及区域交通格局的影响，并借用地域构造这一概念来分析交通变革与近代郑州地域构造变动的内在关系，寻求近代中国区域交通场域中的郑州地域构造研究的新探索，由此来把握近代郑州地域经济社会变迁的实态。

第一节　全球性话语：铁道技术的应用与城市发展

铁路（railway）是以机车牵引列车在两条平行的铁轨上运行，从而实现人或者货物空间位移的一种陆上交通方式。铁道技术的应用，标志着近代交通运输业步入了一个新的历史阶段。

一、近代铁路的诞生

近代铁路交通是伴随英国工业革命而产生的，工业革命给铁路建设提供了技术和物质层面的支撑，而铁路作为新式交通运输手段又是工业革命向纵深发展的必要工具和重要载体。17 世纪初，为提高运输效率和矿山开采能力，英国在矿山开发时率先开始使用木质矿车轨道，这是近代铁路的开端。到了 18 世纪初，尝试用钣轨代替木轨，以增加轨道的硬度和运输的安全性。直到 1793 年，英国人本杰明·奥岱姆（Benjamin Outram）产生了用铁质轨道替代木质轨道的想法，铁轨遂得以诞生。19 世纪初，英国开始铺设耐重耐磨的熟铁轨道，但是此时牵引车辆的动力来源还是依靠马匹或人力，不过，即使使用马匹在这种轨道上拉货的效率，也要比在普通道路上提高 11 倍。随后，英国工程师富尔顿（Fulton）发明了蒸汽机，让世人看到了以机械为动力牵引机车运行的曙光。1801 年，理查德·特里维西克（Richard Trevithick）成功研制了实用蒸汽车厢和机车，于 1804 年开始在铁路上运行。乔治·斯蒂文森（George Stephenson）对蒸汽机车进行了进一步改进，并在 1825 年担任了负责斯托克顿（Stockton）—达林顿（Darlington）铁路运行的工程师，这是世界上第一条采用机车运行的铁路。1829 年，乔治·斯蒂文森的雷希尔快车运行试验，终于在从利物浦到曼彻斯特的铁路线上取得成功，平息了外界对机械动力机车的所有质疑，他用事实证明了蒸汽机车在铁轨上快速运行是可行的。这标志着"铁路时代"的真正到来，从此铁路开始在全世界范围内快速扩张。

蒸汽机车成功运用于铁路，改变了人们仅仅把铁路视为利用马匹或蒸汽机通过铁轨把煤车从矿井里运出来的传统观念。"人们渐渐地普遍认为，铁路是运送物资和旅客的普通手段，而且高速机车的出现为火车扩大服务创造了条件。"[1]铁路服务对象的拓展，激发了交通需求的爆炸式增长，由此引发英国投资铁路的热潮，完整的全国铁路运输网络得以形成。1870年，英国的铁路通车里程已高达15500英里，[2]客运和货运业务以惊人的速度发展。从1842年到1870年，英国的铁路客运量由2470万人次增加到3.365亿人次；货运量由500～600万吨增加到1.694亿吨，分别净增12.6倍和27.2倍。[3]铁路网络延伸到城乡，可以视为是19世纪中叶英国经济领域中的一种具有相当能量的扩张性力量，把矿山、城镇和港口紧密联系在一起，对经济社会发展和城市化推进产生了深远影响。

二、铁路与全球城市的成长

近代城市的生成及其动力支撑，源自一种使自然经济、产业革命后的工业经济等经济形态发生转移的迁移动力，城市的经济运作效率受人的物质利益的支配，但这种利益要依赖于交通才能得以进一步扩张。[4]城市化是一个多重因素综合作用、长期而复杂的动态过程，是经济发展与社会进步的演化过程。如果说工业化是人类经济社会发展的一个必然阶段，那么城市化就是工业化发展的一个必然结果。18世纪60年代英国工业革命爆发后，近代工业逐渐从手工业和农业中分离出来，二、三产业和人口开始向城市持续不断地急剧集中，铁路无疑加速了这种集聚的进程，推动城市得以迅猛发展，使之逐渐发展成为社会生产和社会生活的主导力量。

在铁路沿线及其重要节点，英国的大批城市因铁路而兴，如汉弗尔顿、斯温顿、达林顿等。而且，英国铁路网络的主干系统均有相应的港口与海外相通，由此形成铁路——港口集中区，如伦敦、利物浦、纽卡斯尔等，在铁路的连接作用下，港口与腹地密切互动并有力地推动了英国的城市化进程。

到了19世纪70年代，"当其他国家也像大不列颠那样建设了完整的铁路网以后，新建的铁路正在逐步成为当时世界范围经济蓬勃发展的一个重

---

① 〔英〕W. H. B. 考特，《简明英国经济史（1750～1939）》，方廷钰、吴良健等译，北京：商务印书馆，1992年版，第194页。

② 〔英〕古尔维希，《铁路与英国经济（1830～1914）》，伦敦：麦克米伦出版公司，1980年版，第21页；张廷茂，《英国铁路运输与工业革命进程》，《世界历史》1992年第4期。

③ 〔英〕弗里曼·阿德克罗夫特，《维多利亚时代英国的运输》，转引自张廷茂，《英国铁路运输与工业革命进程》，《世界历史》1992年第4期。

④ 管楚度，《交通区位论及其应用》，北京：人民交通出版社，2000年版，第38页。

要因素"①。美国自 1830 年建成第一条铁路之后，到 1861 年南北战争爆发时已拥有 3 万英里铁路。1865 年到 1916 年，是美国铁路建设的黄金期，1916 年铁路营业里程达 25.4 万英里。②铁路的大规模修建和铁路运输网络的形成，不仅促动美国工农业生产和商业贸易得以快速发展，而且为大量移民开发西部与南部创造了条件，带动了铁路沿线及工业区的城市勃兴。19 世纪 60 年代末，横贯美洲大陆的铁路建成通车，此后美国西部人口增长速度加快，在 1850～1900 年，西部人口增长了 22.8 倍，而东北部增长 2.4 倍，中西部 4.9 倍，南部 2.7 倍。③人口的快速增加使西部地区能够利用铁路运输的优势，开发矿产资源，发展工业城镇。铁路发展、移民和城市化之间互相促进，西部遂成为美国城市化发展最快的地区。

伴随铁道技术的应用、推广以及工业化的发展，整个世界在 19 世纪发生了急剧变革。就像韦伯（Adna Ferrin Weber）所意识到的那样，"最为显著的社会变化是人口在城市的集聚……在西方世界，向心或者集聚现象成为普遍的趋势"④。韦伯还认为，开始于英国的工业革命和美国的铁路时代，是影响人口重新分布的最为重要的因素。铁路加快了人口向城市集中的速度，使得城市化进程加速。铁路在全球范围内的拓展，使得城市化成为一种世界性现象。

铁道技术的导入，亦引发中国经济社会的深刻变革。近代商品流通在很大程度上是依托新式交通而展开的，因而扩大流通、开拓市场的前提就是要采用先进运输工具。诚如李国祁先生所言，19 世纪西方列强挟其两种交通工具，迫使中国走上近代化的途径：一是轮船，一是铁路。轮船打开中国恃为长城的海禁，使中国无法闭关；铁路克服陆上的险阻，使中国堂奥洞开。对于大陆国家而言，铁路的影响力更为显著，非但是点或线，更进而是面的。一条铁路的兴建，可改变整个地区的经济、社会和文化，故其影响要比轮船强烈得多。⑤作为一种现代技术因素及"西学"象征，铁

---

① 〔英〕W. H. B. 考特,《简明英国经济史（1750 年至 1939 年）》,方廷钰、吴良健等译,北京：商务印书馆,1992 年版,第 200 页。
② 孟祥春,《美国铁路的历史沿革与管制变迁》,《理论学习与探索》2008 年第 3 期。
③ 〔以色列〕裴德·马特拉斯,《人口社会学导论》,方时壮、汪念郴译,广州：中山大学出版社,1988 年版,第 85 页；丁平,《论美国以铁路建设为中心的运输革命及其影响》,《内蒙古师大学报》（哲学社会科学版）2000 年第 1 期。
④ 参见〔美〕布赖恩·贝利,《比较城市化——20 世纪的不同道路》,北京：商务印书馆,2008 年版,第 1～2 页。
⑤ 李国祁,《中国早期的铁路经营》,台北：台湾"中研院"近代史研究所,1976 年版,第 1 页。

路在近代中国的建设及其运营，既是现代科学技术的引入，也是对以人力、畜力为主的传统交通体系的重大变革，它的技术含量以及管理方式的现代化，都会引发经济和交通体制的革命性变化，而其对近代工业、矿业的生成，对于近代城市格局的影响，对于重构近代区域经济及贸易网络，对于铁路沿线农业产业化的引导作用，对于打破自给自足的传统经济结构，对于区域经济及文化的整合，对于近代中国人的思想观念的变化乃至于文化及民族认同，都具有前所未有的影响及作用。[①]可以说，在引入中国的近代经济设施中，没有哪一项比铁路引起的影响更大。

以机械为动力的轮船、铁路交通运输方式的兴起，逐渐取代了以风力、畜力、人力为动力的传统的运输方式，近代运输业使城市之间的空间距离相对缩短，往来时间大为减少，运输费用下降，这就加速了人口、商品、生产和市场的集中，推动了近代城市的建立和扩大。[②]交通运输和技术是信息传播、城市生态模式、城市机能、改良投资环境等的关键变量。其近代化程度，成为测量城市近代化水准的重要刻度。[③]铁路沿线城市特别是交通枢纽型城市，依托铁路运输沟通区域内外的生产与消费，使得商品流通的渠道大大拓宽，社会分工亦由此免受地理特性的限制，即交通运输使得众多元素空间分离这一不利状况得以改观，从而促进城市的成长。

从世界经济与社会发展的历史和现状来看，各国在走向近代化的过程中均遵循着一个共同规律：即经历从一个以农业为基础的人均收入很低的社会，走向着重利用科学和技术的城市化和工业化社会的这样一种巨大的转变。[④]铁路作为现代化与技术革新的重大成果之一，对世界近代化进程及城市化发展均起到加速器的作用。

第二节 平汉、陇海（汴洛）：近代铁路的兴筑

近代商品的流通在很大程度上依靠运输业，因而扩大流通、开拓市场的前提就是采用先进的运输工具。以机械为动力的新式交通工具——铁路的产生和铁道技术的应用，意味着近代交通运输业步入了一个新的历史阶

---

① 江沛，《交通与近代中国社会变动的关联性》，《中国社会科学报》2009年12月17日，第5版。
② 靳润成主编，《中国城市化之路》，上海：学林出版社，1999年版，第57页。
③ 皮明庥主编，《近代武汉城市史》，北京：中国社会科学出版社，1993年版，第226页。
④ 李文耀，《铁路与中国城市的发展》，《人民铁道报》2001年4月28日。

段。19世纪末20世纪初，铁路被引入中国的华北地区，平汉铁路和陇海铁路即为其中两条重要的交通干线。

一、平汉铁路

1. 选线与筹款

甲午战争之后，清政府开始认识到修建铁路的重要性，遂拟在华北地区修建铁路，平汉铁路则为其中之一。

1889年，两广总督张之洞向清廷启奏，建议在中部腹地修建铁路干线。主张修筑铁路应把经济效益放在首要位置，视铁路为开通土货、连接四海的利器，既可内开未尽之地宝，又可外收已亏之权利。关于平汉（卢汉[①]）铁路的修建计划，张之洞认为，"豫、鄂居天下之腹，中原绾毂"，筑路"宜自京城外之卢沟桥起，经行河南，达于湖北之汉口镇，此则铁路之枢纽，干路之始基，而中国大利之所萃也"。由此可执一路而控八九省之冲，获得商货必旺、便于运兵、利于开矿等诸多利便，且无引敌之虑。关于平汉铁路如何渡过黄河的线路选择，河南段"许州以北，本预定通尉氏、朱仙镇至开封，渡黄河如卫辉"[②]北上。而在张之洞看来，线路宜"自保定、正定、磁州、历彰、卫、怀等府，北岸在清化镇以南一带，南岸在荥泽口以上择黄河上游滩窄岸坚、经流不改之处作桥以渡河，则三晋之辙下于井陉，关陇之骖交于洛口，西北声息刻期可通。自河以南则由郑、许、信阳驿路以抵汉口"[③]。张之洞之所以没有选择经由中原地区的行政中心——当时河南省的省会开封渡过黄河，主要是因为黄河的开封段土质松软，给修建黄河铁路大桥带来技术上的难题。而在郑州荥泽段，"由荥泽渡黄河入卫辉，黄河河幅广，秋季洪水泛滥，奔流急湍，于此架设铁桥，不可不慎，此乃京汉铁路工事之难关。在荥泽间，黄河幅度虽达二里之宽，较其他各地，尚为狭窄，秋季大水之外，颇为平稳，水深不过数尺，附近有广武山高达300尺，利用架设铁桥最易，因此遂舍开封而取道于此"[④]。就诸多因素综合来看，尽管在郑州荥泽段架设黄河铁桥依然颇有

[①] 卢汉，即芦汉，这一铁路的起点卢沟桥，亦称芦沟桥。除引文外，本书均采用卢沟桥、卢汉铁路的书写形式。

[②] 交通部档案，《芦汉（京汉）铁路调查报告》，载姜明清，《中华民国交通史料（四）——铁路史料》，台北：台湾"国史馆"，1992年版，第526页。

[③] 张之洞，《请缓造津通铁路改建腹省干路折》（光绪十五年三月初三），载苑书义、孙华峰、李秉新主编，《张之洞全集》（第1册），石家庄：河北人民出版社，1998年版，第665页。

[④] 交通部档案，《芦汉（京汉）铁路调查报告》，载姜明清，《中华民国交通史料（四）——铁路史料》，台北：台湾"国史馆"，1992年版，第526～527页。

难度，但是相比较开封段的地质条件而言，郑州段却有适合搭桥渡河的滩窄岸坚之所。正是这一自然地理因素，决定了平汉铁路河南段最终选择经由郑州，这就为郑州城市带来快速成长的交通区位要素，也为此后开封城市的相对衰落埋下了伏笔。

1896年10月，清政府成立铁路总公司，总部设于上海，任命盛宣怀为督办大臣，开始筹办平汉铁路。关于铁路款的筹措，盛宣怀提出官办、商办、洋股、外债等诸多办法，最终确定由户部拨官银1000万两，南北洋筹措300万两作为卢沟桥至保定段工程建筑及行车之用，另拟招商股700万两，借外债2000万两。但商股筹集久无成效，官款亦无从落实，只得选择先筹借外债，然后再陆续招商股偿还的方案。遂于1897年5月与比利时订立《卢汉铁路借款合同》十七款，计借款450万镑，九扣实付405万镑，分4批交付，年息4厘，另付购料酬劳费5%。同年7月27日，由盛宣怀与比利时代表在上海签订正式合同，并续增6条合同，删去草约中的购料酬劳费，改定年息4厘4毫，以卢汉铁路产业作为担保。并于1898年6月26日续订卢汉铁路详细合同29款，行车合同10款，借款总额仍然是450万镑。[1]至此，平汉铁路借款终于得以落实，即交比利时公司接办，从南北两端同时测量施工。

2. 修建与赎回

平汉铁路实行全路分段施工。首先修建的是卢沟桥至保定段，1897年4月开工兴建，1899年2月1日竣工，长132.7公里，途经长辛店、良乡、涿州、高碑店等地，单线铺设，标准轨距。所铺钢轨除30英里是英国圣特堡的出品之外，其余均系汉阳铁厂所产。[2]1900年义和团运动爆发，卢保段内的车站、枕木被焚毁，各国联军力主将卢保铁路北端展修至北京正阳门（即前门），华英公司和比利时公司旋即在旧历1900年11月29日与京汉铁路公司订立借款合同，筹建卢沟桥至北京前门段。[3]1901年3月16日建成通车至北京前门车站，长14.8公里，[4]卢汉铁路遂改称京汉铁路。

卢汉铁路其他各段亦陆续开工兴建。1899年1月南段汉口玉带门至孝

---

[1] 郑州铁路分局史志编纂委员会编，《郑州铁路分局志（1897～1990）》，北京：中国铁道出版社，1997年版，第80页。

[2] 〔英〕肯德，《中国铁路发展史》，李抱宏等译，北京：生活·读书·新知三联书店，1958年版，第100页。

[3] 交通部、铁道部交通史编纂委员会编，《交通史路政编》（第8册），南京：交通部、铁道部交通史编纂委员会，1935年版，第650页。

[4] 郑州铁路分局史志编纂委员会编，《郑州铁路分局志（1897～1990）》，北京：中国铁道出版社，1997年版，第81页。

感（75.1公里）开工，1903年6月通车；1899年10月北段保定至定县（60.0公里）开工，1901年通车；1899年11月南段孝感至信阳（143.5公里）及北段定县至窦妪（89.1公里）开工，1902年12月信阳至孝感段通车，1905年6月定县至窦妪通车；1902年4月遂平至信阳段（14.6公里）开工，1904年1月建成通车；1902年5月窦妪至潞王坟段（30.8公里）开工。1903年3月遂平至临颍（76.2公里）段开工，次年4月通车；1903年5月潞王坟至临颍（201.8公里）开工，1905年12月通车；1906年4月窦妪至潞王坟段通车。[①]1905年11月15日，郑州黄河铁路大桥完工。1906年4月1日，平汉铁路全线通车。

平汉铁路行车管理之权，皆为比利时公司所掌控，路政受到诸多牵制。早日还债赎路，成为清廷的共识。1908年，邮传部条陈赎路之议，筹借度支部官款银500万两收赎平汉铁路，一面募集公债1000万元，借充赎路之用。又奏订汇丰、汇理两银行借款合同，计500万镑，以八成为预备补还铁路借款，二成自办工艺实业之用，还本以30年为期。[②]上述各款筹措完毕，于1908年12月将所应偿还贷款本息等各项费用共12700余万法郎，约合银46万两，在法国巴黎悉数还清。1909年1月1日，平汉铁路路权全部收回，该路至此成为国有铁路。

从平汉铁路的路线走势来看，基本上是沿着旧有驿路修建的，其选设的目的，主要是为了沟通南北经济，开发内陆腹地，同时亦有清廷对中南部地区加强行政控制的考虑。

二、陇海（汴洛）铁路

1. 筹建之议及筑路过程

平汉铁路开始动工修建后，铁路总公司督办大臣盛宣怀于1899年12月2日奏请清廷，建议修建由开封经郑州到洛阳的铁路，作为平汉铁路的支线。该路仍委托比利时承办，"即今所谓汴洛者，统归总公司筹造"[③]。1903年11月12日，清政府与比利时铁路电车公司在上海签订《汴洛铁路借款合同》及《行车合同》，计借款2500万法郎，年息5厘，以九五扣实收。后于1907年3月31日续借了1600万法郎，作为修建汴洛铁路的

---

① 交通部、铁道部交通史编纂委员会编，《交通史路政编》（第8册），南京：交通部、铁道部交通史编纂委员会，1935年版，第1041~1045页；马里千，《中国铁路建筑编年简史》，北京：中国铁道出版社，1983年版，第7~36页。
② 文伯常，《京汉铁路之过去现在及将来》，《交通教育月刊》1928年第1卷第6期。
③ 谢彬，《中国铁道史》，上海：中华书局，1929年版，第392页。

专款。

1904年4月1日，汴洛工程总局在郑州成立，由比利时人任总工程师。6月即完成郑汴段勘测工作，因郑洛段的地形较为复杂，至1905年4月方完成勘测。1905年6月由开封动工兴筑，1907年3月21日郑汴段通车。1908年12月郑洛段完工，汴洛铁路全线筑通，通车里程为185.4公里，全段共设置16个车站，主要有开封、中牟、白沙、郑州、汜水、巩县（今巩义市）、偃师、洛阳等站，其中郑州站的规模最大。

汴洛铁路通车后，比利时公司以路线太短、不能发展为由，要求承办陇海铁路，将汴洛铁路并入，[①]加之"河南省因京汉铁路干线不经过省城（指开封——笔者注），深感不便，于是有汴洛铁路之设。初意不过东至开封，西至洛阳，为京汉支路耳。乃汴洛成而西有洛潼之计划，东有开徐之设施，于是引起陇秦豫海大干线之议。西起甘肃，贯陕西而与本省（指河南——笔者注）之洛潼、汴洛、开徐三路联合，又东引徐州以达于海，是为陇海"[②]。于是开始筹划修筑陇海铁路，以打通西部腹地。

1912年9月24日，北洋政府交通部与比利时铁路电车公司签订《陇秦豫海铁路借款合同》，借款总计25000万法郎，[③]展筑汴洛铁路西至兰州、东至海州（今连云港），定名为陇秦豫海铁路，简称陇海铁路。1913年1月1日，汴洛铁路并入陇海铁路。1913年5月陇海铁路东段开封至徐州段276公里、西段洛阳至观音堂段91公里同时开工，开封至徐州段于1915年5月筑成，洛阳至观音堂段则于1916年完工。北洋政府与比利时公司及荷兰海港建筑公司订立借款合同，自1921年起继续向西兴筑观音堂至陕州段，计49公里，于1924年6月1日完工通车。1921年开始由徐州向海州展筑，该段共186公里，1925年7月通车至海州。[④]

1927年8月，南京国民政府宣布收回比利时公司的营业管理权，成立陇海铁路营业管理局。1930年2月军阀混战，陇海铁路营业管理局由郑州迁至徐州，同年10月陇海铁路实现路政统一，铁路管理局遂由徐州迁回郑州，并于1931年4月改称陇海铁路管理局。1931年11月，灵潼段建成。1932年8月，潼西段（131.8公里）开工，于1934年12月通车至西安。1935年1

[①] 谢彬，《中国铁道史》，上海：中华书局，1929年版，第393页。
[②] 林传甲，《大中华河南地理志》，上海：商务印书馆，1920年版，第97页。
[③] 陇海铁路管理局，《陇海年鉴》，郑州：陇海铁路管理局，1933年版，第2页。
[④] 同上注，第2～3页。

月，西宝段动工，1936年7月通车至宝鸡，该段计长174.1公里。[①]因抗日战争爆发，陇海铁路西展工程暂时中断。1942年开工建设宝鸡天水段，后直至1953年7月，天水至兰州段方建成通车，陇海铁路终于全线完工。

2. 运输能力

自汴洛铁路先后分段通车，至1924年东段展至大浦、西段筑至陕州（今陕县），陇海铁路的客货运进款与线路的延展大体是成正比的。只是在陇海铁路西段营业几无进展，而东段的海港又未兴筑的情势下，以原有机车数目即可满足市场需要，遂较少添置新机车（参见表3.1），陇海铁路从整体上保持着恒定的运输能力。故历年客货进款300余万元，[②]并没有明显增益。

表3.1　陇海铁路历年运输能力比较表（1917～1932年）

年别\车类	车辆																
	客车												总计		货车		总计
	花车	一二等卧车	一二等膳车	一二等合车	三等车	四等车	行李车	邮政车	包件车	守车	厨车	杂项车	车数	座数	篷车	敞车	车数	噸数
民國六年	2	2	1	12	22	5	2	8	6	4	5		74	2535	73	488	561	15140
民國七年	4	2	1	12	29	5	6	4	9				87	2965	73	484	557	18640
民國八年	4	2	1	12	29	5	6	4	9				87	2965	73	484	557	18640
民國九年	4	2	1	12	29	5	6	4	9					2965	73	457	530	17320
民國十年	4	2	3	12	46	9	7	4	12				126	4769	73	457	530	17320
民國十一年	4	2	3	12	46	9	7	4	12				126	4769	73	457	530	17320
民國十二年	5	2	3	12	46	10	7	4	12				126	4769	230	533	763	26940
民國十三年	5	2	3	12	46	10	7	4	12				127	4769	230	618	848	29860
民國十四年	11	2	3	12	63	10	9	4	12				162	6299	230	618	848	29860
民國十五年	11	2	3	12	63	10	9	4	12				162	6299	264	648	912	31400
民國十六年	11	2	3	12	63	10	9	4	12				162	6299	264	648	912	31400
民國十七年	11	2	3	12	63	10	9	4	12				162	6299	264	648	912	31400
民國十八年	11	2	3	12	63	10	9	4	12				162	6299	264	640	904	31160
民國十九年	5	5	6	10	52	9	3	1	12	9	4	9	124	5184	134	587	721	21880
民國二十年	5	5	6	10	52	9	3	1	12	9	4	9	124	5184	134	587	721	21880
民國廿一年	5	5	6	10	52	9	3	1	12	9	4	9	124	5184	134	587	721	21880

资料来源：陇海铁路管理局编，《陇海年鉴》，郑州：陇海铁路管理局，1933年版，第94页。

这一历史时段，中原地区战乱频仍，在战争因素的反复冲击之下，陇海铁路的客货车车辆损毁或散失情况甚为严重，分别由162辆和904辆，减少至124辆和721辆，其中还有1/5系损毁不堪使用或被各路军阀留用。货运量则由31400吨骤减为21880吨（参见表3.2），降幅超过30%。南京

---

① 郑州铁路分局史志编纂委员会编，《郑州铁路分局志（1897～1990）》，北京：中国铁道出版社，1997年版，第88～89页。

② 陇海铁路管理局，《陇海年鉴》，郑州：陇海铁路管理局，1933年版，第93页。

国民政府基于统一全国路政的要求，于1932年实行整车运输形式负责运输，其整车运货按照种类分为六等，以20吨为单位或车辆载重吨数核算。1932～1936年系陇海铁路包括平汉铁路整车运输鼎盛时期，处于两线交会处的郑州车站一度运输繁忙，[1]车辆运输效率亦大为提升。随后抗日战争、解放战争爆发，路政不稳、军运占用、铁路运力下降及运输效率低下的状况持续存在，这种状况迟迟未能得以根本改观。

表3.2　陇海铁路历年车辆运用效率比较表（1925～1932年）

年份	客货混车辆数目				客货车辆转次数				里程总数	营业				车辆运用率		
	客车辆数	客车吨位	货车辆数	货车吨数	客车	货车	公务及其他	总数		客运	货运	杂项	总计	客用	货用	杂用
民国十四年	162	6299	848	29860	2474	1272	1005	4751	1181015					52%	27%	21%
十五年	162	6299	895	31400	2271	619	488	3378	1055923					67%	18%	15%
十六年	162	6299	895	31400	1372	146	159	1677	762838					82%	9%	9%
十七年	162	6299	895	31400	2487	493	372	3352	1075618	2363546.90	2321149.50	162580.50	4847276.90	74%	15%	11%
十八年	162	6299	904	31160	2276	954	855	4085	1543207	2075694.25	2479170.75	145934.19	4700799.19	56%	23%	21%
十九年	124	5184	721	21880						1276843.40	2326332.50	231479.41	3834655.31			
二十年	124	5184	721	21880	2403	2928	851	6182	1895305	3246080.80	4432261.95	183600.92	7861943.67	39%	47%	14%
廿一年	124	5184	721	21880	4180	4063	5148	13391	2179789	3581621.25	4836416.55	273507.27	8691545.07	31%	30%	39%

资料来源：陇海铁路管理局编，《陇海年鉴》，郑州：陇海铁路管理局，1933年版，第94页。

20世纪50年代初，受铁路运输条件和设备的诸多限制，陇海铁路货运仅限于普通货物，1953年1月起实行由承运到交付承担完全责任的负责运输制度，铁路货运范围亦随着陇海铁路全线通车和经济建设事业的快速发展而不断扩大，货物运输的安全指数、机车调配效率、货运数量、服务质量以及运输效率均得以显著提升。

第三节　综合交通：新式交通体系的初步构建

近代郑州地域的交通，呈现一种非均衡发展的态势。由平汉、陇海铁路（甚至包括豫北的道清铁路）初步构建而成的铁路交通运输体系，无疑在区域交通事业中占据最为显著的位置。但是，除铁路交通之外，郑州的公路、邮政、电信、航空运输亦得以低限度发展，联络外地的长途汽车开始营运，邮政、电信、航空亦从无到有，中国、欧亚、西南三家航空公司在郑州衔接联运，郑州地域以铁路为中心的新式交通体系初步形成，其区

---

[1] 郑州市地方史志编纂委员会编，《郑州市志》（第3分册），郑州：中州古籍出版社，1997年版，第333页。

域交通地位进一步彰显。

一、公路系统的初成

郑州地域乃至河南省的早期公路，大都由旧有驿路或是堤埝改建而成，而且平原地区的驿路多可直接通行汽车，往往是先有汽车，后修道路，进而开办汽车营运。河南省河务局曾在1919年时提议筹办汽车路，将各河道重要堤埝划归国道案内办理，或分设国道与省道，双方协办，然而未能成行。1920年，由河南官方筹办、以驿路为基础而修筑的焦作至济源汽车路正式通车。1921年，开封至周口、周口至漯河的商办汽车公司开始经营客货运输。而郑州地域最早的干线公路，是1924年动工修建的郑洛公路北线，即由郑州经荥阳、巩县（今巩义市）通往洛阳的路线，后因第二次直奉战争而计划终止。1931年，南京国民政府将郑州至潼关公路列为国防路线，再次拨款修建，最终得以通车。[①]其中，郑州至巩县（今巩义市）段仍为土路。

河南省"虽屡有商人组织汽车公司，然皆以营利为目的，并未培筑道路，仅就原有之官大道，略加平治，即便行车，不久旋辍。自十六年（1927），国民军入豫，特设省道办事处，专管路政，通盘筹划，次第兴修。至十七年（1928）末，已筑成较长之路有八"[②]，这八条公路分别是：开郑汽车路、开周汽车路、开考汽车路、开许汽车路、许南汽车路、陕潼汽车路、信固汽车路和新辉汽车路。其中开郑汽车路是联系省城开封与交通重镇郑州的一条重要通道，该路于1928年10月底完工，由开封北门起，北行至黄河柳园口，沿黄河大堤西行至花园口，达郑州北关，这是郑州地域通车较早的干线公路。

这一时期无论是营运汽车还是汽车路，技术标准均很低，仅是勉强通行，运输量很小。北洋政府统治时期河南省共修建了1300多公里简易公路，逐渐发展成初级的公路网络，这些公路多修筑于平原地区的铁路线两侧或河堤上，整体上互不连贯。1927～1937年，是河南省公路交通发展较快的时期。1931年6月，河南筹备设立长途汽车营业部，附设于省公路局。1934年，公路局被改组为工务处，直属省建设厅。至1935年止，河南全省共建成了5条公路干线和若干支线，其中干线为1804公里，省外省内支线合计为3687公里，总计5491公里（参见表3.3）。

---

① 郑州市交通志编纂委员会编，《郑州市交通志》，北京：方志出版社，1999年版，第43页。
② 河南新志编纂处编，《河南新志》（中册），开封：河南新志编纂处，1929年版，河南省地方史志编纂委员会、河南省档案馆整理再版，郑州：中州古籍出版社，1990年版，第770页。

表3.3 河南省公路里程表（1935年） 单位：公里

线别	路线名称	起讫及经过地点	里程
干线	归祁干线	商丘、亳县（省界）	60
干线	汴粤干线	开封、杞县、太康、淮阳、周家口、项城、新蔡、潢川、仁和集、小界领	444
干线	京陕干线	叶家集、小方家集、商城、仁和集、潢川、罗山、信阳、桐柏、南阳、镇平、内乡、淅川、荆紫关	550
干线	洛韶干线	洛阳、白沙、临汝、宝丰、鲁山、南召、南阳、邓县、孟家楼（省界）	466
干线	海郑干线	永城（省界）、商丘、宁陵、睢县、杞县、开封、郑县	284
支线	道濮路	滑县、河北、濮阳（省界）	50
支线	汴曹路	开封、典兴集、兰封、考城、蔡口、曹州（省界）	92
支线	鹿单路	鹿邑、商丘	70
支线	淮亳路	淮阳、鹿邑、安徽、亳县（省界）	80
支线	商阜路	方家集、固始、三河尖（省界）	115
支线	潢经路	潢川、光山、经扶	65
支线	罗宣路	罗山、周党畈、宣化店	58
支线	洛潼路	洛阳、宜阳、洛宁、卢氏、虢略、阌乡、潼关	301
支线	汝和路	临汝、禹县、许昌、鄢陵、扶沟、西华、周口、安徽天和（省界）	340
支线		南阳、方城、保安驿、舞阳、商水	280
支线		小方家集、黄头岭（省界）	19
全省干线合计			1804
联络支线合计			1470
省内短途支线		（略）	2217
全省公路总计			5491

资料来源：崔宗埙，《河南省经济调查报告》，北京：京华印书馆，1945年版，第13～16页。该报告的数据依据源自1935年度《中国经济年鉴》，故笔者据此认定这份统计表的时间为1935年。表中所列为河南公路的通盘计划，多已通车，不含原有未加修理即已行驶汽车的牛车路。另有联络支线若干，未做统计。原表中南阳至商水、小方家集至黄头岭两条支线的名称因印刷的原因已无可辨析，权且略去。

河南省在长途汽车营业部开办之初，仅有客货车各 1 部，1932 年上半年陆续购入雪佛兰车 48 辆。1932 年 8 月，因省道修筑里程逐渐延长，行车路线亦随之增加，于是使用营业进款又添购客货车 12 辆。① 至 1936 年，河南省已通行汽车的主要路线有 16 条，经过城镇 70 处（县城 39、乡镇 31），分别是开禹线（开封至禹州）、开道线（开封至道口）、开周（开封至周口）线、开菏线（开封至山东菏泽）、许南线（许昌至南阳）、周舞线（周口至舞阳）等，多系国道和省道，部分为砖砟或煤渣路面，较为简陋。河南公路在运营初期，"营业情形较佳，且系新车修理费用极少，故能迭有盈余。迨至 1933 年度，受天灾与农村经济衰落之影响，营业颇感不振。迩来迭经整理以来，一切支出，尽量撙节，惟因修理费用过巨，支出仍达收入 92% 以上，殊未能令人满意也"。②

就河南公路运输整体营业情形和发展态势而言，客运尚可维持，"开禹、开项、许南、信汊等线，月可收入三千至五千元"，而货运状况则不容乐观，公路货运"向不发达，其原因为豫省人工低廉，土车或骡马驮载，取值仅及汽车三等货运价 1/3 至 1/4，货运由是无法推进"。③ 豫省"公路建设，经纬万端，欲期设备之完善，非有充分之财力不为功"，通车线路，逐渐增加，"现时综计已达 2000 公里，进展不可谓不速。惟所有通车公路，多系就原有大车路，稍加培垫，其铺有路面工程者，为数寥寥，一遇雪雨，则泥泞载途，车辆遂无法行驶。行车既受天时之限制，而年来灾患洊臻，民生凋敝，已足减低一般乘客付给运价之能力。重以本省人民生活之刻苦，旧式交通工具——骡马车、人力等车，运输代价之低廉，遂使大多数乘客，对于汽车不能普遍利用。客运已然，货运尤甚，此皆为本省公路运输不发达之主因"。"营业收入，年仅 30 万元左右，以与浙湘等省比较，瞠乎后矣"，④ 区域公路交通的落后状况并未得到根本改观。

1937 年，河南省公路通车总里程已增至 5700 公里，新建永久性大桥 9 座，铺筑中低级路面 1786 公里。公营或私营长途汽车公司纷纷成立，拥有

---

① 张静愚，《河南省之公路运输》，《交通杂志》1936 年第 4 卷第 1、2 期合刊，第 187～188 页。

② 同上注，第 190 页。

③ 同上注，第 189～190 页。河南省长途汽车货运定价，三等货运价每吨每公里 3 角 2 分，而传统陆路运输方式同等货物运价往往在 1 角左右。河南省内大车的运费，大体每百斤每百华里 2 角 8 分至 4 角，折合每公里每吨约 1 角 1 分至 1 角 6 分。

④ 张静愚，《河南省之公路运输》，《交通杂志》1936 年第 4 卷第 1、2 期合刊，第 185 页。

专业营运汽车208辆,汽车营运路线达2800公里,①以省会开封为中心的公路交通网络初步形成。这一时期河南省五大公路干线,仅有海郑干线经由郑州,表明郑州在区域公路交通网络中仅处于辅助地位。

20世纪30年代初,郑州公路交通依然处于起步阶段,"陆路有郑汴汽车道与其他临县交通,均泥土路"②。1936年,开郑公路中线开始动工修建,1937年建成通车,这是郑州地域最早铺筑路面的干线公路,由郑州经中牟县城通往开封,该路系1932年"七省联络公路修建会议"拟订的海郑干线(江苏东海至郑州)中的一段,路面为砖碴或石子铺筑,路宽3米。③此外,还有郑洛公路南线、郑临(郑州至临汝)公路、郑禹(郑州至禹州)公路等。

表3.4 郑州联络公路里程及车辆(1947年)

线路别	里程(公里)			车辆(辆)		
	全长	通车	不通车	小计	局车	商车
洛郑北路	130	130	—	7	—	7
洛郑南路	164	164	—	—	—	—
郑禹路	91	91	—	4	4	—
郑许路	89	89	—	—	—	—
郑永路	306	306	—	—	—	—
开郑北路	120	120	—	—	—	—

资料来源:河南省政府统计处,《河南统计月刊》1947年第9、10期合刊,第22页。本表据《河南省公路局各路线里程及车辆》制作而成,与原表有所变化,该统计表为1947年10月的数据,系不完全统计,依据河南省建设厅资料编制。

抗日战争至解放战争期间,因受战争影响,郑州外部联络公路多毁坏严重,不能正常通车。1947年年底,以郑州、开封为中心的中原地区,仍是国民党重点防御区域,国共之争夺甚为激烈。保持自身控制区域的交通畅通以利运兵,成为战争时态下军事运筹的常用策略。在1947年郑州的联络公路中,共有6条线路能够实现通车(参见表3.4)。

而到了1948年底,由于战争的持续破坏,使得郑州地域的公路仅有郑

---

① 河南省地方史志编纂委员会编,《河南省志·公路交通志》,郑州:河南人民出版社,1991年版,第1~2页。
② 陇海铁路车务处商务课编,《陇海全线调查》,郑州:陇海铁路车务处商务课,1933年版,第158页。
③ 郑州市交通志编纂委员会编,《郑州市交通志》,北京:方志出版社,1999年版,第44页。

州至开封、郑州至许昌等线路勉强通行轻载汽车，公路交通系统亟待恢复。至1952年底，郑州公路已恢复通车里程373.3公里，[①]但是仍然处于低水平的恢复改善阶段。

不过，近代郑州因为拥有得天独厚的交通区位优势，由此获得前所未有的历史机遇和发展潜力，故该地域后期的公路建设呈现与铁路交通联动快速发展的态势。铁路和现代公路的兴筑，给传统的驿路交通带来了强劲冲击，区域交通格局遂有所改观。

二、邮政、电信：从无到有

1. 邮政。郑州因处中原腹地，南北东西交通之中枢，古代邮驿自秦汉以来就较为发达，其通信的主要工具是邮驿车，历来主要为军事和官府所用。郑州的近代邮政始于1901年11月至1902年1月间，在西大街路南与磨盘街北口拐角处，首设邮政分局。铁路通车后，火车开始承办邮递包裹，并于1913年在火车站票房后设立邮政局。1925年5月，郑州至洛阳航线开通，首开航空邮政线路。20世纪30年代，随着郑州商业影响范围的扩大，邮政递送业务趋旺。1931年，郑州邮政经办普通函件168.28万件，挂号及快递函件19.52万件，包件1.35万件，开发汇票2.78万张，兑付汇票0.86万张。[②]

20世纪30年代初期，郑州邮政局分设县前街、福寿街、钱塘里3个支局。1938年，郑州邮政局被日机炸毁，先后迁至登封、密县等地，郑州邮政亦曾经一度被日军控制。此后郑州邮政事业发展较为缓慢，邮政局多次被降低规格。到了1947年，郑州邮政局共有员工149人，其中职员66人，差工83人。[③]1948年10月，郑州仅存3个邮政营业所，邮政运输工具仅有6辆人力架子车和9辆自行车。1948年11月1日，郑州市邮政局宣告成立。1949~1952年，除西大街邮政支局外，市内相继增设3个邮政支局，并在德化街建起一座3层的邮政大楼。邮政业务除函件、包件和汇兑外，从1950年开始实行"邮发合一"，承担报刊发行业务。为弥补银行网点的不足，1951~1953年，郑州开办了邮政储蓄业务。至1952年底，郑州邮政业务收入由1949年的3.83万元增至27.53万元，增长6.18倍，业务总量约增加64.4%。1952年12月，郑州邮政

---

① 郑州市交通志编纂委员会编，《郑州市交通志》，北京：方志出版社，1999年版，第47页。
② 郑州市地方史志编纂委员会编，《郑州市志》（第3分册），郑州：中州古籍出版社，1997年版，第454页。
③ 同上注，第485页。

和电信两局合并，成立郑州市邮电局。1954年，随着河南省会由汴迁郑，在花园路设立第一邮电支局，原4个支局改为营业处，并首次开辟市内汽车邮路，市内拉运邮件由汽车逐步代替人力架子车，①郑州邮政遂步入一个快速发展的阶段。

2. 电信。郑州的电信事业，发端于20世纪初。1901年8月，清慈禧太后"回銮"路经河南，特由河南官府架设了汴洛间的电报线路，中经郑州，在钱塘里（今钱塘路）设电报房一处，专供军政通信使用，这是郑州电信通信的开端。1906年，郑州电报房升格为电报子局，开始为民众提供通信服务。1909年，邮传部核定郑州电报子局为转报局，承转省内四方各类电报，并下属武陟县电报房一处。1911年，郑州电报子局升格为电报局，有职工21人。1912年，中华民国交通部开始利用电报余力发展电话通信，设立郑州电话局，属电报局管辖，组织架设通往周边各城市的直达电路。1916年电报局又升格为一等电报局。1920年，省办长途电话郑州分局设立于上元街，初装磁石式人工交换机20门，供军政机关传递信息。1923年电话交换机增容100门，装机132户，为居民、商户提供服务。至1929年冬，郑州设立无线固定电台，初通电报业务，后通电话业务，职工约50人。②

受战争因素的影响，郑州地域的通信设施时遭破坏，仅1921～1925年，郑州至周边临县的长途干线被毁坏500余公里，7条电路停通。20世纪30年代初期，郑州实现长途电话直通"洛阳、新郑、开封、新乡、许昌、中牟、荥阳、河阴、汜水、巩县（今巩义市）、偃师等县"③，郑州电信业得以恢复与发展。1935年，郑州市话交换机容量由100门增加到300门，装机276户。1936年4月，以南京为中心的连接苏、浙、赣、皖、鄂、湘、豫、鲁、冀九省长途电话干线竣工，是年9月，郑州至西安架设铜线线路开通，使得郑州长途通信的覆盖面大为拓展。到了1938年，郑州的日长话交换量达1.53万张，电报890份，④系民国时期郑州电信业最为

---

① 郑州市地方史志编纂委员会编，《郑州市志》（第3分册），郑州：中州古籍出版社，1997年版，第454～455页。

② 王宝善主编，《郑州工会志》，郑州：中州古籍出版社，1990年版，第79页；郑州电信局文史编纂委员会编，《郑州电信要览》，郑州：中州古籍出版社，1997年版，第1～9页。而据《郑州市志》（第3分册）（城市建设卷、交通邮电卷）刊载，郑州的无线电台通信始于1928年冬，民国交通部组建全国短波无线电台通信网络，在郑州兴隆街安装了1套100瓦电台。

③ 陇海铁路车务处商务课编，《陇海全线调查》，郑州：陇海铁路车务处商务课，1933年版，第158页。

④ 郑州市地方史志编纂委员会编，《郑州市志》（第3分册），郑州：中州古籍出版社，1997年版，第488页。

兴盛的时期。

1944年4月，日军侵占郑州后，设立华北电信电话株式会社郑州通信局。1946年底，郑州至南京、武汉、西安、徐州均开通3路载波电话和双工韦氏快机通报，省内郑州至开封、许昌、新乡、信阳、商丘、南阳等地恢复长话和电报通信。随着战争升级，通信线路多遭破坏，1948年9月时仅剩9条长话电路和13条电报电路，其中省际5条中断，省内时通时阻。1950～1952年，屡受战争破坏的通信设施逐步得以修复，1952年底郑州到省际、省内电报、长话业务电路由1949年的37路增加到59路，长话交换机容量增加到80门，载报机和载波机增加到15部，市内交换机增容至640门，装机用户为497户，[1]这一时期是郑州电信业的恢复阶段。

三、航空业的起步

郑州的民用航空业始于20世纪20年代中期，郑州至洛阳航线是河南省最早的民用航线，开通于1925年5月。"邮局添航空邮件，星期三、六由郑州西航，二、五由洛阳东航，明片印刷物包裹均收"。[2]1926年，郑州航空队成立，主要有中兴、绍先、沧石、逸才、汉三等，航空员有杨鹤霄、甄中和、耿嗣会、崔用哲、李天民、刘俊杰等。[3]1932年1月，北平—洛阳航线通航。同年4月1日，欧亚航空公司沪新线的沪陕段通航，途经洛阳（后改为郑州），每周两班。[4]1934年5月，欧亚航空公司平粤线通航，经停郑州，每周往返两班，周二、六北上，周三、日南下。上述航线在抗日战争期间先后被迫停航。抗日战争结束后，中国航空公司经营的沪陕、沪兰线和中央航空公司经营的平粤、平陕、沪陕线以及陈纳德空运队经营的沪宁（宁夏）线，均有定期或不定期班机经停郑州。1946年中国航空公司、中央航空公司经营的渝平线，往返亦经停郑州。[5]

在20世纪上半叶，郑州共建有3座小型机场。其中最早的机场是郑州马砦机场，初建于1924年，位于郑州老城西南方向马砦村，为直系军阀吴

---

[1] 郑州市地方史志编纂委员会编，《郑州市志》（第3分册），郑州：中州古籍出版社，1997年版，第488～489页。
[2] 《晨报》1925年5月4日。
[3] 航空同人通信处，《郑州航空队》，《飞行杂志》1926年第6卷，第57页。
[4] 河南省地方史志编纂委员会编，《河南省志·民用航空志》，郑州：河南人民出版社，1991年版，第15页。
[5] 郑州市地方史志编纂委员会编，《郑州市志》（第3分册），郑州：中州古籍出版社，1997年版，第423页。

佩孚所建，占地面积100亩左右，设备简陋，为草皮土质跑道，供小型飞机起降，1936年前后荒废不用。① 郑州五里堡机场，位于郑州老城西北方向的邱寨村附近，建于1929年，占地46公顷，荒废于1945年前后。② 郑州机场（燕庄机场）位于郑州东北郊的黑庄与祭城之间，距火车站10余里，初建于1942年，当时占地300多亩，修建了一条南北方向长300余米的土质跑道。抗日战争胜利后，南京国民政府将机场扩建为500余亩，改建了一条东西方向长800米左右的三合土结构的跑道。1950年，军队进驻该机场，并在原三合土结构跑道的基础上，重建了一条长1960米、宽60米、厚0.18米的混凝土结构跑道，并修建一条与跑道平行的混凝土滑行道和5条联络道，跑道能够承载80吨以下各类飞机起降。③

从整体上来看，至1950年前后，郑州的机场仅有燕庄一处可勉强运行，主要是供军方使用，客货吞吐能力十分有限。1956年6月，中国民航在郑州燕庄机场建立航站，此时郑州才拥有了现代意义上的航空设施，民用航空事业逐步得以发展。

第四节　郑州地域构造的变容：基于新式交通格局

"19世纪中叶以来近代交通运输和商业的扩展以及19世纪末以来近代工业的扩展，为城市发展提供了非同一般的刺激。虽然这种发展与现代化的大部分其他方面的发展一样，首先出现在外国控制的通商口岸，但在1919年以前，纯粹的中国城市也在一定程度上成长起来。"④ 特别是在以铁路为中心的近代交通网络的节点或沿线区域，一些内陆地区的"纯粹"式城市得以发展，呈现出一种"内生型"快速城市化趋势，近代郑州城市的成长即是如此。

20世纪初，平汉、陇海铁路相继筑通并交会于郑州，使得郑州居于中原近代交通运输网络的核心位置。随后，郑州地域开始出现了现代意义的公路，即汽车路，并以铁路沿线的重要城镇为起点向外延伸。由此，以铁

---

① 郑州市交通志编纂委员会编，《郑州市交通志》，北京：方志出版社，1999年版，第317页。
② 郑州市地方史志编纂委员会编，《郑州市志》（第3分册），郑州：中州古籍出版社，1997年版，第421～422页。
③ 郑州市交通志编纂委员会编，《郑州市交通志》，北京：方志出版社，1999年版，第311～312页。
④ 〔美〕奈特·毕乃德，《现代化与近代初期的中国》，载〔美〕西里尔·E. 布莱克，《比较现代化》，杨豫、陈祖洲译，上海：上海译文出版社，1996年版，第218页。

路和现代公路为中心的郑州新式交通体系得以初步构建，区域交通格局遂大为改观。

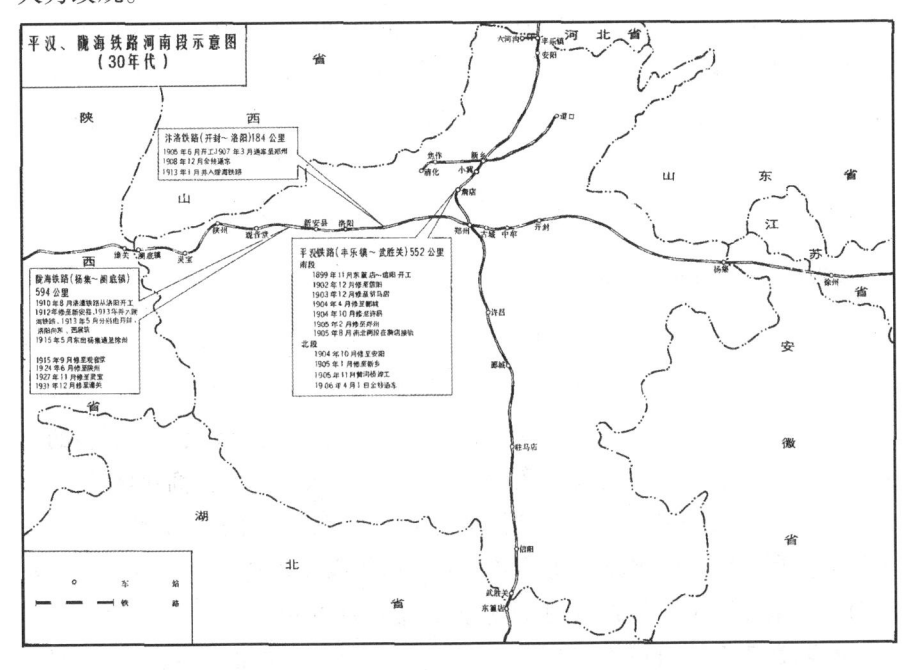

图 3.1　平汉、陇海铁路河南段及郑州交通区位图

资料来源：河南省地方史志编纂委员会编，《河南省志·铁路交通志》，郑州：河南人民出版社，1991 年版，扉页插图部分，在原图的基础上略有更改。图中纵向延伸的铁路是平汉铁路，横向贯穿河南省的铁路是陇海铁路，两路在郑州交会，构成"十"字交通枢纽。

新式交通因其强大的运输功能，改变了人员、商货的基本流向，传统的运输渠道由此发生转换，冲击并改变了原有的地域构造。郑州的地域构造[①]问题，涉及郑州城市内部结构、城市内部与外部关系即城乡关系、郑州地域的整体空间构造等诸多方面。限于篇幅，本节基于对郑州地域交通格局演化的认知，仅从宏观层面探讨区域交通变革给郑州地域的整体空间

---

① 郑州既是一座城市，同时又是一个区域。那么在论及郑州的地域构造时，则要考虑郑州区域的地域构造和郑州城市的地域构造两个层面。郑州区域的地域构造是指该区域的各构成要素的空间结构状况，如市镇的分布、人口的聚散及流动、交通状况、核心——外围结构、区域经济的布局等；郑州城市的地域构造是指构成城市的各种元素，如人、建筑物、街道等的空间位置、分布密度和分布形态。城市的空间结构及功能分区，受城市的地理环境制约，因交通条件的改变而改变，同时亦受城市历史的影响，它是一个长期发展的结果。本章所谈的郑州地域构造是指前者，这里的郑州不是一个行政区划概念，而是一个因铁路而兴、影响区域经济变动的泛郑州的概念，近乎郑州经济圈的意涵。后者的探讨将在第五章中有所涉及。

构造所带来的影响及其外在态势，包括地域经济中心的位移、经济空间的变化和城镇布局的改观等诸多方面。

在中原近代交通运输网络中，郑州占据交通区位优势，由此获得发展的强劲动力，从而逐步成长为地域经济的中心。铁路作为郑州连通外部世界的桥梁，促使该地域传统、落后的状况有所改观，区域经济呈外向发展态势，从而引发区域经济空间的演化。铁路线的铺设亦带来区域市镇的兴衰更替，传统市镇趋于衰落，铁路沿线一批新兴市镇悄然崛起。

一、地域经济中心的位移

铁路开通前后，郑州地域经济的中心发生了显著位移。未有铁路之前，河南区域经济较为活跃的地区主要限于水运便利之所，黄河、淮河、汉水和卫河水域便为区域农作物的主要产地，同时也是区域经济贸易的中心，诞生了周家口、朱仙镇、道口镇、社旗镇等著名的沿河商业城镇。

交通区位在一定程度上决定了地域商业的繁荣。明末清初时期，朱仙镇凭借便利的贾鲁河水路交通，培育了发达的商品流通市场，成为商业繁荣市镇。朱仙镇位于开封城南45里处，贾鲁河穿镇而过，全镇南北长16里，东西宽7里，面积约27.5平方千米，有绸缎、南北杂货、苏广时货、麻、烟等店铺32类620余家，仅米店就有51家。镇上流通的商品有相当部分来自省外，从交易量来看，粮食和盐是最大宗货物，其他还有布、皮、羊毛、油、丝、烟、绸缎、海味、金属器皿、珠宝首饰、鞋帽、陶瓷、铁器、煤、茶、铜等，[①]涉及生活领域的方方面面。繁盛期的朱仙镇商业胜甲全省，一度成为区域的经济中心。

清道光年间（1821～1850），贾鲁河上游淤积，航道不畅，朱仙镇的贸易量骤减，其经济地位被位于下游和颍河交汇处的周家口所取代。周家口上通漯河，下达正阳关，是豫皖商货必经之地。繁盛时期周家口市场的辐射能力几乎占河南市场的一半，在全国的商业城镇中亦占有重要地位，区域经济的中心发生位移。

及至近代，郑州地域水运衰落，疏离于河南经济的中心地带，物资流通量很小，流通范围亦非常有限，成为区域经济的边缘地带或曰"塌陷地"。在铁路开通之前，郑州只不过是一座乡村气息浓郁的小县城，在工商业和政治上均没有多少地位。然而，铁路的筑通使得郑州能够联络各通

---

① 程有为、王天奖主编，《河南通史》（第3卷），郑州：河南人民出版社，2005年版，第609页。

商口岸，客货交往旋即频繁起来，其经济地位亦逐渐得以提升。铁路通车给原有的黄河、卫河、贾鲁河等水路交通带来极大冲击，郑州由此压倒了河南省最大的市场——周家口，一夺省城开封的繁荣势头，独占长江、黄河间中原最大的货物集散市场之重要地位。[①]在铁路的联动作用下，郑州逐步发展成为中原地区粮食、棉花等农产品、工业制成品及矿产品的转运中心。优越的交通区位条件，给封闭、衰落的郑州带来了发展的契机和驱动力，其工商贸易活动日益繁盛，逐渐发展成为与省城开封相匹敌的商业都市，从而成长为区域的经济中心。

郑州地域经济中心地位的确立，还体现在金融的地域构造方面。铁路通车使得郑州的交通区位大为提升，商业繁盛，金融业务需求旺盛，各类银行纷纷进驻。20世纪30年代中期，郑州至少拥有12家银行，其中8家为分行或支行，而同期省城开封仅有银行7家，其中3家为总行或支行，洛阳更是只有两家银行的办事处，均无法与郑州相提并论。金融机关的多寡及其分设机构规格的高低，从一个侧面反映出一座城市的经济地位状况及其在区域经济体系中的吸引力情况。

二、地域经济空间的拓展

郑州地域因受交通运输条件的限制，在20世纪前仍旧保持着传统的自给自足的经济状态。农作物主要不是作为商品生产出来的，而是对消费后的剩余进行出售，大都仅流通于农村附近的集镇市场圈，真正通过长途贸易网络流入市场的相当有限。

20世纪初，平汉、陇海铁路相继修筑并交会于郑州，为郑州区域经济发展注入新的要素，一改郑州地域传统封闭的面貌，区域交通运输状况大为改观，快捷交通大大缩短了商货到达通商口岸的时间，使得原本偏远封闭的乡村市场亦能够通过近代交通方式联结通商口岸乃至国际市场。

铁路运输具有速度快、运量大、运价相对低廉、适合批量商品的长途贩运等优点。平汉、陇海两大铁路干线的贯通，使得郑州地域的农民可以借此便利，大量自产地运销产品，在市场上进行交换。铁路沿线地区的农民，在较高利润的驱动下，逐渐改变土地利用方式，因地制宜，种植经济

---

① 〔日〕横浜正金銀行，『河南省鄭州事情』，調査報告第12号，出版地不详，横浜正金銀行，1920年版，第1～2頁。

作物。①区域供需的畅通使得农作物生产已不可能封闭在农家自用的小天地里，商品化生产成为可能，农民生产的目标指向开始由自给自足转化为商品，商品化逐渐成为农作物生产的主流，由此推动了区域经济作物种植的市场化转向。郑州及其周边地域农作物种植专区亦逐渐得以形成，如豫东陇海铁路沿线花生种植区、平汉铁路南线许昌一带烟草种植区、豫西豫北棉花种植区等。

铁路的筑通提升了沿线地区商贸及人员活动的频度，拓宽了流通渠道，调剂了供需平衡，从而实现了区域内外生产、消费和信息的有效沟通。就河南本省棉花的运销而言，通过铁路经郑州销往外埠者，约占其总产量的七成左右。郑州作为陇海、平汉铁路的节点，由一个封闭落后的小县城一跃成为20世纪20年代中国最大的原棉转运市场之一。除河南本省来棉外，还有陕西、山西等省的来棉，每年达数十万至百万担，地域商业空间随之发生深刻变化。

铁路通车之后，郑州近代意义上的机器工业开始从无到有，逐步得以发展，体现出明显的铁路色彩。基于交通区位和产棉区的考虑，上海企业家穆藕初选择在郑州设立大型纺织企业——豫丰纱厂，其原棉的运入和产品的外销主要依托铁路。

通过铁路交通网络，郑州不仅密切了与北方口岸城市的联系，而且与上海、汉口等通商口岸交易频繁，加速了区域经济的外向化发展，从而拓展了地域经济的空间。

三、铁路沿线市镇勃兴

19世纪末，郑州地域的市镇大体上集中在水运网络沿线或临近行政中心，一般规模较小，呈点状无序分布。此时，中原地区河道网络的变化使得沿线地域与邻接地域进行人员物资中转交流的通道消失了，致使交通的区位优势弱化，腹地范围亦会大为缩小，发展动力趋弱，一些依靠水路而繁荣的市镇开始衰落。例如，唐河和贾鲁河因溯流而上的淤泥而逐渐变得无法通航，唐河的通航能力越来越差，社旗镇的商业因之开始衰退，朱仙镇则由河南省最繁荣的四个小城市之一，变成了一座城市的遗迹。②

---

① 沈松侨，《经济作物与近代河南农村经济（1906～1937）——以棉花与烟草为中心》，载台湾"中研院"近代史研究所编，《近代中国农村经济史论文集》，台北：台湾"中研院"近代史研究所，1989年版，第341页。

② 〔美〕张信，《二十世纪初期中国社会之演变——国家与河南地方精英（1900～1937）》，岳谦厚、张玮译，北京：中华书局，2004年版，第25页。

华北区域传统意义上只有两类城市，即行政消费型城市和经济型城市。其中，行政消费型城市以行政为主要功能，以乡村供应为经济内容，政治意义远大于经济意义，且随着行政体系变动而呈明显的盛衰波动规律，发展的可持续性不强。由宋至清，这类城市基本呈现出缩小甚至停滞的趋势。[①] 特别是近代以来，城市行政等级或供给职能不再是决定华北城市兴衰的唯一因素。在腹地市场中的位置，与通商口岸的交通方便与否，成为决定城市在近代区域系统中地位的重要因素，[②] 交通地理位置在城市兴起过程中发挥着特殊作用。

　　以铁路为代表的新式交通工具的出现，使得生产地和销售地的相对位置随之发生变化，靠近交通线地区的交易成本无疑相对较低，于是铁路沿线人员及商贸活动开始集聚，一批新型市镇悄然兴起。诚如马克思所言："一个生产地点，由于处在大路或运河旁边，一度享有特别的地理上的便利，现在却位于一条铁路支线的旁边，这条支线要隔相当长的时间才通车一次。另一个生产地点，原来和交通要道完全隔绝，现在却位于好几条铁路的交叉点。后一个生产地点兴盛起来，前一个生产地点衰落了。"[③] 就华北地区市镇发展的整体态势而言，"如果说，明代中期至清代前期是江南市镇勃兴的黄金时代；那么，华北平原的市镇勃兴，则大致是发生在19世纪末叶到20世纪30年代的近半个世纪里"[④]。平汉、陇海铁路的开通进一步打击了本已衰微的区域水运，新式交通取代传统交通体系而成为郑州区域交通运输的中心，铁路沿线遂成为新兴市镇的多发地。这一阶段郑州地域市镇的勃发，其原因固然很多，但区域铁路交通体系的初步构建无疑是一个至关重要的因素。

　　在铁路沿线和通商口岸附近地区，铁路打通了以往因交通不便而处于封闭状态的地区，使其与以通商口岸为中心的城市体系建立了一种新的联系。来自国内市场的需求，通过铁路首先传至沿线地区，刺激了农业的商品化和城市的成长。乡村与城市特别是大城市之间所形成的紧密的互动关

[①] 隗瀛涛主编，《中国近代不同类型城市综合研究》，成都：四川大学出版社，1998年版，第2～6页。

[②] 刘海岩，《近代华北交通的演变与区域城市重构（1860～1937）》，载〔日〕渡边惇，『20世紀前半華北地域の都市近代化にたいする日本の影響』（研究报告书），東京：驹沢大学文学部，2002年版，第159頁。

[③] 马克思，《资本论》（第2卷），《马克思恩格斯全集》（第24卷），北京：人民出版社，1972年版，第278～279页。

[④] 从翰香主编，《近代冀鲁豫乡村》，北京：中国社会科学出版社，1995年版，第118页。

系主要是通过铁路这个媒介得以实现的。①平汉铁路、陇海铁路的贯通使得区域发展重心发生转移，因循铁路交通网络的形成，原本分散的地域结构呈现出集聚态势。

据1935年的统计，在河南省城镇密集度最高的20个县中间，90%位于黄河南岸一侧的平汉铁路沿线、开封道地区以及黄河北岸一侧的河北道地区。就交通条件而言，位于铁路（包括平汉、陇海和道清铁路）沿线者达12个县之多，位于河道沿线者5个县，②由此可见区域市镇的空间布局与交通具有密切的关联性。随着郑州地域铁路沿线市镇的兴起，人口也在向这些新兴市镇缓慢、稳步地迁移。从整体上来看，近代以来的河南人口是沿着两个方向持续迁移的：一是向着水源比较丰富的河流两侧集中，二是向着铁路或公路沿线地带集中，沿交通线区域的人口一般较为稠密。③人口向铁路沿线市镇聚集，推动了这些市镇规模的扩大，市镇规模的扩大则会进一步增加其对农村人口的吸引力，如此循环往复，铁路沿线城市得以快速成长。

城因水兴，市缘路起。一条交通线所经之地，往往会给沿线的重要站点带来巨大的物资流、人员流和信息流，使之成为人口物流集聚地，继而为此处的居民提供从事商贸、手工业等非农业的条件，从而最终形成城镇。④交通与城市之间具有深刻的渊源关系，早为古今中外的无数实例所证明。

在特定的地域空间，以物质性网络（由发达的交通运输等线路组成）和非物质性网络（通过各种市场要素的流动而形成的网络组织）组成的区域网络化组织为纽带，城市得以出现并成长起来。铁路的贯通大大提升了沿线城市特别是枢纽城市的扩散力，城市的腹地范围大为延展，助推了城市的快速成长。漯河、周口和焦作成为新出现的、联结北京和武汉以及上海（1927年后）的市场中心中最繁荣的市镇，而像这样的城市当时有一打之多。⑤在平汉、陇海铁路所构成的"十"字交通线上，几乎汇聚了河南

---

① 刘海岩，《近代华北交通的演变与区域城市重构（1860～1937）》，载〔日〕渡边惇，『20世紀前半華北地域の都市近代化にたいする日本の影響』（研究報告書），東京：駒沢大学文学部，2002年版，第160～161頁。

② 从翰香主编，《近代冀鲁豫乡村》，北京：中国社会科学出版社，1995年版，第133页。

③ 林富瑞、陈代光，《河南人口地理》，郑州：河南人民出版社，1983年版，第57页。

④ 谷中原，《交通社会学》，北京：民族出版社，2002年版，第209页。

⑤ 朱毅等编，《河南县情》，郑州：河南人民出版社，1990年版，第63～67页；〔美〕张信，《二十世纪初期中国社会之演变——国家与河南地方精英（1900～1937）》，岳谦厚、张玮译，北京：中华书局，2004年版，第25页。

省全部的重要城市。

　　交通和信息科技的发展，往往会影响到城市发展的空间形态，铁路列车的出现导致中心城市沿铁路线辐射发展成指状，然后指间空隙逐渐借助汽车等其他交通样式而填满，并沿铁路停车站形成串珠状小镇。[①]洛阳、安阳、新乡、许昌、漯河、驻马店、确山等铁路沿线市镇快速成长，形成了区域城市沿铁路线"十"字状分布的态势，它们与郑州、开封一起构建成中原地区的近代城市体系。

　　铁路的筑通，改变了中原地区的交通布局。郑州位于平汉、陇海两大铁路干线的十字节点，在中原地区新式交通体系中居于核心地位，从而获取了得天独厚的发展优势，由普通的小县城一跃成为中原地区乃至陕甘商品集散、转运中心，大大提升了郑州的城市层级。在铁路沿线，一批市镇因之迅速繁荣，而远离铁路的市镇则相对衰落。如，豫南的驻马店因铁路的通车而由一个荒芜的小村庄变成了繁华的市镇，与之相反，像朱仙镇、社旗镇这样的传统水运重镇却急剧衰落，不幸成为铁路交通时代的"弃儿"。

第五节　小　结

　　从历史的长时段来看，郑州地域交通格局经历了从以自然力为导向的传统河运、驿路到以机械动力为主导的近代铁路的演变，这为区域社会变迁带来了前所未有的变革力量。铁路的修筑从根本上改变了郑州地域的腹地交通态势，它不仅仅大大提高了运输效率，而且从一定程度上摆脱了地理条件的制约。20世纪初华北区域发展的速度明显加快，超过了同时期的长江中下游地区，这种改变首先发生在铁路沿线和通商口岸附近地区，铁路交通网络的构建无疑是华北快速发展及区域结构重构的强劲推动力。铁路的联通作用使得郑州地域发展突破了时空限制，其地域构造遂产生深刻变化，区域经济中心发生位移，经济空间得以拓展，市镇体系发生变动。

　　铁路将郑州地域的穷乡僻壤与省内外诸多城市中心直接联系起来，为区域经济资源的重新配置注入新的要素。铁路为其经过的地区提供了新的市场，改变了原有的商品流通路线，使得经济作物种植的区域化、市场化和商业化程度大为提升，由此促动了地域经济布局的改观。铁路大大缩短了郑州与贸易港口或通商大都市之间的时空距离，有助于推动郑州地域商

---

① 唐恢一编，《城市学》，哈尔滨：哈尔滨工业大学出版社，2001年版，第49页。

业空间的拓展，促使商品向更广阔的地域渗透，地域经济的空间容纳力随之增强。以铁路为代表的近代交通促进了郑州地域经济中心职能的强化，郑州由此快速崛起，城市层级得以快速提升。在铁路沿线地区，一批市镇因铁路而迅速兴起，而远离铁路的市镇则相对衰落，区域城市形成了沿铁路线"十"字分布的整体态势，从而形成了近代中原地区的城市体系，这一区域城市框架体系一直延续至今。

第四章　铁路与近代郑州交通运输业的发展

随着经济与社会的发展，商品流通、人口流动的需求日益增加，交通工具的变革特别是以铁路为中心的近代交通体系的建构，加速了各种社会因素流动的频率，社会"皆因之便利而迅捷，果何能力而致此耶夫，非恃此圣神万能之铁路哉！铁道一出，即受社会之欢迎，有进行之速率者，其便捷利足，引起人类争趋如鹜之公心"[①]。在近代华北区域经济与贸易体系从传统自给自足向外向型发展的进程中，近代交通体系的根本意义在于，以低廉的价格使大量商品和人员在短期内进行长距离的交流，大大拓宽了人与物的活动空间。[②]除特殊的交通需要外，就人与货物在陆路的长距离运输而言，铁路具有优于其他交通工具的特性，如用时短、运量大、费用低、安全性高等，这在近代以来社会交通需求越来越多的情况下尤其明显。[③]铁路作为商品实体在空间上移动的载体，其意义不可低估。

郑州系平汉、陇海两大铁路干线的节点，居于中原交通运输网络的核心位置，在近代中国铁路网络中亦占有重要地位，素有中国铁路"心脏"之称，是沟通中国东、西、南、北的交通要衢。一种或者多种交通运输方式的交叉点与衔接处，即为交通枢纽，它是共同办理客货发送、中转、到达等所需的多种运输设施的综合体。从功能和站场设施整备的角度来看，郑州可以称作近代中国少有的几个交通枢纽之一，尽管这个枢纽还是比较初级的。近代郑州铁路交通枢纽的初步构建，有力地推动了其交通运输业的发展。

---

① 剑男，《铁道发达之影响及与社会之关系》，《铁路协会会报拔萃》，第1、2卷（1912、1913年度），第1～15期，第57～58页。
② 江沛，『華北における近代交通システムの初步的形成と都市化の進展』，青柳伸子訳，〔日〕『現代中国研究』第18号（2006年3月）。
③ 〔日〕小寺廉吉，『交通』，载〔日〕田辺寿利編，『経済と交通』，東京：石泉社，1954年版，第237～238頁。

第一节　货运与客运：郑州铁路交通业的兴起

近代中国新式交通的整备、工商业的发展以及港口——腹地的互动，推动了内陆地区的商品经济趋于活跃。"河南地广产饶，为商业荟萃之地，财源丰裕，本属有余，乃商战竞争，不逮东南各省。幸京汉、陇海交通以后，运输便利，风物改观，近数年来大有骎骎日上之势。"[①]在这一时代背景下，商品运输的需求大为增加，郑州凭借铁路之利，交通运输业得以快速发展。

一、商货运输

在京汉铁路（平汉铁路）及其支线汴洛铁路、道清铁路（位于豫北地区）筑通之初，就显示出铁路强大的运输能力，营业收入呈逐年上升之势（参见表4.1）。铁路的交会给郑州带来交通区位优势的同时，亦带来了大规模的商货流通和人员流动。仅就商货流通方面而言，经由平汉、汴洛铁路（陇海铁路）运销郑州，或经由郑州转运各地的商品，种类繁多，数额巨大。1909年，平汉铁路郑州站的货运量为2.3万吨，1912年增至4.3万吨。而汴洛铁路在通车的第一年，其郑州站的货物发送量就达5.2万吨，[②]居汴洛线各站之首。

表4.1　交通部直辖各路中华民国元年营业收入比较表　　单位：元

年份 路名	1909	1910	1911	三年平均	1912	增加额
京汉铁路	1124614	12242858	11398460	11585311	13114902	1529591
道清铁路	356517	477593	466558	433566	540000	106444
汴洛铁路	390930	555302	614846	520000	795000	274774

资料来源：《路政司长叶恭绰呈交通部长民国元年铁路营业报告书》（1912年12月31日），《铁路协会会报拔萃》第1、2卷（1912、1913年度），第1~15期，第118页。

1920年前后，内陆各地汇集郑州的物产，多来自附近地区以及陕西、山西等地，主要有棉花、牛羊皮、牛油、铁、煤炭、药材、花生、小麦等（参见表4.2）。此外还有大豆、牛骨、硝石等本省物产涌入，郑州的各类

---

① 林传甲，《大中华河南地理志》，上海：商务印书馆，1920年版，第93页。
② 郑州铁路分局史志编纂委员会编，《郑州铁路分局志（1897~1990）》，北京：中国铁道出版社，1997年版，第189页。

商业机关渐次发达，商货运输日盛，表现出这座新兴交通功能型城市交通运输业的活力，同时亦显示出各路商货鲜明的地域特点。

表4.2 郑州集散物产一览表

品种	产地	输出地	数量	金额（元）
棉花	陕西	汉口、上海	400000 Pcls	10800000
棉花	河南	汉口、彰德	80000	1840000
棉花	山西	天津、汉口	50000	1200000
牛皮	山西、陕西、河南	汉口、其他	50000 Pkgs	1750000
牛油	陕西、河南	汉口、其他	20000 Bars	1100000
水烟	兰州	汉口、其他	50000 c/s	3000000
羊毛	西安	汉口、其他	30000 b/s	900000
柿饼	郑州	汉口、其他	30000	120000
瓜子	郑州	汉口、其他	70000	980000
药材	甘肃	汉口、其他	50000	7500000
花生	河南	汉口、上海	20000 ton	2800000
烟草	汉口	河南	30000 b/s	6000000
粗布	汉口	西安	10000	1600000
漆	陕西	黄河北方	3000 Bars	180000
麦	河南	汉口、天津	20000	120000
杂谷	河南	汉口、天津	50000	200000
合计				40090000

资料来源：〔日〕横浜正金銀行，『河南省鄭州事情』，调查报告第12号，出版地不详，横浜正金銀行，1920年版，第4～5页。商品的单位沿用原表的表述，其中棉花的单位 Pcls 是指担，花生的单位 ton 是指吨，余则未确认。该表依据的是日本横滨正金银行1910～1920年末所进行的调查统计，煤炭系郑州运输销售的重要物资之一，该调查未涉及，但在后文将有所叙述。该组数据与日本青岛守备军民政部铁道部1919年所做『隴海鉄道調査報告書』中的统计有所差异，遂列举如下，以便甄别。陇海铁道调查报告书所涉及的下述商品均为年集散额，其中棉花60万担，产自山西、河南、陕西；牛皮，北来自彰德（今安阳）、南为漯河、东至归德（今商丘）、西为洛阳，计60万张；山羊皮、绵羊皮产自甘肃、陕西、河南三省，分别为120万和70万张；羊毛230万斤；烟叶约30万担，产于许州（今许昌）、叶县、清化镇等地；麻多产自本省，约15万吨；花生系陇海铁路沿线所产，约5万吨。参见〔日〕青岛守備軍民政部鉄道部，『隴海鉄道調査報告書』，青岛：青岛守備軍民政部鉄道部，1920年版，第299页。

据1920年前后的统计，①由陇海铁路东线运转郑州的商品主要有花生、石碱、磷寸（即火柴——笔者注）和谷物等，其中每个月约有40吨开封制石碱由郑州转销各地；经由陇海铁路西线运来的商品主要有棉花、瓜子、干果、药材、牛羊皮、羊毛、烟叶等，其中棉花每年约60万担，陕西、河南、山西所占份额之比约为5:3:2。药材的种类有党参、地黄、山药、杏仁、甘草等，主要产地为甘肃、陕西、河南西部、山西南部。在药材的收获季节，每个月有600～700吨运抵郑州站，其第一运销目的地为汉口，第二是河南省的禹县（今禹州，当时系全国性的药材市场），第三是定州，第四是开封和徐州。而经由平汉铁路北线运达郑州的商品则主要是煤炭、瓷器、棉布和棉丝等，其中棉布主要从天津输入，每月400～500吨，大部分运销汴洛线一带及陕西、甘肃；由平汉铁路南线运入的商品主要有砂糖、棉丝布、铁器、石油、杂谷、纸和茶叶等，其中石油为美孚、亚细亚两公司的输入品，一个月600～700吨，即30吨的列车20节左右，郑州卸用4车，开封方向8车，其余运销洛阳方向。

仅就1932年度郑州火车站的运出货品而言，除煤炭运输外，主要有"棉花约6000吨，小麦约600吨，瓜子红枣等400余吨，其他共3000余吨"②。而据1933年交通银行的调查，郑州进出口货物主要包括棉花、棉纱、煤炭、大米、小麦等（参见表4.3）。

表4.3 郑州进出口货物调查表

商品名称	出产处所	每年进口数量	每年出口数量	每年需要数量	单位价格（元）	运销地点	附注
棉花	灵宝、洛阳、小冀等处	约20万包	约10万包	豫丰纱厂需七八万包	80	沪汉各大埠	中棉公司及各纱厂均驻郑常年采购
棉纱	郑州豫丰纱厂		约3万包	本市及邻县约需1万包	200	苏皖陕甘湘鄂赣晋鲁冀等省	出品约4万包

---

① 〔日〕青岛守備軍民政部鉄道部，『河南省鄭州事情』，青岛：青岛守備軍民政部鉄道部，1922年版，第58～61页。
② 陇海铁路车务处商务课编，《陇海全线调查》，郑州：陇海铁路车务处商务课，1933年版，第159页。

(续表)

商品名称	出产处所	每年进口数量	每年出口数量	每年需要数量	单位价格（元）	运销地点	附注
棉纱	卫辉、彰德、武陟各纱厂	三四千包		本市及邻县销三四千包	200	苏皖陕甘湘鄂赣晋鲁冀等省	
烟煤	丰乐镇六合沟公司	四五万吨			10	沪汉平鲁等处	豫丰纱厂及各机厂用煤甚多
	马头镇怡立煤矿	四五千吨		四五千吨	8.8	湖北、豫南等处	出产甚劣，销路停滞
煤末	焦作中原公司	约5万吨	约3万吨	约2万吨	8.1	湖北、山东等省	转销他埠
烟煤	焦作中原公司	五六千吨	三四千吨	2千吨	15.5	湖北、山东等省	转销他埠
煤油		五六千箱	四五千箱	八九千箱	6.6	陕洛等处	转销他埠，美孚及亚细亚之货品最为畅销
纸烟		1万箱	7千箱	3千箱	240	豫西及各邻县	转销他埠，英美货畅销
大米	郑州凤凰台			四五百包	20		出产供不应求，价亦奇高
	广水、信阳	3万包		本市及邻县3万包	8.3		出产甚劣，多由军队带来
小麦	郑州、彰德、汤阴、漯河等处	三四万包	三四万包	需要甚微	7.5	开封、新乡、蚌埠、汉口、南京等处	转销他埠

(续表)

商品名称	出产处所	每年进口数量	每年出口数量	每年需要数量	单位价格（元）	运销地点	附注
芝麻	驻马店、漯河	约1万包		约1万包	11	平津、汉口及长江各埠	
瓜子	豫西、豫北		80车	需要甚微	3000	平津、汉口及长江各埠	出产集郑转输他埠
高粱	豫省全境	六七百包		六七百包	5	陕洛等处	
青豆	豫省全境	二三千包		二三千包	6	本省	
红枣	郑州谢庄		约100车	需要甚微	3000	苏皖湘鄂赣等省	
面粉	开封天丰公司双鱼牌	2万袋	1万袋	约1万袋	3.3	豫西各处	转销他埠
面粉	新乡通丰公司大喜牌	四五万袋	2万袋	约2万袋	3.2	豫西各处	转销他埠
面粉	蚌埠宝兴公司金钱牌	二三万袋	1万袋	约1万袋	3.2	豫西各处	转销他埠
面粉	南京大同公司	2万袋	1万袋	1万袋	2.6	豫西各处	转销他埠

资料来源：张荣珍，《郑州金融与商业概况》，《交行通信》1933年第3卷第3期，第20～21页。表中商货单位，棉花每包200斤，棉纱每包400斤，大米、小麦、芝麻、高粱、青豆每包均为150斤，瓜子、红枣每车均为33600斤。表中丰乐镇六合沟公司，即六河沟公司。

从整体上来说，集聚郑州的商货以煤炭和棉花为大宗，棉花运销将在本章第二节专文论述，下面仅就郑州的煤炭运输状况展开探讨。

铁路的筑通无疑更便于煤炭之类的大宗笨重货物向距离更远的工业发达地区流通，郑州在周边及豫北的煤炭盛产地与诸多消费地之间发挥了重要的联结作用。郑州火车站的煤炭运输在1910～1920年起步，其运煤主要来自平汉铁路北线。其中焦作煤炭由英国福公司和中原公司合同贩卖，每个月在郑州卸约2400吨，运往开封、归德（今商丘）15000吨，洛阳方面3000吨以上。六河沟煤矿的有烟煤每个月有700～800吨在郑州装卸，多转销外地，本地留用的很少。此外，每月约有500吨井泾矿的煤炭抵郑，全部为平汉铁路所用。[①]20世纪30年代初，郑州本地及周边用煤，多来自"丰乐镇六合沟公司及马头镇怡立等煤矿，每年输入烟煤约五六万吨，价值五六十万元，供给豫丰纱厂、豫中打包公司、电灯公司及各机厂之用"。"怡立煤质甚劣，用户寥寥。焦作中原公司输入硬煤及煤末约五六万吨，价值四五十万元。"[②]

20世纪30年代是郑州站煤炭运输发展最快的一个时期。其运煤来源可分为省内和省外两部分，其中省内煤源占绝大部分，外省煤源则占较小份额，省内产煤主要依托铁路运销。1930～1932年底，通过平汉铁路运销的煤炭，由郑州站起运者仅576吨，其他车站转运郑州站则达556310吨，平均每年185629吨。[③]而在1931～1932年底通过陇海铁路运销的煤炭，由郑州站起运130926吨，但由其他车站转运来郑的仅为1720吨，平均每年66323吨。1930年前后，河南煤炭经由平汉铁路、陇海铁路年均运销量分别为481651吨和144217吨。[④]郑州煤炭运输的地域来源和运送目的地在此后持续向外拓展，通过表4.4和表4.5可见一斑。

表4.4　陇海铁路主要各站运出煤觔数量表（1934年）　　　单位：吨

到达站＼起运站＼运出吨数	徐州	郑州	荥阳	巩县（今巩义市）	孝义	石黑关	新安县	义马	观音堂
大浦	675	102		40					
新浦	10775	790		255					

---

① 〔日〕青島守備軍民政部鉄道部，『河南省鄭州事情』，青島：青島守備軍民政部鉄道部，1922年版，第60～61頁。

② 张荣珍，《郑州金融与商业概况》，《交行通信》1933年第3卷第3期。六河沟煤矿与平汉、陇海两路订有合同，铁路用煤不在此列。

③ 河南省地质调查所，《河南矿业报告》，地质报告书第3号，开封：河南省地质调查所，1934年版，第97页。

④ 在河南省地质调查所1934年所做《河南矿业报告》中，列举的年均运销量，平汉铁路的郑州站185437吨，陇海铁路的郑州为860吨，仅计算了转运额的年平均值，实际应包括起运量。依据这种计算方法，该年运销量应分别为185629吨和66323吨。这里所涉及的仅是河南省各矿产煤利用平汉路、陇海路的运销量及其在郑州站起运或转运的数量，而不包括河北、山西、陕西等省的来煤。河南省地质调查所，《河南矿业报告》，地质报告书第3号，开封：河南省地质调查所，1934年版，第99、104页。

（续表）

运出到达站 \ 起运站 吨数	徐州	郑州	荥阳	巩县（今巩义市）	孝义	石黑关	新安县	义马	观音堂
徐州		4020							
砀山	945	162		335					
商丘	1200	3120		160		40			
开封		62605	4510	3165		40			400
郑州	15		850	80					130
洛东		437		1450	180	8540	1730	2360	
洛西		40		2690		10140	1035	575	2425
陕州				1522	380	1470	330	1210	3721
灵宝		200		1115	475	415		3175	3905
潼关				1680	80	420		80	1440
其余各站	(后略)								
小计	17425	81725	11360	16227	1225	21685	3295	12770	15159
全路运出	180871								

资料来源：雨初，《国有铁路主要各站民国二十三年商煤运输之研究》，《铁道半月刊》1936 年第 6 期，与原表略有变动。觔，即斤，重量单位，合 500 克，加在某些重量计算的物名后做总称，如煤觔、盐觔等。表格的小计一栏中各站起运煤觔数量，包含运往陇海铁路其他车站的煤觔量，站名未一一列出，运煤数量亦未全部列出。

表 4.5　平汉铁路主要各站运出煤觔数量表（1933 年）　　单位：吨

运出到达站 \ 起运站 吨数	坨里	周口店	石家庄	临城	马头镇	光禄镇	六河沟	新乡
前门	98485	1250	34210	8410	1200	695	7715	
丰台	76105	4930	230920	9400	3310		2180	690
保定	4220	2425	3380		140			
保定南关	7320	7435	166185	15315	10175		1500	3211

（续表）

运出吨数 起运站 运到达站	坨里	周口店	石家庄	临城	马头镇	光禄镇	六河沟	新乡
定州	330	1905	13795	680				508
彰德府					22890	7495	56681	20037
卫辉府					7728	1190	10990	3521
新乡					8720			
郑州			3100		4705		110607	98543
许州					1580	1050	11395	21384
郾城县			2625	1560	2540	1195	2510	61274
驻马店					70			3025
江岸			200				8705	51283
玉带门					13600		38980	
其余各站	（后略）							
小计	199205	70755	619975	61775	191012	79250	293583	319435
全路运出	1834990							

资料来源：雨初，《国有铁路主要各站民国二十三年商煤运输之研究》，《铁道半月刊》1936年第6期，该表格为1933年平汉路的统计数据，在原表的基础上略有变动。表格中小计一栏的各站起运煤觔数量，包含运往平汉铁路其他车站的煤觔量，站名未一一列出，运煤量亦未全部列出。

由这两个统计表可以看出，陇海铁路郑州站1934年的煤炭运输量为81725吨，几乎全部由郑州起运，占当年陇海铁路煤炭运输总量180871吨的45.2%，几乎占据全路一半的份额。由郑州东运的煤炭主要供河南省省会开封的生活与工业用煤，占陇海铁路郑州站煤炭运出量的76.6%；而平汉铁路郑州站1933年的煤炭运输量为216955吨，几乎全部由外地运抵，绝大部分来自六河沟和新乡。尽管当年郑州车站的转运量仅占平汉铁路全路煤炭运输总量1834990吨的11.8%，但这个数值要远远高于陇海铁路郑州站的煤炭运输量，这是因为平汉铁路沿线矿产丰富，煤炭产量与销售量均很大，转运地及消费地相对分散。

对于郑州火车站在区域铁路煤炭运输系统中的地位，时人曾做出如下

中肯评价:①

  吾国铁路商煤运输，实占货运极重要之地位，其每年营业进款，约占商运货物总收入百分之五十以上……关于各到达站之重要性，当以秦皇岛、石家庄、浦口、青岛、天津、塘沽、北平、新乡、郑州及丰台最堪注意，不过石家庄、新乡、郑州及丰台四站实为转运之地点……郑州为平汉路六河沟煤矿，及道清路中福煤矿产煤之到达站。以上新乡、郑州两站，亦即平汉陇海两路之接运站。

  从整体上来看，近代中国铁路的煤炭营运收入约占全部货运收入的一半。作为重要的转运中心，郑州在平汉、陇海二路的煤炭运输乃至整个商货运输系统中占有重要地位，大规模的货运需求带动了郑州交通运输业的发展。

  就抗日战争期间商货运输的状况而言，平汉、陇海铁路的许多路段或被日军占领，或被日军炮火袭扰，或被拆除路轨，铁路交通多被阻断，郑州铁路运营几近停顿。战后经过整顿抢修，尽管大体上实现了复运，但运输能力较低，运输数量有限。1945年平汉线汉郑段货运量为118.92万吨，1946年达249.55万吨，其中郑州站发货49825吨，到达27924吨。陇海线郑徐段设备较为完善，尚具一定的运输能力，而郑洛段在接收之后仅能实现分段通车，1946年2月才恢复全段通行，但列车设备较为简陋，尚不能承办整车及零担货运业务，以承担军需任务为主。1945年11月至1946年间，郑洛段共运送军品9160吨，路料3065吨，包裹5549吨。解放战争爆发后，两路运输几乎全部被军运所占用。1946年至1948年，陇海铁路全线平均每月运送军需用品4.5万吨，1948年陇海全线货物周转量仅为1936年的22.4%。②两路正常的商货运输难以为继，货运态势极度衰敝。

  1948年10月后，平汉、陇海铁路逐步修复贯通，商货运输复归常态。1951～1953年，郑州铁路分局年度货物发送量分别为158.3万吨、187.1万吨和200.7万吨，到货量则分别达到280.8万吨、279.1万吨和384.2万

---

  ① 雨初，《国有铁路主要各站民国二十三年商煤运输之研究》，《铁道半月刊》1936年第6期。
  ② 郑州铁路分局史志编纂委员会编，《郑州铁路分局志（1897～1990）》，北京：中国铁道出版社，1997年版，第189～190页。

吨,①货运能力显著提升。

二、客运

郑州的旅客运输,开始于1905年平汉铁路郑汉段通车之时,最初的客运量不大。次年,平汉铁路全线通车,郑州站开始正式办理客运业务,旅客往来频繁,其客运量呈现稳定上升态势(参见表4.6)。

表4.6 平汉铁路8个主要站点客运人数比较表(1908～1912年)

年度	彰德府	卫辉府	新乡县	郑州	许州	郾城县	驻马店	信阳	合计
1908	72538	9517	17036	70859	30255	29973	53289	22640	306107
1909	80644	13164	18793	83484	32446	31887	63490	22369	346277
1910	95699	13597	23793	95396	38244	38347	70926	24440	400442
1911	111613	13768	25963	102047	37352	38582	49888	22357	401570
1912	93855	17647	36224	134188	50333	44971	36568	29704	443490

资料来源:郑州铁路分局史志编纂委员会编,《郑州铁路分局志(1897～1990)》,北京:中国铁道出版社,1997年版,第170页。

由上表可以看出,在平汉铁路的8个主要站点中,郑州站的客运量相对较大,约占8个站点客运总量的30%。在平汉铁路通车之初的数年时间里,1908～1912年年均客运量为10万人左右,此后有一定幅度的增长(因军事干预、区域局势动荡而致使铁路交通严重阻滞的年份除外)。在汴洛铁路1909年通车当年,郑州火车站即输送旅客8.9万人,随着汴洛铁路并入陇海铁路并向东西延伸,客源遂大幅增长。1923～1924年,陇海铁路的客运人数分别为1065355、1273266人(参见表4.7),其抵达郑州车站或由郑州转平汉铁路的旅客有所增加。两路相加,郑州火车站的铁路客运蔚为壮观,给时人留下深刻的印象。"车轨辐辏,颇为热闹。劳人草草,各自南北东西,送往迎来,转瞬朝秦暮楚,郑州的印象,就在这驰驱中,深深地入印人脑际了。"②平汉、陇海二路的客运量由1930年的397.6万人增加到1936年的713.6万人,③延续了抗战前数年的增长态势,郑州站的客运量亦大为增加。

---

① 郑州铁路分局史志编纂委员会编,《郑州铁路分局志(1897～1990)》,北京:中国铁道出版社,1997年版,第190页。
② 饶桂举,《六省纪游》,出版地出版者不详,1935年版,第40页。
③ 郑州铁路局史志编纂委员会编,《郑州铁路局志(1893～1991)》(上册),北京:中国铁道出版社,1998年版,第366页。

表 4.7 陇海暨汴洛铁路历年客运人数报告表

年份	汴洛段	陇海段
1915	520619	
1916	563516	
1917	558786	
1918	592697	
1919	767811	
1920	888604	
1921	890440	
1922	917131	
1923	958855	1065355
1924	1204947	1273266

资料来源：交通部、铁道部交通史编纂委员会编，《交通史·路政编》（第14册），南京：交通部、铁道部交通史编纂委员会，1935年版，第704页。尽管这一时段关于汴洛、陇海铁路的客运数据并没有具体到郑州站，但郑州在该路中的优越位置及其中转联络的地位，决定了其客流的密度和频度，特别是在汴洛段的客运中，郑州站更是占有相当高的比重。

抗日战争全面爆发后，日军逐段侵占铁路线，致使旅客运输数量急剧下降。自1938年至1944年间，平汉、陇海两路郑州段路运在整体上处于半停滞状态。直至解放战争期间，铁路客运亦是时续时断，部分通车区段往往被军事运输所挤占，旅客运输多处于停顿状态。1949年5月将平汉、陇海两路的郑州车站合并为郑州总站，对客运实现统一管理。1952年，郑州铁路分局共发送旅客457.9万人，其中郑州站为92.7万人，[①]旅客运输状况遂得以改观。

三、战乱的影响

平汉、陇海铁路通车后的10余年间，尽管郑州地域内小的战乱时有发生，但是没有出现大规模的持续性战争，两路客货运输基本保持着较为稳定的增长态势。到了20世纪20年代中后期，郑州地域大规模持续性战争的频度增加，机车多被征为军用，或被地方军阀视为私物，任意调度、干

---

① 郑州铁路分局史志编纂委员会编，《郑州铁路分局志（1897～1990）》，北京：中国铁道出版社，1997年版，第170～171页。

预，严重影响到铁路的正常运营，交通时有阻滞。平汉铁路所受到的冲击甚为严重：①

> 曾几何时，烽烟四起，战云弥漫全境，于是路况日衰。交通时断时续，境况萧条，一日不如一日，自此为吾京汉铁路衰败时期之起始。及至1924年奉直之役，冯军再起，大局混乱，武人均争铁道为战争利器，各据一方，时兴时覆，而至于今日凋零之状态。
>
> 本路路线直贯京兆直豫鄂数省，所经之处，皆属富庶之区，交通利便，为兵家必争之所。故频年以来，当军事要冲，为战争焦点，截成南北二段，交通阻断，无足论矣。且武人好干预路政，路员办事棘手，以致秩序荡然，路政日益凋败，变成停顿状态。据现在最近调查，北段权力所能达之站，为彰德府。因军事时期军队扣用车辆之故，以致车机两缺，现存应用机头，不到20只，车辆在百架以内，较之原有数目，相距甚远。此等遗失车机，除一部分为军队扣用运输外，余或破坏待修，或四散各地，不能即时归还。今日依时间表能常通车者，客货总计往来共6次，如普通快车21、22次及36次，往来北京、石家庄、彰德间。货车则有101、102两次而已，余间或有普通货车，行驶无一定时期。……现平均计算，每日收入不过一万数千元，较之往日盈余每年为一千数万元者，其相去之远，何止百倍，此皆受战祸最大之影响也。夫兵凶战危，生灵涂炭，以铁路交通而论，为之破坏无余，路业摧残殆尽。营业损失，运输阻滞，影响于社会发达，有莫大关系。当本路最隆盛时，其收入之旺，不特为全国铁路冠，即比诸外邦，亦叹莫及。以民国十二年统计，总收入数目为32012578元，总支出为12664931元，两抵尚盈余19347647元。其收入之丰，可谓盛矣。

相对于20世纪20年代初平汉铁路运输兴盛时期而言，中原战乱使得该路营业收入锐减，大约减少八成以上。一时间郑州客货运输陷于中断，竟出现了南北交通一时阻断的情形，其对郑州交通运输业的负面影响可想而知。

时至1930年底，平汉、陇海铁路因遭受军事影响，凋敝已达极点，取消军事附加捐税、降低交易成本、激发市场活力，或许能够从一定程度上拯救处于危难之中的铁路运务。为此，南京国民政府推出路务新政，"陇

---

① 文伯常，《京汉铁路之过去现在及将来》，《交通教育月刊》1928年第1卷第6期。

海路粮货各项军事附加捐,平汉道清两路军事附加捐……均已先后实行取消"①。此外,为增加铁路盈余,以资充裕国库、振兴路务,民国铁道部特设立平汉铁路整理委员会,专职整顿铁路路务,并出台一系列整理计划:②

(1) 筹拟改革。平汉铁路自连年内战,商运客运均告停顿,路轨枕木亦多损朽,损失颇巨。(1929年)战事发生以来,仅就军运一项损失,达1300余万元,其余客运商运,亦可概见。现幸全国统一,正可及时整顿,各处自行拟定计划,汇总呈报铁道部核示照办。

(2) 更换枕木。为安全行车,当前最重要者为枕木更换、路轨修理。枕木已由工务处向武胜关一带乡村收买10万根,每根价约3元,经药水之洗过,亦可用四五年,比之洋木价廉数倍。将来并拟在盈余项下,每月购办机车一辆,以利客商运输。

(3) 清理债务。平汉铁路管理局因连年战事损失,所负内外债达5000余万元。但因现有局址及局有地产等资产,大体可以抵债。若国内五年无战事发生,平汉铁路或能恢复原状。例如南满铁路,其路线之长远不及平汉铁路,而各埠商业之发达,平汉线亦不亚于南满线。而南满铁路1929年全路收入达12000万元,1930年虽属清淡,亦达8000万余元。按此推断,平汉铁路整顿后之收入,亦可大为增加。

平汉铁路如此,陇海铁路的运输状况亦不容乐观。区域内战争的爆发,使得陇海铁路的运输能力大打折扣,给铁路运营带来严重的负面影响。特别是1926年前后,陇海铁路沿线战事频仍,不但路务毫无进展,营业亦日趋衰落。1927年,全路陷入军事混乱状态,被战事截分为几个区段,各不相通,客货运输几近中断。机车亦频频被各路军阀扣用,致使营业额锐减,呈现历年所未有的衰颓景象。当战事平靖之后,许多机车车辆或损毁,或被扣押,或流向他路,恢复运输需假以时日。陇海铁路汴洛段恰处于中原大战的中心地带,军运列车尤多,其中兰封一带系战区焦点,情势混乱,转运次数难以统计,营业进款锐减。自1930年2月起,陇海铁路运输即行停顿,直至10月,战局方得以平息,铁路运务颇受打击。在1928年至1930年间,仅就棉花这一大宗货物的运输来看,由于战争因素

---

① 张嘉铸,《十九年份之铁路——取消各路军事附加捐》,《中行月刊》1931年第2卷第7期,第42页。

② 《各路财政状况——平汉路》,《中行月刊》1931年第2卷第10期,第39～40页。

的影响，陇海西路运销郑州的棉产，由40余万担骤降为仅10万担，[①]降幅竟高达75%。

为快速恢复铁路运力，平汉、陇海两路路局在原有机车整备修理的基础上，添购一批新机车。"军兴以来，商货山积，机车车辆损坏者无数，故各路非添置不可。陇海路于4月间（1930年——笔者注）交到比国巩固式机车10个。"[②]1930年11月后，由当局向各军交涉，被扣车辆方渐次收回，经过维修与整顿，并按国有铁路编制重行改组车务处，订立规章，以恢复运输、改进业务。陇海铁路运营于1931年起略有增色，进款达780余万元。历经努力整顿，1932年度的营业进款已增至870万元左右，较之以前数年，几乎增加1倍，创下陇海铁路前所未有的营业纪录。[③]由此可以看出，在历史的常态之下，陇海铁路的运输能力还是比较强的，大体维持着较高的盈利水平。但铁路沿线区域在某些时段频繁发生、持续不断的战争，打乱了陇海铁路的正常营建及营运，铁路营业收入和利润额锐减，扩大投资、增加运输能力、提升运输效率无从实现，战争给陇海铁路运营所带来的负面影响是难以估量的。此外，陇海铁路货车的利用率过低，使得其转运效率大打折扣，同时也表明陇海铁路的运输能力尚具有较大的提升空间。

20世纪30年代前半段，郑州地区的政局趋于稳定，该区域的铁路运输遂开始复苏，市场得以逐步恢复、繁荣。而抗日战争和解放战争相继爆发，平汉、陇海铁路通达地区又是战争各方反复争夺的重点区域，两大铁路干线在维持、维护与阻挠、破坏的循环中，交通时续时断，运输效率停留在较低的水平。抗日战争期间，不论是战前修筑的铁路，还是战时因军事需要而修筑的铁路，借此非常时期，舍民用运输保军事运输乃是铁路路政当局的首要选择，铁路的职责就是要全力办理军运，抢运物资，以备军需。与此同时，铁路还要兼顾后方工业建设器材及民生日用必需品运输的繁重任务。《战地》杂志刊文，曾对抗战初期郑州所承担的繁重军需运输任务描述如下：[④]

---

① 陈隽人，《郑州棉花市场概况》《中行月刊》1931年第2卷第10期，第13～14页。除中原战争导致交通不畅、市场不稳之外，陕西出现旱灾，棉产减少，也是不容忽视的原因，但战争对交通运输的负面影响较为显著。
② 张嘉铸，《十九年份之铁路——各路添购车辆》，《中行月刊》1931年第2卷第7期，第42～43页。
③ 陇海铁路管理局，《陇海年鉴》，郑州：陇海铁路管理局，1933年版，第93页。
④ 碧野，《黑瘦了，受难的郑州》，《战地》1938年第1卷第2期，第52页。

夜，更显得郑州的美丽。在繁华都市区大同路上，人群像潮般的涌着。忽然，不知从哪里飘送过来小孩子群的不合谱的救亡歌声。明亮的灯光就像是温柔的眼睛，回瞬着她的周间。她接来了从前线上下来的伤兵车、病号车、难民车，接来了运到前线去的兵车、弹药粮食车、慰劳车。

而当该文的作者碧野再次回到郑州时，郑州城已被日军的轰炸机摧毁。"大段被炸毁的铁轨飞落在矮墙根""站台东边的机器房和储藏库的瓦片被炸飞落到十几丈外""两个停放在里边的火车头被炸毁""临近车站的大厦都被炸倒了……从前的繁华市区，现在变成了一片凄凉的废墟"。[1]由此可见，战争在依赖铁路交通保障军事供给的同时，亦会引起日军对交通枢纽城市的破坏，或者是加剧其对交通枢纽控制权的争夺。

从全国范围来说，"战前修筑各铁路，抗战军兴，随军事演变，逐渐缩短"，到了1942年，"只存粤汉、陇海两铁路，仍就暂存路段，继续行车"，[2]战时铁路运输勉强得以维持。就陇海铁路而言，因战争形势所迫，以及郑州沦陷、为阻止日军沿陇海铁路西进等原因，国民政府决计自东向西渐次拆除陇海铁路郑州至洛阳段的路轨。与此同时，加强洛阳以西铁路的维护，以保障军事物资的运输。

> 二十八年（1939）2月，奉令饬将陇海铁路郑州至潼关一段路轨，由东顺序拆除。2月21日起，由郑州南站566公里处起着手开拆，至4月10日，拆至荥阳车站597公里处，复向西继续拆卸；4月16日，拆至汜水609公里处。5月6日，拆至巩县（今巩义市）629公里处。因抢运存煤，暂缓西拆。所有拆卸轨料、桥梁等件，均经陆续西运，备铺新路之用。
> 迨至8月恢复拆轨工作，8月14日，将635公里410公尺处大桥钢梁拆竣。同月18日起，续拆孝义车站各股岔道，至月底止，已拆至638公里100公尺，并将15公尺钢梁拆卸西运……（12月6日）拆至679公里，即行停止。……该处至洛阳东站，尚有轨道5公里，留备空袭疏散车辆之用。[3]

---

[1] 碧野，《黑瘦了，受难的郑州》，《战地》1938年第1卷第2期，第52页。
[2] 台湾"国史馆"典藏中华民国交通部档案，《各营业铁路运输情形》，载姜明清，《中华民国交通史料（四）——铁路史料》，台北：台湾"国史馆"，1992年版，第120页。
[3] 台湾"国史馆"典藏中华民国交通部档案，《陇海铁路洛阳以东拆轨情形调查报告》，载姜明清，《中华民国交通史料（四）——铁路史料》，台北：台湾"国史馆"，1992年版，第539～540页。

陇海铁路洛阳以西段的营业路线，自洛阳东站679公里起，至宝鸡1227公里止，计有548公里，是联系中国中部与西部后方的纽带及战时物资运输的重要通道，因此频频遭受日军的侵扰。特别是陇海铁路会潼（会兴镇至潼关）段，日军隔着黄河频频实施炮击，威胁铁路安全，陇海铁路管理局则是全力维护站轨、恢复交通，最大限度地发挥陇海铁路的通道功能。

> 陇海铁路会兴镇至潼关一段，濒沿黄河，行车计10余站，与陕县车站、对岸之茅津渡、灵宝车站、对岸之陌南镇、阌底镇车站、对岸之李集、古贤村、潼关车站、七里村车站、对岸之风陵渡等处，先后安设炮台，待机而动，随时向铁路不断炮击，尤以风陵渡，距离潼关不过800公尺，轰击更为猛烈！
> 二十七年（1938）11月13日，敌人开始炮击，将潼关河桥击毁。同月18日，冒险修复。19日，敌复炮击毁坏益甚。乃饬填土杜塞桥孔，以资补救。所有东西往来旅客，暂在阌底镇及华阴两站下车，沿山后小路步行数十里，派警由两路沿线梭巡保护。21日，敌人炮击仍烈。[①]

此后至1942年9月间，该段铁路遭受持续3年多的炮击轰炸，路轨、机车、站房、隧道、桥梁、电线等多有损坏。会潼段因终年受隔河对岸敌炮轰击，路线中断，只得分段行车。在1942年上半年，"由洛阳至阌底镇，每日开行客车1对，客货混合列车1对，交通车1对。东泉店至宝鸡一段，每日开行客车2对，客货混合列车1对。咸同支线现已开业至黄堡镇站，长安至黄堡镇，每日开行混合列车1对。此外货物列车，系随时视需要开行。该路邻近第一、二战区，零星军运，甚为繁忙"[②]。在战争威胁、干扰与破坏的情势下，陇海铁路西段依然发挥着一定的交通运输功能。

为满足军运和客货运输需求，陇海铁路管理局极力维护交通，在抢修、抢运与日军炮击黄河沿岸各车站的交替过程中，陇海铁路洛阳以西线路间歇性地维持着军运和客货运输。据统计，1942年上半年，在陇海铁路仅有半程有效运输的情况下，客货运输仍业绩非凡，其中军士人数为275091人次，军需品为56464吨，旅客人数为1903706人次，包裹24411

---

① 台湾"国史馆"典藏中华民国交通部档案，《陇海铁路洛阳以东拆轨情形调查报告》，载姜明清，《中华民国交通史料（四）——铁路史料》，台北：台湾"国史馆"，1992年版，第540～541页。

② 同上。

吨，货物 255078 吨。① 因路轨拆除以及战争等诸多原因，由郑州西行至洛阳的铁路交通遂告中断，南北交通亦困境重重，作为非战争时期联络中国东西南北的重要交通枢纽，郑州的交通区位被战争严重扭曲，同时亦从另一个侧面反映出郑州交通地位的重要性。

战后铁路接收，陇海铁路、平汉铁路渐次得以修复。陇海铁路"东段破坏路轨已修复"，郑西间"洛河桥试车已完成"，"抢修黑石关桥"，于 1946 年 10 月 6 日通车，但全路机车数量及运力不足，"机煤缺乏，军运频繁"，致使"商货堆积"。② 在战争态势下，陇海铁路管理局必须服从国民政府的战略要求，将民用客货运输让位于军用运输，强调"运大批军运时，客货车势须停开，务必设法维持"③。与此同时，军方频频干涉路运，给铁路运输带来更多的不确定因素。陇海路局管理层深知其害，提出"军人干涉行车，辱殴站员，应设法制止"，并"积极设法增加机力，提高运输效力"④，以寻求运输动力支撑和绩效提升。军路互动、军路博弈的情形，亦可通过善后救济工作进行观察。"在整个政治局势之约束与交通运输人力物力等条件限制下，当使善后救济工作陷于欲速不达之境，如铁路一时畅通，即感分运各地之力不够，仓库容量不足应付。及至仓库幸告出清，又因铁路运输困难，物资接济不上，可办工程有时陷于停顿，皆其实例"⑤。这从一个侧面展现了战争给铁路运输所带来的诸多不确定因素。

平汉铁路全长 1215 公里，至 1946 年夏，"可通车者约 1015 公里，当初接收时，仅有完好货车 520 辆。嗣后陆续由各线拨来及接收郑安段分拨之车，暨交通部拨给联总配给之伊朗货车，截至 8 月底（1946 年 8 月底——笔者注），计有完好货车 1161 辆，载重 33490 吨。客车部分，接收时仅有 1 辆，后将棚车及各路拨来客车分别改造为二、三等客车"。经过接收、拨付和整修，平汉铁路"已有客车 22 辆。机车初接收时仅有 85 吨，可驶用者 14 辆，嗣后由郑安段接收 44 辆，黄河段过桥小型机车 2 辆，先后由京沪拨来 13 辆，合计 145 辆，但大部分陈旧不堪行驶，修理后可用者

---

① 台湾"国史馆"典藏中华民国交通部档案，《各铁路运输情况表（1942 年上半年）》，载姜明清，《中华民国交通史料（四）——铁路史料》，台北：台湾"国史馆"，1992 年版，第 122 页。
② 《第一次会报记录》（1946 年 10 月 8 日），参见《陇海铁路管理局郑州办事处会报记录》，河南省档案馆馆藏，档案号：M74-93-1。据陇海铁路管理局金调度员所言，与机车严重缺乏相比，机煤问题的情形则较好，唯机力极感不足。
③ 《第三次会报记录》（1946 年 10 月 29 日），参见《陇海铁路管理局郑州办事处会报记录》，河南省档案馆馆藏，档案号：M74-93-1。
④ 同上。
⑤ 马杰，《河南善后救济工作述怀》，《河南善救分署周报》1947 年第 51 期，第 3 页。

70 辆。此外尚有牵引车 36 辆。陇海线除徐海段未修复外，余可通车，惟因材料缺乏，间有敷用轻便铁轨及架设轻便木桥，故重量及行车速率均受影响"①，恢复铁路运输的难度之大由此可见一斑。至于物资运输，据河南省善后救济分署的记载，"最初以铁路复员未久，车辆缺乏，不能源源运豫，物资吸收力量极度薄弱。殆后几经波折，方调整就绪。正在畅运期中，复因战事关系，陇海铁路突告中断，物资停滞不来，竟达两月之久。最近到汉物资，又因铁路运输过繁，不能转运。其已到豫物资分发运卸上所遇之困难与阻折，尤非身当其事者所可想象。一年来（指 1946 年来——笔者注）因运输困难，尚不能大量获取物资，为本署最感痛苦而无力解决之最大问题"②。

及至 1947 年 5 月，"郑州以西以南近来情况无变化。东段畅通，营业进款以之维持，目前现状当无问题。惟新近遇调整后，员工开支数字庞大，且长安方面路收支绌，维持为难"③。"军用车因借平汉道卸车，零件每有损失"④。在国共双方对铁路的争夺与博弈中，两路运输时断时续，郑州依然发挥着重要的转续联结作用。

从整体上而言，这一时期平汉、陇海铁路部分区间的客货运输得以勉强维持。但是战争阴霾未散，交通运输事业客观上受到诸多制约与影响。直至中华人民共和国成立后，郑州的交通枢纽地位及其交通功能才在真正意义上复得彰显。总之，因为郑州铁路交通地位的重要性，其在 20 世纪上半叶所受到的关注度从未降低过。

第二节　商货运输：以铁路转运为中心

平汉、陇海两大铁路干线在郑交会，可谓交通四达。交通发达的结果，"在从来受自然条件所限制，在技术上绝对不可能，或在经济上相对不可能的隔离状态，皆使其畅通"⑤，人员、商货及信息流动的地域限制有所减少，社会的位移能力大为增加。因郑州本地的消费量较小，故集聚郑州的大量商

---

① 狄超白，《中国经济年鉴》（上编），香港：太平洋经济研究社，1947 年版，第 46 页。
② 马杰，《河南善后救济工作述怀》，《河南善救分署周报》1947 年第 51 期，第 3 页。
③ 《第十三次处务会议记录》（1947 年 5 月 21 日），参见《陇海铁路管理局郑州办事处会报记录》，河南省档案馆馆藏，档案号：M74-93-1。
④ 《第十四次处务会议记录》（1947 年 5 月 21 日），参见《陇海铁路管理局郑州办事处会报记录》，河南省档案馆馆藏，档案号：M74-93-1。
⑤ 余松筠，《交通经济学》，上海：商务印书馆，1937 年版，第 38 页。

货多数需要装卸转运他处，转运业随之兴盛起来。在郑转运商货的种类繁多，本节仅以棉花转运为例做一探讨。伴随商货装卸转运需求和货物运输频度、数量的增加，郑州市场上转运公司次第产生，转运业务得以拓展。

一、原棉转运

就近代郑州铁路交通运输业而言，原棉转运是其最重要的组成部分。"郑市贸易，因交通便利关系，首以棉业为大宗，每年由各棉产区集中于本市销售者，约30万包，价值数千万金。沪汉青济等埠经营棉业者，多派专人坐庄收买，故各大银行，亦纷纷于郑市开设分行"，[①] 以便为原棉贸易提供金融服务。随着近代交通网络的构建、对外贸易的增长以及棉纺织业的快速发展，原棉的生产由自给自足转化为商品。当原棉产出以后，除部分自用外，其余则通过近代交通网络（以铁路为主，辅之以水路和陆路）到达原棉消费市场，流通市场即转运中级市场随之兴起。20世纪二三十年代，陇海、平汉铁路交会处的郑州与平汉铁路、长江接运处的汉口以及胶济、津浦铁路联结处的济南，成为当时中国三个规模最大的原棉转运市场，[②] 表明郑州在近代中国棉花转运体系中占有非常重要的地位。

平汉、陇海铁路的筑通，使得河南本省以及陕西、山西的棉花大量涌入郑州，棉花运销市场得以勃兴，1920年后开始步入繁盛期。"豫省之洛阳、灵宝、陕州（今陕县）、阌乡、临汝、卢氏、安阳、太康等县，均为产棉之区，每年沪青汉济各帮棉花商人，多坐郑收买，因此棉市及郑州唯一大宗交易，其营业之盛衰，足以影响全市之金融，及全省之农村经济"[③]。郑州转运的棉花，主要通过陇海、平汉二路运达，每年数十万担。若按类别来分，计有四类棉花：一是灵宝棉，又称德棉，系美种，产自陕州（今陕县）、灵宝、阌乡等地，花绒最长，居中国长绒花之首，每年产额约20万担。这些棉花分别在灵宝、阌乡、洛阳、陕州（今陕县）、巩县（今巩义市）等处集中后运抵郑州，再由郑州分别运销沪、汉等地。阌乡、灵宝的棉花，也有经由黄河转运郑州的，但河运不靖时，多由船运到陕州，再由陕州装火车运往郑州；二是洛花，产自洛阳平乐、象庄、李村、石桥等处，每年约10万担，通过陇海铁路运到郑州；三是陕棉，为陕西省

---

① 《经济调查资料·二十三年郑州银行业棉业概况》，《河南统计月报》1936年第2～3期合刊。

② 严中平，《中国棉业之发展》，上海：商务印书馆，1944年版，第283页。

③ 《经济调查资料·二十三年郑州银行业棉业概况》，《河南统计月报》1936年第2～3期合刊。

之桥川、云阳、赤水、渭南、新洲、朝邑等处所产，每年来郑销售计30万担。陕西泾河、渭河流域产棉，先集中于咸阳、渭南、泾阳、三原等处，洛河下游产棉集中于朝邑，除一少部分沿渭河入黄河至郑州以外，大部分经由陇海铁路运往郑州；四是晋棉，主要产自山西省荣河、平陆、韩城、翼城、绛州等地，每年5万担以上，主要经由观音堂运抵郑州。若按普通计算，每年值价3000余万元，遇丰政之年，即可加倍。①据河南省政府秘书处1935年的估算，郑州棉花交易额每年达5000万至6000万元之多。②郑州市面的繁荣、金融的流通、铁路运输以及工人的生活，多与原棉转运业密切相关。

陇海铁路沿线棉田遍布，尤其是西段各地的产量巨大。陕西省渭河流域向以棉花为大宗，农产输出极盛，关中地区朝邑、大荔、渭南、三原、长安、邰阳、韩城等县，每年产棉六七十万担。棉花经采集后，多用木机或人力压成松包，每包重约100千克，其中大部分集中到潼关经陇海铁路运至郑州，再由打包厂用铁机压实转运沪、汉各地销售，每年输出不下80万担。③陇海西线除陕西来棉外，豫西灵宝、陕县棉花亦多经郑州转销。灵宝产棉的运销路径分陆运和水运两种，多由郑州转运津、汉、沪、济等处。由灵宝至郑州，火车运费每吨15元，由郑州至上海，每包约5元。陕县产棉则由花行收集，再交陇海铁路运往郑州出售各路棉商，分运上海、汉口、天津等处，每年运销9000余包，每百斤运至郑州的费用约1元。④此外，豫北棉产集中在安阳、新乡等处，多销往天津，部分通过平汉铁路运至郑州转运销售他处。

郑州汇聚的棉花，约有3/4被销往上海等各通商口岸，而销售本地或北方各纱厂的仅占1/4。根据时人对郑州棉市的调查，1927年至1930年由郑州运销各地的棉花数量如下（参见表4.8至4.10）：

---

① 鲁行，《调查郑州出产及商业金融状况报告书》，《中行月刊》1931年第2卷第10期；严中平，《中国棉业之发展》，上海：商务印书馆，1944年版，第285页。据《纺织时报》刊文，"陕省以交通阻塞，棉产大半由郑转销他埠""近年来到郑之货，最多时约50万担，普通亦30万担"。1930年因"迭遭兵灾旱灾，产额大减，到郑不满10万担"。参见《陕西花运销郑州概况》，《纺织时报》1930年第726期，第207页。
② 《郑州棉花打包业概况》，《河南统计月报》1935年第1卷第7期，第121页。
③ 第三届铁展陇海馆筹备处编，《铁道部第三届全国铁路沿线出产货品展览会陇海馆专刊》（本路沿线主要产品概况部分），出版地不详，第三届铁展陇海馆筹备处，1932年版，第6页。
④ 《豫西五县棉作调查》，《河南政治月刊》1932年第2卷第7期。棉花打包分木机打包和铁机打包两种，每包分别重100千克和200千克，该调查并未注明陕县产棉是采用哪种机包外运的。

表 4.8　郑州运销各地棉花统计表 Ⅰ（1927.10～1928.9）　　单位：担

运销地点及价格＼种类	灵宝棉	洛阳棉	陕西棉	山西棉	合　计
上海	83254	54992	59028	24313	221587
汉口	35667	11889	8322	3721	59599
天津	1212	6302	2297	1281	11092
中国青岛与日本	29239	9531	1799	1602	42171
他埠及本地		2350	56226	23799	82395
合计	149372	85064	127672	54716	416844
最高价　两/担	34.50	28.50	30.20	27.00	
最低价　两/担	24.50	20.20	24.50	20.00	

表 4.9　郑州运销各地棉花统计表 Ⅱ（1928.10～1929.9）　　单位：担

运销地点及价格＼种类	灵宝棉	洛阳棉	陕西棉	山西棉	合　计
上海	81257	16681	63716	60129	221783
汉口	10058	4035	5023	1589	20705
天津	4545		2660	1360	8565
中国青岛与日本	12480	4942	3790	11422	32634
他埠及本地		2552	88811	39000	130363
合计	208340	28210	164000	113500	414050
最高价　两/担	38.00	35.00	36.50	32.00	
最低价　两/担	26.50	25.00	25.20	24.00	

表 4.10　郑州运销各地棉花统计表 Ⅲ（1929.10～1930.9）　　单位：担

运销地点及价格＼种类	灵宝棉	洛阳棉	陕西棉	山西棉	合　计
上海	1535		2520	752	4807
汉口	1324	267	741	317	2649

（续表）

种类 运销地点及价格	灵宝棉	洛阳棉	陕西棉	山西棉	合计
天津	1540		16892	3130	21562
中国青岛与日本	20660	2357	14225	488	37730
他埠及本地		1615	25022	8913	35550
合计	25059	4239	59400	13600	102296
最高价 两/担	40.50	38.00	38.50	33.00	
最低价 两/担	34.00	32.00	31.00	26.00	

资料来源：表4.8至4.10依据中国银行总管理处经济研究室相关调查编制而成，表中棉花交易以汴平银论价，按7钱折合现洋。参见陈隽人，《郑州棉花市场概况》，《中行月刊》1931年第2卷第10期，第13～14页，在原表格的基础上略有更改。

从上述三个年度棉花运销情况来看，在收成正常的前两年，棉市稳定，基本保持40余万担的运销量。而在1929～1930年度，因陕西旱灾，收成寥寥，故与往年相比陕棉来量大为减少。加之河南兵患，对陇海铁路货运产生不利影响，运销上海的棉花竟不及此前年度的1/20。从1927～1930年郑州棉花运输的流向（参见表4.11）来看，除部分为本地或他处纱厂使用外，半数左右经由陇海铁路运至大浦，然后改装小火轮运往上海，而通过平汉铁路向南运往汉口或向北转运天津的数量均很少，一部分则经由陇海铁路转他路销往中国青岛及日本。郑州棉花市场的贩路最初是彰德（今安阳）广益纱厂，此后棉花的主要流向是上海、汉口市场。

表4.11 郑州市场各类棉花的运销去向及比例（1927～1930年）

	上海	汉口	天津	中国青岛及日本	他埠及本地
灵宝棉	59%	17%	2.6%	21.4%	
洛阳棉	61%	14%	5%	14%	6%
陕西棉	36%	4%	6%	5.6%	48.4%
山西棉	46%	3%	4%	7%	40%

资料来源，陈隽人，《郑州棉花市场概况》，《中行月刊》1931年第2卷第10期，第14页。

在1932年度，郑州市场上棉花的最主要流向是上海，约占70%，其次是汉口，约占20%，天津约为5%。[①]1932年以后，上海依然是郑州棉花运销的主要终端市场，但青岛方向的贩运急剧增加，汉口方向则大为减少，而天津方向的棉运几乎绝迹，盖为日资棉纺织企业的扩张及国内纺织业的衰落所致。

到了1935年，郑州棉花市场呈现疲软之势。"郑州棉花营业，过去每年竟达五六千万元之巨"，而今非昔比，"郑市棉花，每年进出口数目，过去因无精确之统计，故无从比较，但据熟悉内情者谈，本年过去数月来，郑市棉花进出口数目，约较往年减少三分之二云"[②]。据调查统计，1935年1～8月的进出口棉花数量如下（参见表4.12）：

表4.12 郑州市1935年进出口棉花数目调查　　　　单位：包

	河南棉	陕西棉	山西棉
1月	17301	29807	
2月	3864	5292	94
3月	6282	8674	
4月	13340	9682	
5月	7157	14974	235
6月	1178	10275	34
7月	816	6198	
8月	2741	2740	168
共计	52679	87638	511

资料来源：《最近郑州棉花营业大减》，《纺织时报》1935年第1222期，第3版，第4289页。

据《纺织时报》的不完全调查统计，1935年前八个月，"郑州市场进口棉花总计为140848包，出口数目1月份17561包，2月份8778包，3月份8942包，4月份18049包，5月份17323包，6月份8320包，7月份9442包，8月份6483包"[③]。与之前数年原棉市场繁盛时期相比较，郑州的原棉转运量已大为减少。

及至1937年5月，郑州市场"棉花交易清淡，市价初坚后疲，终又回

[①] 金陵大学農學院農業經濟系編，『河南湖北安徽江西四省棉産運銷』，〔日〕鉄村大二訳，東京：生活社，1940年版，第92頁。
[②] 《最近郑州棉花营业大减》，《纺织时报》1935年第1222期，第3版，第4289页。
[③] 同上。出口棉花系将各处棉花在打包厂内混合改包，故其种类无法统计。

平，盖郑地存底渐薄，好货尤却，兼之车运困难，故交易少而市价坚定，中旬故沪棉价下落，略随疲，下旬沪市回涨，交易渐见活动，市价复趋平定，售价53元左右，惟32支纱原料仍感缺乏，纱市坚涨，交易因正届农忙，殊为清淡"①。同年7～8月，郑州市场"棉花疲落，7月上旬以沪市现棉销路沉寂，贩商进胃不亲，成交清淡，市价步落，及北方战事（抗日战争）发生，交易益静，市况更难振作，最低价至37元"。加之军运频繁，车皮缺乏，棉市较为清淡。进入8月份，郑州棉市"完全停顿，棉花存底5560包"②。

1937年9～10月，郑州"棉花初跌后涨，盖先因内地纱厂袖手观望，市上仅有安阳纱厂零星购买，而新花即将上市，货主急求出脱，纷纷贬价，故市价步落至28元5角，及入10月，汉口及新乡纱厂稍有采办，市上存底渐薄，价又回升至5元。惟因车辆缺少，运输困难，交易未能畅达。棉纱交易甚佳，豫南各地来购甚旺，兼之汉口纱价上涨，市价高至298元。10月下半月，交易减少，回落2元"③。但是，华北战局的持续紧张和淞沪战争爆发，对郑州市场棉花、棉纱的北上与东进均带来明显冲击，抗日战争由潜在威胁转为直接威胁，郑州棉市仅靠西部（豫西地区及陕西省）来棉和南方（主要是汉口方面）棉需得以勉强维持。

随着抗日战争影响范围的扩大，到了1938年1月，郑州商品市况更加起伏不定，"棉花以去路本少，又值年底，故交易愈见清淡，全月成交千包左右，市价由23元降至19元。棉纱销场沉寂，市价小去6元，月终开价268元，"④战争对交通运输的负面影响愈来愈明显。

抗日战争胜利后，解放战争爆发，致使平汉、陇海两路运输在战争的风云变幻中续断无常，郑州原棉运输陷于长时间的低迷之中。据中国纺织建设公司郑州办事处1948年1月报表，平汉路局该月应收棉籽款为53640000元，在途运输木机棉数量很少，仅为经由徐州运达上海的560件，共1127.27担，总值为3548013539.22元。⑤而到了6月份，在途木机棉运输量仅有334件，分别为木机棉15/16（中级）47件，计

---

① 《各地商情——郑州》，《中行月刊》1937年第14卷第5期。
② 《各地商情——郑州》，《中行月刊》1937年第15卷第2～3期。
③ 同上注，第4～5期。
④ 《各地商情——郑州》，《中行月刊》1938年第16卷第3期。
⑤ 《中国纺织建设公司郑州办事处月报表（1948年1月）》（郑字第1号），参见《中国纺织建设公司郑州办事处一九四八年一、二月份月报表》，中国第二历史档案馆馆藏，档案号：四-39278。

125.30担；木机棉15/16（次中级）54件，计146.07担；木机棉7/8（中级）47件，计114.10担；木机棉7/8（次中级）30件，计80.79担；木机棉13/16（次中级）156件，计328.81担。这种零星的原棉转运总重量只不过区区795.07担，价值为24205317047.28元，[①]相对于郑州棉运鼎盛时期动辄数十万担的运输量来说，这一时期的原棉运销可谓近乎忽略不计，由此可以看出，战争给铁路交通运输所带来的打击是毁灭性的。

二、转运公司

据1922年的调查，郑州有近20家转运公司，主营济南、青岛、徐州方面业务的有汇通、四达利、中国、利兴、捷运、悦来、公兴存等公司；上海方面主要有悦来、天顺、德丰等公司；汉口方面有元顺转运、公兴存、盛丰转运、新顺、玉成等公司；从事天津方面业务的主要是汇通公司。[②]这些公司多与上海、汉口等通商口岸保持同业关系，运输便捷。

在郑州的转运业中，公兴存转运公司、刘万顺转运公司和正谊转运公司系三家规模最大的公司。刘万顺转运公司在平汉、陇海铁路沿线各大站点均设有支号，规模宏大，资金雄厚，一般同业无法与之竞争；正谊转运公司的经营效率高，收费低廉，客商多乐于托其代办运输，[③]在市场中占相当的份额；而公兴存转运公司则自备货栈，"公司本系华商所经营，凡火车所达之处，均有分设，公司生涯，极为发展。近又割其堆栈之半，借与日信洋行为工厂，并代其收买棉花，从事制造"[④]，发展势头良好。

[①]《中国纺织建设公司郑州办事处月报表（1948年6月30日）》（郑字第6号），参见《中国纺织建设公司台湾、郑州等办事处一九四八年六月份月报表》，中国第二历史档案馆馆藏，档案号：四-39565。

[②]〔日〕青岛守备军民政部铁道部，『河南省郑州事情』，青岛：青岛守备军民政部铁道部，1922年版，第30~31页。而据青岛守备军民政部铁道部在1919年所做的另一调查，主要从事郑州上海间转运业务的有公兴存、捷运、悦来、运通等运输公司，从事郑州汉口间转运业务的有东方、新顺、成丰、元顺、玉成等运输公司。郑州市场上较大的运输公司共有上述9家，均有相当雄厚的资本，在各地设有分公司，但并不是悉数拥有设施完备的仓库，对托运物品不承担完全责任，无疑给客商带来诸多不便。参见〔日〕青岛守备军民政部铁道部，『陇海铁道调查报告书』，青岛：青岛守备军民政部铁道部，1920年版，第300页。两项调查实施的时间相差无多，第三届铁展陇海馆筹备处对郑州市场上的运输公司的描述存在些许差异。

[③]郑州市工商业联合会编，《郑州工商业兴衰史概况（1904~1948）》（未刊稿），郑州：第三届铁展陇海馆筹备处，1984年版，第28~29页。

[④]《日本人与郑州实业》，天津《大公报》1920年12月29日；中共河南省委党史工作委员会，《五四前后的河南社会》，郑州：河南人民出版社，1990年版，第337~338页。

20世纪20年代末，中原战乱给郑州转运业带来诸多负面影响。这一时期专门从事棉花运销的转运公司，主要有公兴、捷运、汇通、东方、悦来、元顺、成丰等。[①]至30年代初，"此间转运业，有公兴存、万顺等廿余家"，因"农村衰落，出产稀微，以致出口货物，亦不踊跃，转运业因感受影响，业务逐渐萎靡。加以同业竞争，收益更觉微薄。最近铁路又倡办负责运输，出产品均可由路局代为输送，转运业实受一重大之打击"[②]。30年代中期，战事平息，中原政局相对稳定，郑州市面上的转运公司有所增加，已达数十家（参见表4.13）。为便于商货的装卸堆栈，转运公司多集中在福寿街、正兴街、二马路、兴隆街等火车站附近的街道上。除此之外，还有一些转运公司设在棉花交易中心饮马池，[③]棉花交易成功后即由转运公司直接承担转运业务，以减少中间环节，降低交易成本。

表4.13　郑州工商行号调查——转运业

行号	业务	地址	备注
利兴转运公司	转运	福寿街	
公兴转运公司	转运	福寿街	
公兴存转运公司	转运、装卸	二马路	备有自用货栈
中央公司	转运	苑陵街	
中华捷运公司	转运	二马路	
美大公司	转运	二马路	
豫平公司	转运	二马路	
文聚公司	转运	二马路	
公和公司	转运	二马路	
公新公司	转运	二马路	
德丰公司	转运	兴隆街	
信义公司	转运	兴隆街	
元顺公司	转运	兴隆街	
恒记公司	转运	正兴街	
太顺正公司	转运	正兴街	

---

① 冯次行，《中国棉业论》，北京：北新书局，1929年版，第133页。
② 张荣珍，《郑州金融与商业概况》，《交行通信》1933年第3卷第3期，第20页。
③ 饮马池位于郑州火车站东北方向数百米处，在站前二马路、兴隆街、福寿街和西正兴街所构成的方形区域内。

（续表）

行号	业务	地址	备注
通丰公司	转运	正兴街	
中丰庆公司	同上	饮马池	
太顺德公司	同上	同上	
同安公司	同上	同上	
华昌公司	同上	同上	
大同公司	同上	兴隆街	

资料来源：交通部邮政总局编，《中国通邮地方物产志·河南编》，上海：商务印书馆，1937年版，第33页。

随着郑州转运业的发展，相关的行业组织开始组建起来。1934年，郑州转运业同业公会成立，入会的转运公司计有21家（参见表4.14）。

表4.14 郑县转运业同业公会会员一览表

会员牌号	店员人数	代表姓名	籍贯	店址	备考
正谊	22	张吉甫	河南	福寿街	经理
		吕卓午	河南		店员
		白俊臣	河南		店员
同安	12	赵劭武	河南	饮马池	经理
		陈兰墀	河南		店员
公新	12	金玉堂	江西	二马路	经理
		曾祥齐	江西		店员
恒记	9	陈锡九	河南	正兴街	经理
普安	11	江仰通	湖北	福寿街	经理
		熊明廷	湖北		店员
义信	7	张莲塘	河南	兴隆街	经理
义兴	25	刘仲祥	河北	三多里	经理
		赵善亭	河北		店员
		周舒之	河南		店员
豫平	13	李际唐	湖北	二马路	经理
		孟昭荣	河南		店员

(续表)

会员牌号	店员人数	代表姓名	籍贯	店址	备考
盛丰	11	梁殿丞	湖北	二马路	经理
		赵际直	河南		店员
大同	8	郭元贞	河南	兴隆街	经理
民生	7	高培元	江苏	福寿街	经理
文聚	6	卢云汉	河南	二马路	经理
公兴存	19	邵铭阁	河南	二马路	经理
		苏万田	河南		店员
永吉	3	王景夏	河北	二马路	经理
祥聚	7	赵栋臣	河北	二马路	经理
捷运	5	韩锦芥	浙江	二马路	经理
信丰	8	赵玉亭	山东	正兴街	经理
中丰庆	5	李维轩	河北	饮马池	经理
泰顺	7	王福珍	河南	饮马池	经理
豫大通	9	高瑞安	河南	兴隆街	经理
美大	3	易青安	湖北	兴隆街	经理

资料来源：中国第二历史档案馆馆藏，《河南郑县转运业同业公会卷》，卷宗号：422（4）-8578。该表系1934年7月5日填报。

从表4.13可以看出，20世纪30年代中期的郑州转运公司，其规模均不大，半数左右为河南本地人创办，店员一般有数人至二三十人不等。规模相对较大、资金较为雄厚的转运公司除原来的正谊和公兴存之外，设在棉花交易聚集地——三多里的义兴公司得以快速发展。

近代郑州市场上的转运公司，其业务主要集中在棉花和药材两个领域，故而转运业兴旺与否，往往与棉花、药材市场的运行态势息息相关。在残酷的市场竞争格局中，近代郑州转运业历经沉浮、兴衰更迭。

第三节 打包、货栈、搬运诸业：铁路交通关联产业的发展

交通方式的成长与演化，是"在一个社区或国家的地理条件、经济水平、社会环境等因素的基础上，随着社会主体对客体位移要求的提高而发

展起来"①。中国近代铁路网络的初步建构，是伴随货物位移特别是大宗货物长距离位移需求的增长而形成的，而郑州的交通区位使之成为中国中西部地区棉花、煤炭、粮食等大宗商货的集聚地或中转地，原棉打包、货物堆栈、仓储搬运等铁路交通关联产业快速发展起来。

一、打包业

在棉花长途运销的链条中，打包是一个重要环节，铁路棉运的繁盛带动了郑州打包业快速发展。自20世纪20年代之初，郑州"因交通之便利，棉业即有蒸蒸日上之势，所以打包厂、纱厂、均应时而产生，一般苦工，赖以为生者不下数万人"②。由于近代中国的纱厂、纺织厂主要集中在沿江沿海的大中城市，内地产棉区只能将棉花打包并借助现代交通工具运送到这些地方，制成棉纱、布匹后再返销内地。为适应铁路运输的需要，豫中、协和、大中等机器打包厂在郑州先后成立，专做棉花打包生意，使黄河以北新乡、安阳等地的棉花多集中于郑州。③"陕州（今陕县）、灵宝以及关中、泾阳、渭南、朝邑等棉花悉运郑州集中，成交后打成机包再行输出。"④棉花交易的兴盛，推动了郑州机器打包业的快速发展。

在铁道部颁布特种轻笨货物装运办法以前，平汉、陇海两路用整车装运棉花，不论实际运量如何，均以车辆的载重吨数核收运费，而实际运输量往往会低于车载吨数。车身宽长的几款20吨车，虽能勉强多装，但每车最多仅能装15～16吨棉花，棉商需要多付余下4～5吨的运费。其他车栏较高、车身狭短的车型更是不适合运载棉花。在棉花上市之际，适合棉花运输的车皮往往供不应求，棉商迫不及待，改装大车，通过陆路起运，铁路收入受到连带的负面影响。⑤当然，对于华北地区而言，选择旱路或是水路运棉，仅限于短途，长距离大批量的棉运，唯一的选择还是铁路。在此情势下，棉商多通过打包厂或自备打包机，进行机器压包再行运出，以增加密度、缩减体积，降低运输成本。

棉花打包的样式、大小、重量以及所用材料，并无统一标准，大致可分

---

① 谷中原，《交通社会学》，北京：民族出版社，2002年版，第80页。
② 河南省政府秘书处统计室，《二十三年郑州银行业棉业概况》，《河南统计月报》1935年第1卷第2～3期合刊。
③ 张炎卿，《郑州花行旧闻》，《河南文史资料》（第44辑），郑州：政协河南省委员会文史资料委员会，1992年版，第16页。
④ 陇海铁路管理局车务处，《陇海铁路全线调查》，郑州：陇海铁路管理局，1933年版，第160页。
⑤ 林午，《平汉铁路沿线棉花产运之研究》，《铁路杂志》1936年第1卷第10期。

为铁机包、木机包和人力包（松包）三类。1925年以前，郑州仅有人力打包厂和木机打包厂，所打棉包为虚包，体积庞大，不便铁路运输。1925年4月，郑州第一家机器打包厂——豫中打包厂建立，占地50余亩，资本35万元，经理为田镜波。厂址位于陇海北站东北角陈庄，距离郑州城市中心区域——火车站大同路约2千米，为郑州历史最久、占地面积最大的机器打包厂。[①]该打包厂的机器设备较为完善，厂内建有拣花房30间，打包楼、办公楼各1幢，均系钢骨水泥结构。其打包机为200匹马力，系英国制造，用蒸汽机迅速成包，每小时能打30~40包，每包重量450~500磅（1磅≈0.4536千克）。机器打包使得棉包体积大为缩小，运输成本降低，颇受棉商欢迎。豫中打包厂每年能打8个月，平均每季可打6万包，每包（250千克）收费8元，一般毛利为10%，经营状况良好，获利颇丰。[②]"此后数年，虽政局紊乱，交通阻碍，犹营业不衰。"[③]据工商部劳工司的统计，1928年豫中打包厂工会会员数达2500人。[④]1934年2月，协和打包厂成立，厂址亦位于陇海北站东北角，经理系豫丰和记纱厂的交际潘薇屏。该打包厂拥有45匹马力打包机1台，日夜可打200余包（每包重500余磅），固定工人20余名，非固定工人600~700名。1934年10月，郑州大中打包厂正式建成，厂址在福寿街北段路西，打包机系80匹马力，每日可打300余包，机器工人7名，流动工人600~700人，其中女工占1/3强。[⑤]此外，郑州

[①] 全国棉业统制委员会河南省棉产改进所编，《河南棉业》，开封：河南省棉产改进所，1936年版，第103页；陈雋人，《郑州棉花市场概况》，《中行月刊》1931年第2卷第10期，第16页；《郑州棉花打包业概况》，《河南统计月报》1935年第1卷第7期，第122页。豫中打包厂虽然距离市中心较远，但厂址临近陇海北站，即货运站，厂址选定主要是基于便利棉花打包转运的考虑。

[②] 张学厚，《郑州棉花业的兴衰》，《河南文史资料》（第37辑），郑州：政协河南省委员会文史资料委员会1991年版，第43页；陈雋人，《郑州棉花市场概况》，《中行月刊》1931年第2卷第10期，第16页。

[③] 全国棉业统制委员会河南省棉产改进所编，《河南棉业》，开封：河南省棉产改进所，1936年版，第103页。

[④] 中华民国工商部劳工司，《工商丛刊·十七年度各地工会调查报告》（各省县市工会概况部分），北京：京华印书馆，1930年版，第59页。豫中打包厂的雇工，除工机匠为公司长工外，余为包工制。打包厂生意有旺季和淡季之分，旺季时雇工大增，多为临时招募，工人较为涣散，来往不定，上述工会会员数系约数。

[⑤] 《郑州棉花打包业概况》，《河南统计月报》1935年第1卷第7期，第123页。而据《纺织时报》刊载，协和打包厂创办于1933年，在1935年时打包厂拥有45匹马力打包机1具，拣花房7间，固定工人20名，临时工人七八百人，每日可打花200余包。参见上海华商纱厂联合会，《郑州之棉花打包厂》，《纺织时报》1935年第1228号，第2版，第4336页。

日信洋行、慎昌洋行亦备有自用打包机器。①加之陕州、灵宝、安阳等地机器打包公司先后设立，河南全省计有7家机器打包厂，步入了所谓的"机力打包业极盛时代"②。在原棉转运市场繁荣和铁路运输业兴起的联动作用下，郑州打包业获得了良好的发展契机。

从整体上来看，"每届新花上市时，除晋南及秦之渭南、咸阳、三原各地，由陕州打包公司打包外，其灵宝、洛阳、小冀等处，必须来郑打包，转运沪上销售。以故郑地之豫中打包公司，实为一般花客所利赖焉。加以银行业争做押汇，棉花实郑地押汇之主要货品也"③。然而，当1934年"陇海路西段线延长后，陕西之花，多在渭南、潼关一带，设市交易，而打包厂在陇海路西段沿线，如灵宝、潼关、渭南等处均次第成立，一般商人为运输便利计，豫西及陕省之棉花，多集中于灵宝、渭南等处"④。1935年，加之"上海存棉充斥，纱业不振，银根奇繁""致影响本市棉业一落千丈，营业清淡，为历年所未见。不惟棉业商受有重大损失，即银行界、转运业亦间接受有相当的影响（花行及转运公司本年倒闭数家，银行界所放棉花压款不能如期收回现金）"⑤，棉市状况依然不佳，致使郑州机器打包业呈现衰疲迹象。究其根本原因，主要有两点：一则陇海铁路西段沿线新设一批打包厂，尽管这些打包厂的规模不大，但因距离产棉区较近，各路棉商为节约成本，选择就近打包者颇多，使得原棉打包业务分流；二是郑州棉花掺水掺杂取缔所棉花检验手续繁杂，办法欠允，给山陕棉商的交易带来诸多不便。棉商寻求改善未果，纠纷四起，遂不令棉花运郑，以此消极办法与郑州棉花掺水掺杂取缔所相抗衡。棉商与棉花交易管理部门博弈所带来的直接后果，就是一般棉商"均视郑州为畏途，故去年灵宝、陕州之棉市，一日千里，进步之速。郑市商民，视之大有今昔之感"。自1933年秋收后，"郑市棉花交易5万余包，除豫西少数之花陆续运来者外，多系豫北之安阳，豫东之太康，豫南之信阳、南阳一带之花"。

---

① 陈隽人，《郑州棉花市场概况》，《中行月刊》1931年第2卷第10期，第16页。日信洋行专营棉花，系日商创办，有大阪铁工所制造的蒸汽打包机2台，为洋行自用，每小时仅可打铁机包12包，效率不高；慎昌洋行在郑州设有美国制Smith Press打包机4架，系木质框匣，钢质顶力机，其打包效率更低，每小时只能打3包，每包重500磅。

② 全国棉业统制委员会河南省棉产改进所编，《河南棉业》，开封：河南省棉产改进所，1936年版，第103页。

③ 张荣珍，《郑州金融与商业概况》，《交行通信》1933年第3卷第3期，第19～20页。

④ 河南省政府秘书处统计室，《二十三年郑州银行业棉业概况》，《河南统计月报》第1卷第2～3期合刊（1935年3月）。

⑤ 《最近郑州棉花营业大减》，《纺织时报》1935年第1222期，第4289页，第3版。

幸得1934年"豫省花产丰收，市价提高，而陕潼等处棉市虽日隆，而金融之接济仍多求之郑州行界，所以郑市在此棉市恐慌中，尚能支持者实赖于此"[1]。在诸多不利因素影响之下，郑州棉市的运行较往年大有逊色，打包业颇受影响。在铁路交通集聚效应以及郑州金融地位的支撑之下，其棉花打包业勉强为继。

二、货栈业

作为近代郑州交通运输业的一环和商货存储的需要，郑州货栈业应运而生。棉花经过打包后，由卖方委托转运公司堆栈储存保管，并按期运至目的地，故而设栈收租在当时颇为盛行。至20世纪30年代初，郑州货栈行业中设备较为完善的棉花堆栈，主要有通成、惠元、豫安、公济、信丰、公兴、永丰、古宏、豫茂、豫西等10余家，其中以通成的规模为最大，系金城银行创办，[2]其余则整体上规模较小，设施相对简陋。

就货栈仓库的建设而言，一般情况下是设施较为简单，无须雄厚资金，最初仅凭外勤人员相机兜揽存货。随着银行押款业务日臻发达，开始注重在押品的安全，纷纷采取措施予以保障。例如中国银行除订立租栈合同、派员管理外，于1931年自行设立仓库，系郑州银行设立仓库之始。此后兴业、上海、中国农工、河南农工等银行的仓库货栈亦相继设立。[3]银行介入货栈业，一则增加了郑州货栈业的整体实力，货栈的库房设施有所改善；二是扩大了货栈的经营范围及经营规模。但与此同时，银行与货栈的一体化，引起了货栈同业在市场领域中的不平等竞争，市场竞争秩序失紊，非银行所属货栈往往处于竞争的弱势地位，生存境遇不佳。

货栈可以代棉商通过花行达成交易后存货入库，有些货栈还可以凭栈单到银行为棉商办理押汇手续。货栈的设施一般比较简陋，设备比较完整的棉花堆栈不多，日信洋行的自用棉栈，建筑尚称新式完美。郑州的棉栈最高容量为4万包（松包），平均每栈只能容2万余包。[4]当然，郑州货栈的仓储货物并非限于棉花一种，但棉花的存储量占绝大部分，约占储货总

---

[1] 河南省政府秘书处统计室，《二十三年郑州银行业棉业概况》，《河南统计月报》1935年第1卷第2～3期合刊。
[2] 陈隽人，《郑州棉花市场概况》，《中行月刊》1931年第2卷第10期，第15页。
[3] 中国银行总管理处经济研究室，《全国银行年鉴（1936年）》，中编第13章，南京：中国银行总管理处经济研究室，1936年版，第71页。
[4] 陈隽人，《郑州棉花市场概况》，《中行月刊》1931年第2卷第10期，第15页。

额的95%，粮食类占3%，其他杂货占2%。①

在郑州货栈业的后期发展中，药材栈是其重要组成部分。虽然郑州药材栈的存货量不是特别大，但大小药栈数量颇多，药栈的兴起与郑州便利交通的关系密切。河南省最著名的药材栈行，原集中在禹县（今禹州），禹县自明代开始就是全国闻名的中药药材集散地。铁路通车后，郑州借交通之利，商业逐渐繁荣起来，药栈业亦随之逐步发展。药材栈俗称"棚帮"或"拆货棚"，是出整、分零的发货栈，粗细药材门类齐全，供各地中药店铺采购。在1928年，郑州市面上第一家药材货栈"普利公"开业，位于南大街。20世纪30年代初，郑州较有名气的药行药栈已发展到28家，约有200家外地药商常年在郑州坐庄收购、销售、堆栈药材，年均购进药材约300万斤，销售量达225万公斤。②以骡马药材大会的举办为契机，郑州药材堆栈市场开始形成，禹县药栈不久行迁郑州者达15家之多。药材行、货栈、药铺等遍布城区的东大街、南大街及周边的小巷胡同里。如天生源药材行，员工14人。万生昌药材行，有店员17人，老板许镜波。药材行以代客买卖为主要业务，是商人贩运药材、会聚落脚的地方。药材商从产地运来货物储于行中，一般不收租金和其他杂费，等货物卖出成交时，只收成交额的5%作为佣金，其中买方和卖方按3：7的比例分别承担。③药栈业的兴起给郑州老城区的商业发展注入了一些活力，药商药贩人来人往，热闹非凡，古老的小街亦焕发出商业的风采。

在1934年，郑州货栈业同业公会共有会员单位13家，分别是通成货栈、玉德泰货栈、兴业货栈、公济货栈、惠元货栈、上海货栈、西来货栈、豫西货栈、通顺货栈、豫安货栈、大兴货栈、中国货栈和裕隆货栈，计有店员161名。④据20世纪30年代中期金陵大学农学院农业经济系对当时郑州12家货栈所做的调查，这些货栈几乎全部集中在火车站附近的几条商业街道上，其中兴业（兴业银行附属）、惠元、裕隆、豫西、农行（中国农民银行附属）位于正兴街，中国（中国银行附属）、公济位于福寿街，通城（金城银行附属）在兴隆街，上海（上海银行附属）、豫安在饮马池，西来、王德大位于东陈庄。郑州各货栈在1931年至1934年间，保管存储

---

① 金陵大学農學院農業經濟系編，『河南湖北安徽江西四省棉產運銷』，〔日〕鐵村大二訳，東京：生活社，1940年版，第163頁。
② 郑州市地方史志编纂委员会编，《郑州市志》（第5分册），郑州：中州古籍出版社，1998年版，第4页。
③ 孟宪明，《图文老郑州·老街道》，郑州：中州古籍出版社，2004年版，第85页。
④ 中国第二历史档案馆馆藏，《河南省郑县货栈业同业公会卷》，卷宗号：422（4）-8584。

棉花总量分别为165499、192273、161372和183060包。[①]这一时期时局趋稳，货栈业呈现良好的发展势头，但同业竞争相当激烈，各栈纷相降价招揽客户，除部分货栈有所盈利外，余则惨淡经营。

三、搬运业

伴随平汉、陇海铁路通车，近代郑州铁路交通运输业得以快速发展，与之密切相关的搬运装卸业亦开始出现并逐步兴盛起来。搬运装卸业的主要业务范围包括短途运输、货物装卸等，郑州原棉转运业的繁盛及商贸流通量的增长，吸引了大量农村剩余劳动力进城靠出卖苦力谋生，搬运工所采用的工具极为简陋，多依靠肩挑、手提、独轮推车、架子车等，需要付出繁重的体力劳动勉强维持生计。随着搬运工群体人数的增加，工人期盼成立相应的组织以维护自身的经济权益。1925年，郑州人力车工会成立。[②]各仓储公司或其他经营公司的仓储兼营店，纷纷在车站附近设立店铺和仓库，招募搬运工人，承担货物的联络、装卸和发送业务。

河南省人口稠密，物产丰富，城乡之间物资交流颇多。铁路通车给区域城镇间的运输带来了巨大影响，物资运输的态势遂发生显著变化[③]：其一，围绕火车集散物资的运输迅速发展。铁路沿线的诸多市镇成为物资集散地，依靠马车、牛车、独轮车、人力车和脚力等传统运输工具的短途运输得到相应发展；其二，形成了依靠铁路和铁路站点生存的劳动力群体。受天灾、人祸影响，农村经济遭受摧残，一些破产农民拥向铁路沿线谋生，为运输业的发展提供了劳动力资源。他们多数没有工具，单纯依靠出卖劳动力，从事人力搬运和装卸，少数利用传统运输工具从事联结乡村与铁路站点之间的短途运输，成为一支装卸运输的生力军。

就各仓储公司及仓储专营店装卸工人的经济待遇而言，往往与郑州商贸活动的活跃度和铁路运输业的发展状况具有密切的关联性，装卸费及相关的手续费随着业务的拓展而有所提高。20世纪20年代初，郑州站普通货物的装卸代理费分类收取，其中20吨车的整车装车手续费为1.5元，卸车手续费为1.2元，零担货物每1至10担的代理手续费为1角，超过后每

---

① 金陵大学農学院農業经济系编，『河南湖北安徽江西四省棉産运銷』，〔日〕鉄村大二訳，東京：生活社，1940年版，第159～162页。这组数据并不代表在郑州运销的棉花总量，如直接转运、运往打包厂、纱厂及当地消费的棉花，均不包括在内。

② 郑州市地方史志编纂委员会编，《郑州市志》（第3分册），郑州：中州古籍出版社，1997年版，第397页。

③ 杨克坚主编，《河南公路运输史》（第1册），北京：人民交通出版社，1991年版，第122页。

10 担增加 5 分钱，①搬运费根据货物类别价位不等。

　　从铁路通车到抗日战争爆发前的近 30 年间，郑州所处的中原地带尽管数度受到战争因素的冲击，但是商货运输并没有全面中断，货物仓储、搬运业务与郑州市场的繁盛程度及中转物资的多寡息息相关，整体上呈现波动性成长的态势。但是，在 1937 年至 1949 年间，抗日战争和解放战争的爆发，使得战争各方在对平汉、陇海铁路的控制与争夺、维护与破坏的博弈中，除部分区段维持着一定限度的商货运输外，余则几乎陷于中断状态，依托货运和中转而生存的搬运装卸业的窘状可想而知。1948 年 10 月，人民解放军攻克郑州。1949 年初，郑州市总工会筹委会派出工作组，将全市 1700 名搬运工人组织起来，于 9 月正式成立郑州市人力车运输工会，郑州搬运工人开始有组织有计划地参与经济生产和城市建设，迎来新社会新气象新生活。1950 年，郑州市搬运公司成立，加强组织化，按劳付酬，在货源比较集中的火车站、纺织厂等处开展搬运装卸业务。据统计，1951 年郑州市搬运公司共有搬运工 2800 多名，人力车 1819 辆。1954 年，基于铁路交通因素而使得郑州纺织业快速发展，西郊棉纺织工业区的规模逐渐扩大。为解决劳动力不足的难题，郑州市搬运公司吸收 3300 余名散车工人为临时工，并将装卸工人组织起来，工人总数达到 5870 名，形成规模庞大的搬运工人群体，当年共完成货物搬运量 283.43 万吨，完成装卸理货量 330.50 万吨。②郑州搬运工群体的成长历程及搬运业的发展轨迹，从一个侧面表现出郑州市场的活跃程度以及铁路运输业的起伏兴衰。

第四节　利、弊之间：铁路联运制度的实施

　　铁路联运，是指铁路和铁路之间、铁路和其他运输方式之间，依照联运章程在一定的协议框架内所进行的联络运输。铁路联运的业务范围因铁路线路的不同有所差异，如平汉铁路加入国内及国际各路办理联运，大致分为国内旅客联运、国内货物联运及中日、中东（铁路）、华北旅客联运 5 项，③联运业务得以快速增长。

---

①〔日〕青岛守備軍民政部鉄道部，『河南省鄭州事情』，青岛：青岛守備軍民政部鉄道部，1922 年版，第 30～31 页。

②郑州市地方史志编纂委员会编，《郑州市志》（第 3 分册），郑州：中州古籍出版社，1997 年版，第 397～398 页。

③平汉铁路管理委员会，《平汉年鉴》，北京：平汉铁路管理委员会，1932 年版，第 203 页。

一、铁路联运制度与运输效率的提升

为解决铁路各自为政的诟病，谋取国内各路运输的便利，筹备加入联运，北京政府交通部于1913年10月27日召集平汉、京奉、津浦、京绥、沪宁五路代表，举行第一次国内联运会议，议定五路联络运输旅客行李包裹办法和单据章程等相关规程，决定于1914年4月1日起付诸实施。陇海铁路加入旅客联运较晚，直至1923年8月1日才正式实行。而货物联运并非发轫于联运会议，平汉铁路自建路之初就与京奉、正太及陇海（汴洛）铁路试办接轨运输。1915年，平汉铁路曾经"加入中日联运，转输便利，日盛一日。沿路天产之富，为全国国有铁路冠。运品以煤、棉、杂粮、木料为大宗。其特出者有芦盐、草帽辫及皮革等类，他如颜料、药品、煤油、瓦器、猪马牛羊、丝、茶、杂货等，亦转输不绝。此外沿线天产，附近煤源，阡连不绝，将来集资开采，诚取之不尽，用之不竭，本路运输实利赖之。京汉铁路，既有如斯优越地势，宏大规模，转运四通八达"[①]。1920年第八次国内联运会议决议实行车辆互换办法，开始在全国办理货物联运（陇海铁路1925年8月加入）。1932年4月，平汉铁路与津浦、陇海、道清四路议定整车联运办法，签署协议及附约，运费收入按成摊分，各路共谋利益。铁路周转迅捷，运输趋旺，商人亦大受其益，联运制度的推行使得平汉、陇海两路的运输量及运输效率均有所提升，郑州在铁路联运体系中的地位亦随之提高。

郑州因系平汉、陇海铁路的交会点，两路间的客货联运必经由郑州车站，其大致情形在前述各节亦有所涉及，下面主要探讨水陆联运。郑州的水陆联运主要是指黄河水运与铁路间的联运，其联运点为郑州北部的黄河南岸以及郑州西北部的汜水镇。[②]在陇海铁路由观音堂西展之前，来自陕州（今陕县）或陕州以西的陕甘商货主要通过两条路径运往郑州：一是由陆路运至观音堂再利用火车转运郑州；二是采用民船运到黄河南岸或汜水，再装火车转至郑州。就豫西陕州和郑州之间的运价而言，选择不同的路径，运输费用有所不同，经由黄河南岸的运价最低，经由汜水的次之，而

[①] 文伯常，《京汉铁路之过去现在及将来》，《交通教育月刊》1928年第1卷第6期。
[②] 黄河南岸，位于郑州平汉铁路和黄河交会处，因有黄河码头和火车站而在当时颇为有名。据日本青岛守备军民政部铁道部1920年的调查，黄河南岸车站附近有400～500户人家，码头附近有住户50～60家，主要转运来自陕、甘的货物；汜水，今属郑州市荥阳汜水镇，为黄河的一座码头，陇海铁路在其附近通过，黄河水运与陇海铁路的货物联运多经由汜水，转运来自豫西和陕、甘的商货。

由火车直接运抵郑州则运价最高。上述状况并非是因为铁路运价高昂,事实上铁路的运价相对低廉,但这一优势要通过长距离的运输才能体现出来,在短途运输中其成本反而高于水运和陆运。在货车的配给方面,平汉铁路1910～1920年的后几年分配到黄河南岸的车皮数量,要远少于陇海铁路拨付给汜水车站的,故而黄河南岸颇受滞货的困扰,陕甘货物由民船运至汜水再采用火车运输成为最便利的路径,经由汜水运往郑州方面的货物量遂逐年增加。因往来民船频繁,汜水码头得以快速发展,1910～1920年的后几年逐渐繁荣起来,并增设船栈七八家,如泰和、和盛、合玉生、大德等,这些船栈均是联结郑州方面的运输公司,郑州的转运公司亦多在汜水设有办事处。每年的主要转运货物及其集散额如下:①

水烟,约30000箱,每箱约90千克。

棉花,约20万包,每包95～100千克,约合2担。

药材,约5万包,每包100千克。

依据《陇海铁路海陆联运办法》②,从货物发送地至目的地的手续大为简化,客商仅需凭票据自到达地提货,所有沿途转装过载均由铁路会同招商局负责办理,客商不必顾虑,运费的核算亦更为合理。规定凡由陇海铁路各站直接运往上海的货物,除在起运站缴纳每吨0.2元的装车费及在上海缴纳每吨0.5元的进栈扛力费用之外,余则均按核定货价收取,不再收取中间转运费用和其他任何杂费。例如,从郑州托运铁机棉40吨至上

---

① 〔日〕青岛守備軍民政部鉄道部,『隴海鉄道調査報告書』,青岛:青岛守備軍民政部鉄道部,1920年版,第302～303页。在陇海铁路由观音堂向西筑至郑州之前,陕州与郑州之间棉花运输若采用不同的手段和路径,其运价亦存在一定的差异:路径一,陕州经由观音堂到郑州,每担的运费总计银2元20仙,包括陕州到观音堂的马车费每担1元和观音堂到郑州的火车运费每担1元20仙;路径二,陕州经由黄河南岸到郑州,每担的运费总计银1元98仙,分别是陕州到黄河南岸的民船运费每担1元28仙,黄河南岸收取陆上税费每担30仙,黄河南岸至郑州间的火车运费每担40仙;路径三,陕州经由汜水至郑州,每担的运价是银2元8仙,分别是陕州汜水间民船费用每担1元28仙,汜水陆上税费每担10仙,从河岸至汜水停车场每担20仙,汜水郑州间运费为每担50仙。虽然民船的运价低廉,但其所用时间比火车运输要多。尽管经由黄河南岸的路径二的运价最为低廉,然而平汉铁路对黄河南岸站的货车配给很少,给棉运带来诸多不便。故经由汜水即采用路径三运送的棉花最多,经由观音堂依靠陆路的路径次之,而由黄河南岸转火车运输者最少。民船自陕州下行至汜水,在夏季增水期约需2天时间,而在冬季枯水期则需2星期时间。1艘普通民船(载棉100包)的运价约120两,船主往往是将货物运抵汜水之后将船就地出售,再自陆路归陕,省却民船上行之苦。

② 参见陇海铁路管理局总务处编译课编,《陇海铁路旅行指南》(第3期),郑州:陇海铁路管理局总务处编译课,1935年版,第282～283页;陇海铁路海陆联运条例在运费方面也做了一些利于货主的规定,如可选择采用货到付费办法,凡按照负责联运办法托运货物者,如不能在起运地点交付运费,经货主在托运单特约栏内声明,铁路可以出具到付货票(即货物至到达站付清款项提取货物),无须另交押款,此等措施有助于铁路运输业务的拓展。

海，先在大宗货物等次表中查出机棉为4等货物，再在价目表中检出4等货物由郑州起运每吨运费为20.93元，40吨小计837.2元，另需在郑州缴纳装车费8元，在上海提货时缴纳进栈扛力费20元，别无其他费用。

作为近代中国最重要的东西横贯线——陇海铁路的出海港口，连云港的修建对西部中国物资东移、郑州商圈的拓展、郑州与上海等港口的互动发挥了重要推动作用。伴随港湾设备的扩充，连云港在20世纪30年代中后期所显示的"发展势头值得期待"[①]。陇海铁路沿线出产的中兴炭、海州盐、棉花、花生、大豆及其他谷类等大产额物资，特别是陇海铁路西线丰富的农矿产品主要通过铁路经由该港外运，出港贸易颇为兴盛（参见表4.15）。

表4.15 连云港贸易量一览表　　　　　　　　　　单位：元

年次	入港贸易额	出港贸易额	合计
1935	48400	247000	295400
1936	100646	409009	509655
1937	61290	357913	418203

资料来源：〔日〕華北航業総公会調查科編，『北支各港港湾要覽』，青岛：華北航業総公会，1941年版，第93頁。

从连云港的进出港贸易额来看，出港货物的价值大约是入港货物的4～6倍，意味着连云港在这一时段是一个以输出货物为主的港口，这与中西部腹地丰富的物产以及郑州在平汉、陇海两路联运中作用的彰显是分不开的。据『北支各港港湾要覽』的调查，连云港的航线主要有3条，即连云港至青岛、连云港至大连以及连云港至日本的航线，输入商品主要有棉丝、棉织物、金属制品、水泥、木材、砂糖和面粉等，输出商品以石炭、磷矿石、铁矿石和花生为主。连云港的腹地包括河南、陕西、甘肃和新疆等地，郑州作为该线路中最重要的联络点，对连云港的兴起发挥了一定的推动作用。与此同时，连云港的发展亦有助于拓展郑州与中国东部地区海陆联运的深度和广度。

二、铁路联运制度对郑州市场的负面影响

从某些商货的联运情况来看，铁路运输章程的变化和联运制度的推

---

① 〔日〕華北航業総公会調查科編，『北支各港港湾要覽』，青岛：華北航業総公会，1941年版，第94頁。

行，又给郑州带来了诸多不利的影响。如郑州市场最为倚重的棉业，却因新的运输及联运制度的推行，受到严重冲击，致使郑州棉市在1935年以后趋于衰落。其所带来的负面影响主要体现在以下两方面：

其一，铁路运输章程的修改，使得郑州棉市的辐射范围有所缩小，各机器打包厂的业务量逐渐减少。铁道部于1933年通令实行特种轻笨货物收费办法，规定无论使用何种类型的车辆，概按所用车辆载重量的1/2核收基本运费，超过部分按实际载运量核收运费。木机棉被归入特种轻笨货物之列，在折算重量时，特种轻笨货物每4立方公寸折合1公斤，而普通轻笨货物则是每3立方公寸折合1公斤，[①]两相比较，对棉商有利，铁路棉运趋于活跃。根据新的铁路运输章程，哪怕是选择就地木机打包，亦"亏吨情形不多，各处棉商，遂多就近打成木机包出境，机力打包较前锐减，各厂营业，远不如前"[②]。1930年冬，陕州（今陕县）设立机器打包厂，棉商购棉多就地打包，再通过铁路直接运销上海等地，相对于运至郑州再行转运，费用则有所降低，"致上海方面，棉行自然而然向陕州进出，于是引起各地棉行均注意陕州棉花市场"[③]。金融机关亦追随棉行进驻陕州（今陕县）等地，致使"郑州棉市稍形减色"[④]。随后数年间，灵宝等地也相继设立棉花打包厂，棉花多就地打包交易，导致交易市场发生转移，"交易中心移至豫西陕州、灵宝等处"[⑤]。尽管郑州在中国中部地区"仍不失为一金融及贸易之中心地"[⑥]，在铁路联运网络中依然占有重要地位，但其棉市趋于相对衰落，这一点不容忽视。

其二，全国铁路网络实行货物联运及水陆联运，使得郑州的转运功能有所弱化。全国铁路货物联运，规定凡铁路负责运输的货物，在互通铁路的范围内，以整车货物由一条路线起运到另一条路线，可直运至到达站，无须在各路联络站换车，[⑦]这为客商交易提供了诸多便利条件。1933年9月，民国铁道部颁布《负责货物联运暂行办法》，规定是年11月1日起恢

---

① 林午，《平汉铁路沿线棉花产运之研究》，《铁路杂志》1936年第1卷第10期。
② 全国棉业统制委员会河南省棉产改进所编，《河南棉业》，开封：河南省棉产改进所，1936年版，第103页。
③ 《郑州棉花中心市场之今昔观》，《中行月刊》1934年第8卷第5期。
④ 陇海铁路管理局车务处，《陇海铁路全线调查》，郑州：陇海铁路管理局，1933年版，第160页。
⑤ 实业部中国经济年鉴编纂委员会，《中国经济年鉴续编》，上海：商务印书馆，1935年版，第506页。
⑥ 《郑州棉花中心市场之今昔观》，《中行月刊》1934年第8卷第5期。
⑦ 铁道部业务司，《中国铁道便览》，上海：商务印书馆，1934年版，第86页。

复实行铁路的全国联运。随后，铁路与轮船负责联运办法出台。这样，包括陕西及山西在内的西路棉花多就近轧包外运，无须来郑州中途转运，其他农副产品亦多是如此。全国货物联运制度尽管并未一步实行到位，但是对于主要依托来货加工、贸易、转运的郑州来说，运输路线选择的多样化使之在区域中转贸易体系中的地位有所降低。

第五节 小 结

郑州地处铁路网络的节点，交通枢纽的形成，有助于通过规模集聚等空间向心力对区域经济活动在空间上重新进行配置，从而进一步整合区域的经济资源，扩大商货流通，增强地域间的彼此互动与联络。伴随近代交通体系的发展，社会经济生活中人与货物空间位移的总量急剧增加，越来越多的人和越来越多的货物被运输工具更多次地推入空间的运动，经济资源的流动性和移动规模亦随之越来越大，[①]郑州的铁路交通运输业由此得以快速成长。

交通运输促进了商品流通及生产与市场的集中，大规模的商贸活动带来了中间市场的繁荣，由此，郑州这个交通枢纽型城市经济外向发展的定位——中转贸易得以确立，转运、打包、货栈诸业相伴而生并快速发展。铁路联运制度使得整个铁路网络的社会运输能力有所增强，单位运输成本降低，运输的中间环节减少，无疑有利于铁路在异质空间中追逐经济利润的最大化。与此同时，铁路联运制度的推行，又在转运等环节上弱化了郑州的中转运输功能，给郑州铁路交通运输业带来一定程度的消极影响。

从整体上而言，郑州作为近代中国几个主要的交通枢纽之一，其以机械为动力支撑的新式交通所形成的交通区位优势，还是给郑州带来了大规模的人员流动和商货流通，推动了郑州交通运输业的进一步发展。

---

① 荣朝和，《运输发展理论的近期进展》，《中国铁道科学》2001年第3期。

第五章　铁路与近代郑州城市工商业的初兴

从根本上来说，城市化的动因来自经济发展，而经济发展主要包括工业和商业两方面。近代中国的城市化尽管是以商业化为主的，但已经是具有初步工业化背景的商业化。[①]区域近代交通网络的初步形成，周边地区丰富的能源与物资供应，使得郑州拥有了发展工业和商品贸易的区位条件。在铁路的联动作用下，郑州逐步成为中原地区粮食、棉花、烟草等农产品和工业制成品的转运中心。"铁路开通以来，河南、陕西、甘肃、山西西南部的物资以郑州为自然的集散中心地，客商频繁往来，遂形成今日的隆盛局面。"[②]优越的交通区位条件，给衰落的郑州带来了兴起的契机和驱动力，城市工商业初现繁荣。

第一节　城市工业：因铁路而兴

铁路通车之前，郑州仅有一些手工业工场，近代意义上的机器工业几乎是一片空白。一般来说，某地区工业要得以发展，主要应具有交通的整备、丰富的原材料、产品的市场需求、动力及劳动力的满足等条件。

一、从铁路附属工厂到新式城市工业的兴办

平汉、陇海铁路的筑通，使得"郑州近年交通利便，轮轨四达，渐成全豫第一要埠。惟地面狭小，风气闭塞，实业工厂尚在萌芽"[③]，但交通的整备已经为城市工业的发展创造了基本条件。

---

① 隗瀛涛主编，《中国近代不同类型城市综合研究》，成都：四川大学出版社，1998年版，第6、10页。

② 〔日〕青岛守备军民政部铁道部，『河南省郑州事情』，青岛：青岛守备军民政部铁道部，1922年版，第7页。

③ 《日本人与郑州实业》，《大公报》1920年12月29日。

需要说明的是，并非是铁路一通，郑州的工业发展态势即为之一变。在铁路筑成的最初几年，郑州的工业化并未呈现出大的发展势头，主要原因有三点：一是铁路通车之初国内的工业化水平整体上还处于起步阶段；二是郑州新式工业的起点非常之低；三是在农产品商品化初期，铁路运输的功效不可能立即显现。一旦铁路交通网络得以整备，原材料和工业制成品的流通速度加快，往往会刺激工业化步入快速发展轨道，使得商货运输需求激增，铁路对工业的促动作用才会凸显出来。

郑州的工业多与铁路相关联，带有明显的铁路特色。铁路附属的一批工厂，是郑州早期工业化的先声，主要包括郑州修理厂、郑州机器厂以及机务修理厂、电务修理厂、材料厂等，为铁路运输提供配套服务，同时兼营地方业务。郑州一厂（修理厂）建于1907年，初建时规模并不大，厂房面积1140平方米，有汽机2座，75匹马力电机1台，其他机械29具，[①]后有所发展；郑州机器厂直属北京政府交通部，兼营冶铁和铁器制造，是郑州较早建立的工厂之一。机器厂位于陇海铁路和平汉铁路的交叉点附近，临近郑州停车场东部，选址的考虑是便利于来自山西的铁、煤炭的运入，为工厂冶炼业务的后续发展提供了有利条件。该厂计有男工100余名，女工20余名，并聘有外国技师；[②]郑州机务修理厂有职员12人，工人216名，主要制造机车应用配件以及修理机车、货车；郑州电务修理厂建于1914年，共有职员15人，工人119名，占地4000平方米，各种修理室、库房计20间，[③]拥有各类电修工具，承担电话、电路、发电机、发动机、轧票机等的修配业务。

由于铁路因素的带动，郑州近代城市工业从无到有、从小到大渐次得以发展。如1913年上海大华火柴厂在郑建立分厂，日产火柴20箱；1914年，明远电灯公司成立，配有75千瓦蒸汽发电机1台，供应官署、富户和一些店铺的生活用电；贫民工厂筹建于1915年，设织、木、席三科，收工徒23人；1916年，德丰面粉厂、郑州面粉厂建成投产；1917年，公益营造厂设立，后来该厂曾承担豫丰纱厂的基建工程；1918年，中华蛋厂和志大蛋厂建成投产，后者日碎蛋10万个；1922年，华原兴铁工厂设立，专门制造轧面条机、弹棉花机等简易机械；1922年，商务印书馆郑州分馆开业。[④]铁路通

---

① 铁道部铁道年鉴编纂委员会编，《铁道年鉴》（第1卷），南京：铁道部铁道年鉴编纂委员会，1933年版，第629～631页。

② 〔日〕東亜同文会，『中国省別全誌』（第8卷，河南省），東京：東亜同文会，1918年版，第513页。

③ 铁道部铁道年鉴编纂委员会编，《铁道年鉴》（第1卷），南京：铁道部铁道年鉴编纂委员会，1933年版，第632～635页。

④ 曹洪涛、刘金声，《中国近现代城市的发展》，北京：中国城市出版社，1998年版，第228～229页。

车初期,郑州的工业多集中在面粉、制蛋、电力等民生领域,如湖南督军张敬尧为满足军用面粉需要,于 1915 年投资 20000 元在郑州创办面粉工厂,采用旧式机器生产,后因所制面粉粗劣而于 1919 年停产,被万庆公司收购,以 17 马力的面粉机器继续生产,每日生产头等及二、三、四各等次面粉 7500 斤左右。① 20 世纪 20 年代中期以后,豫中机器打包股份有限公司、大中打包厂以及协和打包厂相继建立,棉花打包业快速兴起。此外,从事皮革制造的豫康制革厂、西北制革厂等,亦形成了一定的规模。

表 5.1 郑州商办工厂一览表

厂名	资本（元）	工人人数	主要产品	备注
华兴造胰工厂	5000	17	胰皂	
豫钟制革厂	5000	5	皮革	
协和打包股份有限公司	8000		棉花打包	暂停
振华兴造胰工厂	1500	5	胰皂	
振铭工厂	2000	43	铜锣底	
义和盛工厂	1000	8	肥皂、毛巾	
大中打包股份有限公司	180000	689	棉花打包	
中华成料器厂	4000	46	各种玻璃器具	
豫康制革厂	25000	41	皮革	
福华新记肥皂厂	1175	4	肥皂	
福茂顺记烛皂工厂	2000	6	烛、皂	
汉阳造胰工厂	400	6	肥皂	
万泰永炉房厂	500	10	火炉、轧花车等	
广华机器工厂	8500	40	各种机器	
大东机器厂	20000	33	各种机器	
华兴厚机器厂	7000	35	各种机器	
德成造胰公司	14500	4	肥皂	
救国工厂	400	5	帽袜	
同兴元草帽工厂	3000	30	草帽	
裕华造胰工厂	3000	4	肥皂、烛	

---

① 〔日〕青岛守备军民政部鉄道部,『隴海鉄道調査報告書』,青岛:青岛守备军民政部鉄道部,1920 年版,第 301 页。

(续表)

厂名	资本（元）	工人人数	主要产品	备注
博爱工厂	2000	17	帆布	
豫中机器打包股份有限公司	350000	2520	棉花打包	
西北制革厂	100000	30	皮革	
明远电灯公司	300000	28	公用电气	
豫丰纱厂	4196000	4301	棉纱	

资料来源：河南省政府秘书处编，《五年来河南政治总报告》（1935年），台北：文海出版社，1993年影印本，建设部分，第76～79页，本表据此制作而成。

从整体上来看，郑州新式工业是在非常虚弱的城市手工业的基础上起步的（参见表5.1），呈现出机器生产与手工制作并存、工业的本土化倾向、规模一般较小、依托铁路而兴等特点，几乎全部集中在轻工业生产领域，资本基础大都较为薄弱，这也是近代中国民族资本发展史所呈现的一个基本特征。其中，规模较大的几家工厂主要从事皮革制造、棉花打包和棉花纺织，属于来料加工性质，这离不开大批量的原材料输入及其工业制成品的输出，均与铁路运输具有密切关系。总之，这些新式工厂的兴建、发展与铁路交通具有紧密的关联性。

二、铁路关联性企业及城市手工业的快速发展

到了20世纪30年代中期，郑州城市工业有了一定程度的发展，特别是棉纺织业，省内外知名纺织企业纷纷在郑州设立分支机构。据河南省政府秘书处统计，1934～1935年间，在郑州设立分公司的大型纺织企业有永安、申新、大成和大兴纺织股份有限公司等，注册资金分别高达1200万元、300万元、140万元、300万元。[①]这些新设企业相对于铁路通车初期所建企业而言，具有规模大、资金雄厚、业务量大等特点，所不变的是它们均与铁路运输保持密切的业务联系，带有明显的铁路色彩。诸多纺织企业的兴办，形成了郑州城市工业的一大特色——棉纺，这种历史特点一直延续到21世纪初。

在郑州的各类城市工业中，最为重要的是棉纺织业与机器业。其中棉纺织业以豫丰纱厂为代表，它也是近代郑州规模最大的工业企业，将在本章第二节专文论述。除豫丰纱厂之外，郑州还有数家规模较小的纺织工厂，如

[①] 河南省政府秘书处，《五年来河南政治总报告》（1935年），台北：文海出版社，1993年影印本，建设部分，第101～104页。

1927年设立的博爱工厂，最初位于菜市街，后迁至东大街商业繁华地带，全厂计7台脚踏织布机，每部为340码人力，生产帆布、帆布床、鞋布面等。

在机器业方面，工厂规模较大的有三家：一是大东机器厂。该厂于1925年创办，资本2万元，工人3000名。厂内设备计有车床5具、刨床1具、钻床2具以及12匹马力引擎2具。大宗产品为压花机、打包机、抽水机、发动机及各种印刷机，畅销豫西及陕西为最多，附近各县亦不少；二是广华机器厂。该厂分电镀、机器两厂，资本2万元，1927年创办。电镀厂设在大同路，内设电镀机1部及引擎1具。机器厂厂址位于东新马路，场内设备计有刨床1具、钻床2具、旋床4具及10匹马力引擎机1具，两厂共有工人4000名。广华机器厂主要生产面条机，亦可制造打包机、起重机、吸水机、发动机、压花机、印刷机等，销往豫西及陕西者为多；三是华兴厚机器厂。该厂资本2500元，分机器、翻砂二厂，机器厂有工人2000名。设备计有旋床5具、钻床1具、刨床1具及5匹马力与3马力之引擎各1具，大宗产品为面条机、弹花机、压花机等，除销售豫中各县外，运销豫西诸县者亦不少。①20世纪30年代中期，上述机器厂多陷入经营困境，除广华机器厂尚能维持营业外，华兴厚机器厂较之往昔颇为减色，而大东机器厂因销路阻滞，赔累颇巨，难以为继。

铁路通车后，郑州的城市手工业亦迎来了发展的契机，但是规模一般不大，通常是家庭作坊外带门市经营，工人的组成方式主要是家庭成员加少量雇工。据统计，20世纪20年代末郑州城市手工业共有291家，主要集中在缝纫成衣（84家）、砖瓦窑（40家）、冰铁（27家）、刻字（26家）、木器（25家）、麻绳（16家）等部门。就麻绳业而言，由于1923年至1929年间郑州棉业兴旺，棉花包绳的需求量大增，先后有玉兴成等16家作坊从事麻绳生产，年产量达30余万斤，行销本地及豫西各棉产区，利润率达20%。此后不久，受战争和交通因素的影响，郑州城市手工业经历了短暂挫折，时局稳定后，复又有所发展，1936年时达494户（参见表5.2），从业者2164人，资本额达172400元，②是抗战前郑州城市手工业发

---

① 《郑州纺织与机器工业概况》，《工商半月刊》1935年第7卷第21号，第87～88页。该文刊介的三家机器厂，从资金、设备及其产品情况来看，应该是规模不大的工厂，而各厂的工人数竟分别有2000～4000人，超出一般预料，笔者表示疑虑，需做进一步的考证。曹洪涛、刘金声所著《中国近现代城市的发展》一书，认为大东机器厂建成于1920年，仅有工人50多名，与《工商半月刊》所言相去甚远，该书的可信度更高一些。参见曹洪涛、刘金声，《中国近现代城市的发展》，北京：中国城市出版社，1998年版，第229页。

② 郑州市工商业联合会编，《郑州工商业兴衰史概况（1904～1948）》（未刊稿），郑州：郑州市工商业联合会，1984年版，第24～39页。

展的最高点。

表 5.2　郑州手工业统计表（1936 年）

业别	户数	资本额（元）	从业人数	备注
白铁	30	1400	130	
砖瓦窑	30	21144	211	
度量衡	4	3187	11	
制鞋	2	3100	32	
成衣	200	32900	500	
刻字	32	2800	57	
麻绳	36	16000	180	
服装	5	700	30	
制革	14	56160	200	
皮条	16	7616	19	
手工制造	1	185	4	从1933年起生产钢丝罗底
洗染	16	567	40	
镜框	6	105	10	
营造	4	25216	700	
竹木	50	1350	40	
肥皂	8	30400	58	
自行车修配	9	—	—	
小磨油	29	—	—	
总计	494	172400	2164	

资料来源：郑州市工商业联合会编，《郑州工商业兴衰史概况（1904～1948）》（未刊稿），郑州：郑州市工商业联合会，1984年版，第38页。该统计表的计算数据略有误差，如户数总计为494家，而实际合计数据应为492家；资本额除自行车修配业和小磨油业不详外，合计为202830元，实际总额要超过这个数据，而表中的统计为172400元；从业人数除去最后两项不详外，应为2222人，与表中的2164人亦不相符合。为保持统计表的原貌，这些数据未做修正。

　　从整体上来看，郑州拥有发展城市工业以及城市手工业的诸多自身优势：其一，交通便利。郑州地处中原交通枢纽，便于各种工业原料的集中，具备了发展工业的首要条件。其二，拥有一个较大的消费市场。工业制成品可以通过铁路输送到汉口、上海等通都大邑，且与开封、洛阳、渑池、新乡、清化镇等大的消费地相邻,附近一带的购买力相对较高。其三,原材料和动力源充足。中国中西部地区的物产较为丰富,而且距离焦作、巩县(今巩义市)、六合沟(即丰乐镇六河沟)等煤炭矿产储地亦不远,便于取材。因此,郑州可以称得上是理想的工业地,①蕴藏着较大的发展潜力。

尽管郑州拥有发展城市工业的交通运输、原材料及能源供应等诸多优势,但是随后抗日战争和解放战争的爆发,社会动荡,政局不靖,交通阻滞,使得郑州的铁路交通区位优势无从转化,工业发展遂陷入困境,无论是工业制成品的生产还是销售,均呈现停滞态势。七七事变后,受战争因素的影响,郑州城市工业及手工业"多已迁往后方安全地带,其留置现在继续经营者,仅有强民工厂及救济工厂,所产之毛巾、洋布两种,专行销本地"。②郑州天主教堂传教士为救济难民,设立救济难民工厂1所,其生产概况如下③:(1)组织——内分第一厂、第二厂两部,第一厂为纺纱部,第二厂为织布部;(2)生产工具——纺纱机47架,18锭织布机1架,工人90余人,技术甚劣,多为非熟练者,外国技师1人指导之;(3)工人待遇——工资按量计算,每纺纱1两给资5分,每日工作9小时,每人每日可得六七角不等;(4)生产数量——全厂每日产纱约500两,品质较为粗糙。在战争的摧残之下,郑州难民救济工厂等企业维持着基本的生产经营,以低限度地保障市民的生活需要。

抗日战争与解放战争爆发,致使中原地区长期处于战乱状态,郑州的城市工业及手工业遭到重创,几乎完全停滞。至1946年年底,除郑州明远电厂获准配发1000千瓦汽轮式发电机各1套,郑州中原、西北两制革厂获准配拨15千瓦发电机各1部外,其他一切机具尚待核发。④电力供应的极度羸弱,意味着工业生产的动能供应严重不足,其城市工业发展的困难程度就可想而知了。郑州城市工业以及城市手工业发展的这种颓势,一直延

---

① 〔日〕铁道部庶务课,『郑州事情』,出版地不详,铁道部庶务课,1918年版,第17页;〔日〕青岛守备军民政部,『郑州ヲ中心トシタル工业』,青岛:青岛守备军民政部,1920年版,第32~34页。青岛守备军民政部的调查表明,某地若要取得工业的发展,除交通整备之外,一般应考虑三大因素,即动力丰富与否、制成品的需求关系如何、原料是否充足。

② 第一战区经济委员会统计室,《郑县等地农工商业近讯》,《经济通讯月报》1940年12月号。参见《第一战区经济委员会统计室抄送郑州物价腾涨、郑州金融流通情形等敌方各项情报》(1940年11月~1941年3月),中国第二历史档案馆馆藏,档案号:四-16135。

③ 第一战区经济委员会统计室,《郑州救济难民工厂之生产状况》,《经济通讯周报》(情字第15号)1941年2月17~23日。参见《第一战区经济委员会统计室抄送郑州物价腾涨、郑州金融流通情形等敌方各项情报》(1940年11月~1941年3月),中国第二历史档案馆馆藏,档案号:四-16135。

④ 万晋,《一年来之农业善救业务》,《河南善救分署周报》1947年第51期,第11~12页。

续到解放战争结束。总的来说，若非是战争打断了近代郑州工业化的进程，其工业发展的前景是不可限量的。

中华人民共和国成立之初，百废待兴，但时局稳定，社会活力迸发，郑州城市手工业步入一个快速成长的阶段。据有关统计资料，从 1952～1954 年，郑州手工业的年产值稳中有升，分别达 3442200 元、5514600 元和 5641800 元（参见表 5.3）。

表 5.3　郑州市个体手工业历年发展情况（1952～1954 年）　单位：百元

产值 行业	1952 年总产值	1953 年总产值	1954 年总产值
主要行业总计	34422	55146	56418
金属制品生产	3986	11716	9443
木材加工工业	4443	7787	7744
竹藤棕草软木制造	279	1507	2039
棉纺织	9418	11653	7447
针织	1881	2778	3501
缝纫	11330	13369	22034
皮革制品	1079	2486	4202
食用油脂	2006	3850	—
其他（略）			

资料来源：《郑州市个体手工业历年发展情况》，载河南省统计局编，《1954 年河南省个体手工业调查资料》，郑州：河南省统计局，1955 年版，第 183 页。总产值按当时价格计算。

到了 1954 年，郑州的城市手工业得到一定程度的发展，共有各类手工业者 2481 户，从业人员 5016 人，总产值为 9828436 元。若按手工业所属部门划分，则主要集中在纺织工业、缝纫工业、食品工业、木材加工业等领域。其中，从事纺织工业者计有 347 户、1000 人，共生产棉布 33428 匹（2741268 尺），产值为 1790511 元；从事缝纫工业者为 746 户、1212 人，产值达 2203424 元；从事食品工业者有 320 户、717 人，产值为 1773491 元；从事木材加工业者 235 户、435 人，产值为 794025 元。[①]从郑州手工业分布的领域来看，主要集中在与铁路交通具有密切关系的特色优势产

---

① 《郑州市 1954 年个体手工业基本情况综合表》，载河南省统计局编，《1954 年河南省个体手工业调查资料》，郑州：河南省统计局，1955 年版，第 179～184 页。

业——棉纺业，其从业户数、从业人员和产值在所有城市手工业中所占比例分别约为44.1%、44.1%和40.6%。可以看出，中华人民共和国成立后郑州城市手工业的成长，与郑州近代纺织工业较为雄厚的基础息息相关，体现出其与铁路交通密切的关联性。

第二节 棉纺织业的发展：以豫丰纱厂为例

豫丰纱厂，是近代郑州规模最大的棉纺织企业，被誉为内地推广实业救国的典范。从纱厂的选址、创设、经营到最终的惨淡结局，均与郑州优越的交通地理位置以及铁路交通因素有着密切的关系。

一、豫丰纱厂的创立

1. 创设者——穆藕初

穆藕初（1876～1943），名湘玥，出生于上海浦东，14岁便进入棉花行当学徒。1909年，34岁的他赴美留学，先后在威斯康星大学、伊利诺伊大学等校攻读纺织、制皂专业。1914年获农学硕士学位后归国，立志实业救国。穆氏回国即着手筹办纱厂，先后创办德大纱厂、厚生纱厂、豫丰纱厂等大型棉纺织企业。他深受著名学者泰罗科学管理理论的影响，以科学主义的企业经营理念管理企业，推动管理的制度化、科学化、规范化，致力于改良生产技术，推出适合国人需求的新产品，生产经营甚为出色。德大、厚生、豫丰三厂的资本总额达500万两，有纱锭10万枚，拈线机11000台，[①]在棉纺织界创造了辉煌的业绩。

穆藕初棉纺织企业经营的成功，获得了国内国际的广泛赞誉，被称为

---

① 德大纱厂位于上海"公共租界杨树浦高郎桥塊，基地14亩有奇，筑成厂屋120间，应用机皆购自赫直林敦厂，计纱锭1万支"（《申报》1915年6月22日；穆家修、柳和城、穆伟杰编，《穆藕初年谱长编》（上卷），上海：上海交通大学出版社，2015年版，第101页）。后多次增设纱锭，"前日已电赫厂添办锭子3500支"（《申报》1915年7月15日；穆家修、柳和城、穆伟杰编，《穆藕初年谱长编》（上卷），上海：上海交通大学出版社，2015年版，第124页）。厚生纱厂创办于1916年6月，"资本纹银120万两，纱锭16000枚，其后扩大至3万锭"（参见穆家修、柳和城、穆伟杰编，《穆藕初年谱长编》（上卷），上海：上海交通大学出版社，2015年版，第135页）。在豫丰纱厂筹办之初有纱锭3万余枚，后穆藕初以私人名义向慎昌洋行订购纺纱锭3万余枚，1920年前后运抵上海，其中1万锭转让王正廷开设天津裕大纱厂，其余两万多枚用于装备豫丰纱厂。故而，豫丰纱厂在未获利之前，由原定纱锭3万枚骤增至56000枚的大厂（参见穆家修、柳和城、穆伟杰编，《穆藕初年谱长编》（上卷），上海：上海交通大学出版社，2015年版，第248页）。三厂相加，总纱锭数约10万枚。

上海的"棉纱大王"。美国著名学者艾萨克·玛可逊曾这样评价穆藕初："在自己本身和工业上建设性的进步方面，任何一个美国企业大王能够超出这个纪录，都是值得怀疑的"。①

除棉纺织企业的具体经营之外，穆藕初还在近代中国棉花改良、纺织企业的资金融通、纱厂联合组织的建立等方面做出突出贡献。如为发展优质棉纱的生产，他创建棉垦基地、引进美棉棉种，致力于棉花改良工作，卓见成效；为开发民智、教育救国，他参与发起成立中华职业教育社、上海商科学校、东南大学等，捐巨资选派资助学生赴美留学，培养专业技术人才；为抵制日商控制中国棉纱市场，他发起创办上海纱布交易所并连任理事长；为解决华商工业企业的资金融通问题，他参与创立中华劝业银行，给中国棉纺织企业提供金融后盾；为团结华商与外商展开竞争，他参与发起组织华商纱厂联合会，把民族企业家组织起来，合力抗拒洋纱的倾销及其带来的不平等竞争。穆藕初后来曾出任国民政府工商部常务次长、农产促进委员会主任委员、农本局总经理等职，以实业救国的宏图大志、民族企业家的担当和政府高官的为民情怀，推崇科学管理，挽救民族企业，投身公益事业，改善民生困苦，他著书立说②、改良生产、改善经营、支持抗战、维护国誉、寻求强国之路，被董必武称为一代民族企业家的"楷模"。

2. 时代背景

穆藕初回国之际，正值第一次世界大战爆发，中国棉纺织业获取了难得的发展良机。其一，西方各国无暇东顾，英美诸国对华的棉纱输出量锐减，华纱企业快速成长。1913年外纱输入总额为260余万担，1918年锐减至110余万担，减少50%以上。而中国国内对棉纱的需求量却不断增长，1913年实际消费总量为700万担，1918年增至近1200万担，1920年达1700万担，因此纱价持续上涨。与此同时，世界大战致使棉花出口减少，棉花价格下落，棉贱纱贵的结果就是棉纱业的利润成倍增长。据核算，每生产1包（每包400磅，约相当于4担）16支纱的平均利润，1914年为19元，1917年为37元，1919年高达70元以上。丰厚的利润回报刺激民族资本纷纷转向棉纱生产，中国棉纺织业得以快速发展。其二，国内民族主义浪潮兴起，提倡国货、抵制外纱，亦是中国棉纺织业由衰转盛的一个

---

① 转引自傅国涌，《一代"棉纱大王"穆藕初》，《中国社会导刊》2006年第16期。
② 主要要著述有《植棉改良浅说》《中国花纱布业指南》《藕初五十自述》，以及译著《工厂适用学理的管理法》等。

拐点。在此以前，中国的棉纱业曾因外纱的倾销而衰落，1915年开始抵制外货后，民族资本生产的棉纱销路大增。自1913年至1921年，全国的棉纱产量增加近3倍，[①]建厂纺纱成为民族资本追逐的热点。

中国民族资本家纷纷投身于"实业救国"，推动中国棉纺织业步入发展的黄金时期，穆藕初则为这一时代浪潮的典型代表之一。

3. 选址郑州的原因

穆藕初在成功兴办德大纱厂和厚生纱厂之后，基于最大限度地节约成本、寻求利润最大化的考虑，欲选择在内地棉产区兴办新的棉纺织厂。穆藕初"是不赞成把纱厂多设在沿江沿海的，为什么不能设在原料的中心地带呢？"[②]在穆氏看来，德大、厚生两厂兴办后，"调查全国棉业状况，知外力逐渐侵入。为我国棉业争存计，非先将个人事业底定不为功，欲求事业之固定，比先调查原料、人工、市场，务求来源出路节节灵通，更益之以充分之劳力，施之以精密之管理，方能有伟效之可收"。[③]在棉花主产区建立大型纺织工厂，能够最大限度地摆托对进口原料的依赖。基于此，调查研究成为穆氏内地设厂的第一步。

1918年，穆藕初奔赴河南棉产区进行了详尽考察，认为郑州作为全国三大原棉集散地之一和重要的交通枢纽，具备发展棉纺织工业的优越条件，确认在郑州兴办纱厂至少有三点益处：一是拥有陇海、平汉两大铁路干线交通之利，东西南北四路畅达，便于原材料的输入和产品外销；二是生产原料较为集中，价格低廉。郑州系中原地区乃至陕、晋产棉的集散地，周边盛产棉花，棉质优良，而且豫北、豫西铁路沿线煤炭储量丰富，动力资源充足；三是中原地区连年灾荒，大量的破产农民涌入郑州谋生，劳动力充沛、廉价。

除此之外，还有三个原因不容忽视：其一，郑州因循交通区位优势，城市形成了一定的规模，本地消费能力有所提升，距离消费水平较高的开封、洛阳、新乡等城市亦很近，销路较广，这是穆藕初选择在郑州开设纱厂的一个重要原因；其二，与日商争利是穆藕初创办纱厂的情感所系和基本思路。在日本纺纱势力向华北渗透的情势下，趁日商对郑州及其周边的影响力还较弱，以中原重镇为依托抢占并控制中国的中西部市场，恐怕也

---

① 齐大之、任安泰，《百年浮沉——近代中国民族工商业的发展道路》，北京：中国广播电视出版社，1991年版，第77～78页。

② 穆家修、柳和城、穆伟杰编，《穆藕初年谱长编》（上卷），上海：上海交通大学出版社，2015年版，第248页。

③ 同上注，第247页。

是穆藕初在郑州兴办纱厂的另一个重要原因；其三，在郑办厂，能通过陇海铁路使"申、郑二厂联为一气，原料金融互相调剂，利赖孔多"[①]，相得益彰。

基于上述原因，穆藕初最终决定尝试"做一个实验，在平汉、陇海两大铁道的交点，陕豫棉区的东端，建一个纱厂，作为纺织业走向原料中心的初步，拿这里作为基点，一步一步地向内地拓展"[②]，遂选定在郑州创办纱厂。

4. 创立

经过周密调查之后，穆藕初开始筹办纱厂，最初的设想是在郑州添设厚生纱厂支厂，但是厚生纱厂的股东薛宝润等人对在郑设立支厂犹豫不决，股东之间产生误会和意见分歧[③]，故而该方案被放弃，遂筹划在郑州单独设立豫丰纱厂。首先是在上海筹款，尽管此时（1918）正值中国兴办棉纺织业的高潮期，"纱业正盛，招股亦易"。[④]但是一些上海投资者把资金投向郑州这座中原小城视为畏途，没有充分认识到郑州的区位优势和发展潜力，响应者寥寥。后获得贝润生等人的支持，筹集到200万元资金。经过两年时间的筹建，于1920年6月建成投产，纱厂定名为"郑州豫丰纱厂股份有限公司"，简称"豫丰纱厂"（纱厂外景参见图5.1），穆藕初担任董事长兼总经理，成为上海民族实业家向内地大规模投资的第一人。厂址位于平汉、陇海铁路交会处的豆腐寨（今郑州市布厂街），"厂基面积为160亩，有公事房、工房、栈房、修机间、物料间、摇纱间、清花间、布厂、植棉场、工人宿舍、青年会等。厂内有洋井7口，每日出水20万加仑，并自建发电机"[⑤]，还铺设了轻便铁路与陇海线接轨。

建厂初期，纱厂拥有员工3870人，不到一年的时间员工人数就增加到4170人，厂房大多是仿造美国的最新样式建造起来的。同时，纱厂所有的机器设备都是从美国进口的最新式纱线机。豫丰纱厂建成后，周边修建了宽阔、整洁的街道和马路，电灯、自来水以及黄包车等交通工具一应俱全，饮食小吃业兴盛一时，出现了郑州此前并不多见的夜市。此外，还吸引了一些菜贩、修鞋匠等大批从业人员为纱厂服务，加之纱

---

① 穆家修、柳和城、穆伟杰编，《穆藕初年谱长编》（上卷），上海：上海交通大学出版社，2015年版，第247页。

② 同上注，第248页。

③ 同上注，第247～248页。

④ 同上注，第248页。

⑤ 同上注，第362页。

5000余人就业,①豫丰纱厂所形成的产业链为郑州提供了大量的城市人口就业问题。

图 5.1　豫丰纱厂外景（1932 年）
资料来源：陇海铁路管理局总务处编译课编,《陇海铁路旅行指南》（第 2 期），郑州：陇海铁路管理局总务处编译课，1932 年版，第 89 页。

豫丰纱厂最终投入"资本 800 万元，共分三大部（纺纱科、土木料、机械科），每日工资总数为 1333 元。全厂工人现余 3582（已被裁 510 人），成年工人有五六百，童工有一千五，女工五六百（半属童工），余皆为青工"②。规模大、设备良、工人多、产品优、管理精，是豫丰纱厂的显著特点。豫丰纱厂作为河南省四大产业之一，在区域轻工业体系中占有举足轻重的地位。就其资本和雇佣人数而言，即便是在沿海地区，此等规模的工厂在

---

① 陈义初主编,《近代豫商列传》，郑州：河南人民出版社，2007 年版，第 207 页。
② 《豫丰纱厂通讯》,《团的建设》1934 年第 16 期，转引自中华全国总工会中国工人运动史研究室编,《中国工运史料》第 26 期，北京：工人出版社，1984 年版，第 94 页。豫丰纱厂建立之后，其规模进一步扩大。由于郑州地处内地，深受民国时期政治不稳定的影响，故其后豫丰纱厂的发展步履维艰，但由于它的存在，郑州作为全国纺纱业中心的地位一直没有动摇。

当时也属于超大型企业。

二、经营史略

豫丰纱厂最初拥有纱锭 30000 枚，其中 20000 锭纱机从美商慎昌洋行赊购，签订协议，逐年偿还债款。嗣后扩建为 56448 枚，布机 234 台，所用机器是委托上海慎昌洋行向美国萨克洛佛尔公司订购的，另有国产捻线机 5600 锭，纱机、布机于 1922 年全部投入生产。纱厂扩建后占地 300 余亩，按装机先后顺序，分为一、二、三、四、五纺纱工场和一个织布工场。豫丰纱厂为满足生产需要，在全国各地广泛招聘人员，不惜重金聘请机电、纺织、土木建筑、财务、管理等方面的专家来厂任职，生产、工艺、管理等诸方面规范严谨。全厂日产棉纱约 130 包，大体为 10 支到 32 支纱，同时年产斜纹粗布和平纹细布计 30000 匹。① 由于豫丰纱厂所产棉纱、棉布质量上乘，在市场上深受消费者欢迎，业务日渐发达，成为当时中原地区规模最大的棉纺织企业。

建厂初期的三四年，豫丰纱厂运营状况良好，获利颇丰，年盈利约 10 万至 30 万元。② 所用原料主要是陕西棉和彰德棉，年用原棉 5 万余担，其产品有宝塔牌、飞艇牌棉纱及五福牌、双喜牌棉布。除销售本地外，剩余部分行销许昌、开封、徐州等地。

但好景不长，随后豫丰纱厂的经营陷入困境。1922 年第一次直奉战争期间，"赵倜进攻郑州，大炮即架于豫丰纱厂附近，虽幸而未毁，但上海、汉口、天津各地银行钱庄对于豫丰放款，因此大有戒心，只收不放，以致豫丰金融周转，发生极大困难"。③ 后来有杂志刊文回忆当时豫丰纱厂的金融窘状，"以后连年内战，使租界里的资本家无心再开发内地，使得"穆藕初氏原来所拟吸收外资的计划也因内战而不能实现"。④ 资金链的断裂，对于豫丰纱厂经营所带来的影响是致命的。加之日本对中国大量抛售纺织

---

① 郑州国棉二厂编，《郑州豫丰纱厂概况及穆藕初简介》（手抄本，未刊稿），郑州国棉二厂党史办 1986 年 9 月整理。该资料系原河南省地方史研究专家胡文澜先生收藏，承蒙胡老师不吝赐教，在此深表谢意；另参见张平，《豫丰纱厂始末》，《中州今古》2002 年第 5 期，第 27 页。就豫丰纱厂的占地面积而言，张平认为是 200 亩，而张学厚在《郑州棉花业的兴衰》（载《郑州文史资料》第 5 辑）一文中，所采用的豫丰纱厂占地面积为 500 亩。

② 金陵大学农学院农业经济系编，『河南湖北安徽江西四省棉産運銷』，〔日〕鉄村大二訳，東京：生活社，1940 年版，第 316 頁。

③ 穆家修、柳和城、穆伟杰编，《穆藕初年谱长编》（上卷），上海：上海交通大学出版社，2015 年版，第 472 页。

④ 《从原料中心迁出的豫丰纱厂》，《新世界》1944 年第 6 期。参见穆家修、柳和城、穆伟杰编，《穆藕初年谱长编》（上卷），上海：上海交通大学出版社，2015 年版，第 472 页。

产品，市场由纱贵花贱转变为花贵纱贱，经营成本大为增加，无异于雪上加霜。豫丰纱厂营业无利，所欠美商慎昌洋行债款不能按期偿还，资金周转不灵，自1923年起陷入亏损境地。迫于无奈，豫丰纱厂于1924年5月将厂务交给慎昌洋行管理，规定不论盈利与否，每生产1件纱均要提取6元用以偿还慎昌洋行债款。①豫丰纱厂的经营管理受到掣肘，丧失了主动权，而且其产品在与日、英棉纱的市场竞争中又处于劣势，纱厂的经营举步维艰。

致使豫丰纱厂经营困顿的原因，主要包括以下几个方面：一是棉纱经营的国际环境恶化。欧美国家经过第一次世界大战之后数年时间的恢复，重新开始对外经济扩张，大批进口棉纺织品充斥各级市场，国产棉纱棉布在竞争中处于劣势。二是国内社会动荡，生存环境险恶。这一时期，郑州地域军阀混战迭起，政局不稳，摊派捐款严重，军政各界均视豫丰纱厂为一块"肥肉"，巧立名目强取豪夺，使之元气大伤。三是民众的购买力较低，消费需求不振。中原地区连年灾荒，农村经济持续衰落，人民生活苦不堪言，购买能力大为降低。四是交通不畅，给纱厂的经营带来重创。郑州因处平汉、陇海两大铁路干线交会点，为兵家必争之地，因战争所需，机车常被征为军用，战事致使交通中断，制纱所需原料运不进来，产品亦运不出去，使生产和销售陷入极大的困境。除了上述原因外，"五卅运动"前后郑州工人运动兴起，豫丰纱厂工潮不断，亦给纱厂的生产经营带来诸多不利的影响。

在动荡的时局和恶劣的市场环境中，豫丰纱厂或因交通阻塞，或因市场凋敝，或因工人罢工，数度被迫停工，在困顿之余勉强得以维持生存。如1926年，"郑州豫丰纱厂近因交通阻滞，棉花原料断绝，出纱又无去路，存积过巨，不得已宣告停工"。②但是也有一些年份实现了盈利，如1928年因兵乱而导致布价高腾，棉花价格下落，故该年度盈利达100余万元，③这也是自豫丰纱厂开办以来盈利最多的年份，1928年后则又多陷入亏损状态。"因棉花来源不继，存货告罄"，豫丰纱厂于1933年7月底全部停工，待"新花上市，始可恢复工作"。④为使纱厂摆脱困境，穆藕初采

---

① 郑州国棉二厂编，《郑州豫丰纱厂概况及穆藕初简介》（手抄本，未刊稿），郑州国棉二厂党史办1986年9月整理。
② 《各厂消息：郑州豫丰厂停工》，《纺织时报》1926年第354号，第220页。
③ 金陵大学農学院農業経済系编，『河南湖北安徽江西四省棉産運銷』，〔日〕鉄村大二訳，東京：生活社，1940年版，第316頁。
④ 张荣珍，《郑州金融与商业概况》，《交行通信》1933年第3卷第3期，第20页。

取了一系列应对措施，加强科学管理，如延长工人工作时间、提高生产效率、招收廉价童工、降低生产成本等。从整体上来看，穆藕初的拯救举措收到了一定的成效，"豫丰纱厂出品之飞艇纱，遍销通商口岸，备受用户之欢迎，预计每年出品数量，不下四五万包，值洋近千万元"，①这意味着纱厂在时局渐平之后，经营状况略有好转。

尽管豫丰纱厂采用的是优于传统经营方式的现代管理模式，但由于1929年世界经济危机的冲击，中国国内市场萎靡不振，豫丰纱厂内部屡发劳资纠纷，加之中原一带战争、匪祸连绵，以致连年亏损。1933年度，郑州豫丰纱厂工潮再起，工人强烈"反对慎昌洋行接办该厂，实行不合作，在董事会不派人负责前，组织厂务维持委员会维持"，②连正常的生产经营都难以为继。1934年，最终由中国银行天津分行贷款收回自办，③更名为"豫丰和记纱厂"。投资豫丰和记纱厂的19名大股东均系中国银行的要员，他们以个人名义进行注资，其中中国银行董事长宋子文投资7000股计49万元，中国银行郑州支行经理潘仰山2000股计14万元。豫丰纱厂的投资主体变更，穆藕初因此去职，由中国银行天津分行经理束士方担任纱厂总经理，并高薪聘请上海著名企业家严庆祥任经理。纱厂将原有机件加以修理与改良，分为纺织二部，共有女工2700余人，男工500余人，每日分两班工作。纺纱部包括清花、梳并、粗纱、细纱、摇纱、打包等6个部门，原有56000锭，现开55000千锭，每日可产布280匹。其所用棉花，均系在郑州及豫西、陕西等地采购，纱布分销徐州、陕西、许昌、新乡一带。因外纱倾销，纱市多被侵占，产品滞销，每月亏折五万元以上。④严庆祥到任后不久，即对豫丰纱厂进行大规模改造，从自己经营的纱厂中抽调得力人员到豫丰纱厂任职，在生产、管理及生活福利等方面采取了系列措施，生产恢复正常，逐步走出经营困局。1935～1937年间，豫丰和记纱厂连续3年实现盈利。据1937年纱厂营业报告书称，年度决算除摊提折旧及公积金之外，计盈余纯利357623.08元（法币），⑤一改多年的经营颓势。

1938年初，日军迫近黄河，郑州形势危急，豫丰和记纱厂数度遭到日

---

① 张荣珍，《郑州金融与商业概况》，《交行通信》1933年第3卷第3期，第20页。
② 《郑州豫丰纱厂工潮未已》，《纺织时报》1933年第1035号第4版，第2742页。
③ 马敏，《试论穆藕初的经营理念》，载吴景平、陈雁主编，《近代中国的经济和社会》，上海：上海古籍出版社，2002年版，第286～287页。
④ 《郑州纺织与机器工业概况》，《工商半月刊》1935年第7卷第21号，第87页。
⑤ 张平，《豫丰纱厂始末》，《中州今古》2002年第5期，第27页。

军飞机轰炸，于3月5日无奈宣告停工，内迁重庆。纱厂机器设备约8000吨被拆卸包装，计大小机箱117000余件。内迁过程颇为艰辛，一是日机轰炸，沿途损毁遗失者有之；二是长江水流湍急，运输船舶触礁翻沉者有之。一年半后抵达重庆时，机器设备损毁550余吨，折合363.3万美元，可谓是损失惨重。为尽快恢复生产，遂在嘉陵江边搭起临时厂房，同时加紧筹建新厂，至1940年6月底，生产规模大体上恢复至50000纱锭，更名为郑州豫丰和记纱厂重庆分厂。[1]后经购置、添设纺纱设备，渐成规模。1943年6月，重庆分厂向经济部工矿调整处呈请"在美购办必要电机零件，准中央信托局函送中印间空运吨位申请书"，添购一些机器配件。经由经济部核称，"'估计总重量约三百公斤，体积尚合空运条件。日后交由中航机内运，当无困难，似可盖章证明'等情查所议，尚无不合"，[2]应予签准。重庆分厂随后亦多次设法购买机件，在中国银行雄厚资本和政治势力的支持下，垄断纱价，商业投机，1947年达到鼎盛期，资本额为9810001亿元（其中官僚资本为95%），利润额达到21016亿元。[3]1948年，纱厂走向衰落。1949年11月，人民政府接管纱厂，更名为重庆第一棉纺厂。

1953年，郑州豫丰纱厂复工并被收归国有，在此基础上改建为郑州国棉二厂。在中华人民共和国的"一五计划"中，郑州市被规划为全国六大纺织基地之一，先后筹建郑州国棉一、三、四、五、六厂，在郑州市西郊形成一个全能的大型纺织城，面积比当时的郑州老城还要大，在20世纪50年代末时号称拥有10万纺织大军，并建有陇海铁路专用线联结全国各地，郑州纺织城的建设已具相当规模。而当时筹建的郑州国棉各厂，均要将新工人送至郑州国棉二厂进行培训、学习，郑州国棉二厂俨然成为各纺织厂的"母厂"，足见当年豫丰纱厂设备、技术与管理还是比较先进的，豫丰纱厂生产经营的丰富经验，对此后郑州棉纺织工业发展发挥了重要的推动作用。

三、历史评价

据时人的判断，郑州因据交通要衢，蕴含着成就大市场的能量，将来必然成为汉口以北内陆的中心市场，其前途不可限量。特别是郑州控制着

---

[1] 张平，《豫丰纱厂始末》，《中州今古》2002年第5期，第28页。
[2] 中国第二历史档案馆馆藏，《郑州豫丰和记纱厂重庆分厂呈请在美购办电机零件的文书》(1943年6月～1944年5月)，档案号：四-24761。
[3] 张平，《豫丰纱厂始末》，《中州今古》2002年第5期，第28页。

陕西、河南的产棉地市场，将会成为纺织工业的重镇，①这些预见在郑州的城市化进程中大体上得到了证实，同时也验证了穆藕初在郑州兴办纱厂决策的正确性。

从选址、经营策略、科学化管理和初期的运营效果来看，豫丰纱厂可以说是成功的，它把交通区位优势与技术、资金、市场很好地整合在一起，发展成为当时河南省规模最大的棉纺织企业，铁路可谓是发挥了至关重要的作用。从近代河南纺织业的整体发展状况来看，规模较大的纱厂共有4家，除郑州豫丰纱厂之外，还有安阳广益纱厂，1901年投产，由曾任清朝工部尚书的孙家鼐投资兴办；新乡武陟成兴纱厂，1914年资本家鲁连城创办；卫辉华新纱厂，1919年徐有梅等人创建。这4家纺织厂均建在铁路沿线和棉花主产区，布局相对集中，均存在利用铁路便利交通之考量，其业务经营与铁路具有密切关系。

但是，穆藕初对豫丰纱厂的经营离预期目标尚存在一定的距离。究其原因，除第一次世界大战结束后外国资本卷土重来、市场因素影响、纱厂劳资矛盾纠结、工潮迭起、军政势力敲诈勒索等客观因素外，亦存在穆氏主观上经营思路存在偏差的问题：一是急于求成，管理隐患滋生。穆藕初在短短五六年内接连创办多家大型纺织企业，身兼数厂经理，终日忙于应付，使得工厂的精细化管理受到影响，隐患渐生。二是盲目发展、举债经营，致使企业缺乏稳固的基础，无力应对棉纱市场的急剧变化，最终未能摆脱战后的经济困境。②此外，还有一点值得考量，即穆藕初在郑州选址办厂的一个最重要原因是郑州居于交通要冲，运输便利。但反过来看，交通之畅通与否将会直接影响到企业的经营，正是战争所造成的铁路交通阻滞给豫丰纱厂的运营带来致命一击。如1928～1930年中原战火迭燃以及此后抗日战争爆发，致使交通阻断，使得本已扭亏为盈、呈现复苏势头的豫丰纱厂遭受到沉重打击，以致连年亏损、经营惨淡，甚至内迁重庆、颠沛流离，无力摆脱交通困约下经营沉浮之命运。待时局稳定、交通复畅，豫丰纱厂要重塑其棉纺织业的辉煌，首要选择仍然是在郑州复建，因为创建纱厂的首要着眼点依然是便利的铁路交通条件，其次才是棉产区的考量，而郑州恰恰集两大要素于一身，在经历一番漂泊之后，豫丰纱厂终于又回

---

① 吴世勋，《分省地志——河南》，上海：中华书局，1927年版；〔日〕青岛守备军民政部，『鄭州ヲ中心トシタル工業』，1920年6月末調查，青岛：青岛守备军民政部，1920年版；〔日〕東亞同文会，『中國省別全誌』（第8卷，河南省），東京：東亞同文会，1918年版，第513頁。

② 虞和平，《穆藕初与德大、厚生、豫丰纱厂》，载寿充一等编，《近代中国工商人物志》（第二册），北京：中国文史出版社，1996年版，第463页。

到了曾经的梦想起航之地。

第三节　商品贸易：市场的繁盛

由于铁路交通可以使各地工业所需的原料及产品以更大数量、更快速度进行更稳定、更有效的流动，从而刺激工业的持续发展。[①]现代工业的发展进一步带动了商业的繁荣，有了铁路大批量、长距离的运输能力，使得较大规模的物资交易及商业贸易成为可能。铁路的筑通，促使郑州成为区域商货流通的集散中心，城市商业得以快速发展，铁路可谓是近代郑州商业繁盛的融媒和推进器。

一、市场初步繁荣

在铁路通车之前，郑州不过是一个街道狭窄、有着小城镇色彩的破落县城，基本上还是一个经济上自给自足的社会，城内仅在西大街、大什字一带设有一些商铺。其中大什字也只是有几家饭馆、简陋客栈以及天芝堂中药铺，西大街则为商业集中地，主要有专门经营杂货的同茂祥、广德厚，从事瓜子、大米生意的信义成、祥太长，经销绸缎布匹鞋帽的景文洲、协大、泉兴长和庆福斋等店铺。[②]一些日用品由外地输入城内进行交易，形成了一个小市场，但不论是其规模还是性质，均未脱离集市贸易阶段，基本上是交换自用。

随着铁路的开通，郑州成为出入中国西北腹地的门户和中原地区最重要的商品集散地，逐渐成长为一座商业城市，市场日益繁荣。1912年，商人王兆丰发起集资招股，在郑州火车站对面的智仁西里（今中原大厦、长途汽车站一带）购地20余亩，筹建综合性商场，建筑楼房4座，中嵌三层大楼1座，1916年3月竣工，命名为东亚第一商场，营业房屋计400余间。商场奉行"繁荣商务，畅销国货"的宗旨，除经营日用百货、杂货外，还设有饭店、酒馆和茶楼。[③]东亚第一商场是郑州最早

[①]　谷中原，《交通社会学》，北京：民族出版社，2002年版，第91页。
[②]　郑州市工商业联合会编，《郑州工商业兴衰史概况（1904～1948）》（未刊稿），郑州：郑州市工商业联合会，1984年版，第4～5页。
[③]　王瑞明，《郑州最早的百货商场》，《郑州文史资料》（第15辑），郑州：政协河南省郑州市委员会文史资料委员会，1994年版，第140页。东亚第一商场的经营持续了两年多的时间，于1916年秋倒闭，其原因并非是管理不善或客源不足，而是因为商场建造时地基不稳，屡发险情，商户被迫退出。

的百货商场，融购物、休闲、食宿于一体，吸引过往旅客和当地居民前往休闲、购物，因地处火车站黄金地段，商场生意兴隆。其经营百货的店面采用租赁制，兼营批发和零售，依托火车站的便利交通和川流不息的南北商旅，成为当时与德化街（参见图5.2）、大同路并称的商业繁盛之所。

图 5.2　德化街的商业景象[①]（20 世纪 20 年代）

1918～1922 年间的调查[②]显示，当时郑州商贸市场已呈现繁荣景象。就洋货丝绸铺而言，年销售额 2 万元以上的达 21 家，有东莱祥、协大、豫章、长发祥（丝绸）、周庆承、庆丰（洋货）、怡昌（丝绸）、福利祥（洋货）、永吉祥、和丰（丝绸）、华信昌（洋货）、永章、慎玉

---

① 图片出自郑州市德化步行商业街区管理委员会网站，参见 http://www.dehuajie.gov.cn/index.asp。
② 〔日〕東亜同文会，『中国省別全誌』（第 8 卷，河南省），東京：東亜同文会，1918 年版，第 755～757 頁；〔日〕青島守備軍民政部鉄道部，『河南省鄭州事情』，青島：青島守備軍民政部鉄道部，1922 年版，第 38～43 頁。

(洋货)、瑞丰祥（丝绸）、协记（洋货）、有恒、同福祥、临记（丝绸）、晋记公司、福裕祥、德宝永（洋货）等，其货源主要来自各大通商口岸，大部分货物通过铁路输入；杂货铺的经营遍及日常生活的诸多领域，较大的店铺有美利公司、利兴、有恒、五美号、同心永、大昌公司、南洋烟草公司、周义顺、义丰祥、葆昌、德昌、百华银楼、老凤祥、义顺永、永康药店、九三药房、中西大药房、中法大药房、武宏齐、德兴源、义源恒、文林阁、中华书局、商务印书馆、永庆、振昌、象记帽业公司、美华馨、福庆齐、德丰、文亦可印刷局、祥泰木行等；煤炭经销店除福公司代办处之外，还有井泾通益公司、福豫公司、协丰煤厂、协玉煤厂等，均设在火车站附近，所销售煤炭为焦作的无烟煤、丰乐镇的块煤和井泾六河沟煤矿的有烟煤，每年销售额五六万吨，客户主要是铁路附属工厂及铁路沿线企业，部分民用；煤油行主要是美国美孚公司和英国亚细亚公司在郑州的代理店，两公司在火车站均设有储油罐，然后四行贩卖，每月销售100吨左右；粮行有10余家，如庆泰恒、新和恒、玉顺东、王义聚、同义昌、信美成、振兴合、义合、天兴恒、复兴成、宝盛隆等，主营粮食的批发和零售，主要自平汉铁路南部沿线购运进来；皮草行有中盛魁、德盛魁、豫昌、义合、豫通祥等，年交易量2.5万千克左右。

此外，英美等国商人亦借铁路交通之利，在郑州进行商品贸易，如从事烟草买卖的英国英美卷烟公司等。各路客商云集，成就了郑州商品交易市场的繁盛。

二、棉花市场独具特色

伴随铁路交通运输业的发展，郑州逐渐成为闻名全国的棉花集散地，棉业成为郑州城市工商业的重要组成部分。"郑市商业，以棉花为大宗，豫西各县及陕甘棉产，均先集中于此，然后转运沪、汉、青、济各埠。各埠棉商派人于此收买，每年约成交30万包，价值2000余万元，其营业盛衰，对于本市金融及全省农村经济，均有直接、间接之影响。该业自民十二三年蒸蒸日上，豫丰纱厂及豫中、协和、大中等打包厂，亦先后应运而生。"①铁路的筑通和郑州交通区位优势的获得，加速了棉花的集聚，引发原棉的集聚效应，带动了相关产业的发展，郑州棉花集散市场由此得以形成。可以说，铁路已经成为近代郑州棉业

---

① 陈赓雅，《西北视察记》，上海：申报馆，1936年版，第473页。

发展的重要引擎。

在铁路筑通之前,郑州本身并没有棉花这个行业,农业生产中棉花种植亦很少。铁路通车后,最初只是一些棉农或西路棉商,随身携带少量的棉花在郑州火车站附近出售。伴随陇海铁路向东西展筑,来往棉商增多,棉花交易场所——花行得以诞生,并于1916年成立郑州花行同业公会,主要有玉庆长、立兴长、德记、德昌、慎昌、复信、仁记、谦益和等10余家花行,①其中德昌和立兴长的规模较大。郑州的花行最初仅仅是棉花交易的中介组织,从买卖双方抽取佣金,并不买进卖出。花行大多和棉花原产地的富户保持业务联系,附带开展一些高利贷活动。由于农村的中小生产者多为分散经营,信息比较闭塞,对市场情况常常一无所知,在交易棉花等农副产品时往往需要中介从中撮合,花行趁机压低农民出售商品的等级,从中获取利差。到了后期,花行开始从事实质性经营活动,往往用"买期花"的手段牟利,趁青黄不接时,把没有成熟的棉花以极低的价格预购下来,待成熟后再行卖出,由此可以获取高额利润。

铁路交通的便捷,亦吸引大批日商进驻,从事棉花、牛皮、杂货等的贸易。日商涉足河南是在日俄战争之后,最初是汉口三井洋行向周家口派出办事员从事杂谷类的购销,随后日本棉业公司、东亚制粉、三宜洋行分别在驻马店乃至全省各地收购粮食、棉花、牛皮、羊毛等,日商活动渐次增加。在1915年底,郑州的日商仅有高田商会和三宜洋行两家,及至1918年年底,又有8家日本洋行进驻,分别是三井洋行、日本棉花股份有限公司、浅汤洋行、大仓洋行、福信洋行、茂木公司、安部洋行和中国棉业股份有限公司。除此之外,东亚通商、芝棉行、黄泰洋

---

① 张炎卿,《郑州花行旧闻》,《河南文史资料》(第44辑),郑州:政协河南省委员会文史资料委员会,1992年版,第17页;东亚同文会在1918年的调查『中国省别全誌』(第8卷,河南省)中,记载当时郑州的花行有宝源恒、万顺长、玉庆长、信美成、义隆丰、西益和等。而日本青岛守备军民政部铁道部在1922年的调查报告『河南省郑州事情』中,记载当时郑州规模较大的花行有立兴长、盛丰、怡源、玉庆长、聚兴恒、祥记花行、兴华棉业公司、泰生堆栈、天增、集义成、捷和、三太、集盛元等,其中立兴长是三井洋行的代理店,盛丰是原茂木公司的特约店,怡源是武林洋行的特约店,玉庆长是日信洋行的特约店,聚兴恒是原铃木洋行的特约店,可见郑州当时的不少花行是日商的代理,或者与日资有千丝万缕的联系。由于三者时间上的差异,故所列花行及其数目有很大的变化,显示出郑州行业变迁的历史复杂性。

行、增田洋行等商社亦派办事员往来于郑州市场。① 就日商在郑交易额而言，"1918 年为 60～70 万元，1919 年则达 300 万元以上，仅仅两三年时间，日本人开设的店铺就超过 13 家"，② 日本商社在郑势力迅速拓展。据日本驻汉口总领事馆的调查报告称，日商在郑棉花收购量占郑州棉花集散总量的 50% 左右，郑州棉花交易的控制权可以说是掌握在日商手中。日本三井、日信洋行的棉花收购额在 1923 年达到 1200 万元，1924 年度三井、日信、武林、吉田等各日本洋行的交易额突破 1200 万元，尽管棉花交易金额有所减少，但各洋行的交易总额却达到了 2000 万元以

---

① 〔日〕横浜正金銀行，『河南省鄭州事情』，調查報告第 12 号，出版地不詳，横浜正金銀行，1920 年版，第 21～26 頁。在原史料的基础上略有订正。1915～1919 年间在郑设立的日本商社及其业务简况如下：高田商会、三宜洋行均设于 1915 年，其中高田商会的主要业务是从河南、山西、甘肃收购羊毛、棉花等农产品以及各种器械的销售；天津三井洋行 1916 年在郑州设立办事处，先是从事棉花的购销，随后增设绵丝布、麦酒、杂货的输入业务。从其营业状况来看，洋行主要是从河南、山西和陕西收购棉花以及对内地原棉生产进行调查。郑州三井洋行在 1917 年之后被移交汉口支店管理，所购棉花采用手动打包机全部就地打包，再利用陇海铁路输送到上海；1917 年开设的洋行有日本棉花股份有限公司、汤浅洋行、大仓洋行和福信洋行。其中日本棉花公司是所有日本商社中最早从事陕棉购销的，同时亦兼营绵丝布的进口。公司建有 2 栋仓库，拥有 2 台手动打包机，所购棉花亦是就地打包，直接通过铁路销往上海。汤浅和大仓洋行主要从事牛皮、羊毛以及棉花的经销业务，大仓还与东亚兴业开展业务联系，与开封、郑州电灯借款以及陕西借款不乏关系。福信洋行则专门从事桐木材的出口；1918 年设立的洋行有茂木公司、安部洋行和中国棉业股份有限公司。茂木公司有日本人职员 10 名左右，主要从事羊毛、牛皮和棉花的买卖，棉花部此后独立出来，改称中外棉业。安部洋行系上海的派出机构，隶属于汉口安部洋行，1919 年夏新建仓库 2 栋，拥有手动打包机 2 台。中国棉业股份有限公司系汉口台湾银行投资兴办，规模颇大。除上述之外，武林洋行、铃木洋行分别在 1919 年春季和秋季开始营业，其中武林洋行尽管成立较晚，但却是日商中最为活跃的一家，建筑永久性仓库 2 栋，新修了事务所，并筹备手动打包机 2 台，颇有创设大型出口商社的势头。

② 〔日〕青島守備軍民政部，『鄭州ヲ中心トシタル工業』，青島：青島守備軍民政部，1920 年版，第 4 頁；〔日〕青島守備軍民政部鉄道部，『河南省鄭州事情』，青島：青島守備軍民政部鉄道部，1922 年版，第 14～15 頁。便捷的铁路交通带来了郑州商品贸易的繁荣，日商三井、日信、武林、安部、铃木等洋行专门从事棉花购销，茂木、三宜、高田、黄泰、大仓、汤浅等洋行从事皮毛、杂货生意，亦有其他二三日资洋行从事米、麦、胡麻、花生、蔬菜、水果、兽油等粮油果蔬的贩卖，生意隆盛。由于 1919 年中国大规模反日运动及 1920 年日本国内财界混乱的影响，日商铃木洋行、安部洋行、义信洋行、三宜洋行等从郑州撤离，待 1921 年形势有所缓和，特别是郑州被正式辟为商埠之后，一些日商复又进驻。除进行商业贸易活动之外，亦有日商在郑从事轻工业生产，如中华棉行发起筹建了棉花压榨工厂等。另据日本横浜正金银行 1919 年 12 月的调查报告『河南省鄭州事情』所记载，前述郑州棉花压榨工厂的筹起人叫草川荣，系台湾银行汉口支行行长。草川氏着眼于郑州实业市场，他本人亲任专务，筹集资本金 100 万元，于 1918 年在郑州组建中国棉业股份有限公司，并在郑州火车站停车场附近购地 100 多亩，建设棉花压榨工厂。在该调查进行期间，棉花压榨工厂正在兴建中，并传闻中国棉花公司计划在郑州筹建纺织厂，此后情形已无史料记载。

上。①日商还在福寿街开办了专门从事桐木买卖的公司，如复信洋行、巽洋行、南海公司等。②

交通优势的彰显以及工商业的初步繁荣，为郑州棉花市场的发展提供了强大的推动力。但就历史层面的考察而言，铁路的影响力是逐渐显现出来的。铁路建成之初，郑州棉花市场并未迅速形成，直至"民国八、九年间，逐渐成市，在十一年至十四年间，交易极为兴盛"。③此间，在华商纱厂联合会的资助下，郑州棉业试验场于1919年设立，位于城北庙李寨附近，占地500余亩。试验场由东南大学棉作专家担任技术员，严格选育美种，采用科学的耕作方式及先进的农耕器械，并将试验成果向豫西等地推广，由此推动了区域棉业的快速发展。1922年郑州被辟为商埠后，上海、天津、青岛、济南等地的纺织厂及各地客商，纷纷利用铁路交通之便来郑州坐地收购，上海的申新纱厂，日本的三井、日信、吉田等大洋行，都是当时的购棉大户，④郑州棉市更加活跃，交易量大幅增加。每年春季1至5月、秋后10至12月这8个月为棉花交易最盛的时期，买卖客商云集。⑤"举凡省境各棉产市场，多有产品运往集中，而陕晋两省棉产亦多经此销售转运，每年棉花交易，常达百余万担，实为我国中部主要棉市"。⑥每年到郑的棉花重量，1919年为35万担（1担=50千克，按人力打包每包约90千克计算，大约为20万包），1923年约30万包，1924年约50万包，1927年约20万包，1929年约10万包，1930年约5万包。⑦此外，依据郑州棉花征税所统计结果，1929～1930年郑州棉市交易量分别为83549包和33982包（参见表5.4）。1930年后，中原战乱的不利影响逐渐消弭，郑州的棉花交易市场复现昌隆。

---

① 〔日〕林久治郎，『河南視察報告進達ノ件』，在漢口日本総領事館1924年5月31日（林久治郎时任日本驻汉口总领事）。日本国立公文書館収蔵，卷宗号：1-0733。
② 〔日〕青島守備軍民政部鉄道部，『河南省鄭州事情』，青島：青島守備軍民政部鉄道部，1922年版，第44頁。
③ 狄福豫，《郑州棉业之调查》，《国际贸易导报》1931年第2卷第12号。
④ 张学厚，《郑州棉花业的兴衰》，《河南文史资料》（第37辑），郑州：政协河南省委员会文史资料委员会，1991年版，第44页。
⑤ 鲁行，《调查郑州出产及商业金融状况报告书》，《中行月刊》1931年第2卷第10期。
⑥ 全国棉业统制委员会河南省棉产改进所编，《河南棉业》，开封：河南省棉产改进所，1936年版，第95页。
⑦ 冯次行，《中国棉业论》，北京：北新书局，1929年版，第127页；陈儁人，《郑州棉花市场概况》，《中行月刊》1931年第2卷第10期，第13～14页。1924年及其之前的年份系人力打包，自1925年郑州建有机器打包厂之后，开始采用机器打包，每包重225～250千克。1929年和1930年的棉花交易量锐减，主要是此间中原地区战争频仍，加之自然灾害的影响，西路来棉甚少。

表 5.4 郑州棉花征税所按月纳税棉花包数统计表　　单位：包

	1929 年	1930 年
1 月	14800	—
2 月	24600	—
3 月	13600	1700
4 月	3150	4203
5 月	—	—
6 月	12000	—
7 月	6000	4895
8 月	—	4638
9 月	4037	3640
10 月	3690	—
11 月	1672	6427
12 月	—	8479
总　量	83549	33982

资料来源：陈隽人，《郑州棉花市场概况》，《中行月刊》1931年第2卷第10期，第14页。表中数据为纳税棉花的交易量，加之没有经过征税所的交易，实际交易额要高于这组数据。

在中原战乱之前，郑州市面上有花行30余家，而到了20世纪20年代末，因迭遭天灾人祸，豫西地区、陕西省等棉花主产区的棉产减少，加之战事迭兴、交通阻塞，棉花交易颇受影响。及至1930年秋战事结束，交通恢复，加之棉花市价受金价高涨的影响而上升，棉农、花商均可获利，郑州棉花市场复现繁荣，共有花行13家（参见表5.5）、花商（俗称"花客"）299家。依据花商的籍贯，郑州花商大体可以划分为渭南帮（陕西渭南，计67家）、荣韩帮（山西荣河、陕西韩城，计34家）、朝邑帮（陕西朝邑，计28家）、赤水帮（陕西赤水，计40家）、洛阳帮（河南洛阳，计80家）以及无名帮（俗称"野鸡帮"，来源地不定，计50家）六个帮派，[①]主要经营来自陇海铁路西段的陕西花、灵宝花以及洛阳花。其中，德昌花行的资本最为雄厚，系豫丰纱厂附属棉花交易代办机构。

---

① 陈隽人，《郑州棉花市场概况》，《中行月刊》1931年第2卷第10期，第15页。

表5.5 郑州花行一览表（1931年）

花行名称	资本额（元）	备注
立兴长老栈	5000	
立兴长中栈	3000	
立兴长新栈	5000	
德昌	10000	豫丰纱厂兼办
德济	3000	
祥阜	3000	
永昌	2000	
玉庆长	3000	
仁记	2000	
天成	5000	
泰丰	5000	
泰升	3000	
玉顺昌	2000	

资料来源：陈儁人，《郑州棉花市场概况》，《中行月刊》1931年第2卷第10期，第15页，表格据该调查绘制而成。

1931～1935年间，郑州商品交易额持续增长，仅棉花一项，全年约为4000万元，[1]棉花交易中心位于饮马池（位于火车站前数百米处）。棉花业在郑州商业中占有主导地位，可谓是近代郑州经济的"引擎"，带动了郑州商业的整体发展。

据郑州商会的统计资料显示，1934年3月成立的郑州（郑县）客商棉业同业公会，计有会员445人，委员（含候补）20人，[2]其会员遍及各大货栈、商行的花庄（参见表5.6）。郑州棉业同业公会的建制，使得郑州棉业组织进一步完备。行业的组织化有利于规范市场交易行为，建构行业贸易规则，从而有效地整合棉花行业，使得郑州棉业在严峻的市场竞争中维持着一定程度的发展。

郑州棉业之所以得到快速发展，其原因主要有以下几点：其一，平

---

[1] 张炎卿，《郑州花行旧闻》，《河南文史资料》（第44辑），郑州：政协河南省委员会文史资料委员会，1992年版，第16页。

[2] 中国第二历史档案馆馆藏，《河南省郑县客商棉业同业公会卷》，卷宗号：422（4）-8570。

汉、陇海铁路交通的整备，交通枢纽利于货物中转流通。陇海铁路东与津浦路相接，继续东向则连通海路，陇海铁路西行入陕西省境，平汉铁路则北连京津（直通北京，间接联系天津）、南抵汉口，使内地与沿海沿江通商口岸得以顺利对接。其二，郑州周边及平汉、陇海两路沿线棉产丰富，豫北的安阳、新乡和豫西的洛阳、灵宝以及陕西各地均盛产棉花。第三，郑州设有大型机器打包厂，能够满足棉花打包运输的需要。铁路运输管理部门对棉花打包运输出台相关规定，且棉花打成铁机包更有利于运输安全，故各路棉花多由产地市场运至郑州，将虚包轧成机器包，再转运至终端消费市场。第四，郑州的商品贸易体系初步形成，其市场结构和设施较为完善。郑州的金融、货栈仓储、转运诸业随着棉花市场的繁荣而得以共同发展，与此同时，各业的发展又进一步促发棉业的繁荣。第五，国际国内市场的棉花需求增加。第一次世界大战期间，各国无暇东顾，中国棉纺织业获得了难得的发展机遇，从沿海到内地，纺织企业广设，国内市场对棉花的需求遂大为增加。大战结束后，各国积极恢复生产，扩大贸易，上海、青岛、天津、汉口等通商口岸对原料尤其是棉花、皮毛的需求激增，这也是郑州棉业得以繁荣的重要原因之一。

表5.6 河南省郑县客商棉业同业公会第一届当选委员名册

职别	姓名	年龄	籍贯	店址	商店代表
主席	张殿臣	47	河南巩县（今巩义市）	苑陵街祥阜花行后院	惠普花庄
常务委员	张辅丞	42	陕西临潼县	正兴街裕隆货栈	大同恒花庄
	王光甫	39	山西荣河县	石平街谦益和	晋豫恒花庄
	彭子衡	45	湖北武昌	苑陵街46号	豫隆花号
	萧焕章	42	山西芮城县	正兴街29号	东丰昶花庄
	薛警齐	51	山西万泉县	石平街	自立泰花庄
	田幼韩	37	河南洛阳县	兴隆街豫盛公	福顺祥花庄
执行委员	尚子中	35	山西猗氏县	石平街笃义公	敬信义花庄
	任岐臣	43	山西永冀县	苑陵街祥阜花行	公盛永花庄
	段昆山	49	陕西渭南县	苑陵街协济成	正兴泰花庄
	贾福如	49	河南灵宝县	正兴街茂昌货栈	阜丰花庄
	张通武	40	江苏无锡县	福寿街大中打包厂	中棉花庄
	何励堂	42	安徽徽县	福寿街中国货栈	华新纱厂

（续表）

职别	姓名	年龄	籍贯	店址	商店代表
执行委员	张树三	39	河南灵宝县	正兴街茂昌货栈	永顺祥花庄
	胡佐卿	44	陕西长安县	福寿街豫泰货栈	同兴生花庄
候补执行委员	孙清杰	35	河南巩县（今巩义市）	正兴街惠元货栈	豫德长花庄
	冯子正	47	山西虞乡县	二马路永昌花行	义盛永花庄
	杨理亭	28	山西解县	石平街谦益和	积德荣花庄
	张良臣	34	陕西渭南县	兴隆街德济花行	合兴泰花庄
	张闰夫	59	江苏无锡县	正兴街25号	福源润花庄

资料来源：中国第二历史档案馆馆藏，《河南省郑县客商棉业同业公会卷》，卷宗号：422（4）-8570。会址位于郑县车站福寿街13号，该表系1934年3月22日填报。

20世纪30年代中期，陇海铁路继续向西延至陕西境内之后，陕棉多在渭南、潼关一带交易，而打包厂在陇海铁路西线各县次第设立，并推及咸阳，且郑州棉花掺水掺杂取缔所的做法失当、棉商抽佣受贿等问题迭生，于是区域棉花贸易逐渐呈现西移各地之趋势，郑州有失当日集中之盛况。[①] 曾盛极一时的郑州棉业，其发展势头逐渐减弱，整个行业步入萧条期。

三、药材业

从郑州商业发展的整体态势来看，20世纪30年代已颇为繁盛。尽管棉业这个最大的行业已渐衰退，对郑州市场产生明显的负面影响，但这并没有从根本上动摇其商业贸易的根基，因为郑州的交通区位优势并未发生任何改变。此时一个新的大宗贸易领域——药材业逐渐兴起，成为继棉业之后郑州商品贸易的新亮点。

---

① 郑州棉业市场备受打击，日益凋敝。其他如邻近各县之杂粮、花生、瓜子、枣、梨，河南省西北及陕甘的兽皮、羊毛等产品，则仍多聚集郑州，勉强维持其商业地位。然与1927年、1928年最繁荣时期相较，究因受外来和内在之种种影响，百业外强中干。参见陈赓雅，《西北视察记》，上海：申报馆，1936年版，第473页；中国国民党陇海铁路特别党部编，《陇海铁路调查报告》，郑州：中国国民党陇海铁路特别党部，1935年版，第84页。郑州的商业初因铁路而兴起，遂又因陇海铁路西延至关中地区，在郑州的经济腹地有所拓展的同时，却意外地降低了其中转贸易的地位，使得自身商业的支柱——棉业大受打击，这是一个颇有意思的历史现象。对于铁路在近代郑州城市商业发展中作用的这种两面性，必须客观分析其中的复杂性，方能真实地反映历史的本貌。

1931年①，在郑州商务会及地方绅士陈筱轩、罗运隆等人的推动下，"郑州骡马药材大会"在老城塔湾和南关举办，每年春、秋季各1次，每次会期1个月，吸引各地药商前来洽商交流。药商深感郑州交通便利，纷纷转向郑州，落地生根者不乏其数，南大街、东大街等处药行林立，郑州药材市场逐渐得以形成。各地药材以郑州为集中地，每年除部分零销豫省各县外，大部分行销平津沪汉杭，约占销售总量的60%～70%，且此产彼销、彼产此销运往陕甘各省者亦复不少。②"郑州骡马药材大会"之后，各地药商纷纷到郑州采购，外地药材多直接运至郑州销售，禹县（今禹州）药商亦开始行迁郑州，致使禹县（今禹州）药材市场逐渐衰落。1936年前后，郑州药材市场的年均进货量达300万千克，销售225万千克，③郑州逐步取代禹县（今禹州）而成为中原地区最大的药材市场，药材业遂成为郑州的支柱性行业之一。

郑州药材业，按其营业性质可分为五类④：（1）药栈。计11家，即以代客买卖为主要业务；（2）拆货铺。对各药店整买零卖，或从事药材批发，共有6家；（3）眼药丸散店。系将购买之药按方切磨烹炼、配制成丸散，批发零售给各大药房，计有6家；（4）洋广药材店。专售参茸及其他名贵药品，也是6家店铺；（5）坐庄客商。共有200余家，散居于各药栈内，专办买卖药材事宜。

药材生意的兴旺，带动了郑州本地药店的发展，一些原本在民间流传的验方得以规模化生产。郑州药材的来源广泛，有川广货（多经汉口运郑，分向东西转运）、西路货（多自西安运入，分向南北转运）、关外货（多由京津运抵，转销西南）和省产货（由各地集中于郑，再向外转销）等，货源大多经由铁路运输，郑州药材业的区域影响力逐渐扩大到陕川、晋冀鲁、湖广和京津等地。

---

① 关于郑州骡马药材大会最初兴办的时间，据郑州市工商业联合会编写的《郑州工商业兴衰史概况（1904～1948）》（未刊稿），所列出的时间是1931年；另一种说法是1933年，出自《郑州文史资料》（第1辑，政协河南省郑州市委员会文史资料委员会1985年版）刊登的孙立吾、罗运隆的《郑州药材、骡马大会的兴起》一文。

② 中国国民党陇海铁路特别党部编，《陇海铁路调查报告》，郑州：中国国民党陇海铁路特别党部，1935年版，第85页。

③ 郑州市工商业联合会编，《郑州工商业兴衰史概况（1904～1948）》（未刊稿），郑州：郑州市工商业联合会，1984年版，第88页。

④ 中国国民党陇海铁路特别党部编，《陇海铁路调查报告》，郑州：中国国民党陇海铁路特别党部，1935年版，第85页。

四、商会及商号

郑州商会组织成立于1913年1月，时称郑州府商务会。依据1915年颁布的商会法，商务会于1916年被改组为郑县商会，[①]实行会长制。从商会成员的组成来看，改组后的商会增加了负责花行、旅馆、饭馆等行业的委员，表明这些行业已经在郑州占有一定的地位，同时也意味着铁路交通推动之下郑州商业的初步繁荣。郑州商会成立，旨在为郑市商界服务，规范贸易准则，组织诸如百货大会之类的商业活动，对于繁荣商业、活跃市场发挥了重要的推动作用。[②]1922年，郑州商会共计有会员158家。

在1930年新的商会法规实施之前，郑州各同业公会组织尚未完备，许多商业经营机构没有登记备案。据不完全统计，自1933年明令登记限期至1935年止，永安、申新、大成等一批具有商业性质的大公司在郑州注册成立（参见表5.7）。其中，申新纺织无限公司郑州支店1934年6月设立。据河南省建设厅厅长张静愚给实业部的呈文可知，"案据上海申新纺织无限公司代表股东荣宗锦呈称：在以郑州地方添设支店，依法呈请登记等情：……备文呈请，钧部鉴核，俯予登记发照，实为公使"。[③]随后，实业部给予批复并下发营业执照（实业部无限公司支店设字第31号）。公司出资总额为300万元，主营业务为纺织，代表股东荣宗锦，总店地址位于上海陈家渡白利南路，支店地址位于郑州市大同路上海银行内。这些公司多集中在棉纺织等轻工行业或商业贸易领域，棉纺企业系省内外大型纺织企

[①] 郑州府商务会设立于1913年，成立当年则因郑州撤府置县而改称郑县商务会，其机构设置及担当者从事行业情况如下：商务会监督：叶济（时任郑县知事）；总理：荆丙炎；评议：毛凌霄、沈凤鸣；司事：张树勋、赵承先；稽查：禹铭鼎、陈铭新；各行董事：郑自新（盐商）、杨泰运（当商）、邵铭（钱行）、蔡青选、李天章（京货）、焦复杰、陈延年（杂货）、贾廷献（绸缎）、唐瀛（南货）、李焕章、张金陵（瓜子）、皇甫海清、许本佺（转运）、张文清（煤炭）、周凤山（酱菜）、管敬先（药材）、王庭兰（估衣）、景荣（丝行）、白春庆（靴帽）、叶芸生（首饰）、杨执中（铁货）。郑县商会于1916年1月改选，监督：周秉彝（时任郑县县长）；会长：荆丙炎；副会长：石怀玉；董事：毛凌霄；司事：张树勋、赵承先；委员：李铸（盐商）、郑式贤（钱行）、李芳齐、王克资（京货）、陈延年、焦复杰（杂货）、武必富（绸缎）、唐瀛（南货）、张金陵、罗相臣（瓜子）、吴秉厚、沈和周（转运）、张文清（煤炭）、周凤山（酱菜）、罗经纬、王庆云（药材）、王庭兰（估衣）、李玉章（花行）、吴瑞广（杂粮）、王发亭（烟茶）、汪宝玲（煤油）、郭绍仪、谭庆之（旅馆）、樊中邦（饭馆）。周秉彝等修、刘瑞璘等纂，《郑县志》，1931年版，台北：成文出版社，1968年影印本，第556～561页。

[②] 陈筱轩，《民国年间的郑州商会》，《郑州文史资料》（第16辑），郑州：政协河南省郑州市委员会文史资料委员会，1994年版，第91～96页。

[③] 《申新纺织无限公司郑州支店》，台湾"中研院"近代史研究所档案馆馆藏，馆藏号：17-23-01-03-07-002。

业的分支机构,商贸公司系煤炭、日用品等大宗货物的中转或销售机构,这与郑州交通便捷、市场繁荣等自身优势是分不开的。

表5.7 郑州新登记注册公司一览表(1934~1935年)

公司名称	注册年月	营业种类	资本总额(元)	备注
上海商业储蓄银行股份有限公司	1934年6月	银行业务兼营储蓄	5000000	分公司
永安纺织股份有限公司	1934年6月	纺织棉纱	12000000	分公司
申新纺织无限公司	1934年6月	纺织棉纱	3000000	分公司
大成纺织染股份有限公司	1935年2月	纺纱、染色、织布	1400000	分公司
大兴纺织股份有限公司	1935年5月	纺织棉纱	3000000	分公司
福康贸易股份有限公司		煤炭运销	50000	已登记,尚未领取营业执照
中国国货股份有限公司		国产匹头、杂货	30000	已登记,尚未领取营业执照

资料来源:河南省政府秘书处编,《五年来河南政治总报告》(1935年),台北:文海出版社,1993年影印版,建设部分,第101~104页,本表据之制作而成。

表5.8 郑州贩卖业和服务业状况一览表(1936年)

业别	户数	资本额(元)	从业人数	附注
总计	751	925664	3652	
米面铺业	31	176560	32	
牛羊肉业	12	—	—	
猪肉业	80	1600	200	
酱菜业	21	10200	300	
饭馆业	19	3000	420	主要指小吃店
茶叶业	5	36414	—	
纱布业	52	250000	540	
估衣业	120	8242	—	

(续表)

业别	户数	资本额（元）	从业人数	附注
麻袋业	3	11232	—	
电料业	5	—	—	
钟表眼镜业	10	—	—	
中药业	18	42000	210	含药材经营店和中药铺（设有坐堂医生的8家）
医院业	19	20000	50	多为规模很小的诊所
药栈业	8	30800	100	
图书业	12	42120	72	
时货业	12	42120	72	
杂货业	80	55000	380	含商行和杂货铺
纸烟业	27	10685	112	
旅栈业	52	69000	430	多集中在火车站附近，仅一马路、二马路和三多里就有40家
影剧业	7	3744	44	除郑州影院之外，其余均为席棚搭制的简易影剧场

资料来源：郑州市工商业联合会编，《郑州工商业兴衰史概况（1904～1948）》（未刊稿），郑州：郑州市工商业联合会，1984年版，第40～46页。表中资本总额和从业总人数有误，其中资本总额应为930936元（数据不详者除外），从业人数除去未统计的部分，总计应为3664人。

  1930年后，郑州政局趋稳，铁路复畅，城市人口激增，往来流动人口增多，贩卖业及服务业颇为兴盛，从业人数大为增加（参见表5.8）。时货业在1934年以前业务尚好，此后则显颓势，特别是提倡国货运动对洋货产生强烈冲击，洋货店或陷入经营困境，或转行做国货生意。

  在近代郑州商业大舞台上，众多工商行号"你方唱罢我登场"，各自演绎多彩的故事，构成郑州城市发展不可或缺的环节。20世纪30年代初，郑州市面上约有各类工商行号2000家，涉及农产、水产、矿产、制造品等各色商品的经营（参见表5.9和表5.10，系郑州工商行号的一部分）。

表 5.9 郑州工商行号调查 1

类别	行号	业务	地址	备注
农产	信美成	米	西大街	
	信成米店	米	大同路	
	振泰福	米麦杂粮	顺河街	
	裕茂祥	米麦杂粮	南关大街	
	三义祥	米麦杂粮	南关大街	
	同义公	米麦杂粮	南大街	
	祥盛公	米麦杂粮	东大街	
	长兴号	米麦杂粮	东大街	
	福德磨粉厂	面粉	明德里	
	鼎记盐店	盐	钱塘里	
	德兴协记盐厂	盐	德化街	主营食盐
	五美号	酱醋油糖杂货	大同路	
	鸿兴源	酱醋油糖杂货	大同路	
	泰茂振号	酱醋油糖杂货	福寿街	
	老宝泰	酱醋油糖杂货	乔家门	
	张蔚洋酒公司	酒	西大街	
	义合永	酒	双桥	
	天成利	杂货	西关大街	
	同顺公号	油	南关大街	主营食用油
	同心永	油	南关大街	
	三和公	油	南关大街	
	宝隆行	油	东大街	
	豫盛公	油	东大街	
	王大昌	茶	德化街	
	福忠	茶	德化街	
	豫丰	茶	德化街	
	义泰昌	烟叶	阜民里	
	协泰恒	烟叶	阜民里	
	信昌永	药材	南大街	

（续表）

类别	行号	业务	地址	备注
农产	普利公	药材	南大街	
	利通号	药材	南大街	
	豫德泰	药材	南大街	
	信昌远	药材	南大街	
	豫成德	药材	南大街	
	福中兴	药材	南大街	
	复顺正	药材	南大街	
	豫生长	药材	南大街	
	瑞胜昌	药材	南大街	
	陈荣昌	药材	南大街	
	汇源栈	药材	南大街	
	聚丰栈	药材	南大街	
	老玉成	药材	南大街	
	德华染工厂	染料	西大街	
	礼和洋行颜料	染料	东敦睦里	
	谦和颜料庄	染料	西敦睦里	
	振泰豫	干果	大同路	
	同裕公	干果	大同路	
	德茂祥	干果	德化街	
	三义祥	水果	大同路	
	清联合	菜	长春路	
	三盛永	菜	长春路	
	大生蜂厂	蜂	黄家门	
	平民蜂厂	蜂	天成路	
水陆畜产	协昌	鲜肉	南关大街	
	顺昌	鲜肉	南关大街	
	郑福泰	鸡鸭禽物	菜市街	
	西北制革厂	皮革	小赵寨	
	德聚成	皮革	北下街	

(续表)

类别	行号	业务	地址	备注
水陆畜产	德隆豫	皮革	北下街	
	福顺长	鬃毛	长春路	
	合记	骨角	顺河街	
	海宁蛋行	蛋	二马路	
	吴春和	乳	华丰里	
	同发成	鱼及其他水产	菜市街	
	志成永	鱼及其他水产	菜市街	
	凰记	鱼及其他水产	菜市街	
	和兴	鱼及其他水产	菜市街	
	鸿兴源	海味	大同路	
	同福祥	海味	大同路	
	老稻香村	海味	福寿街	
林矿	成大木厂	木材	柴火市	
	顺兴板厂	木材	乾元街	
	松盛板厂	木材	太康路	
	玉顺号	竹	彭城里	
	陈家庚	橡胶	大同路	
	保泰	漆	西关大街	
	中福公司	煤	二马路	
	福聚	石油	二马路	
	信孚	石油	福寿街	
	华兴厚	铁器	大同路	
	万泰永	铁器	南下街	

资料来源：交通部邮政总局编，《中国通邮地方物产志·河南编》，上海：商务印书馆，1937年版，第31～32页。

表5.10 郑州工商行号调查2

类别	行号	业务	地址	备注
制造品	利兴号	罐头食品	大同路	
	小小面包房	罐头食品	乔家门	

(续表)

类别	行号	业务	地址	备注
制造品	泰丰公司	罐头食品	西大街	
	永泰和	卷烟	乔家门	
	颐中公司	卷烟	三马路	
	协和公司	卷烟	德化街	
	祥记卷烟公司	卷烟	西大街	
	万昌号	卷烟	福寿街	
	天成号	丝绸	德化街	
	裕和	丝绸	大同路	
	泰兴永	丝绸	西大街	
	义丰永	丝绸	大同路	
	瑞丰祥	丝绸	大同路	
	慎裕	丝绸	大同路	
	长发祥	丝绸	大同路	
	景文洲	丝绸	大同路	
	和泰德	丝绸	大同路	
	博爱工厂	帆布	东大街	
	义昌祥	布匹	西大街	
	义聚长	布匹	西大街	
	同义公	布匹	西大街	
	茂记	布匹	西大街	
	庆丰厚	布匹	西大街	
	协和打包厂	棉纱	二道街	
	禹盛打包厂	棉纱	饮马池	
	豫中打包厂	棉纱	西陈庄	
	玉德泰花厂	棉纱	新车站	
	豫丰纱厂	棉纱	豫丰里	豫丰里位于豆腐寨
	中棉花厂	棉纱	福寿街	
	祥阜花行	棉纱	苑陵街	
	华信花行	棉纱	二马路	

（续表）

类别	行号	业务	地址	备注
制造品	中兴巨花行	棉纱	兴隆街	
	豫北花行	棉纱	正兴街	
	王兴德	棉纱	东新马路	
	慎昌花行	棉纱	兴隆街	
	德隆育	皮货	北下街	
	慎裕皮货庄	皮货	大同路	
	裕康皮行	皮货	北下街	
	鑫益	制衣	大同路	
	德兴恒	制衣	大同路	
	延泰永	洗染	西关大街	
	佳丽	洗染	乔家门	
	美华馨	洗染	敦睦里	
	美华馨	鞋帽	大同路	与前者店名相同
	洪义和	鞋帽	大同路	
	象记公司	鞋帽	大同路	
	振昌	鞋帽	大同路	
	救国工厂	袜	西大街	
	和昌工厂	袜	彭城里	
	救国工厂	草帽	西大街	
	同兴源	草帽	东大街	
	万顺成	草帽	须水镇	
	同丰	草帽	须水镇	
	恒祥永	草帽	须水镇	
	庆丰号	草帽	大同路	
	江西改良瓷业公司	瓷器	大同路	
	大顺昌	瓷器	福寿街	
	中华成工厂	玻璃	北下街	
	汉昌厂	烛皂	南下街	
	汉阳厂	烛皂	南下街	

（续表）

类别	行号	业务	地址	备注
制造品	富华厂	烛皂	南下街	
	永隆	五金	德化街	
	怡隆	五金	东敦睦里	
	泰康公司	火柴	南下街	
	振兴公司	火柴	西关大街	
	联益	电料	南川街	
	光华	电料	德化街	
	怡隆	电料	东敦睦里	
	亨得利	钟表眼镜	大同路	
	亨大利	钟表眼镜	大同路	
	大隆	化妆品	大同路	
	华信昌	化妆品	大同路	
	中国国货公司	化妆品	大同路	销售日用百货
	世界书局	书籍文具	大同路	
	大东书局	书籍文具	大同路	
	龙文书局	书籍文具	大同路	
	中华书局	书籍文具	大同路	
	鲍乾元	笔墨文具	大同路	
	义聚魁	笔墨文具	大同路	
	懿文齐	笔墨文具	乔家门	
	淳菁阁	笔墨文具	东敦睦里	
	龙章号	笔墨文具	福寿街	
	一得阁	墨	石平街	
	第一阁	墨	明德里	
	新华印刷工厂	印刷	苑陵街	
	中州	照相	福寿街	
	华光	照相	大同路	
	五洲药房	西药	大同路	
	中西药房	西药	大同路	

（续表）

类别	行号	业务	地址	备注
制造品	广济药房	西药	东敦睦里	
	广德公司	西药	苑陵街	
	民生化学工厂	化学用品	西太康路	
	达仁堂	国药饮片膏丸	大同路	
	同善堂	国药饮片膏丸	南大街	
	同仁公	国药饮片膏丸	南大街	
	任同仁	国药饮片膏丸	南大街	
	长生堂	国药饮片膏丸	德化街	
	宏发长	国药饮片膏丸	西关大街	
	普豫堂	国药饮片膏丸	西大街	
	同仁公	国药饮片膏丸	南大街	
	天芝堂	国药饮片膏丸	东大街	
	大仁堂	国药饮片膏丸	大同路	
	合记	砖瓦	刘庄	
	云记	砖瓦	白庙	
	复元公司	水泥	裕元里	
	泰昌	油漆	东敦睦里	
	永昌	油漆	苑陵街	
	德艺祥	油漆	苑陵街	
	义盛祥	油漆	苑陵街	
	同义金店	金号	大同路	
	老凤祥	银楼	大同路	
	百华银楼	银楼	大同路	
	宝华德银楼	银楼	大同路	
	永安礼品公司	银工艺品	大同路	
	老浙华银楼	金银工艺品	德化街	

资料来源：交通部邮政总局编，《中国通邮地方物产志·河南编》，上海：商务印书馆，1937年版，第32～33页。

历经短暂的商业繁盛期之后，战争因素的影响致使铁路交通阻断，郑州失去与外界保持密切联系的环境与条件，其商业贸易活动趋于低迷。在抗日战争期间，郑州市场萧条，贸易寥寥，仅有的些许商品贸易，"十之八九俱为仇货，溯其原委，因豫东沿河各渡口及周口、许昌一带，偷运甚多"，致使日本之"倾销政策得隙以逞，按郑州市上商品如布匹、瓷器、纸烟、时货等，数仇货甚多"。[①]在郑州北之京水渡口，虽"为已封锁之私口，除准运食盐外，其他物品一概禁运，但实际上各机关人员及河防营等仍行联合走私，均命名为情报船，每日满载纸烟、煤油、布匹等仇货，自由渡运"。[②]处于半沦陷状态的中牟（郑州东部），走私情形甚为严重，物价暴涨，特别是"黄河决口后，走私风趋盛，嗣后政府将两岸物价加以平抑，又设置缉私机关，走私运货者逐渐减少，但军人包庇走私，如纸烟、洋烛、洋布、海味等，运入内地销售。猪鬃、桐油、棉花、水银等，则包运出口以资敌"，[③]1941年初，"郑州市面，远因敌伪封锁，不准物资内运，致百货极端缺乏，价格腾涨"，[④]经济状况极为混乱，商品贸易处于畸形与无序状态。

抗日战争胜利后，郑州时局渐稳，执政当局虽然有重建电厂的计划，但国内战争危机四伏，人心浮动，短期内难以实现，因此商户用电大半受限。且铁路交通尚在恢复之中，工商业发展受到极大困扰，市场较为萧条。据统计，"郑州商业方面，加入商会之各业商会，共35个单位，计有商号998家，其中以旅馆客栈最多，计109家。次为摊贩，共106家（但未登记之摊贩，不知凡几）。再如银楼业，计有25家，其主顾多为军人"。"一般商民除受高利贷之压榨外，并受各种摊派与供应之压迫，以致叫苦连天，多感无法维持"，倒闭歇业的工商行号有"振泰商行等46家"，"其

[①] 第一战区经济委员会统计室，《郑县等地农工商业近讯》，《经济通讯月报》1940年12月号。参见《第一战区经济委员会统计室抄送郑州物价腾涨、郑州金融流通情形等敌方各项情报》（1940年11月～1941年3月），中国第二历史档案馆馆藏，档案号：四-16135。

[②] 第一战区经济委员会统计室，《经济通讯周报》（情字第15号）1941年2月17～23日，参见《第一战区经济委员会统计室抄送郑州物价腾涨、郑州金融流通情形等敌方各项情报》（1940年11月～1941年3月），中国第二历史档案馆馆藏，档案号：四-16135。

[③] 第一战区经济委员会统计室，《半沦陷的中牟经济近讯》，《经济通讯月报》1940年12月号。参见《第一战区经济委员会统计室抄送郑州物价腾涨、郑州金融流通情形等敌方各项情报》（1940年11月～1941年3月），中国第二历史档案馆馆藏，档案号：四-16135。

[④] 第一战区经济委员会统计室，《经济通讯周报》（情字第17号）（1941年3月10～16日），参见《第一战区经济委员会统计室抄送郑州物价腾涨、郑州金融流通情形等敌方各项情报》（1940年11月～1941年3月），中国第二历史档案馆馆藏，档案号：四-16135。

他数百家"[①]苦苦支撑，整个郑州城市工商业仍处于危机之中。至1948年前后，郑州的银楼业呈现一种超乎寻常的快速发展态势，据档案史料查证，仅仅在1948年8月的数天时间内，郑州市面上就有13家银楼申请开业（参见表5.11），这与政府腐败、军人当政、战争正酣、物价飞腾等不无关联，民众生活、社会生产陷入困顿，百业俱废，物价暴涨，金银首饰等被视为硬通货，其价值的保值度显然高于物资匮乏状态下纸币的保值度。对于官员、军人、富商等群体而言，金、银的消费需求大为增加，故而郑州银楼业迎来昙花一现的繁荣。

表5.11　河南省郑县银楼业申请许可登记表（1948年8月）

商号名称	资本总额	营业范围	地址	经理	约定技工人数+雇佣技工人数	许可日期	许可证号
天聚银楼	国币洋1亿元	兑换金银首饰、制造银饰	西关大街37号附1号	李魁聚（汜水县）	2+1	1948.8.25	汴建二字第94号
华凤祥银楼	国币洋2.7亿元	制造、兑换金银饰品	福寿街235号	牛凤池（汜水县）	4+3	1948.8.25	汴建二字第95号
天丰永记银楼	国币洋5千万元	制造、兑换金银饰品	大同路42号	熊任怀（江西丰城）	3+4	1948.8.25	汴建二字第98号
老天利银楼	国币洋5千万元	制造、兑换金银首饰	大同路52号	赵忠民（汜水县）	4+3	1948.8.25	汴建二字第101号
永利银楼	国币洋2亿元	制造、兑换金银首饰	钱塘里65号	王志经（洛阳）	2+2	1948.8.25	汴建二字第96号

---

① 狄超白，《中国经济年鉴》（中编），香港：太平洋经济研究社，1947年版，第136～137页。

(续表)

商号名称	资本总额	营业范围	地址	经理	约定技工人数+雇佣技工人数	许可日期	许可证号
郑凤祥银楼	国币洋3亿元	制造金银首饰、兑换金银首饰	钱塘里50号	赵晋卿（汜水县）	4+4	1948.8.26	汴建二字第106号
德华银楼	国币洋3亿元	制造、兑换金银首饰	德化街169号	王接天（山西高平）	3+3	1948.8.26	汴建二字第107号
老九霞银楼	国币洋3亿元	制造、兑换金银首饰	德化街64号	高永茂（汜水县）	4+3	1948.8.26	汴建二字第104号
春华银楼	国币洋3亿元	制造、兑换金银首饰	德化街127号	杨绍业（汜水县）	4+3	1948.8.25	汴建二字第97号
龙凤祥银楼	国币洋8千万元	制造、兑换金银首饰	德化街45号	宋海炎（巩县）	4+4	1948.8.25	汴建二字第100号
宝龙银楼	国币洋2亿元	制造、兑换金银首饰	德化街69号	李换扬（荥阳）	4+3	1948.8.26	汴建二字第105号
同义金店（信记）	国币洋3亿元	制兑金银首饰	德化街105号	王子宝（广武）	3+2	1948.8.24	汴建二字第18号
宝凤祥银楼	国币洋3千万元	制造、兑换金银首饰	德化街168号	泰德修（山西高平）	3+4	1948.8.25	汴建二字第102号

资料来源：《河南省郑县天聚、华凤祥等银楼申请许可登记表、业务计划书及联保单》(1948年8月)，中国第二历史档案馆馆藏，档案号：四-22541。

从前述各工商行号的分布方位来看，除日常杂货店等部分行号位于郑州老城区以外，余则大多集中于火车站附近的大同路、福寿街、苑陵街、二马路一带，或设于铁路沿线，形成了功能鲜明的新商业区。从新商业区的位置和发展趋势来看，呈现由旧县城向火车站区域聚集的态势，形成郑州最繁华的商业地带。可以说，贸易和铁路交通网络的互动，有力地推动了郑州城市工商业的发展。

第四节 小 结

与工业发展相伴而生的是工业原材料需求的增长，而原料输入和产品输出特别是长距离、大批量运输，以及大规模的商品贸易，需要以铁路为代表的现代交通方式提供运力保障。铁路的筑通，使郑州成为区域商货流通的集散中心，城市工商业得以快速发展，铁路可谓郑州工商业繁盛的推进器。

现代商业发展的主要动力源自工业化，工业化的推进刺激了对原材料的需求，市场需求是农民经济生产利益的保障。以铁路为中心的近代交通网络成为联系原料生产市场与消费市场的桥梁，是不可或缺的传输环节。铁路交通与城市聚集经济效应的复合作用，为近代郑州城市工商业发展带来了强劲的动能。郑州棉业至为繁盛，成为其城市工商业的一个重要组成部分。豫丰纱厂在郑州的设立、经营及其历史命运，则从一个侧面验证了铁路交通对于郑州工商业发展的重要性。

近代郑州城市工商业的发展模式与早期沿海沿江口岸城市显然有所不同，作为内陆交通功能型新兴城市，所走的是另一种城市成长路径。郑州在商业流通方面没有多少基础，交通体系更新后所发展起来的商业贸易体系，是以国内经济中心地区的工业为服务对象的，资金来源以外来商业企业投资为主，而且这些客商多投资于新式工业企业。这一商业体系对内地农村经济具有较强的重组能力，吸引整个内地农业生产为沿海工业提供原材料。郑州这种类型的新兴工商业城市之所以快速成长，其原因在于郑州在传统农业向近代工业转型过程中，找到了中国农业生产系统与工业生产的结合点，既为沿海工业企业集中提供原材料，也为分散的农民提供区域化、专业化农业生产所必需的信息与服务。这种商业体系提供的运输服务不同于简单的点到点的物资移动，而是一种由面到点、由点到面的双向服务体系，其组织管理完全建构于新式交通体系和城市仓储加工体系之上，将河南广大农村大体覆盖于资本主义工业生产体系之下。

郑州城市工商业发展的另一个特点，是近代工业起步与近代商业相距不远，其城市工业同样建立在新式交通体系与商业物流系统之上。从一定意义上来说，这些工业可谓是沿海工业企业的延伸，其设备、技术和管理主要依靠沿海工业企业提供，原料则源于内地农村和沿海两方面，但消费市场则以本市和商业贸易体系所覆盖的农村为主，与沿海工业企业并未构成明显的同业竞争关系。其工业生产或是为沿海工业企业提供一定程度的简单加工，或是因为原料和消费市场均在当地，就地设立工业企业，可以有效降低工业制成品的双向运输费用。因此，近代郑州的城市工业主要以外来投资为基础，竞争度较小，在中国工业体系中处于边缘或末端位置。这种工业发展模式可以在一定程度上避免无序竞争、重复投资，但因其腹地范围和市场广度所限，企业的整体竞争力较弱，难以形成重要的全国性的规模建制企业。这里所探讨的仅仅是郑州城市工业发展的初级阶段，其后倘若未发生日本全面侵华这种突发事件，也许会产生交通伴生型内陆工业的另一种崛起方式，郑州这种内陆交通功能型新兴城市的工业发展或许会走上另外的成长路径。

第六章　外部商圈的影响及郑州区域中心地的形成

在朱荫贵先生看来，近代中国是一个变动剧烈的社会，这种剧烈变动的根本起因是中西交往。中西交往通过港口和腹地间的往来及互动扩散、展开并进而冲击近代中国的社会经济结构。而在中西交往的互动过程中，铁路以及轮船发挥了极为重要和不可替代的载体作用，在港口与广大腹地间成为人、财、物乃至信息流动的桥梁和枢纽，进而成为促进近代中国社会经济结构发生变化的融媒和推进器。[①]在城市与外界之间，存在着诸多空间交互作用（spatial interaction），并通过人、物、信息等的流动来得以实现，[②]这种交互作用指的就是城市的影响力或吸引力，而交互作用所达到的区域则是该城市的影响范围或吸引范围。

随着全球近代工业化进程的演进，传统交通工具及其运输方式已无法适应扩大流通与开拓市场的需要，航运——轮船、铁路——火车、公路——汽车等新兴交通运输方式和交通运输工具被引入中国，传统社会的封闭格局被打破了，从而使城市与城市之间、城市与区域之间的联系空前加强，时间和空间均发生了巨大变化。[③]现代交通的发展克服了农业时代阻碍城市之间，以及城市与区域之间联系的时空障碍，使得城市特别是区域中心城市的吸引范围大为延展。随着西方先进生产力在中国东部海港和沿江港口率先登陆，沿海沿江地区逐步被纳入世界贸易体系，港口城市成为中国沟通外部市场的门户，天津、汉口、上海得以快速发展，逐渐成为近代中国北部、中部和东部

[①] 朱荫贵，《近代新式交通运输业与中国的现代化——以铁路轮船为中心的考察》，载朱荫贵、戴鞍钢主编，《近代中国：经济与社会研究》，上海：复旦大学出版社，2006年版，第622页。

[②] 周一星，《城市地理学》，北京：商务印书馆，1995年版，第350页。

[③] 何一民，《近代中国城市发展与社会变迁（1840～1949年）》，北京：科学出版社，2004年版，第216页。

影响力最大的三个商圈。① 多个城市的吸引范围即腹地② 之间相互碰撞、交叉、袭夺，迫使城市在"中心——边缘"的演化框架中依托交通、资源等区位特点寻求新的历史定位，由此形成了近代中国城市经济社会变迁的一种新景象。

近代沿海沿江城市对其辐射区域的经济影响的规模，已经远远超过古代行政中心城市与区域的经济关系，而且这种影响是双向的，形成一种新型的城市与区域关系，吴松弟先生称之为港口——腹地双向经济互动关系。③ 而连接港口——腹地的交通线路，是口岸城市和广大腹地之间物资流、人员流、资金流和信息流的通道。各经济腹地与口岸城市距离的远近，以及通往口岸城市的交通路线的通达性和疏密度，直接关系到其与口岸城市的联系程度。④ 从城市地理学的意义上来说，平汉、陇海铁路筑通并在郑州交会，使得郑州的交通区位优势大为提升，在中国东部与西部发展的过渡链上发挥了独特的桥梁作用。郑州通过铁路交通网络与天津、汉

---

① 商圈，即商业圈，是指以某地为中心，沿着一定的方向和距离扩展，吸引购买者的辐射范围，或是其商品销售高频度波及区域所形成的非规则圈状空间。商圈所体现的是人（商人、购买者）、商货、资金等要素流动的空间状况，它应该是定量的、可量化的，但在实际操作中，这种量化的标准又是难以确定的，而且商圈的边界是模糊的、不规则的，受到交通、环境、政策等多重因素的影响，呈现动态发展之势。笔者仅对商圈做大致描述，本书所言之商圈，是一个宏观概念，其意蕴往往会突破城市的界限，与城市的商业辐射力、市场圈或腹地所指空间概念大体相近。

② 从地理学的角度来看，为港口提供出口物资并消费港口的进口物资的区域，可以称之为是港口的腹地。庄维民先生把腹地定义为是与沿海口岸有着稳定经济联系，在商品流通、金融汇兑、资本和产业结构上有较稳定关系的内地区域。吴松弟先生认为，通商口岸和其腹地的经济联系，并非仅限于贸易和物流，还包括人员往来、资金流动、产业转移以及技术与信息的传播。在吴松弟先生看来，腹地既然是一片陆地相连的区域，必然有自己的边界。然而，人文地理学的普遍现象告诉我们，除非有高大的山脉阻挡两侧气流的交换并阻隔彼此的交通，导致自然地理和人文地理景观的差异，一般来说不同地区的人文地理现象呈现一定的过渡性，即在某一区域成为主导的某种人文现象，在边线以外的区域也有一定程度的存在，只不过这种现象在这一区域内并不占主导地位，并随着离边线距离的加大而不断减弱。港口、腹地亦是如此，各港口腹地的边缘地带，除了和腹地所属的港口发生物流联系之外，也和其他港口发生物流联系，尽管其物流比重往往不及前者。在这种边缘腹地，同时感到不同港口的影响，其中一个港口在该区域对各港口物流中所占比重最大，则称之为该港口的腹地。笔者认为，腹地这个概念的外延可以拓展，除港口之外，一个内陆城市的吸引力和辐射力对某地区（城市周边）社会经济起到主导作用，这样的一个地域（空间范围），亦可称之为该城市的腹地。

③ 在这种区域关系网络中，港口城市是一个点，腹地是一个面，交通与依附于交通的商业网络是口岸城市和广大腹地之间要素流动的通道。中国从沿海沿江港口地带开始的现代化，就是沿着这些大大小小的交通网络和市场网络，逐渐向内地推进的。参见吴松弟，《港口——腹地和中国现代化空间进程研究概说》，《浙江学刊》2006年第5期。

④ 复旦大学历史地理研究中心，《港口——腹地和中国现代化进程》，济南：齐鲁书社，2005年版，第7页。

口、上海三大通商口岸实现对接、交互作用，逐渐成长为区域发展的中心地，[①]这也是近代中国城市空间网格中的重要一环，各通商口岸对郑州城市工商业发展和区域中心地的形成产生了显著的推动作用。

第一节　三大商圈的延及：天津、汉口、上海

就城市的区域性质而言，天津、汉口、上海以及郑州均属于枢纽区，[②]交通网络是枢纽城市与外界进行空间交互作用的重要手段。当然，一个城市的吸引范围是动态的，存在不同的界定标准。从宏观上来看，天津的吸引范围包括河北、山东、山西、内蒙古等北部中国的广大区域，汉口则在湖北、湖南、四川、河南及云贵有着重要的商业影响，而上海的腹地为长江中下游地区乃至更广区域。郑州恰好处于天津、汉口、上海商圈的交界部，既深受其影响与控制，又因为铁路的关系而对山西、陕西以及甘肃的商业影响范围日渐扩大，在与外部商圈的袭夺中逐渐形成了自身的辐射范围。

一、天津商圈

近代以来，中国北方经济的商品化程度明显提高，外向型经济悄然兴起，这与天津、青岛等北方沿海港口的开埠有着直接关系。天津开埠之后，"其经济辐射范围包括华北和东北的西部、西北大部以及内外蒙古的

---

① 郑州作为内陆城市，通过铁路实现与港口城市以及国际市场的对接、交流、互动，传统的运输渠道由此发生转换，冲击并改变了郑州原有的地域构造，并引发区域经济空间的演化和区域经济中心的位移。这方面的专题论述并不多见，主要有熊亚平，《铁路与沿线地区城乡经济关系的重构——以 1888～1937 年间的石家庄、郑州、天津为例》，《安徽史学》2009 年第 3 期；朱军献，《边缘与中心的互换——近代开封与郑州城市结构关系变动研究》，《史学月刊》2012 年第 6 期；朱军献，《地理空间结构与古代中原地区中心城市分布》，《中州学刊》2011 年第 3 期；朱军献，《由边缘而中心——近代以来郑州崛起之动因分析》，《历史教学》2009 年第 22 期；刘晖，《铁路与近代郑州棉业的发展》，《史学月刊》2008 年第 7 期；刘晖，《交通变革与近代郑州地域构造的变容》，〔日〕『ICCS 现代中国学ジャーナル』2010 年第 1 号；刘晖，『近代鄭州の隆盛と鉄道：1905～1937』，〔日〕『現代中国研究』2009 年总第 24 号。而从宏观层面涉及这一问题的论著主要有复旦大学历史地理研究中心，《港口——腹地和中国现代化进程》，济南：齐鲁书社，2005 年版；何一民，《近代中国城市发展与社会变迁（1840～1949 年）》，北京：科学出版社，2004 年版；樊如森，《天津与北方经济现代化》，上海：东方出版中心，2007 年版；吴松弟，《通商口岸与近代的城市和区域发展——从港口—腹地的角度》，《郑州大学学报》（哲学社会科学版）2006 年第 6 期，等等。

② 枢纽区是研究城市体系的空间网络结构时所涉及的一个概念，它由一个或多个中心（或焦点、结节点）以及与中心有动态联系的外围空间共同组成，根据动态联系的范围来确定区域的边界。参见周一星，《城市地理学》，北京：商务印书馆，1995 年版，第 350 页。

广大地区。以天津为经济中心城市的华北市场网络，主要统领3个二级市场，即河南的郑县、山西的阳曲（今山西省太原市）、察哈尔的张家口"①。在北方各大港口中，以天津的腹地范围最为广阔。

河南每年自天津输入商品的总值为300～500万，属于和天津经济关系较为密切的区域，豫北地区表现更甚。时至1924年，天津的主要腹地延至直隶、山西、内外蒙古、甘肃等省的全部，奉天、吉林的西部、山东的西部和南部、河南的北部、陕西的中部和北部等地，②天津遂成为促动这些区域外向型经济发展的龙头。

天津一方面通过卫河水运跟河南保持贸易关系，另一方面借助平汉、道清铁路与河南进行频繁的物资交流。道清铁路的通车，把豫北商贸重镇道口同天津紧密地连在一起，天津对河南的经济辐射能力与吸引能力进一步增强。如表6.1所示，在铁路尚未开通的1905年，天津口岸销往中原地区的洋货价值为100余万海关两；铁路通车后，销售额显著增长，1919年达300余万海关两之巨。出口方面，中原对天津的土货输出，亦从1906年的33万余海关两，增长到1918年的69万余海关两。到了1930年前后，包括豫北和豫中等地在内的辽阔地区，均成为天津口岸羊毛、皮张、棉花、药材、草帽辫等外销土货的重要来源地和各类进口洋货的基本销售市场，③这些贸易往来的相当份额是通过郑州这个交通节点来完成的。

表6.1　1905～1919年天津口岸凭子口税单对河南输入和从河南输出货物的数值

年份	输入	输出	年份	输入	输出	年份	输入	输出
1905	1077105		1910	1403895	259174	1915	1660768	424652
1906	1165426	332671	1911	1401515	300436	1916	1500539	435497
1907	1358402	184398	1912	1892157	459315	1917	2092792	243350
1908	1225289	77809	1913	1930995	234552	1918	2165038	691615
1909	1004920	223725	1914	1821929	205478	1919	3014127	475617

资料来源：据津海关相关年份统计表Ⅴ"Inland Transit Trade"绘制，单位：海关两。参见吴俊范，《近代中原外向型经济的发展及其影响》，《中国历史地理论丛》2006年第1期。

尽管天津商圈的直接影响力在到达郑州时已经有所弱化，但是豫北地区无疑是天津的直接腹地，其输入或输出商品的半数以上均来自两地之

---

① 樊如森，《近代华北经济地理格局的演变》，《史学月刊》2010年第9期。
② 樊如森，《论近代中国北方外向型经济的兴起》，《史学月刊》2003年第6期。
③ 李洛之、聂汤谷，《天津的经济地位》，天津：经济部驻津办事处，1948年版，第2页。

间。如20世纪20年代前期,豫北彰德(安阳)输入的棉纱、布匹、杂货有七成系从天津输入,输出的农产品则有六成运往天津。[①]天津商圈对豫北地区的吸引,亦会在一定程度上削弱郑州对该区域的影响。

开埠之前,天津的棉花贸易并不繁盛。华北铁路网络初步构建之后,区域棉花购销的运输条件大为改观,20世纪20年代天津逐步发展成为华北地区最大的棉花集散中心,各地棉花客商云集。如,山西晋城等地的棉花,或运至清化镇装火车,沿道清铁路运抵新乡通过平汉铁路北运再转天津;或直运道口镇,装民船入卫河,通过南运河至天津。而沿黄地区的棉花,则从茅津渡口等地装船沿黄河至郑州;或者从风陵渡口、茅津渡口过河,运至陕州(陕县)装火车沿陇海铁路到郑州,再转平汉铁路北运转销天津。陕西和河南西部的棉花,主要通过三条路径联络天津:一是渡黄河经山西而运至天津,二是经黄河运至郑州再转运天津;三是直接装火车沿陇海铁路至郑州,再转平汉铁路北运天津,[②]显示出天津对腹地的强大吸纳能力。进入20世纪30年代后,由于日本进一步加大了对上海和青岛等地棉纺织工业投资的力度,直接影响到天津对华北棉花的吸引力。不仅陕西的棉花多运往汉口和上海,而且河南省北部、山西省南部、山东省西部所产棉花,亦大量运销上海或者经由济南运销青岛。[③]就棉花运销而言,天津市场呈现一定程度的衰落态势。

但是,从商货流通的整体态势来说,20世纪30年代天津的腹地范围还是有所拓展的。因循水陆交通之便利条件,河北、山西、察哈尔、绥远及热河、辽宁等均成为它的直接市场圈,与此同时,山东、河南、陕西、甘肃、宁夏、吉林、黑龙江的一部分亦划归它的势力范围。[④]由此可以判定,天津的腹地大体上涵括中国北方的大部分区域(参见图6.1),郑州(郑县)亦在天津的腹地范围之内。郑州作为近代中国重要的交通枢纽城市,在天津商圈的整个贸易体系和商货中转方面扮演了重要角色。不过,如果仅仅从商圈延及的范围这个角度来观察的话,郑州处于天津商圈的南部边缘地带,其影响力到达郑州时已经明显弱化。

二、汉口商圈

汉口系平汉铁路与长江水运连接处的一座通商大埠。凭借便利的水运

---

① 〔日〕青岛守備軍民政部鉄道部,『最近彰德経済事情』,『調査時報』1922年第25号。
② 〔日〕大岛让次,『天津棉花』,王振勋译,《天津棉鉴》1930年第1卷第4期。
③ 樊如森,《天津与北方经济现代化》,上海:东方出版中心,2007年版,第81页。
④ 李洛之、聂汤谷,《天津的经济地位》,天津:经济部驻津办事处,1948年版,第2页。

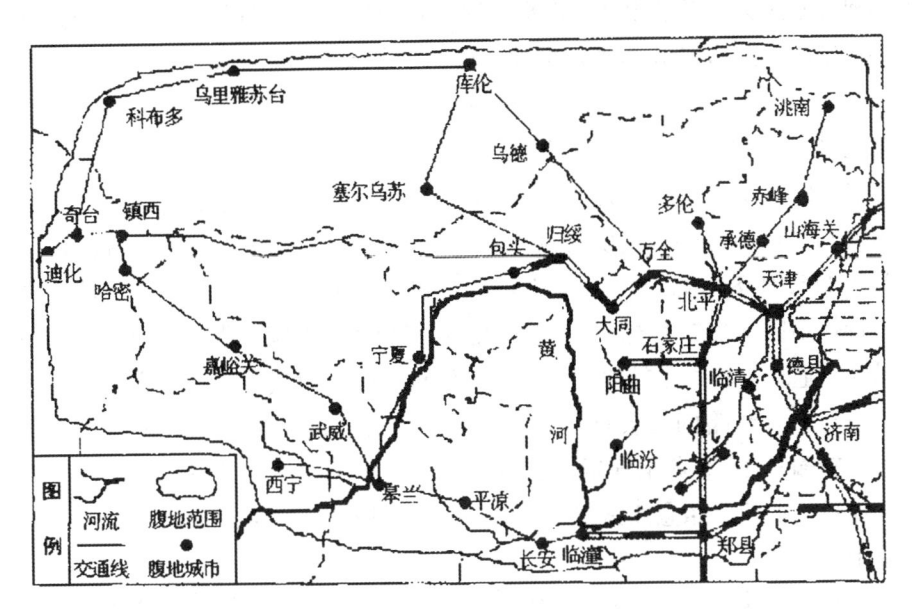

图 6.1 天津的腹地范围示意图（1930 年前后）

资料来源：复旦大学历史地理研究中心，《港口—腹地和中国现代化进程》，济南：齐鲁书社，2005 年版，第 244 页。

优势，汉口在清朝中叶就以商业见长，成为中国四大名镇之一，形成了一个以内贸为导向的传统商路网络和腹地范围。但在上海开埠以前，受中国内向型经济总体格局的制约，汉口与江浙地区的经济联系，多以苏州为终端港。自上海、汉口相继开埠及长江轮运航线开通之后，旧的格局被打破，两地之间直接建立了密切的经济联系。汉口以其独具的地理优势，成为上海港商品集散网络向内地各省伸展的最重要的中介港。[1]随着长江干线贸易的国际化、上海经济辐射力的增强和汉口开埠通商，汉口成为中国中部地区最大的商业贸易中心，辐射范围包括两湖、河南、安徽、江西等省，其市场张力甚至扩展到陕西、山西、内蒙古等更远的区域。由此，长江干线商路地位骤升，也使得"汉口的多元吸引和网状辐射的商路格局不断强化为以上海为指向的单元吸引和一元辐射"[2]，汉口实际上充当了上海与中部内陆间经贸联络的"中转站"角色。

在平汉铁路通车之前，河南偃师、周口、信阳等地的货物，主要通过

---

[1] 吴松弟主编，《中国百年经济拼图：港口城市及其腹地与中国现代化》，济南：山东画报出版社，2006 年版，第 43 页。

[2] 皮明庥主编，《近代武汉城市史》，北京：中国社会科学出版社，1993 年版，第 125 页。

沙河等水运渠道转运镇江。而平汉铁路筑通后，这些货物几乎全部通过铁路运销汉口。①伏牛山区所产桐油、漆、粮食以及其他商品，依然通过汉江支流水运汉口，西坪镇、西峡口、荆紫关等地，因桐油等货物的集散而繁荣起来。②但是，因"襄城、叶县、方城、唐河、郏县等地的商货，多转经京汉铁路向汉口输出，赊旗镇却由盛转衰了"③。在平汉铁路全线通车次年（1907），汉口对外直接贸易额高达31683214两，间接对外贸易进出口总额为115071383两，在全国的贸易地位仅次于上海，超过广州和天津，成为近代中国的第二大国际商埠。④伴随长江通道的持续开发与开放，中国的整体交通运输格局由轮船时代进入"轮轨交行"时代，汉口作为长江黄金水道与平汉铁路的交会点，交通枢纽地位得以进一步强化，其"集中土货，转输外洋""收纳洋货，散销内地"的市场枢纽功能彰显，使得河南与汉口的商业联系愈加紧密，河南省中南部地区几乎完全成为汉口的经济腹地。

从商品输入的角度来看，集中于汉口的河南省各地货物，1904年不过740万两，到1910年则增至1790万两，⑤输入额约为当年的2.4倍，呈现出较强的集聚效应。陕西、山西、安徽等省的商货和客流亦被吸引到汉口，汉口商圈范围得以进一步扩大。而从两地间商品运销总额来看，自1906年平汉铁路通车以后，汉口对中原地区的商品输出、输入数值，除去受1911年辛亥革命等因素的影响而较为萎缩之外，均比水运时代有大幅提高。到了1919年，汉口凭子口单对中原输出的商品数值已高达2295887海关两，从中原地区输入的数值亦达到365730海关两。⑥由此可见，汉口与中原地区的商贸往来，以商品输出为主，其输出额约是输入额的6.2倍。而且，汉口对中原地区的经济辐射，由以往仅限于豫西南一隅，延展到黄河以南大部分地区。

平汉铁路通车后的最初数年，郑州的商户数量不多，其中多为天津商

---

① 汪瑞宁，《武汉铁路百年》，武汉：武汉出版社，2010年版，第54页。

② 河南农工银行经济调查室编，《河南之桐油与漆》，开封：河南农工银行经济调查室，1942年版，第45～49页。

③ 白眉初，《中华民国省区全志·鲁豫晋三省志》之河南省志部分，南京：中央地学社，1925年版，第101页。

④ 汪瑞宁，《武汉铁路百年》，武汉：武汉出版社，2010年版，第54～55页。

⑤ 《上海总商会月报》1921年第1卷第1期；皮明庥，《近代武汉城市史》，北京：中国社会科学出版社，1993年版，第127页。

⑥ 数字源自江汉关年度统计，系汉口口岸凭子口税单对河南输入和从河南输出货物数值。参见吴俊范，《近代中原外向型经济的发展及其影响》，《中国历史地理论丛》2006年第1期。

人。随后汉口客商日益增多，两地商民的大量进驻促进了郑州商贸市场的繁荣。就郑州本地的消费品而言，外国制成品和国产工业品，主要通过平汉铁路由北方自天津经北京南下，或者由南方自汉口北上，比较重要的货物有棉织物、棉丝、洋纸、硝子、磷寸（即火柴——笔者注）、石油、香烟、杂货等，其势力圈为天津、汉口的交界部。尽管如此，外国制成品由汉口输入者居多，约占70%，而天津约占30%，[1]借助长江水运和平汉铁路运输的联动作用，汉口商圈的影响力明显增强，其中不乏上海通过长江航道所产生的间接作用。

1920年前后，汉口商圈对郑州的影响在某种程度上超越了天津。另据1931年出版的《中国重要商品》刊载："河南省所产之棉花，自平汉铁路开车以后，始大宗出现于汉口市场，初不过彰德与武安产耳。今则黄河沿岸所产之棉，亦运往汉口矣。（而）汉口市场之牛皮，以来自河南者为多。尤以信阳为主要，郑州次之。"[2]表明汉口在商业贸易方面对郑州产生了深刻影响。

由于陇海铁路的修建及其向东西展筑，使得中国西部商货东输畅通无阻，一般情况下无须经转汉口，这无疑会在很大程度上削弱汉口对郑州的直接影响，亦使得其对中国西北部地区及北方其他省份的影响力大为降低。加之粤汉铁路的贯通、川沪直航航线的开辟，汉口作为铁路运输终端、水路运输中转交通枢纽的地位被动摇，转口贸易、过境贸易大受其挫，其对外贸易的主体——间接贸易因而锐减。[3]对此，时人曾做出清晰判断[4]：

> 汉口原为我国第二大商埠，现则降为第六商埠，已退落在广州天津之后。纵观汉口地位，与前相同，仍为我国腹地之中心，但受各项环境之影响，以致衰败。一则由陇海铁路通至海州，西出潼关，故陕甘晋豫各省货物，均由陇海东行，不经汉口……依此交通方面而论，其他兵匪灾害，东北沦亡，均为汉口衰落之重要原因。

20世纪30年代之后，汉口对中原地区的商业影响力趋于衰弱，而上

---

① 〔日〕横浜正金銀行，『河南省鄭州事情』，調查報告第12号，出版地不详，横浜正金銀行，1920年版，第3～4页。这里所反映的仅是郑州消费品输入量的大致状况，具体统计数据缺失。

② 周志骅，《中国重要商品》，上海：华通书局，1931年版，第8、252页。

③ 周德钧，《近代武汉"国际市场"的形成与发展》，《湖北大学学报》（哲学社会科学版）2006年第2期。

④ 张延祥，《提倡国货与建设汉口为国内自由市》，《汉口商业月刊》1934年第1卷第5期。

海、连云港对豫陕等地的吸引力则明显增强。

三、上海商圈

地处长江入海口的上海，作为长江流域内外贸易的枢纽大港，拥有广袤的经济腹地。按与上海港的距离和联系渠道、规模的不同，上海港的经济腹地包含两个层次：一是港口吞吐货物直接通达的周边地区，是为直接经济腹地，这一区域主要集中在长江三角洲；二是港口吞吐货物经由诸中介港转递通达的较远地区，是为间接经济腹地，这一区域主要是除长江三角洲以外长江流域的广大地区，[①]以及中西部内陆地区。

在陇海铁路向东展筑至徐州、海州大浦之前，上海商圈对郑州的影响，主要是通过汉口的中转贸易来实现的。而在陇海铁路联通津浦铁路并打通海路之后，郑州乃至中国中西部沿陇海线区域则成为上海的直接腹地，以铁路为中心的近代交通体系使得彼此间的联系更为密切。

就上海商圈对郑州及中西部内陆省份施加影响的路径而言，一是通过华北、华中地区的埠际贸易间接进行，二是经由陇海铁路直接实现生产要素的交换。据《中国旧海关史料（1859～1948）》的统计显示，上海外贸埠际转运在1864～1904年间平均约占全国对外贸易额的36%，最高年份达到43.9%。此后这一比例整体下降，1930年已降至15.9%，其埠际转运的辐射范围呈缩减之势，表明上海外贸转运对国内口岸的影响力已大为减弱。1930年华北和东北主要口岸直接进口比重达到80.5%，直接出口比重已达66.9%，[②]经上海港转运的需求大大降低，而这一时期华中口岸的直接进出口能力增长则相对缓慢，幅度也较小，仍以经上海外贸埠际转运为主，[③]这意味着长江流域依然是上海的直接腹地。与此同时，上海依然通过汉口对河南和郑州保持一定程度的影响。[④]这种历史演化，是伴随上海由全国埠际贸易中心向全国工业中心的转型而产生的，并非意味着上海对郑州乃至西部内陆腹地控制力的减弱。

20世纪30年代，上海近代工业的资本额、产值和外商工业投资额均

---

① 吴松弟主编，《中国百年经济拼图：港口城市及其腹地与中国现代化》，济南：山东画报出版社，2006年版，第37页。

② 参见唐巧天，《埠际贸易与上海多功能经济中心的形成》，《史学月刊》2009年第8期。

③ 参见汪敬虞，《中国近代经济史（1895～1927）》（上册），北京：人民出版社，2000年版，第171页。据《中国旧海关史料（1859～1948）》统计显示，1930年华中口岸（以汉口为主）直接进出口额分别占总额的39.5%和3.7%，绝大多数物产出口仍将经由上海转口贸易。

④ 在陇海铁路向东展筑至徐州乃至大浦出海之前，上海市场的辐射力主要是通过汉口的中转贸易来实现对郑州市场的影响。从这个意义上来说，这一时期的郑州属于上海的间接腹地。

约占全国的六成左右，其纺织品、药品、水泥、火柴、皂烛、搪瓷、橡胶制品、面粉等数十种产品，一半以上运销内地市场。①上海汇集了来自包括腹地与其他各大口岸城市的商品，同时又将进口商品销往腹地及其他城市，由此，上海与其他城市通过陆上腹地与海上腹地，逐渐实现了市场一体化。②就上海的腹地（含直接腹地、间接腹地和混合腹地）而言，它通过长江及沿江内河水系和铁路交通实现区域联结，其范围大致包括：北抵秦岭南麓、豫省黄河南岸和鲁西南平原，西至四川盆地和青藏高原东缘，南接云贵高原、南岭及武夷山脉。③这种广阔的经济腹地，是近代上海崛起的根基所在。与此同时，上海港口的辐射带动作用，使得彼此的经济关系更加活跃，区域间的联系更为紧密。就棉花的运销、堆栈而言，依据1931年5月间上海中华棉业联合会对上海各堆栈存棉的五次调查统计，来自陇海西线的棉产主要包括陕西花和灵宝花，其中陕西花的数量分别为26982件、28641件、27828件、28893件和29170件，在来自国内外的10余类棉产中位列前三名。灵宝花则相对较少，分别为449件、3450件、2930件、4865件和5255件。④1933年12月份，上海市各堆栈陕西花的五次调查数据汇总分别为18204件、18173件、19471件、21433件和25907件，比同年11月最后一周增加12748件。而灵宝花的五次统计数据则分别是7470件、7823件、8678件、7433件和9820件，比同年11月最后一周增加4433件。⑤1934年8月份，各堆栈陕西花存棉量的五次统计数据分别是26644件、21912件、18794件、15356件和12895件，而灵宝花的存棉量则分别为10237件、7105件、4131件、2840件和2618件，均呈现下降趋势，意味着棉花销售态势良好。与前月末周相比，陕西花减少16710件，

---

① 张忠民，《上海经济的历史成长：机制、功能与经济中心地位之消长（1843～1956）》，《社会科学》2009年第11期。

② 武强，《民国时期上海市场的对外联系——以1921～1937年贸易和物价指数为中心的分析》，《史学月刊》2010年第9期。

③ 吴松弟主编，《中国百年经济拼图：港口城市及其腹地与中国现代化》，济南：山东画报出版社，2006年版，第47页。

④ 上海中华棉业联合会，《上海市各堆栈存棉调查（1931年5月）》，《中行月刊》第2卷第12期（1931年6月）。调查表中没有明确每件是多少千克，有的存棉则以包为单位，亦未注明是铁机包、木机包还是人力包，以及每包的重量。按照铁路棉运的惯例，均应打包成运，只不过存在铁机包、木机包和人力包之分，其重量亦有所不同，其中铁机包每包500磅，约重226.8千克，木机包相对轻一些，人力包（虚包）更轻。文中的件数应为包数，这一时期的棉运以铁机包为主。

⑤ 上海中华棉业联合会，《上海市各堆栈存棉调查（1933年12月）》，《中行月刊》1933年第6卷第1、2期合刊。

灵宝花减少10252件。①1934年12月，各堆栈陕西花的三次存棉调查数据分别是26657件、29902件和26710件，与前月末周相比，增加了1624件，而同期灵宝花存棉量则相对少一些，但月内增幅显著，分别为7309件、15289件和22327件，比前月末周增加12422件。②1935年4月份，关于上海市各堆栈陕西花的四次统计数据，分别是20764件、19647件、21196件和21332件，而同期各堆栈灵宝花数量骤增，四次调查的数据分别为101610件、100568件、96370件和94787件，③大约是同期陕西花的5倍。这些棉产多经郑州中转，几乎全部通过陇海铁路转运，郑州与上海经贸关系的密切度由此可见一斑。在这种区域性的经济贸易网络中，陇海铁路作为上海工业制成品、外来商货西运和原材料东输的重要通道之一，使得铁路沿线地区被纳入上海商圈的直接腹地范围，郑州遂成为上海与中国中西部内陆地区联系的重要"桥梁"和"中转站"。

此外，青岛港亦对河南省东部和北部地区的经济产生了一定的影响，自20世纪20年代起双方的贸易往来频度逐渐增加。青岛与河南进行贸易联系的渠道主要有两条④：一条是先将洋货运到陇海铁路的终点站海州（大浦车站），然后通过铁路运至河南境内，当时"由海州经徐州而至郑州，每日俱能通车一次"⑤；另一条是通过胶济铁路运至济南，然后经黄河水路进入河南。进口洋货如煤油、洋蜡烛等多通过陇海铁路运入河南，而豫北的棉花、豫东的花生等农产品，主要是先经陇海铁路运至海州，然后沿海岸线北运青岛输出国外，或是经由陇海铁路到徐州转津浦铁路再转胶济铁路运销青岛。

1937～1945年，由于战争等历史因素的影响，铁路运营亦多受军事机关的管制或把控而时畅时阻，动荡的时局成为影响区域经济运行的显性因素。虽然不能概而言之，但这一时期天津、汉口、上海商圈对郑州的影响力均明显减弱，却是不争的事实，包括三大商圈在内的中国经济整体上处于崩溃边缘，区域间的经贸联系时常被打断，难以正常运转。各大商圈与郑州之间商贸联系的减少，使得郑州在东西南北沟通的"桥梁"角色地

---

① 上海中华棉业联合会，《上海市各堆栈存棉调查（1934年8月）》，《中行月刊》1934年第9卷第3期。
② 上海中华棉业联合会，《上海市各堆栈存棉调查（1934年12月）》，《中行月刊》1935年第10卷第1、2期合刊。
③ 上海中华棉业联合会，《上海市各堆栈存棉调查（1935年4月）》，《中行月刊》1935年第10卷第5期。
④ 王志军，《近代河南成为通商口岸经济腹地研究》，《前沿》2010年第9期。
⑤ 青岛档案馆编，《帝国主义与胶海关》，北京：档案出版社，1986年版，第283页。

位严重下降。抗日战争胜利后,天津、汉口、上海三大商圈与郑州之间的联系开始增多,郑州在中国东西南北交往中的"桥梁"与"过渡带"作用遂得以初步恢复。但是随后的解放战争致使铁路交通时续时断,加之社会动荡、经济凋敝等诸多负面因素,郑州与各商圈间的互动大受影响。直至中华人民共和国成立,社会趋于稳定,经济普遍复苏,郑州的交通通道与区域间"桥梁"作用复现常态,这种历史现象一直延续至今。

从20世纪上半叶区域发展的整体态势来看,平汉、陇海铁路先后筑成,郑州居于南北交通要冲,恰位于天津商圈和汉口商圈的分水岭,对南北之间联系的承接作用日益突出。而陇海铁路的东西贯通,使得上海对郑州的经济辐射能力趋于加强,两地间的贸易联系由间接转为直接。在诸多商圈的交互作用下,郑州依托铁路承东启西、连南贯北,交通区位优势助推了城市的成长,使得郑州逐渐发展成为中原地区乃至整个中部地区的区域中心地。

第二节 区域中心地的形成:郑州、开封的兴衰比较

中心地①,简而言之就是指向周边地区提供各种货物与服务的地方。就中心地在空间上的分布形态而言,它往往会受到交通、市场和行政三个因素的影响。各种要素在空间上的合理移动与分布,是获得相对经济效益的基础,距离因素特别是因距离而产生的运费问题是影响产业分布的重要区位因素。与此同时,便捷的交通条件亦是重要的影响因子。如果没有便捷的交通,即使在接近东部沿海的地方,人们所接受的来自港口城市的现代化信息,也未必会强于虽然距离沿海城市较远但却保持便捷的交通和信

---

① 中心地理论是在研究城市空间组织和布局时,探索最优化城镇体系的一种城市区位理论,它产生于20世纪30年代初西欧工业化和城市化快速发展时期,这一概念是德国学者克里斯塔勒在1933年出版的《德国南部的中心地》一书中首先使用的。克里斯塔勒通过对德国南部城市和中心聚落的大量调查研究,提出城市在空间上的结构是人类社会经济活动在空间的投影,创立了主要依据城市向它周围的腹地所提供的服务来解释城市体系空间结构的理论。克里斯塔勒发现一定区域内的中心地在职能、规模和空间形态的分布上具有一定规律性,中心地空间分布形态会受市场、交通和行政三个原则的影响而形成不同的系统,并采用六边形图式对城镇等级与规模关系加以概括。克氏并不是要解释某一个城市的绝对位置、大小和作用,而是要通过寻找基本的和起主导作用的因素建立起解释区域城镇空间结构的理论模式,即一般规律性。这一理论的研究提出了假设条件,主要包括均质平原和经济人两点。参见周一星,《城市地理学》,北京:商务印书馆,1995年版,第320~327页。尽管克氏的理论假设在现实中难以实现,常常会出现聚落在空间分布变形的情况,但他对中心地体系的解读不无道理。

息传输的地方。在现代化进程的速度和水平上，前者也未必快于或高于后者。在同样的空间距离上，凡是通往港口城市的主要交通路线经过的地区，现代化的进展速度往往就要快一些。而交通不便的地方就要慢一些。交通的便与不便，可以缩小或扩大与港口城市的空间距离，[①]便利的交通因素往往会成为中心地孕育生成的先天条件。

一、铁路与郑州区域中心地

在交通效能得以充分发挥的今天，尽管距离的作用已大为减弱，但在相对传统的社会体系中，接近原料产地和消费地则会使工业原料运输所带来的交易成本大幅降低。以铁路为中心的近代交通网络的构建，能够大大降低远程贸易成本，从而激发市场活力，助推交通受益地工商业的繁盛以及中心地的形成。

在 20 世纪初之前，郑州是一座普通的县城，相对于其东西两边的开封与洛阳，可谓是默默无闻，[②]在工商业和政治上均没有多少价值，只不过是一座乡村气息浓郁的小县城而已。这一时期，中原地区商货的输入与输出主要依靠水路和旱路运输，不论是数量还是空间距离都是比较有限的，区域经济发展较为活跃的地方往往水运便利，如黄河、淮河、汉水和卫河水域。

郑州本地物产并不丰富，农产品主要有大麦、高粱、粟、谷米、绿豆、芝麻、大米、小米、花生、瓜子、棉花、蓝靛、西瓜、白薯、花红、枣、梨、柿、桃、桃仁等，产额均不大，其中小麦、棉花、花生等约计 6000 吨，米、枣、瓜子计 1000 吨。此外，还有少量的工业制成品，如棉纱、料器、肥皂、化妆品、墨汁、糨糊等[③]，多为本地消费，部分外销。但是这些物产还不足以支撑起郑州市场，其所产生的影响很小，郑州对周边区域影响力的提升主要是依靠交通变革来实现的。铁路的筑通，使得郑州可以直接联络诸多通商口岸，客货交往旋即频繁起来，交通区位日益彰

[①] 吴松弟主编，《中国百年经济拼图：港口城市及其腹地与中国现代化》，济南：山东画报出版社，2006 年版，第 15 页。

[②] 参见王运宝，《打开省城变迁的"纽扣"》，《决策》2008 年第 7 期。

[③] 第三届铁展陇海馆筹备处编，《铁道部第三届全国铁路沿线出产货品展览会陇海馆专刊》，《本路沿线物产及大宗输出品简明表》部分，出版地不详，第三届铁展陇海馆筹备处，1932 年版，第 6 页。郑州本地物产，"粮食以大麦、高粱、粟谷为大宗，庶产有西瓜、白薯、花生、瓜子、棉花、蓝靛，果实有香水梨、花红、枣、柿等，其大宗输出皆由他处运到转口之货物也。民国 18 年 (1929 年) 之农业调查，是年郑州出产，共粮食 621300 担"。参见陇海铁路车务处商务课编，《陇海全线调查》，郑州：陇海铁路车务处商务课，1933 年版，第 159 页。

显，区域影响力明显增强，其经济地位亦逐渐得以提升。尽管郑州周边仅出产诸如瓜子、枣、梨和花生等农产品，"但因郑州位于交通至便之要衢，来自东西南北的集散物资与年俱增，作为中转贸易地在区域经济中占有重要的地位"①。这给原有的黄河、卫河及运河等水路交通带来极大冲击，压倒了河南省最大的市场——周家口，一夺河南省省城开封的繁荣势头，成为长江、黄河间中原地区最大的货物集散市场。②铁路所带来的优越的交通区位条件，给封闭、衰落的郑州带来了发展的契机和驱动力，工商贸易活动日益频繁，郑州逐渐发展成为与开封相匹敌的商业都市，城市的规模、职能及地域空间形态变化斐然。

铁路开通后，郑州地域的物资集散态势发生了明显改变。平汉铁路的筑成，使得铁路取代了周家口水路运输的大部分，并且影响到河南省西南部的汉水水运，铁路对该区域与汉口间贸易的打击，比周家口更为严重。陇海铁路的铺设，扩大了沿线地区商品输出的地域空间，也使得郑州的商品贸易范围大为拓展。特别是陇海铁路西展之后，显然给区域水路交通带来非同寻常的冲击，中国西北腹地的物资基本上不再通过黄河水运，而是通过陇海铁路进行输出，并经由郑州这一交通枢纽联络平汉铁路、津浦铁路，与上海、汉口、天津等通商口岸往来贸易。

在陇海铁路筑通之前，郑州本地消费的洋货多自汉口输入，无论是洋布、杂货还是别的商品，70%由汉口北上，而土特产的输入则以山西居多。陇海铁路修至渑池后，山西的物产多利用铁路销往郑州，洛阳附近的物产更是如此，然后再通过平汉铁路向北销往京、津，南下运销汉口，或者经由郑州运抵徐州，转销浦口、上海，或者经由津浦铁路、胶济铁路销往青岛。除此以外，青岛的洋货以及山东省的输入品亦不少。总之，郑州市场上商品的来源主要有四条路径③：一是来自汉口的商品，即由汉口通过平汉铁路运销郑州的商品；二是来自山西（及陕西）的物产，山西（及陕西）各类产品经由汴洛（陇海）铁路向东运往郑州；三是来自北京、天津的商货，即由京津沿平汉铁路南下至郑州；四是来自山东的货物，由济

---

① 〔日〕青島守備軍民政部鉄道部，『隴海鉄道調査報告書』，青島：青島守備軍民政部鉄道部，1920年版，第298～299頁。

② 〔日〕横浜正金銀行，『河南省鄭州事情』，調査報告第12号，出版地不詳，1920年版，第1～2頁。

③ 〔日〕東亜同文会，『中国省別全誌』（第8巻·河南省），東京：東亜同文会，1918年版，第828～829頁。这些判断是基于东亚同文会在1917年以及此前对河南所进行的调查，就郑州市场上的商货输入路径问题，忽略了一条重要线路——上海。不过当时因陇海铁路东线正值修筑之中，直接来自上海的商品极少，上海销往郑州的商货绝大多数经由汉口转运。

南、青岛经津浦铁路再转陇海铁路西行至郑州。

就山西棉产而言，"产地以河东道属最广，其中植棉主要之县区，有洪洞、荣河、永济、临汾、河津、虞乡等县"。"山西棉之销路，有汉口、上海、郑州、天津诸市场。运销前三市场时，多先运至河南观音堂（陇海路车站），再向他处转运"①，郑州几乎是必经之地。

关于陕棉输出问题，铁路史专家宓汝成先生认为，当铁路还没有通到陕西之前，陕西出产的棉花销售到天津、上海、汉口、郑州等地的为数很少；铁路通达之后，陕棉由水路（渭河、黄河）或陆路出潼关经河南转道陇海、平汉、津浦各线，大量运销上海、汉口、天津、郑州等各大市场，约占棉产区外销原棉的99%。②对此，笔者的认识略有不同。其实在陇海铁路修至观音堂、陕州时，陕西棉产就利用民船经黄河水运转陕州（陕县）或观音堂装火车，运抵郑州再转销汉口、天津各埠者不在少数。③甚至在陇海铁路自观音堂西展之前，就有大量陕棉经水路运抵汜水或黄河南岸转运郑州者，不可言为数极少。

据调查，1917年度陕西全省产棉18万担，其中运抵郑州者为105660担，经黄河南岸车站转运者为5400担，现存或本地消费68940担，④运销郑州者约占当年陕西产棉的60%。陕西省外运棉产大部分通过陇海铁路运出，其中集中到郑州者颇多，或经由郑州等地转他路运至终端消费市场，体现出郑州中心地较强的吸纳能力。

陕西省纺织原材料的产额颇高，但该省纺织业却非常落后，棉纺制成品主要依靠外部输入。由此，"洋货得以畅销于市井，""外布之运入陕境者为数甚巨，1929～1931年分别为2380吨、7442吨和5565吨，平均每年5129吨，""计1144896匹，其由山西、湖北、河南、山东运入陕境者，为数亦不在少"⑤，多通过陇海铁路输入，郑州充当了西部物资东输和工业制成品西进的桥梁与中转站。在铁路的联动作用下，区域经济的中心逐渐

---

① 曲直生，《河北棉花之出产及贩运》，上海：商务印书馆，1931年版，第271～272页。运销天津的山西棉，则先运至榆次，再经由石家庄运津。

② 宓汝成，《帝国主义与中国铁路（1847～1949）》，上海：上海人民出版社，1980年版，第618页。

③ 陕西棉产地有花店，可代客购棉、打包并雇车。运出陕西省之棉，多先由火车运河南观音堂，再分运郑州、上海、汉口、天津诸市场。参见曲直生，《河北棉花之出产及贩运》，上海：商务印书馆，1931年版，第272～273页。

④ 〔日〕青岛守備軍民政部鉄道部，『隴海鉄道調査報告書』，青岛：青岛守備軍民政部鉄道部，1920年版，第286页。

⑤ 阎伟，《陕西实业考察报告书》，《开发西北》1934年第1卷第1期。

发生显著位移，郑州逐步发展成为中原地区粮食、棉花、煤炭等农矿产品及工业制成品的转运中心。郑州市场圈的影响范围因之拓展，从而助长了郑州区域中心地的形成与殷盛。

近代郑州的腹地范围呈现一种动态的发展态势，或拓展或缩小，在与其他城市的袭夺中不断发生变化，往往会受到铁路运输状况的直接影响。就煤炭运输而言，"陇海路煤运数量少且不集中。由郑州起运东行者，80000 余吨，由徐州运出西行者 17000 余吨，两地煤运之势力各达于商丘而止。然徐州之煤由枣庄、柳泉、福履集运来者有 70000 余吨，而由郑州运来者仅 4000 余吨，则徐州已非焦作、六河沟等地产煤所能问津，而商丘似为津浦、平汉两路产煤之'缓冲地带'。郑州之煤西行者不过 7000 余吨，除灵宝 200 吨洛东 400 吨外，余 7000 吨不越孝义以西，运程仅 71 公里，显然又为荥阳、巩县（今巩义市）、孝义、石黑关、新安、义马、观音堂各地零星分配之势力范围矣"①。经济腹地往往会因要素的不同而产生较大差异，如果仅就陇海铁路郑州站的原煤运输来看，郑州的腹地范围还是比较有限的。

但是，如果依据棉花、药材运销以及金融的辐射力、区域间交流的广度来看，郑州的腹地可以说已远远超出河南省境，包括陕西、甘肃、山西之一部，当然，其最终的影响范围是依据多种要素综合考量而得出的。在区域性交通枢纽或节点与腹地区域之间，往往存在一种血缘关系，但城市与区域的关系并非是一成不变的，城市对邻近区域的袭夺即腹地区域的形成与扩张时有发生。在交通枢纽或节点形成之初，由于其在运输网络中的地位还比较低，整体规模偏小，辐射范围有限，因而对区域经济发展的影响并不大，该枢纽及其邻近区域可能会是另一个中心城市的吸引腹地。但随着交通线路的不断拓展以及交通枢纽的逐渐成长，枢纽城市的区域性职能得到强化，对周边地区社会经济综合影响日益扩大，原先属于其他城市腹地的邻近区域被该枢纽城市所袭夺。②郑州市在空间网络结构上属于枢纽（节点）区，它拥有功能强大的物、人空间位移的介质——铁路，而"交通运输工具的发展会缩短一定量商品的流通时间，那么反过来说，这种进步以及由于交通运输工具发展而提供的可能性，又引起了开拓越来越远的

---

① 雨初，《国有铁路主要各站民国二十三年商煤运输之研究》，《铁道半月刊》1936 年第 6 期。

② 张复明，《区域性交通枢纽及其腹地的城市化模式》，《地理研究》2001 年第 1 期。

市场"①，铁路的远达性无疑有助于郑州城市吸引范围的拓展。

二、铁路和开封经济地位的更迭

伴随近代中国港口城市的率先成长，及其跟腹地经济联系度的不断加强，处于港口与腹地过渡链上的交通节点城市往往会获取发展的新机遇和新动能而快速成长，从而导致地区经济的发展格局发生转换，一些城市的经济地位随之更迭。

与平汉铁路沿线城市的迅速崛起相比，被称为"八省通衢，势若两京"的河南省城开封却只是实现了低限度发展，呈现相对衰落之势。自20世纪初至30年代中期，开封的城市人口缓慢增长，②经济发展亦非常迟缓。就发展速度和城市经济运行态势而言，显然与相邻的新兴交通功能型城市郑州不可同日而语③。致使开封相对衰落的因素固然很多，如黄河泛滥、运河淤塞、战乱纷扰等，但以铁路为主的近代交通网络取代传统的水陆交通网络，使得开封失去了往日的中心地位，被新的交通格局挤于一隅，这显然是致使其衰落的主要原因④。交通枢纽地位的旁落，开封以西和以东两个铁路交会点——郑州、徐州的崛起，给这座行政中心城市带来前所未有的冲击。尽管洛阳、开封的水路运输已极其萎靡，但因其同时为铁路交通联络地，水路与铁路的联络沟通强化了其在区域转运体系中的地位，两地因此获得一定程度的发展，但相对于郑州而言是相对衰落了。此外，开封因位处区域的政治中心，在此后一个较长的历史时段依旧保持着相对于郑州的优势地位，不过就发展速度、腹地延展及其经济潜力而言，郑州的优势是显而易见的。

在近代中国，那些并非行政中心的口岸城市或位于口岸城市通往腹地

---

① 马克思，《资本论》（第2卷），《马克思恩格斯全集》（第24卷），北京：人民出版社，1972年版，第279页。

② 程子良、李清银主编，《开封城市史》，北京：社会科学文献出版社，1993年版，第213～217页。在汴洛铁路通车的次年（1910年），开封的城市人口为159729人，1925年则上升为226758人，15年间增长42%，人口呈不平衡增长，自然增长率多为负数，人口的增加属于移民、经商、公职派驻等社会增长。此后，开封城市人口整体缓慢增长。1926年229483人，1927年230623人，1930年为236547人，1931年上升为251629人，1934年为287808人，而1935年突降为203341人，1936年复增至307071人，10年间人口大约增长34.7%。

③ 值得说明的是，尽管郑州在铁路通车后得以凭借交通区位优势而迅速发展，但在20世纪二三十年代，不论是城市空间范围、人口数量还是经济总量的绝对值，开封均是高于郑州的。直至中华人民共和国成立以后，郑州的各项指标才逐渐超越开封。近代郑州的发展主要表现在速度和态势层面，是相对于自身及周边地区而言的；开封的衰落亦表现在发展速度和经济运行态势方面，是与自身及郑州相比较而言的，是一种相对的衰落。

④ 程子良、李清银主编，《开封城市史》，北京：社会科学文献出版社，1993年版，第247页。

交通线上的城市，经济发展速度往往会超越行政中心所在城市，甚至能够成为区域经济中心，但是之前集行政、经济中心于一身的城市却因偏离交通线而使得经济地位下降，致使区域经济中心的地位旁落。"如果不是因为铁路带来了廉价的交通，工业革命所推动的经济发展还将在更长的时间里止步不前，并被限制在局部地区"[①]，特别是在中国内陆地区，离开新式交通的通道作用，城市只能在政治或军事等传统因素的影响下实现低限度发展。郑州作为中原地区的铁路交通枢纽，因"聚集到地域中最长两条正交或近似正交的交通线上的生产要素会再次聚集到两线的交点上来"[②]，从而具有首先成为区域经济中心，继而因省治迁移而成为区域政治中心的潜在优势。特别是伴随铁路交通通道作用的持续发挥，郑州"因铁路而兴"，伴铁路成长为以交通为功能导向的城市发展轨迹逐渐显现。在其后的发展中，郑州最终替代开封，成为中原地区新的区域中心城市，不仅使二者中心——边缘的地位发生转换，而且也使中原地区区域城市体系的结构关系不得不发生较大的变动与重构，[③]郑州的中心地作用渐次彰显。相对于当前的郑州来说，20世纪40年代末的辐射力和集聚力尚不太强，所谓的区域中心地是相对于整体落后的中原地区而言的，当时郑州对周边地区的影响力主要体现在经济方面。

交通区位优势和经贸中心地位的融通，使得郑州在中华人民共和国成立之后区域发展整体布局中的优势地位更加彰显，由此引发河南省会迁移之议。就河南省域情况而言，郑州的地理位置适中，交通便捷，主要城市几乎都在平汉铁路与陇海铁路沿线。在省会选择问题上，郑州无疑会比开封更加适合，省会由汴迁郑，对于河南省工作的全局更加有利。1954年10月底，河南省省会正式迁至郑州，郑州的交通中心功能、经贸中心功能与政治中心功能实现叠加，郑州城市发展因此获取了更为强劲的内生动力，也使得郑州和开封未来发展的走势更加不平衡。在20世纪前半叶，开封的中心作用主要体现在政治、文化方面，在一个较长的历史时段依旧保持着相对于郑州的优势地位，而省会迁郑之后，其政治、文化中心亦随之发生位移。郑州经济地位的上升以及开封经济的相对衰落，从一个侧面体现出

---

① 〔英〕克里斯蒂安·沃尔玛尔，《铁路改变世界》，刘嫩译，上海：上海人民出版社，2014年版，第2页。
② 管楚度，《交通区位论及其应用》，北京：人民交通出版社，2000年版，第54页。
③ 朱军献，《边缘与中心的互换——近代开封与郑州城市结构关系变动研究》，《史学月刊》2012年第6期；朱军献、熊亚平，《卢汉铁路黄河大桥选址与近代开封、郑州交通之变迁》，《社科纵横》2012年第5期。

近代中国城市地域空间演化的鲜明特征。

第三节　资金的集聚与流动：区域中心地功能的一种体现

在平汉铁路通车之前，郑州银钱业基本上是一片空白，除豫泉官钱局郑州分局之外，仅有数家银号和一些带有抵押融资职能的当铺。陇海铁路通车，使得郑州成为通往西北地区的门户，其整体上的传统、封闭状况有所改观，商务活动大大增加，刺激了郑州金融业开始从无到有、由小到大快速发展。

一、钱业

民国初年，郑州市面上仅有广德厚、豫大、源和胜、合成等4家银号，[①]当时称为钱庄。钱庄的资本并不雄厚，主要业务除银钱存储、汇兑外，还兼做土特产生意，所名为银号者，大多仅是一个汇兑支付机构而已。据1919年12月日本横滨正金银行的调查可知，尽管当时加入郑州钱业组合的钱庄已达28家，但除去与日商交易关系密切的豫顺和（资本额35000元）、宝兴永（资本额20000元）、正大（资本额20000元）、宏昌（资本额20000元）、豫大（资本额15000元）、同和胜（资本额15000元）、源和胜（资本额15000元）、源连昶（资本额10000元）、兴记（资本额10000元）、复兴长（资本额7000元）、大亨（资本额7000元）、久大（资本额5000元）、中生仁（资本额5000元）等13家实力尚可之外，其他仅可称为钱币兑换处，不论是资本额还是营业额均非常之小。[②]1921年以后，郑州市面上银行渐多，金融业务活动日趋活跃，但银行对于押汇尚未注意，故钱业汇兑业务仍有勃兴之象，多能从中获取厚利。自1929年起，银行业开始重视押汇押款业务，钱业受到很大冲击，但尚能勉强维持。

按照民国财政部的相关规定，凡资金不具备开办银行条件的申请者，只准开办比银行低一级的银号，其市场业务的范围与银行大致相同，允许办理存款、贷款、汇兑、贴现等相关金融业务。除获取与银行相近的经营权限之外，银号还因经营的灵活性、乡土性质和自身特有的人脉网络而得

[①] 魏树人，《我所知道的郑州银钱业》，《郑州文史资料》（第5辑），郑州：政协河南省郑州市委员会文史资料委员会，1989年版，第51页。

[②] 〔日〕横滨正金银行，『河南省郑州事情』，调查报告第12号，出版地不详，横滨正金银行，1920年版，第18～19页。

以生存。20世纪30年代前期,"郑州银号共有信昌、同和裕、源和胜、振豫、华兴、中权、自立泰、信孚、信泰、晋和等十余家,其资本由一万至五六万元不等,经营存放款、汇兑等业务,尤以吸收存款转贷与商号为主,""贴现抵押及信用透支等放欵,尤争相揽做,举凡郑埠之大小商号,率多与银号订有透支契约",①这些银号金融透支业务的举办,特别是若资金周转出现问题的话,将会给银钱业带来重大风险隐患。总的来说,这一时期郑州市场运行整体上较为稳定,因此银钱业得到一定程度的发展。

依据经营方式的差异性,郑州的银号大致可以分为两大类:一是以经营银钱业务为主、商品购销为辅,如中权、信昌、同和裕等;二是以经营商货为主、银钱业务为辅,如振玉、信孚、源和胜、长发祥等银号,这些银号实际上主要是做山货、粮食、煤油、皮毛等生意的,挂牌银号为的是吸收存款以及便于货款的收付。②1934年,国内白银大量外流,导致金融恐慌,农村经济破产,郑州钱业亦颇受冲击。乃至1935年,民国政府推行新货币政策,郑州金融业在受到冲击的同时发生信用危机,资金雄厚的商业银行尚能维持,但资金薄弱、管理不善的银号多难以为继,同和裕、信昌等银号相继倒闭,其他同业亦受到诸多连带影响,银号的金融业务大体上处于半停滞状态,仅有一些小钱铺尚在勉强维持。同年12月,郑州钱业同业公会成立,③意在通过银钱业界的组织化来共同抵御金融风险,维持业务运转,保障自身利益。

抗日战争爆发后,郑州的银号多迁往后方避难,市面上"金融流通迟滞,辅币缺乏异常,小额交易几陷停顿,现在(指1940年——笔者注)法币一元票调换辅币,须贴水五分,十元五元者,每票贴水亦须五角三角

---

① 张荣珍,《郑州金融与商业概况》,《交行通信》1933年第3卷第3期,第19页。另据郑幼池的回忆,30年代初郑州市面上大的银号主要有中权、振玉、义大、自主泰、源和盛(源和胜)、长发祥、宏昌、信孚、俊泰、豫大、信泰等。参见郑幼池,《郑州银钱业的一鳞片爪》,《郑州文史资料》(第5辑),郑州:政协河南省郑州市委员会文史资料委员会,1989年版,第45~46页。部分与张荣珍的记述相异,这与记载年份不完全相同、银钱业同业竞争激烈有关,一些银号新设,一些银号因经营不善而歇业或倒闭(例如:天德恒、宏昌等)。

② 郑州市工商业联合会编,《郑州工商业兴衰史概况(1904~1948)》(未刊稿),郑州:郑州市工商业联合会,1984年版,第69页。信昌、中权的业务范围主要是存放款、汇兑和买卖押汇;同和裕除上述业务外,还附设有庆丰祥米店及仓库;自立泰银号系山西票号的分号,资金雄厚,分支票号遍及全国;信孚银号主要经营煤油;振玉银号主营山货、胡桃;源和胜则主要经营瓜子、土产;长发祥以米店生意为主。

③ 《河南郑县钱业公会卷》,中国第二历史档案馆馆藏,卷宗号:422(4)-8564。郑县钱业同业公会会址位于德化街祥生长后院。会员的资金实力大小有别,多为兼营店铺的小钱庄,卷中仅涉及郑县钱业同业公会第一届当选委员(1935年12月)所在银号。

不等,其用单元币交易者,每元可涨价三四分,即一元可按一元零四分计算,无形中即将法币贬价,虽经地方当局迭令禁止,委托中农两行设法补救,终属杯水车薪,缓急难济"。"当地小本钱商 155 家,每家出资二三百元,依上列价格,贴水兑换,并高价收买各商店之单元币及辅币,且是之故。商店主多有将单元币及辅币积存不出,待高价出售,冀图厚利"①郑州"钱商实行兑换贴水,乘机渔利,每法币百元兑换单元钞,贴水四元五角,单元钞兑换辅币,每元贴水五分,此种现象,已非一日,迁延既久,流弊滋多,故郑市开设小钱摊者,一月之间由 150 家骤增至 180 家之多,每家资本最少额在千元左右"②。郑州钱业投机之乱象,金融业表面繁荣之下所掩盖的衰敝景象,由此可见一斑。

及至抗日战争结束,为适应社会需要,一些战时撤离郑州或歇业的老银号开始重操旧业,如源和胜银号经理王锦贤、孙向荣向财政部呈请核备复业,呈文如下:③

> 窃查豫省连年灾荒,继以兵灾,农民经济濒于破产,极应增设金融机构以资调济,而图复兴。尤其郑州为中原重镇,当平汉、陇海两路之交,地处要衢,交通便利,是以商业发达向为全省之冠。前被敌伪占据,迭遭破坏,日趋萧条。值此抗战胜利之后,地方复员,百业待理,仰赖金融机构之调济尤为迫切。惟以无商业银行之设立,致市面及农村经济周转不灵,商业发展大受影响。查本号源和胜系于民国二年间组织成立,继续营业至二十六年,因战事影响而停业,同人等均避难于兰州,近以民等返郑始悉。钧部本年二月五日曾颁布复员区商业银行复员办法,查本号情形确与原办法补充办法两项内乙项之规定相符。……钧部鉴核,俯念郑州特殊情形,准予备案复业,随后补呈应缴各种证件,以免逾限,不胜待命之至,谨呈!

---

① 《郑县财政金融近讯》,第一战区经济委员会统计室编,《经济通讯月报》1940 年 12 月号。参见《第一战区经济委员会统计室抄送郑州物价腾涨、郑州金融流通情形等敌方各项情报》(1940 年 11 月 ~ 1941 年 3 月),中国第二历史档案馆馆藏,卷宗号:四 - 16135。

② 《郑州金融流通情形》,《经济通讯周报》(情字第 16 号),1941 年 3 月 3 ~ 9 日。参见《第一战区经济委员会统计室抄送郑州物价腾涨、郑州金融流通情形等敌方各项情报》(1940 年 11 月 ~ 1941 年 3 月),中国第二历史档案馆馆藏,卷宗号:四 - 16135。

③ 《为适应社会需要呈请准予复业由》(1946 年 6 月 8 日),《财政部关于郑州源和胜银号核备复业、改称、补行注册事与中州央行、河南省财政厅、该号往来文》,中国第二历史档案馆馆藏,档案号:三 - 6 - 4408。

随着郑州的时局渐稳，交通复畅，商贸复苏，银钱业的发展迎来新的契机，一些老银号纷纷重整旗鼓，迁返郑州，在战乱纷扰与追寻和平的时代夹缝中觅得些许生存的机会。

二、银行业

1896年，豫泉官钱局在郑州设立分局，这是郑州有史以来第一家银行。[①]铁路通车后，郑州商贸市场日益繁荣，金融业务需求趋旺，一些国有大银行开始在郑州设立分支机构，1913年交通银行率先在郑州设立支行。到了20世纪20年代，随着交通区位优势的彰显以及商埠的开辟，郑州的吸引力进一步增强，各大银行纷纷在郑设立金融机构，计有中国、交通、中央、中国农工、北洋、大陆、河南农工、浙江兴业、西北等10余家银行。

20世纪30年代初，在区域经济发展的大环境中，郑州金融业尚属发达，就运行态势而言整体上较为顺畅。市面上的银行有"中央、中国、交通、金城、浙江兴业、河南农工、汉口农工等数家，银号则有信昌、中权等10余家，金融流通极方便，银行放款恒在十余万至数十万。以前棉业发达时，放款有多至一二百万者，近年则皆收缩范围云。市面流通以中国、交通、中南、中央之钞币最为通行，河南农工、汉口农工亦皆发行钞票"。1932年度，"郑州银行以上海银行（即上海商业储蓄银行——笔者注）之营业范围为最大，其放款、押款、押汇等共达1000余万元，盖其手续简捷及善于营业之力也"。[②]当然，各家银行会依据商贸市场的兴衰状况、时局稳定与否、发钞押汇的均衡态势等来调整放款和收款，以把金融风险降到最低限度。激烈的市场竞争环境对郑州银行业形成一种倒逼机制，改善融通机制、拓展业务领域、提升服务水平成为各家银行在郑寻求生存之道的必然选择。

河南省本土成长起来的金融机构，主要包括河南省银行和河南农工银行，分别于1924年、1928年在郑州设立支行，开展金融服务相关业务。[③]

[①] 杨达口述，杨慧兰整理，《民国时期郑州的银行机构》，《郑州文史资料》（第13辑），郑州：政协河南省郑州市委员会文史资料委员会，1993年版，第120页。豫泉官钱局郑州分局于1904年8月改名为豫泉官银号郑州分局，1911年9月复谓豫泉官钱局郑州分局，历时27年，直至1923年被改组为河南省银行郑州支行，没有支撑多久，遂于1927年停业。

[②] 陇海铁路车务处商务课编，《陇海全线调查》，郑州：陇海铁路车务处商务课，1933年版，第161～162页。

[③] 中国农业银行郑州市分行，《郑州市农村金融志（1840～1990）》（未刊稿），郑州：中国农业银行郑州市分行，1992年版，第1～2、11页。

受时局和市场因素的影响，铁路路务和郑州工商业先扬而后抑，银行业亦受到冲击，在经历一段时间的初步发展之后，或因时局不靖，或因摊派捐款不堪重负，一些银行或是裁撤，或是压缩贷款业务以求自保。如冯玉祥1928年曾在郑州设立西北银行，经营未及一年，冯军败退郑州，西北银行无奈关闭。

待时局渐定后，各家银行接踵复来，1935年时郑州全城共有12家银行。如果依照成立时间的顺序进行排列，则分别是成立于1913年2月的交通银行郑州支行、1921年11月的中国银行郑州支行、1921年11月的金城银行郑州分行、1928年4月的河南农工银行郑州分行、1929年8月的上海商业储蓄银行郑州分行、1931年4月的陕西省银行郑州办事处、1931年6月的中央银行郑州支行、1932年6月的中国农工银行郑州办事处、1932年10月的浙江兴业银行郑州分行、1933年12月的北洋保商银行郑州办事处、1934年1月的中国农民银行郑州分行以及1935年1月的大陆银行郑州办事处，[①]这些金融机构主要集中在大同路等火车站附近的商业繁盛之处。

伴随郑州工商业的繁荣，银行的资金融通与金融活动开始向诸多行业渗透，银行业的经营方式遂呈现多元趋向，涉及领域有所扩展。从存款、贷款、汇兑，到吸引社会游资，办理出口押汇，开展抵押放款等，促使现金流动量和汇兑业务量激增，往来对象地多为平汉、陇海铁路沿线城市及各大港口。如表6.2所示，在现银流通方面，1935年郑州共移入现银约1200万元，计河北110万元，汉口106万元，徐州164万元，其他各地786万元。而现银移出约1000万元，计河北355万元，汉口84万元，西安114万元，其他450万元；在金融汇兑方面，1935年度各地共向郑州汇款计约2700万元，而由郑州向外汇款额为约5700万元，汇出款额比汇入额高出约3000万元。其中汇款来源地以南京和汉口两地为最多，约占汇入总额的42%，而汇款流向地则以上海和天津最多，约占汇出总额的60%。

---

① 中国银行总管理处经济研究室，《全国银行年鉴（1936年）》，中编第13章，南京：中国银行总管理处经济研究室，1936年版，第68页。中国农民银行，在创立之初被称为豫鄂皖赣四省农民银行。关于1935年郑州市面上银行的考察，杨达略有补充，除上述银行之外，还有成立于1925年7月的盐业银行郑州支行、1932年设立的邮政储金汇业局郑州办事处和设立于1935年9月的中孚银行郑州办事处。此外，杨达认为，大陆银行是1933年10月在郑州设立支行的，而非银行年鉴所述的1935年1月在郑设立办事处。参见杨达口述，杨慧兰整理，《民国时期郑州的银行机构》，《郑州文史资料》（第13辑），郑州：政协河南省郑州市委员会文史资料委员会，1993年版，第122~126页。

表 6.2 郑州金融汇兑情况一览表

地点	汇入（元）	汇出（元）
上海	2264000	22186800
汉口	3677000	3680000
天津	1462000	12499000
南京	7525000	4189000
西安	2942000	3654000
其他	9188400	11474800
总计	27058400	57683600

资料来源：中国银行总管理处经济研究室，《全国银行年鉴（1936年）》，中编第13章，南京：中国银行总管理处经济研究室，1936年版，第71页。

若按照银行业的职能分担来进行分类的话，郑州的银行大致可分为官立银行和商业银行两大类：官立银行包括中央、河南农工、四省农民等银行，商业银行主要有上海、交通、中国、浙江兴业、中国农工、金城、北洋保商等银行。就官立银行的营业范围而言，"多注重国家政府款项之收付，而代替国库。故郑市之中央、河南农工等行，除收支国款外，对于商业放款，不如其他各行之活动，但四省农民（银行）因其主要任务，是在救济豫鄂皖赣四省之农村经济，自在郑成立分行后，曾派员协助金陵大学农学院农业经济系调查团，分赴各县，考察农村经济与生产状况，""其投资对象，多系豫西各县之棉花业，因农村组织不完善，尚不能普通实惠于一般农民。"而商业银行则是面向市场提供金融服务，以追求利润为准则。"如上海、中国农工、浙江兴业、金城等行乃私人资本，或数行集资所在组织，其唯一目的，在谋利益，故其营业对象，当然系活动商人金融，从中收获利息，并假别人之存款或资金，经营副业，如堆栈、转运等业，郑市商业，以棉为大宗，银行放款，当然属于棉花商人，所谓押汇，或拆息，据去年之结算，营业较大，赢（盈）利更厚者，以上海、交通、中国、浙江兴业，金城对事业之经营，亦颇积极。"[①]此外，中国银行、交通银行、浙江兴业银行、上海商业储蓄银行、四省农民银行等五家银行，除受理城市金融业务之外，还"受经济委员会之托，办理农村放款，自创办以来，成绩颇佳"。五家银行分别"组织放款团，决定放款对象，

---

① 河南省政府秘书处统计室，《二十三年郑州银行业棉业概况》，《河南统计月报》1935年第1卷第2～3期合刊。

系以豫陕晋三省之棉花产销合作社，截至去年（1934年——笔者注）年底止，豫省成立棉花产销合作社者，河南六处，陕西十处，山西一处。一年办理放款统计如下：麦青苗款，放出23700元，收回23700元，棉苗款放出214680元，收回214680元，利用放款85646.68元，收回19708元，运销放款567398.54元，尚未收回，总计放出891425.22元，收回258088元，未收回633337.22元"[1]，在农业扶持、农村救济和产销合作方面发挥着重要的经济功能。从资金融通、商业贸易和城乡互动的角度来看，在诸多银行的接济和支持下，郑州市场的金融周转和商贸活动得以顺利开展。

因交通便利关系，郑州商业贸易日盛，其中以棉业为大宗。各区产棉集中郑州销售，沪、汉、青、济等埠经营棉业者，多派专人坐庄收买。郑州棉花市场上的金融周转、押款押汇，全恃银行辅助，棉市与银行的关系甚为密切。"查各行中之与棉市关系最深者，首推中国银行，该行每年所做棉花押汇达500万元，棉花押款达250万元。次为上海银行，年做押汇400万元，押款200万元……总之郑州棉花押汇每年1400万元，押款600万元，其金融之流通途径，以上海为收现对象，北平及汉口为现金之运入来源，计每年现金来源，自北平者占十分之七，来自汉口者，占十分之三。"[2]除此之外，如前文所述，银行还直接参与棉花经营、介入货栈等业，对郑州棉花市场的兴起发挥了一定的推动作用。

郑州银行同业公会的成立，在一定程度上实现了郑州银行业的金融资源整合，以便为市场提供更为便捷和周密的服务。在银行业的资金支持下，郑州棉业借交通之利而发展迅速，其繁荣与银行可谓是具有重要的关联性。

抗日战争全面爆发后，受战争因素的影响，郑州交通停滞，运输困难，市面萧条，通货紧缩，其银行业遭到重创，多陷停业状态。1940年，郑州"境内之金融机关，属中央管理者，为中央银行郑州办事处，及赈济委员会小本贷款郑州分处，属省者为河南省农工银行。其业务范围不外调剂市面金融，办理汇兑储蓄等事宜，惟小本贷款处，系遵照赈济委员会小本贷款办法，举办无息贷款，救济战区贫灾难民，以安定社

---

[1] 河南省政府秘书处统计室，《二十三年郑州银行业棉业概况》，《河南统计月报》1935年第1卷第2～3期合刊。
[2] 《陇海铁路货运调查报告》（1936年4月），中国第二历史档案馆馆藏，卷宗号：28（1）-3866。

会生活为目的。"[①]1945～1949 年，郑州市面上仅剩余极少量金融机关在战争困局和市场困顿中开展相关业务。在这战争连绵不断、局势动荡不安的十几年间，郑州仅有的中央银行、河南省农工银行等数家金融分支机构，在办理日常汇兑储蓄业务之余，免息或低息贷款及相应的经济救济亦被纳入业务领域，其职能担当与原来意义上的金融机关已大有不同。

三、郑汴洛金融业之比较

工商业的繁盛离不开金融业的支撑，而金融业的发展亦要依托工商业的繁荣，两者之间的关系是相互依存、相互推动、相互促进。郑州的金融业相对发达，金融机关比较集中，规模较大的官立银行及商业银行计有 10 余家，另有众多的银号钱庄，初步形成了带有郑州地域色彩的交通贸易服务型金融体系。与周边重要城市开封、洛阳相比较，郑州金融业具有明显优势（参见表 6.3）。

表 6.3　各地银行调查——郑州、开封、洛阳

所在城市	银行	总分支行处别	设立年月	重要职员		详细地址
				职务	姓名	
郑州	大陆银行	办事处	1935 年 1 月	主任	张万里	
	上海商业储蓄银行	分行	1929 年 8 月	经理	蔡墨屏	大同路
	中央银行	支行	1931 年 6 月	经理	邵同书	东敦睦里
	中国农工银行	办事处	1932 年 6 月	主任	李鸿球	福寿街 12 号
	中国农民银行	分行	1934 年 1 月	经理	贾士彦	大同路东敦睦里
	中国银行	支行	1921 年 11 月	经理	潘世经	车站西敦睦里
	北洋保商银行	办事处	1933 年 12 月	主任	刘承凯	大同路
	交通银行	支行	1913 年 2 月	经理	史济道	大同路
	金城银行	分行	1921 年 11 月	经理	金昭	兴隆街
	河南农工银行	分行	1928 年 4 月	经理	刘树基	新马路
	陕西省银行	办事处	1931 年 4 月	主任	景麟瑞	苑陵街福信行内

---

① 《郑县财政金融近讯》，第一战区经济委员会统计室编，《经济通讯月报》1940 年 12 月号。参见《第一战区经济委员会统计室抄送郑州物价腾涨、郑州金融流通情形等敌方各项情报》（1940 年 11 月～1941 年 3 月），中国第二历史档案馆藏，卷宗号：四-16135。

(续表)

所在城市	银行	总分支行处别	设立年月	重要职员 职务	重要职员 姓名	详细地址
郑州	浙江兴业银行	分行	1932年10月	经理	马孝高	大同路路北
	上海商业储蓄银行	支行	1931年4月	经理	经春先	大同路
开封	中央银行	支行	1933年7月	经理	钱宗浩	鼓楼东街
	中国农民银行	办事处	1934年2月	主任	俞寿沧	书店街
	中国银行	办事处	1913年4月	代主任	陈镇铎	北书店街17号
	交通银行	支行	1910年10月	经理	谢枢	河道街
	金城银行	办事处	1933年6月	主任	徐朝鹤	南土街
	河南农工银行	总行	1928年3月	行长	李汉珍	山货店街
洛阳	中央银行	办事处	1932年6月	主任	陈叔虎	城内东大街
	河南农工银行	办事处	1928年5月	主任	张品三	西大街

资料来源:《各地银行调查》,中国银行总管理处经济研究室,《全国银行年鉴(1935年)》,正编第3章,南京:中国银行总管理处经济研究室,1935年版,第77～80页,本表据此制作而成。

仅就上述调查而言,郑州在20世纪30年代中期计有中国农民银行、中央银行、上海商业储蓄银行、金城银行、河南农工银行、浙江兴业银行、交通银行、中国银行、中国农工银行、北洋保商银行、陕西省银行和大陆银行等12家银行,其中上海商业储蓄银行、中国农民银行等5家为分行,中央银行等3家为支行,中国农工银行等4家为办事处。而同期省城开封仅有银行7家,除河南农工银行为总行之外,其余均为支行和办事处,洛阳更是只有河南农工银行和中央银行两家银行的办事处。分行系负责一个省或者更大区域金融业务的机构(省级银行的分行除外),国家级银行以及其他区域性大银行的河南省分行设于郑州,而没有设立在省城开封,郑州在河南省经济地位的重要性,由此可见一斑。

此外,交通银行于1936年1月1日把郑州支行升格为分行,统一管辖河南、陕西两省的交通银行分支机构。抗日战争爆发不久,1937年8月22日,中央、中国、交通、中国农民四行联合办事处设分处于郑州,以统领整个区域的金融事务。也许这些跨省域的金融机关①在郑州的设立，并不意味着郑州金融业的鼎盛，但至少从一个侧面表明郑州在区域金融领域中的地位，明显高于河南省省城开封和豫西重镇洛阳，是中原地区的金融中心。

第四节 小 结

在近代中国区域经济体系中，港口、腹地、边缘区可以大致表明经济发展的层级划分，而港口、腹地、边缘区的层级推进以及依托港口或中心城市所形成的各个商圈的交叉、重叠与相互袭夺，构成了近代中国经济演化的一道风景线。港口与腹地的问题，实质上是理解中国经济现代化空间进程的关键。②在国内市场网络中，天津、汉口与上海的经济联系最为密切，汉口的腹地市场范围几乎完全位于上海港的间接腹地之内，而20世纪20年代之后的天津，成为仅次于上海的全国第二大港口城市，其所形成的沪、津、汉三大商圈及其互动，左右着全国经济贸易格局的走势。每一个开放的港口均会拥有自己的腹地范围，但是各地区在腹地中的地位存在明显的差异性，特别是其与港口城市经济关系的疏密程度，以及与联系港口城市、区域中心城市的主要交通线的距离和便捷程度的不同，往往会导致各地区经济发展速度和发展水平产生巨大的差异。

在腹地问题上，单纯属于某一个港口或城市的腹地是不存在的，特别是在腹地的边缘地区，往往会同时受到若干港口或区域中心城市的交互影响。交通枢纽地位的奠立和交通职能的强化，将会引发商贸业、制造业、服务业、仓储业等一系列相关产业和经济活动，推动城市快速发展，城市的区域影响及其在中心地体系中的地位也将得到相应提升。③特别是在区域贸易体系中，郑州中心地的辐射作用逐步彰显。可以说，铁路的引入，打

---

① 高规格的金融机构的设立，既是该地域市场繁荣度的一个晴雨表，同时也是该城市经济地位的一种表征。就区域机器打包业的发展，可以看出金融业对城市中心地职能的巨大支撑作用。如郑州的机器打包业曾一度衰落，而陕州（陕县）机器打包厂在20世纪30年代初吸收股本30万元，内设机务、堆栈、会计3股，经营棉花打包、堆栈业务，一时间营业昌隆，甚至有超越郑州机器打包业之势。不过这种态势并未延续很久，旋呈颓势，原因来自诸多方面，但其中一个不容忽视的重要原因是陕州（陕县）没有大的金融流通机关，缺乏银行业的支撑，也使得该地的打包业发展潜力有限，更是无法形成商业的中心地。

② 吴松弟，《港口——腹地与中国现代化的空间进程》，《河北学刊》2004年第3期。

③ 张复明，《区域性交通枢纽及其腹地的城市化模式》，《地理研究》2001年第1期。

破了郑州地域原有的封闭态势，铁路线上一批新的商品集散市场快速成长。郑州因据交通要衢，运输四便，来自东、西、南、北的集散物资逐年增加，作为中转贸易地在区域经济格局中占据重要地位，[①]由此逐渐发展成为中原地区最大的商品集散中心。

对于郑州作为区域中心地发展的潜力与趋势，时人曾经做出一个基本判断，认为郑州在条件成熟时，必将成为中国中西部地区的中心市场。据白眉初所著《鲁豫晋三省志》记载："郑县据京汉（即平汉铁路——笔者注）、陇海两路交点，倘陇海有延至皋兰之日，即郑县为西北各省货物出入总汇之时。且他日济顺路成，则北有邢台之中心；瓜信路成，则南有信阳之中心；高徐路成，则东有徐州之中心。三中心之于郑州，恰如半径之趋于圆心，皆有辅助郑州吐纳之形势。盖郑州他日必为全国一大中心市场，无疑义也。"[②]至20世纪三四十年代，郑州已快速成长为区域中心地，其重要原因在于郑州拥有优越的城市地理位置，包括城市自然地理位置和城市交通地理位置两个方面。

其一，自然地理位置。如果某城市位于某一区域的中心，则该城市与区域内其他城市联系的空间距离相对较近，这种有利的中心位置既便于四面八方的交通线向这里会聚，也有助于促进由中心向外开辟新的交通线，从而促进城市的成长。一般来说，一个区域的中心位置往往有利于区域内部的联系和管理，门户位置则对区域与外部的联系更加有利，当一个城市能同时体现这两种位置的作用时，它无疑会成为区域的首位城市。[③]郑州位于河南省的中央或者说是中心位置，是通往西北地区的门户，也是中国东西部连接的必经之地，同时又是中国南北联络的重要枢纽，可以说，中心与门户这两种自然地理位置在郑州集于一身。

其二，交通地理位置。相对于自然地理位置而言，交通地理位置更为重要。对外交通运输作为城市与外部联系的主要手段，是实现社会劳动地

---

① 〔日〕青岛守備軍民政部鉄道部，『隴海鉄道調査報告書』，青岛：青岛守備軍民政部鉄道部，1920年版，第298～299页。

② 白眉初，《鲁豫晋三省志》之河南省志部分，南京：中央地学社，1925年版，第31页。皋兰，今兰州，为丝路重镇，陇西要冲，清至民国系甘肃首县和省会重镇，辖今兰州、白银两市的部分地区，现为兰州市辖县，位于兰州市北郊；济顺路、高徐路和瓜信路，均系民国北京政府铁路建设的规划线路。其中济顺路为山东济南到河北顺德（今邢台）的连接线，以沟通平汉铁路和津浦铁路，高徐路则为山东高密到江苏徐州的连接线。民国北京政府曾就两路的修筑与日本签署高徐、济顺路约，后因民众的强烈反对而作罢。瓜信路系连接江苏瓜州和河南信阳的一条规划铁路，后因种种原因未能成路。

③ 周一星，《城市地理学》，北京：商务印书馆，1995年版，第154～156页。

域分工的重要杠杆。①交通既是城市经济发展的命脉,又是衡量一个地区经济发展的标尺。城市经济的繁荣离不开腹地区域的支撑,而交通则是联系城市与腹地的纽带。交通运输方式不仅决定着城市本身规模与地域结构,也关系到城市地理分布及中心作用的发挥。②郑州拥有当时较为发达的陆路交通网络,可谓是四通八达。天津的洋货经北京沿平汉铁路南下可直接抵达郑州,与之相伴,天津的工业制成品及张家口外所产内蒙古制品多有输入。此外,河北南部的农矿产品销往郑州者亦不乏少数。陇海铁路沿线物产的运出或者外部商品的运入,均把郑州视为重要的中转平台。豫省"从前纱厂甚少,现已开工者惟彰德广益公司及郑州新成立之豫丰纱厂,故所产之花销出者实占多数。运销地点为天津、汉口、上海等处,均以郑州为集散之最大市场,盖因郑州既近黄河,且为平汉(时称京汉)铁道及汴洛铁道之交点地也"③,交通地理位置可谓是郑州中心地得以形成的最重要的助推器。

铁路的筑通促进了郑州城市经济的快速发展,而城市经济形成的辐射力,又带动了原来不发达区域的经济发展,在20世纪20～40年代,郑州已经成长为中原地区的区域性中心城市。④做出这一判断,主要依据是经济发展和交通运输因素,在市场贸易、金融服务和交通区位等方面,郑州的影响力和辐射力是中原地区所有城市中最为显著的。

---

① 当然,也有一些城市占有好的交通地理区位,却未得到大的发展。这表明交通位置固然重要,但它并非是全部,城市的发展与该城市所在地域或城市直接腹地的经济发展过程及其经济发展态势息息相关。参见周一星,《城市地理学》,北京:商务印书馆,1995年版,第160～161页。
② 陈炜,《近代中国区域性中心城市崛起的原因》,《新乡师范高等专科学校》2006年第2期。
③ 《河南近年之植棉业》,《大公报》1920年11月11日。
④ 中心城市是相对于经济区和城镇体系而言的。地域性或区域性中心城市是指在一个较大区域范围内人口相对集中,综合实力相对强大,在政治、经济、文化等方面具有较强的吸引能力、辐射能力和综合服务能力,经济发达、功能完善,能够渗透、带动、组织周边区域经济发展,城镇体系建设、文化进步和社会事业繁荣,其影响力可以覆盖区域内其他城市的中心城市。参见河南省科学院地理研究所课题组,《郑州区域性中心城市辐射力研究》,载张大卫,《河南城市发展报告》,郑州:河南人民出版社,2005年版,第121页。

第七章　铁路与郑州城市空间结构演化及功能转变

中国传统城市空间布局，具有一种特殊的政治象征性意义，大体上城是由宫城发展而来，而商业和居民区则置于城外之"郭"。宋代以后，城市空间布局发生重大变化，宫城成为城中之城，但后起的商业和居民区仍被安排在城墙以外，即使是在那些商业意义重于政治意义的地方城市中，商业区与衙署区亦距离较远，具有较为清晰的区域分界，形成中国古代城市的"双中心"格局：即城内的行政中心和城门外的商业中心。①就整体上而言，中国的城与市的关系大体经历了五个阶段，即：有城无市，城中有市，城区即市区，城在市中和有市无城。②就城市结构形态而言，近代中国的城市大致是相对规则与方整的城池，市政建设多在城池内进行，道路网络多是规整的十字道或丁字街。为军事防御之需要，重要州府的驻地除修筑城墙外，还沿城墙内侧设置马路，城墙外侧设置城壕和四关。民用建筑多是沿十字道的主要街区布置商店和门面房，背街区布置居民住宅。沿街建筑的功能设计多是前店后坊的形式，即街面设店，后部是手工作坊，官府衙门和寺庙等一般布置在中轴线上，③这是一般意义上中国传统城市的空间布局形式。

传统意义上的中国城市，往往强调官府等权力机构位居城市核心地位，其城市空间形态具有以下三个特征：（1）城内以居住区为主，城市商业和手工业依附居住区，形成居住、生产和销售于一体的前店后坊或下店上舍的结构形态；（2）因交通工具以人力和畜力为主，人的活动半径狭小，故而城市的平面形状和空间结构较为紧凑集中，形成单中心结构；（3）建有城墙，是一种封闭向心型空间结构。④这种基于儒家文化"居中

---

① 章生道，《城治的形态与结构》，载施坚雅编，《中华帝国晚期的城市》，叶光庭等译，北京：中华书局，2000年版，第102页。
② 赵德馨，《中国历史上城与市的关系》，《中国经济史研究》2011年第4期，第3页。
③ 河南近代建筑史编辑委员会编，《河南近代建筑史》，北京：中国建筑工业出版社，1995年版，第49页。
④ 邓清华，《城市空间结构的历史演变》，《地理与地理信息科学》2005年第6期，第79页。

不偏"影响的城市空间布局，是农业社会城市所普遍具有的空间结构特征，也是 20 世纪以前郑州城市空间结构的一个显著特点。

近代郑州城市的发展，是在交通条件得以改善的基础上，依托铁路这一新的运输方式，带动城市工业的发展、商业贸易的繁荣以及城市人口的聚集而展开的。虽然近代前期郑州地域的传统水陆运输系统依然存在，但其运输规模已非常之小，这在沿海开埠通商、港口向内陆辐射、商品流动需求快速增长等新的时代背景之下，其所形成的微弱动力已无法支撑郑州城市的整体发展。铁路的导入，使得郑州相对均衡的发展逻辑被打破了，城市发展逐渐摆脱传统机制的制约，城市的空间得以拓展，城市空间结构变容，城市功能亦随之转换，交通功能得以彰显，外在景观发生巨大变化，火车站区域遂取代传统的驿站及官府衙门驻地而成为新的城市生活中心，郑州城市发展的轨迹由此发生了根本性转变。[①]研究郑州这座铁路枢纽型城市的空间结构及城市功能与铁路之间的内在关联性，观照该类型城市发展的特点，对于认识近代中国城市发展的内在规律和区域社会变动理路，抑或能够提供一些借鉴。

第一节　火车站、新市街：城市中心位移

火车站是从事铁路客运、货运业务以及列车作业的综合性场所。铁路对于城市的影响，主要是通过火车站的枢纽作用，形成人流量很大的次级中心和货运转运枢纽，成为城市空间结构的重要核心。[②]郑州依托火车站在

---

①　郑州作为近代中国城市发展的一个典型类型——内陆交通功能型城市，因铁路而兴的特点尤其突出。那么，铁路与郑州城市空间变迁的内在关系如何？城市功能分区与功能演变受到交通因素怎样的影响？这引发了学界的注目和诸多探讨，主要研究成果有：许继清，《郑州城市空间结构的演变与特征》，《华中建筑》2007 年第 5 期；朱军献，《无序生成与近代郑州城市空间结构之变动》，《河南工业大学学报》（社会科学版）2011 年第 3 期；朱军献，《郑州城市规划与空间结构变迁研究（1906～1957）》，《城市规划》2011 年第 8 期；谢晓鹏，《近代郑州城市的初步转型（1908～1948）》，《河南城建学院学报》2012 年第 3 期；杨菲，《郑州城市规划与市政建设的历史考察（1908～1954）》，郑州大学 2011 届硕士学位论文；何一民，《近代中国城市发展与社会变迁（1840～1949）》，北京：科学出版社，2004 年版；隗瀛涛主编，《中国近代不同类型城市综合研究》，成都：四川大学出版社，1998 年版；顾朝林等，《中国城市地理》，北京：商务印书馆，1999 年版；刘晖，『近代鄭州の隆盛と鉄道（1905～1937）』，〔日〕根岸智代訳，〔日〕『現代中国研究』第 24 号（2009 年 3 月）；刘晖，《交通变革与近代郑州地域构造的变容》，〔日〕『ICCS現代中国学ジャーナル』2010 年第 1 号（2010 年 3 月），刘晖，《铁路与近代郑州城市空间结构变动及功能演变》，《安徽史学》2015 年第 4 期，等等。

②　武进，《中国城市形态：结构、特征极其演变》，南京：江苏科学技术出版社，1990 年版，第 216 页。

车站与老城区之间形成新市街，从而改变了原有的城市空间结构。

一、火车站

郑州火车站是近代郑州人员、物资、信息等要素交流交换的重要场所，设南北两站。"郑州南站距县治3里，北站在北关外2里，两站相距2里许。南站与平汉（平汉铁路——笔者注）联合，设备因陋就简，仅为旅客上下而设，其货物装卸囤积场地均在北站。本路（陇海铁路——笔者注）郑站原假用平汉站，后因旅客日增，乃自设站台于天桥之西。南站东部，商市栉比，街道整洁，中央之大同路由东往西可达城中。"[①]郑州火车站一般通指南站，系平汉铁路郑州站（参见图7.1），始建于光绪三十年（1904年）3月。作为平汉铁路的支线，汴洛铁路（陇海铁路的前身）开始建设并于1908年12月通车，在郑州站与平汉铁路平面交叉，当时没有另建车站，两路共用一座车站。"车站占地约20000坪（1坪≈3.3平方米，笔者注）。站内共4条铁道，东边两条铁道为平汉铁路使用，西边两条铁道为陇海铁路使用"，[②]分为客运站和货运场两部分，是近代郑州最为繁忙的场所。

图7.1　郑州火车站图景[③]（20世纪20年代）

[①] 陇海铁路车务处商务课编，《陇海全线调查》，郑州：陇海铁路车务处商务课，1933年版，第162～163页。

[②]〔日〕青岛守備軍民政部鉄道部，『河南省鄭州事情』，青岛：青岛守備軍民政部鉄道部，1922年版，第26页。

[③] 该图为1923年的郑州火车站，系京汉（平汉）铁路郑州站，接连站台的天桥隐约可见。参见 http://www.sohu.com/109228817_348735

"郑州车站与汴洛（铁路）接壤地，属充繁人烟稠密，来往行人每易肇生危险。"为方便旅客出行、换乘需要和安全起见，在郑州火车站"设立铁质天桥一座，计两空三梯，……于上年（1912年——笔者注）告成"，"自设天桥后，该站列车往来不复有伤人之事"。[①]这是平汉铁路所有火车站中所设立的第一座旅客天桥，使得车辆调度、旅客上下车以及换乘方便许多。

汴洛铁路1913年并入陇海铁路后，另设陇海线郑州站，位于平汉线郑州站西北侧，两站实行按线分站管理。平汉线火车站位于现在郑州站的到发线处，在20世纪30年代初期有到发线5股，调车线3股，共8个股道；陇海线火车站位于现在郑州站的车辆南段客车整备线处，有发车线3股，调车线4股，共计7个股道。[②]与1920年前后相比，此时郑州站的铁路股道、站台等相应配套设施明显有了大幅拓展。

平汉、陇海铁路分属平汉铁路管理局和陇海铁路管理局，故两铁路的郑州站互不隶属，各自为政，客货运输需要办理换乘和过轨手续，货物过轨收费，使得铁路行车运输效率大为降低。因两铁路郑州站的站线短小，设备简陋，作业重复，布局不甚合理，管理不统一，给旅客换乘带来诸多不便，货物运输亦受到不利影响。

直至1927年6月，陇海铁路管理局开始筹建郑州北站，在老城的西北方向，与平汉铁路郑州站相距约1千米。由于陇海铁路郑州站与城市相距甚远，不便旅客出行，遂于次年12月在平汉铁路郑州站对面修建票房、站台，专售客票，并将平汉路车站的天桥展筑到新站前，经由天桥通过平汉路车站南运货门出入，被称为南站，而货物装卸、车辆停放均在北站，同时兼售客货票。随着陇海铁路向西展筑，运输日渐发达。[③]根据20世纪30年代中期郑州车站的配线图（参见图7.2），可以较为直观地了解车站当时的规模、方位、配置、两站位置关系以及列车调配线路状况等信息，表明郑州火车站当时已具有相当的规模，具有一定的列车调度及货物吞吐能力。

---

① 《京汉铁路中华民国元年兴革要项一览表：郑州添设天桥》，《铁路协会会报拔萃》第1、2卷（1912、1913年度），第1～15期，第361页。
② 郑州市城乡建设管理委员会编，《郑州市城乡建设志》（第2册）（未刊稿），郑州：郑州市城乡建设管理委员会，1993年版，第1314页。该志书没有注明时间，根据资料的对比、甄别，应该是20世纪30年代初期的情形。比10年前的郑州车站，规模有所扩大。
③ 陇海铁路管理局总务处编译课编，《陇海铁路旅行指南》（第2期），郑州：陇海铁路管理局总务处编译课，1932年版，第87页。

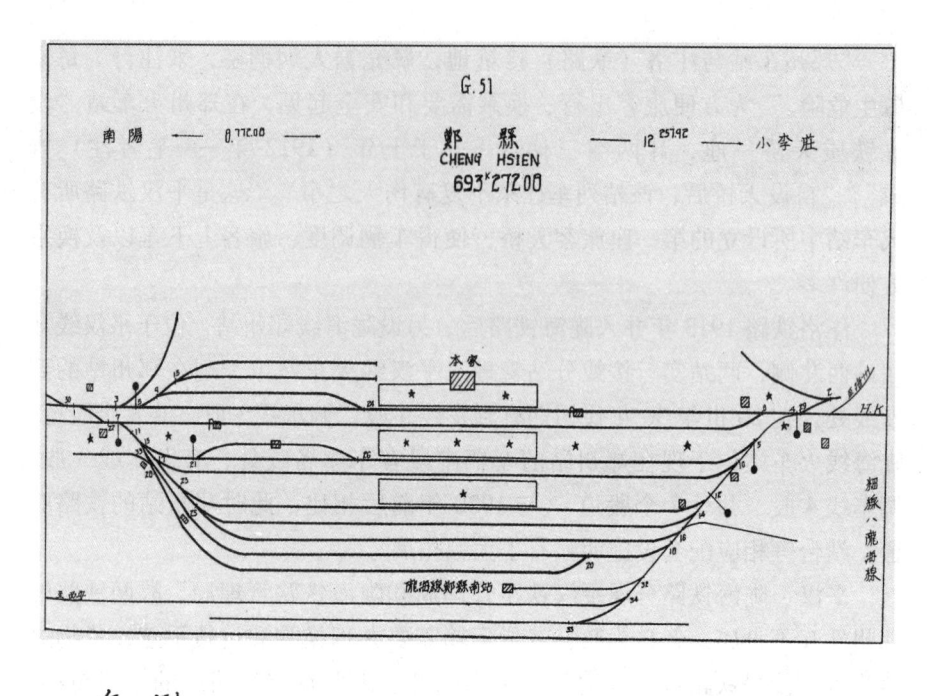

图 7.2 郑州火车站配线图（20 世纪 30 年代）

资料来源：〔日〕中国駐屯軍司令部乙嘱托鉄道班，『平漢鉄道調査報告——工務関係別冊其二·平漢鉄道停車場配線図』，出版地不详，中国駐屯軍司令部乙嘱托鉄道班，1937 年版，第 72 页。图中的南阳，是指郑州北郊的南阳寨，位于平汉线 K667+479 处，1912 年 5 月建成驿站，1917 年 7 月改为车站，即南阳寨站，后曾使用过南阳这一称谓。郑州站位于平汉线 K676+153 处，图上部的粗线部分是指平汉铁路郑州站，下部的细线部分是陇海铁路郑州南站。凡例中的标识依次为：站台照明灯、转车台、装载标准、灰坑。灰坑系为蒸汽机车整备作业排放炉灰而设置的低于轨道的建筑物，一般设于机务本段、折返段、折返点的整备场，以及机车行驶于长牵引交路时的上水站、中间站清炉地点，坑内配有排水、集水及沉碴设施。P.P. 表示北京方向，H.K. 表示汉口方向。

因平汉、陇海铁路在郑州平面交叉，对列车的行车调度带来很大的干扰。陇海铁路管理局遂于 1936 年在车站南端修建了一条和平汉铁路立交的飞线，被称为陇海高线，使得陇海铁路郑州站可以直通列车，避免了与平汉铁路南北方行驶列车之间的相互干扰，但两线郑州站依然是各成系统，独立经营。①陇海铁路郑州站的修建尽管缩短了旅客换乘的行走距离，但仍需分别办理旅客换乘、货车车辆过轨手续，两路各自为政的状况实际上未能得到有效解决，依然给郑州客货运输带来诸多不利影响。

二、商埠开辟与新市街的形成

平汉铁路的筑通，使得郑州居"河南最关冲要之处"，其交通区位优势逐渐得以彰显。而火车站的建成和平汉铁路南段通车，郑州已是"往来客商络绎不绝"。在河南巡抚陈夔龙看来，"火车畅行以后，该处实为中站停顿之区，凡西人之游历至此者，莫不谓该处将来贸易必臻繁盛，咸有耽耽逐逐之思"。陈夔龙预见铁路将给郑州带来巨大商机，并基于国家主权层面的考量，"查泰西各国，最重商务，每次议约，无不索开口岸，争设租界，以便彼此通商。今欲杜外人之觊觎，保自有之权利，实非自辟商埠不足以筹抵制"，②力主郑州自开商埠，与外部进行商贸往来。光绪三十一年十二月二十四日（1905年1月29日），陈夔龙向清廷提交奏折，申请把郑州开辟为自开商埠。1907年，汴洛铁路的郑州至开封段通车后，郑州商贸市场更是"益有起色，火车站两旁马路现已修有五区之广，路旁里巷亦有马路十七条，各省知名商店设分庄，该处者络绎不绝"，被称之为"第二汉口"。③1908年10月，开埠奏折获得清政府核准，④郑州在名义上得以自行开埠。

铁路筑通和商埠开辟这两大有利因素所释放出的讯息，使得郑州市政当局更加重视对城市基础设施的整备，推动了老城以西道路的增设，城内各大街连接火车站的马路渐次施工，郑州城市道路的封闭式坊里布局被打破，开始出现坊市融合的商业性街道。商埠道路开始采用新的筑路工艺，将老城通往火车站的土路整修成泥结碎石路，使得郑州的道路结构突破了传统的自然土路形式，出现了现代道路的雏形——过渡式路面。⑤由老

---

① 郑州铁路局史志编纂委员会编，《郑州铁路局志（1893～1991）》（上册），北京：中国铁道出版社，1998年版，第236页。

② 河南巡抚陈夔龙，《拟在郑州自辟商埠由》（光绪三十年十二月二十四日），1905年1月29日，台湾"中研院"近代史研究所档案馆馆藏，馆藏号：02－13－053－01－017。

③ 《记事：郑州商埠之发达》，《南洋商务报》1907年第28期，第3页。

④ 《郑州开辟商埠》，《大公报》1908年10月3日。

⑤ 郑州市城乡建设管理委员会编，《郑州市城乡建设志》（第2册），（未刊稿），郑州：郑州市城乡建设管理委员会，1993年版，第1603～1605页。过渡式路面指的是有路基、有路面（泥结碎石）、采用现代技术压制而成的马路路面，带有初级的现代道路性质，相对于传统的自然道路或经过人工简单整修的土路而言，无疑是大大前进了一步。

城通往火车站的第一条大马路即为过渡式路面，这条新式街道被命名为"马路大街"。由于清政府当时已是风雨飘摇，无暇顾及郑州商埠建设，主要靠地方政府和社会各界筹措资金在火车站附近进行一些市政建设，"从老城区向火车站方向开辟街道；沿火车站的马路向南北方向发展；德化街、天中里、朝阳街、兴隆街向东发展；西大街、苑陵街向火车站延伸，并陆续建立了邮政、电信、电话、电灯照明设施以及整修道路等，初步形成了火车站附近的繁华商业区"。①这样，在老城西门外"凡二里有奇""在光绪三十年间尚属一青葱无际之田园"，成为"市况活泼之地，道路宽阔，工厂、旅馆及杂货店、棉花批发搬运店等大的店铺多集中在这一带"，②一个新城区逐渐得以形成。在老城与火车站之间的连接地带，呈现出一派繁荣景象，成为近代郑州城市商业发展的重心。

从火车站停车场到老城西门的马路两旁分布着各类商铺，商铺最为密集之处是停车场附近及西门路（即西大街）。其中，外国输出入商品的代理店主要有万成恒纸烟公司、武宏济大药房、义顺永杭州绸庄、德庆祥汴油庄、长发祥绒呢洋布庄、永馀恒洋货铺、大有丰洋货庄、慎玉号洋货庄、豫立成棉行、德元昌茶庄、万兴源茶庄、兴盛长京复匹头庄、德泰恒洋布庄、恒玉号洋货铺、裕华号洋货庄、顺兴号洋货庄等。③因客商往来频繁，商旅食宿需求旺盛，郑州旅馆酒店业得以较快发展，新城区建有大小旅店数十家，如大金台旅社、五洲宾馆、华安饭店等。④另有浴池10家，其中华阳春为4层楼房，是郑州第一座使用电梯的建筑物。中国国货公司在大同路建有营业楼房，时货商店以及饮食、中西大药房、银行、书局等设立于街道两旁，二层、三层不等的阁楼式房屋沿街而建。火车站的东北角有一座颇具规模的购物中心——"郑州商场"，占地约10亩，商品齐全，供市民及来往旅客选购。此后，明远电灯公司在大同路建成开业，豫丰纱厂在豆腐砦建厂、大东机器制造厂、豫中机器打包股份有限公司分别

---

① 河南近代建筑史编辑委员会编，《河南近代建筑史》，北京：中国建筑工业出版社，1995年版，第78页。

② 〔日〕青岛守备军民政部铁道部，『隴海鉄道調査報告書』，青岛：青岛守备军民政部铁道部，1920年版，第298页。

③ 〔日〕東亜同文会，『中国省別全誌』（第8卷·河南省），東京：東亜同文会，1918年版，第831页。

④ 据1935年《陇海铁路旅行指南》（第3期）记载，郑州当时规模较大的旅馆饭店主要集中在一马路、二马路和大同路等火车站附近的商业繁盛之地，除大金台、五洲和华安之外，还有中国旅行社招待所、迎宾馆、中华大旅社、中华饭社、世界旅社、交通旅社、大同旅社、华东旅社、福昌旅社、中央饭店、东亚饭店、河南大饭店、郑州饭店、国民饭店、鑫开饭店、大安客栈、泰安栈等。

在乔家门、西陈庄兴建，郑州城市空间得以快速扩展。

来自天津、汉口两地的商户多集中在新城区，商铺的建筑格局大致相仿，最繁华的地带是由火车站向东延伸的大马路及与之交叉的大同路、德化街、福寿街。[①]至1920年，火车站以东至老城以西2.5千米区域内，街道纵横、商店林立，新市街已经形成。[②]因郑州优越的交通区位，各地商人纷纷前来设店经商，火车站和商埠区日趋繁盛，可谓是日新月异、发展神速，一跃成为中原地区的"繁华市场"。[③]"德华街（应为德化街——笔者注）、福寿街、兴隆街、钱塘里、东西敦睦里等纵横交错，为郑州商业之中心，前商埠地带也。"[④]从地理方位上来说，新市街在老城"西关市场之侧，繁盛街市，为大通路（大同路）、钱塘里、敦睦里、天中里、三多里、福寿街，皆在车站之东"。[⑤]火车站和商埠区所构成的新市街发展迅速，但与之相对，老城区的面貌依然没有大的改观（其位置对比，参见图7.3）。郑州新市街基本上沿铁路与车站向外呈蚌状扩展，即城市高度和商务空间密集度从车站附近向外次第降低，这是铁路交通型城市早期扩张的一个显著特征，与港口交通型城市早期的沿河（海）带状分布存在显著差异。连接车站与老城区的马路成为新市街的生长轴，老城和铁路之间的区域逐渐被不断涌现的商铺、工厂所填充，其成长路径与以官府为中心、城墙为边界的老城区截然不同。新市街以近代马路及通行其上的人流与物流所建立的商业空间为核心，呈放射状向周边扩展延伸，形成不太规则的网格状结构。在火车站和铁路交通的带动作用下，商埠区、新市街和老城区的发展态势迥异。尽管郑州的新市街有所发展，但是其经济和人口密集度远未达到饱和状态，车站所带来的人流和物流尚未能对老城区经济结构产生显著影响，新老城区完全是两个世界的景象。

[①] 〔日〕青岛守備軍民政部鉄道部，『河南省鄭州事情』，青岛：青岛守備軍民政部鉄道部，1922年版，第10页。

[②] 河南近代建筑史编辑委员会编，《河南近代建筑史》，北京：中国建筑工业出版社，1995年版，第78页。

[③] 《郑州社会》，《大公报》1931年7月2日。

[④] 陇海铁路车务处商务课编，《陇海全线调查》，郑州：陇海铁路车务处商务课，1933年版，第163页。郑州原定为普通市，设市政府管辖商埠区域，1930年市政府裁撤，仍归并郑县县政府。

[⑤] 吴世勋，《分省地志——河南》，上海：中华书局，1927年版，第72页。

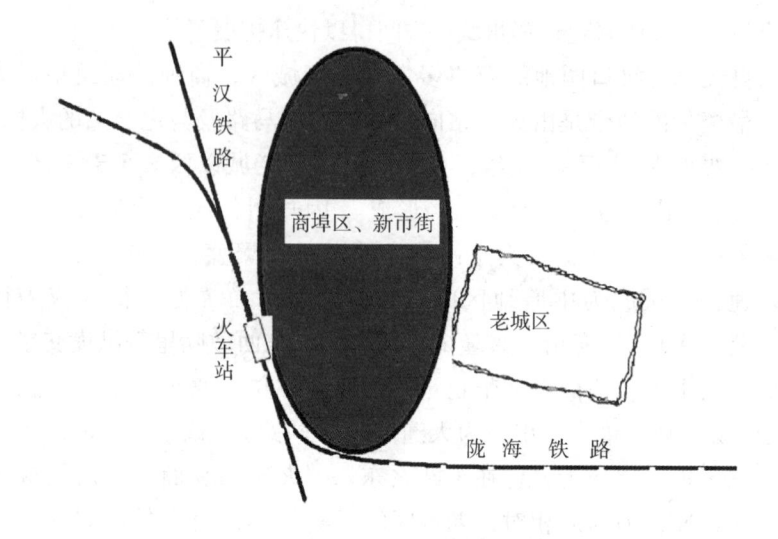

图 7.3 郑州商埠区、老城区及铁路位置图

资料来源：本图系笔者依据 1930 年代初郑州城市空间结构所绘。因手绘条件所限，图中商埠区、新市街、老城区和平汉、陇海铁路（及火车站）的空间比例未必精确，但可以大体展示它们之间的地理关系。

郑州新市街的形成，多与交通及经济的发展密切相关，如银行街就是其中之一。[①]银行街在清末时名为西敦睦里，是因循铁路筑通而在靠近火车站的区域开辟的一条新马路，属商业繁盛之地，亦是金融机构择址的绝佳地段。交通银行河南分行郑州汇兑所 1908 年原在西关大街办理业务，因位置偏离新市街，不便于业务的开展，遂搬迁至西敦睦里北口。中国银行于 1923 年在西敦睦里兴建了一座银行办公楼，系钢筋水泥结构，并设立相应的办事处机构。随着铁路交通运输事业的发展，市面日益繁荣，各类金融业务需求增多。为方便与外地的通信联络，防止和东敦睦里（敦睦路）发生混淆，因该街道建有银行大楼，遂于 20 世纪 20 年代末更名为银行街。

铁路通车之后的 10 余年间，郑州风气大开，商业气息渐浓，其在中国中西部地区的商业地位日益提升。在这种情势下，河南省实业厅报请河南省长咨北京政府农商总长，悉陈郑州"为发展华商经济，杜绝外人侵凌起见"，拟先"办一大市场，整理市政"，而后据情"再改辟商埠"，[②]正式开

[①] 王瑞明，《郑州银行街》，《郑州文史资料》（第 14 辑），郑州：政协河南省郑州市委员会文史资料委员会，1993 年版，第 145 页。

[②] 《农商总长咨件》（1919 年 11 月 29 日），台湾"中研院"近代史研究所档案馆馆藏（原档），馆藏号：03-17-026-01-003。

埠成为官民共识。市场的开办与整合，是自开商埠必要的前期准备。据内务部咨件可以看出，北京政府批复河南省政府，"拟先开办市场，为将来自辟商埠之预备，并检送拟订郑县市场土地所有权章程"，章程"系专为提倡华商企业巩固地土主权起见，所有验契清丈，发给执照，各手续事项，尚无不合，应即准予备案，惟施行验契清丈时应由"。"关于勘定界址、测绘地图、规定管理、租建居住一切详细规章，并应俟拟订后分别报部查核。"①1920 年，河南省议会通过决议，拟申请将郑州正式辟为商埠。在铁路交通区位因素的助推下，郑州已是"百货骈臻，相形度势，实为汴洛间一大都会"。②为推动商埠的筹办，郑州市政当局决定设立"郑州商埠督办公署"，③负责老城以西商业区的市政建设。就商埠章程办理特别是税务实施方案而言，国家税务督办给予了积极回应："查郑县为铁路交叉地点，兹拟自辟作商埠，自系为发达商务起见，惟郑县深处内地，其情形与山东、济南、济宁等商埠相同，似无添设海关之必要，将来稽征货税，应援照济南等处成案，仍按内地向来办法办理。"④郑州设立商埠的时空条件已经成熟。据 1922 年 3 月 11 日内务部给外交部咨件称："贵部及各部处，查照在案，兹承准国务院函称，提议河南郑县开作商埠，即由该省省长暂充督办，并仿照龙口商埠成案，另派总办之处请付公决一案，现经国务会议议决照办等因前来，自应遵章会同呈请。"⑤北京政府国务会议通过决议，提议将郑州正式辟为商埠，并由河南省省长暂任督办。1922 年 3 月 31 日，郑州辟为商埠的大总统令颁布，⑥宣告郑州正式开埠。

郑州商埠区的地理空间位置是以新市街为基础，依托平汉铁路和陇海铁路而划定的，"在县西门外 3 里，车站附近，商埠范围所占南北 20 余里，东西 5 里"，⑦大体与平汉铁路线平行，呈狭长带状分布，其地理方位为平

---

① 内务部咨件（内务总长田文烈），《河南开办郑县市场事》（1919 年 12 月 9 日），台湾"中研院"近代史研究所档案馆馆藏（原档），馆藏号：03 - 17 - 026 - 01 - 006。
② 《赵倜张凤台催辟郑埠电》，《申报》1922 年 2 月 26 日。
③ 《郑州商埠督办之逐鹿》，《晨报》1922 年 3 月 9 日；《郑州商埠之筹备，督办一席仍在竞争中》，《申报》1922 年 3 月 11 日。
④ 税务处税务督办孙宝琦咨外交部，《郑县拟开商埠将来稽征货税应援照济南等处办理由》（1921 年 9 月 5 日）》，台湾"中研院"近代史研究所档案馆馆藏（原档），馆藏号：03 - 17 - 026 - 01 -014。
⑤ 内务部咨外交部，《咨送河南郑县开埠一案拟具会呈稿请查照会画由》（1922 年 3 月 11 日），台湾"中研院"近代史研究所档案馆馆藏（原档），馆藏号：03 - 17 - 026 - 01 - 032。
⑥ 《大总统令》（1922 年 3 月 31 日），《申报》1922 年 4 月 2 日。
⑦ 白眉初，《鲁豫晋三省志》之河南省志部分，南京：中央地学社，1925 年版，第 31 页。

汉铁路以东、陇海铁路以北、老城区以西地带（参见图7.3），由旧县城向火车站聚集。

1925年，郑州"城内外共有大小街道116条，其中新市街为60条，已占一半多"①，这一时期郑州城市空间的拓展主要集中在新市街。特别是北伐战争结束后，郑州的局势一度稳定，工商业复苏，城市经济呈现明显上升趋势。城市工商业、转运业等的发展以及城市人口的大幅增加，对城市道路交通以及其他市政设施的配置提出了新的时代要求，"有风漫天沙、下雨遍地泥"的窘况，与郑州城市经济快速发展的步伐显然是不太协调的。

1927年，郑州城市发展获得一个难得的历史机遇，冯玉祥任河南省政府主席，颇为重视郑州商埠建设，着力推行"建设新郑州""建设新河南"运动。为具体推动商埠发展，专门成立了郑州市政筹备处，新建或整修了一马路、二马路、三马路、大同路、德化街、福寿街、敦睦路、南川路、乔家门、菜市街、操场街、西关大街等12条道路，以及其他市政设施，郑州的城市面貌为之一新。②这一时期的市政建设，是在城市整体规划布局和工程勘测设计的基础上进行的，注重城市道路的排水与行车交通等综合功能开发，尝试设计多层次的路面结构，采用现代筑路技术和筑路机械进行道路施工。

值得说明的是，在20世纪20年代中期以前，郑州市区的扩展主要在平汉铁路以东区域，即火车站与老城西关之间的新市街，呈现沿平汉铁路带状分布的态势。此后，郑州城市空间架构开始跨越平汉铁路向西延展，新的工业区、交通社区以及市民生活区得以建立。

第二节　都市规划：交通功能型城市的建构

平汉铁路、陇海铁路的修筑，给郑州带来显著的交通区位优势。"豫省绾毂，中原冲卫四达，自芦汉（即卢汉——笔者注）干路南北并营，年内可抵黄河两岸，而开洛支路现已勘路兴工，从此商贾往来，货物鳞萃。

---

① 曹洪涛、刘金声，《中国近现代城市的发展》，北京：中国城市出版社，1998年版，第229页。

② 郑州市城乡建设管理委员会编，《郑州市城乡建设志》（第2册），（未刊稿），郑州：郑州市城乡建设管理委员会，1993年版，第1359页。

其铁路交互之处，尤以郑州为枢纽，""其商务将有骎骎日盛之势"。①在铁路交通的联动作用下，郑州经过20余年的发展，逐步成长为中原地区的交通中心和商业中心。以火车站为中心的新市街以及商埠区得以快速发展，道路整备，商业繁荣，城市初具规模。但是从整体上来看，郑州城市建设尚停留在概念层面，政府因政局紊乱、财力所限而无暇顾及，缺乏实质性举措，使得郑州商埠开发大体上处于一种自发状态。就城市空间拓展而言，其发展方向是由老城向火车站聚集，属于铁路吸引下的一种自然式点线连接的发展模式。"交通的发展促进了城市空间的扩展并改变城市外部形态，对城市空间扩展具有指向性作用",②交通枢纽的形成，可谓是郑州城市空间拓展的直接动力之一。

随着城市空间的延展，由于郑州城市发展缺乏所谓的全盘规划与统筹，其道路通透性不足、市政基础设施匮乏、空间布局不合理等弊端逐渐显现出来，实施都市规划、建设"新郑州"势在必行。现代意义上的都市规划，作为政府主导的现代城市空间布局导向性设计，往往是基于城市自身特点或者是基于特定条件去实践城市的功能定位，规划的实施必然会对城市空间结构变动和城市功能演化产生重要影响。在有些学者看来，城市的现代方式应是城市功能结构、市政体系、空间布局、物质形态（外在景观）的现代性，市政改革的首要任务应是改变传统城市"城""市"分离的空间结构和与现代城市复合型功能结构不相适应的物质结构。③依据现代市政科学理论，改造传统街市、重组城市空间、建设城市公共基础设施，方能使城市成为适合工商文教综合发展和适宜人居的最佳空间。

纵观近代郑州城市成长的历史脉络，除铁路这一交通因素为郑州城市成长所带来诸多历史机遇之外，城市规划及其对城市发展方向的顶层设计对建构郑州交通功能型城市的影响亦不容忽视，但这一方面的专题探讨并

---

① 河南巡抚陈夔龙，《拟在郑州自辟商埠由（光绪三十年十二月二十四日）》（1905年1月29日），台湾"中研院"近代史研究所档案馆馆藏，馆藏号：02-13-053-01-017。芦汉干路，即卢汉铁路，因最初起点设于卢沟桥（亦称芦沟桥）、终点为汉口而称之为卢汉铁路。

② 赵淑玲，《郑州城市空间扩展及其对城郊经济的影响》，《地域研究与开发》2004年第3期，第50页。

③ 涂文学，《按照"现代方式"重组城市空间——1930年代汉口城市规划理念评析》，《湖北大学学报》（哲学社会科学版）2011年第5期。

不多见。① 进一步深化对近代郑州城市规划方案、理念、举措及其成效的综合性研究，有助于清晰认知郑州这类内陆交通功能型城市发展的机制及内在规律。

就郑州都市规划的取向而言，应以切合市政管理原则为基点，在铁路交通与城市空间变动、功能演化之互动的无序和有序间做出选择，对城市框架是介于铁路之间或是跨越铁路进行城市功能分区做出决断，从而改造市制、筹划市政、营建新型现代城市。而"市政措施必须首谋建

---

① 关于近代郑州城市规划问题的专题研究，主要成果有：郝鹏展的《机遇、困顿与跨越：郑州近代以来城市空间的扩展与重构》(《西北大学学报》(自然科学版) 2015 年第 1 期)，认为近代以来郑州的城市规划在城市发展方向、城市核心结构和城市道路体系出现多次反复，对铁路交通线的依赖与对城墙、铁路以及贾鲁河等"门槛"的突破成为近代郑州城市空间扩展与重构的两个鲜明特征。朱军献的《郑州城市规划与空间结构变迁研究(1906～1957)》(《城市规划》2011 年第 8 期)，指明近代以来影响郑州城市的空间发展格局的决定因素是铁路，但铁路在带动城市商业迅猛发展的同时，却致使其城市空间结构在缺失科学规划的前提下，所发生的本质性变动属于自发式的。朱军献的《无序生成与近代郑州城市空间结构之变动》(《河南工业大学学报》(社会科学版) 2011 年第 3 期)，认为铁路的建造不仅决定了近代以来郑州城市的空间发展格局，而且带动郑州商业快速发展，使其城市空间结构自发的发生本质性变动，所形成的空间区域构成现代郑州城市空间结构的核心。作者亦指出，因科学规划与有序建设的缺失，作为无序生成的结果，郑州城市街道与坊区之间不规则的穿插和所形成的斜角较多，结构关系相对较乱。谢晓鹏的《近代郑州城市的初步转型(1908～1948)》(《河南城建学院学报》2012 年第 3 期)，则指出近代郑州抓住铁路交会、两次开埠等历史机遇，逐步崛起成为中原地区重要的交通枢纽和工商业城市，初步实现了由传统城市向现代城市的转型。刘晖的《铁路与近代郑州城市空间结构变动及功能演变》(《安徽史学》2015 年第 4 期)，则基于铁路为郑州城市成长所提供的历史机遇及新生动力机制，探讨了城市的发展态势、空间结构、外在景观及城市功能的变化，指明城市规划对城市空间结构变动及功能演变带来显著影响。此外，杨霏的《郑州城市规划与市政建设的历史考察(1908～1954)》(郑州大学 2011 届硕士学位论文)和郝鹏展的《论近代以来郑州的城市规划与城市发展》(陕西师范大学 2006 届硕士学位论文)，专论近代郑州的市规划问题，以近代郑州城市规划与市政建设为主题研讨其城市化发展的理路。关于其他城市规划研究的相关论著，亦在规划理论、设计理念、实施方案等方面可资借鉴，如涂文学的《按照"现代方式"重组城市空间——19 世纪 30 年代汉口城市规划理念评析》(《湖北大学学报》2011 年第 5 期)和《在原生型与次生型之间：武汉早期现代化发展的"汉口特性"》(《江汉大学学报》(社会科学版) 2006 年第 2 期)，以汉口城市规划为例，探讨了城市的功能结构由单一到复合、市政体系从"城乡合治"到市政独立、城市空间布局由"城""市"分离到城市合一等城市的"现代性"转型。任云英的《近代西安城市规划思想的发展——以 1927～1947 年民国档案资料为例》(《陕西师范大学学报》(哲学社会科学版) 2009 年第 5 期)、练育强的《近代上海城市法制现代化研究——以城市规划法为主要视角》(《社会科学》2010 年第 8 期)、董佳的《缔造新都：民国首都南京的城市设计与规划政治——以 1928～1929 年的首都规划为中心》(《南京社会科学》2012 年第 5 期)，分别对西安的城市规划思想、上海的城市规划法和南京的首都规划政治展开深入探讨。此外还有：〔德〕华纳，《近代青岛的城市规划与建设》，青岛市档案馆编译，南京：东南大学出版社，2011 年版；苏则民，《南京城市规划史》，北京：中国建筑工业出版社，2016 年版，等等。

设，欲谋建设必须有专门之人才、具体之计划、充裕之财力",[①]城市规划专家的指导、科学合理的规划方案和城市建设资金的筹措，构成了现代城市成长的三个重要的基本要素。在以交通功能为导向实现现代城市建构的过程中，郑州市政府着眼于铁路交通因素的制度性安排和商埠区发展，依照城市功能分区的基本准则，先后推出以铁路因素为考量基点的城市规划方案，对郑州的城市空间格局、成长路径、未来方向等进行顶层设计。在20世纪上半叶的20余年时间里，郑州先后四度出台城市建设规划，分别是1927年的《郑埠设计图》、1928年的《郑州市新市区建设计划草案》、1946年的《郑州市复兴规划指导委员会初步建设计划纲要》和1950年《郑州市将来发展计划》，谋求用现代管理理念和现代管理方式来对城市发展进行规划设计，构建具有浓厚的铁路色彩的交通功能型城市，从而加速了郑州由传统城市向现代城市的转型。

一、《郑埠设计图》：第一次都市规划

近代郑州优越交通区位的获得，为这座城市的发展带来了新的动力机制，也改变了郑州城市发展的传统路径。基于郑州交通位置重要性的考量，在1927年"建设新河南""建设新郑州"浪潮的推动下，郑州商埠建设被提上议事日程。是年7月，冯玉祥提议将郑州析县设市，并设立郑州市政筹备处，任命王正廷为市政筹备处处长，专职筹办城市建设。伴随商埠区的拓展以及商埠区与老城区的融合发展，郑州的城市空间得以快速却无序的扩张，在这种情势下，郑州城市发展面临着如何正确处理新老城区与铁路线的关系、合理设计城市发展框架以及城市功能分区等诸多问题，均要求郑州必须效法沿海沿江发达口岸城市推行都市规划，以新的城市规划理念和建设手段来建构现代城市。在这一时代背景下，郑州市政府开始着手编制《郑埠设计图》，对郑州老城区及新市街进行规划设计（参见图7.4）。

[①] 赵守钰，《呈河南省政府请将关于财政计划核准以利进行建设由》，《郑州市政月刊》1928年第1期。

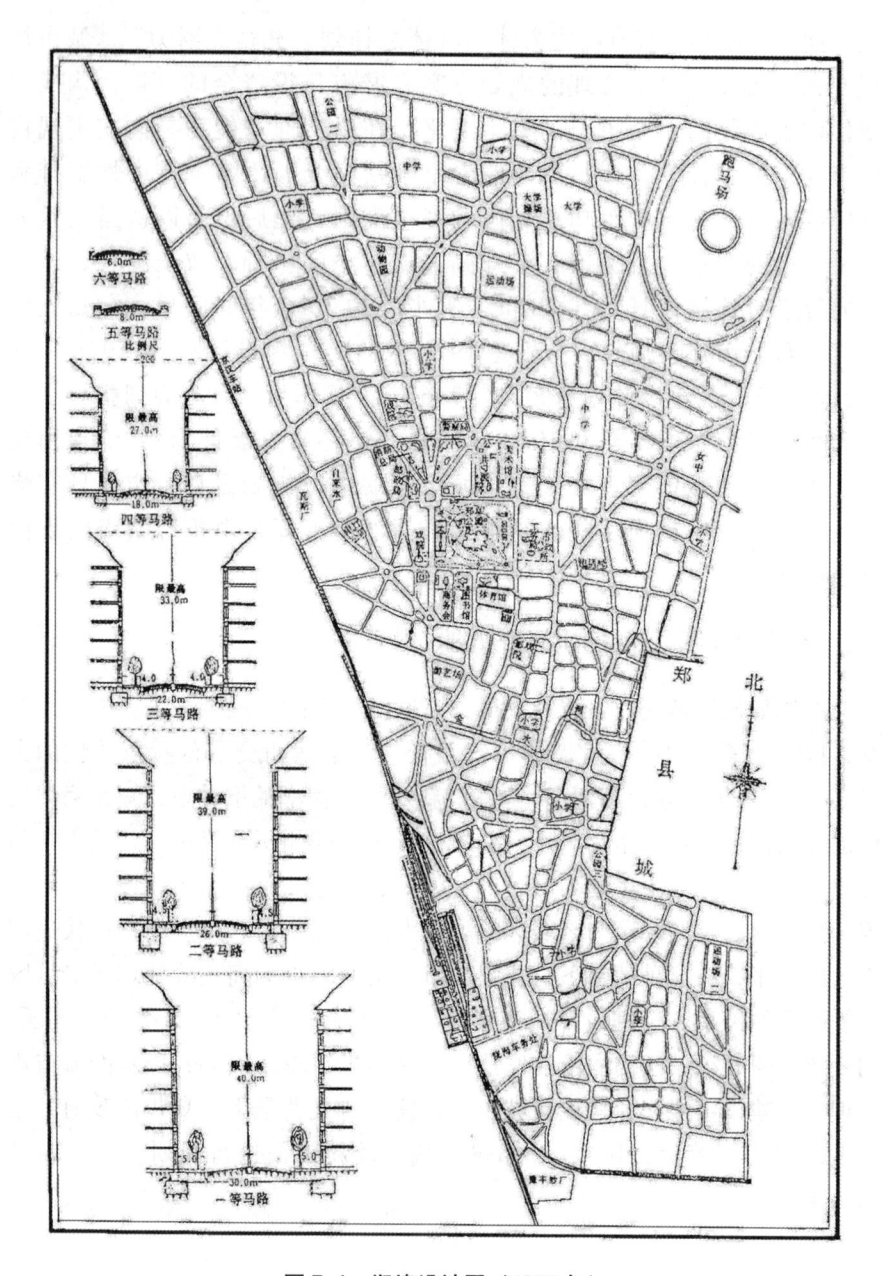

图 7.4 郑埠设计图（1927 年）

资料来源：郑州市地方史志编纂委员会编，《郑州市志》（第 3 分册），郑州：中州古籍出版社，1997 年版，第 14 页。

就城市整体框架的顶层设计而言，《郑埠设计图》以平汉、陇海铁路划界，把郑州城市发展的方向定位为平汉铁路以东、陇海铁路以北区域，大体上是位于老城区与火车站之间，在不跨越铁路的前提下，向南、北两个方向延伸发展。城区规划面积约为10.5平方千米，人口规模25万左右。规划方案极少涉及工业用地，考虑的基点是依据铁路对城市的分割状况而尽可能满足居民生活需要和公共服务需求。其中，规划方案中的公共建筑有图书馆、美术馆、体育馆、影剧院、游艺场以及公共医院等；供市民休闲活动的绿地、公园主要有郑埠公园和动物园等；各类教育机构规划，包括中学、小学、女中等；市政机关包括市政所、警察局、消防总局、电话局、邮政局以及工务所等；体育运动场所，规划有大学操场和跑马场各一处。此外，还规划设计了电灯公司、瓦斯厂和自来水厂等市政公共服务设施。城市的道路网络采用棋盘加放射的自由式布局，按照宽度的不同，大体划分为六个等级：一等马路基线宽30米，两旁建筑最高限为40米；二等马路宽26米，建筑最高限为39米；三等马路宽22米，建筑最高限为33米；四等马路宽18米，建筑最高限为27米；五等马路宽8米；六等马路宽6米。①为打破老城区与商埠区的天然界限，郑州市政当局决定拆除城墙，利用城砖铺筑道路，②建设公共设施，并以西关大街、大同路为连接新老城区的主干道，进一步完善城区的道路系统。拆城之举，在某种程度上破除了城市空间演化的自然障碍，同时也意味着郑州城市发展已由封闭向心型空间结构向开放式放射型城市空间格局转变。

二、《郑州市新市区建设计划草案》：第二次都市规划

基于郑州城市的快速成长及其在区域发展格局中地位的提升，河南省政府于1928年3月18日通过决议，正式把郑州析县设市，市政筹备处遂被改称为市政府，计划实施郑埠相关规划。随后不久，时任市长赵守钰提出《建设新郑州市计划大纲十四条》，③即开辟新郑州市、调查户口、测量土地、清理财政、整理警政、不动产登记、修筑道路、改良建筑、训练民众、振兴工商业、养老恤幼、济贫救灾、普及教育、注重卫生等建设计划。赵守钰把财政视为市政建设的首要问题，遂出

---

① 郑州市地方史志编纂委员会编，《郑州市志》（第3分册），郑州：中州古籍出版社，1997年版，第12～13页。
② 曹洪涛、刘金声，《中国近现代城市的发展》，北京：中国城市出版社，1998年版，第231页。
③ 赵守钰，《建设新郑州市计划大纲十四条》，《郑州市政月刊》1928年总第1期，扉页题词。

台一系列措施，如附加税捐20%作为全市建设费，募集市公债300万元作为三年内建筑经费，设立市银行以保管基金、发行公债、调剂市面金融，进行市内不动产登记，设立郑州市棉花交易检验所等，①并报请将平汉、陇海铁路商货捐税提高20%，为郑州新市区建设多方筹措资金。

在郑州市政当局看来，"郑县（郑州）因地势之关系，应时势之需要，早有开辟商埠之提议；迄今改设市府，千端万绪，亟待筹划；关于设立新市区，应先行研究"。②经过调查研究与缜密思考，郑州市政府于1928年10月推出新的都市规划方案——《郑州市新市区建设计划草案》，对新市区的功能分区重新进行整体性筹划（参见图7.5）。这一次规划方案与《郑埠设计图》的设想存在明显的差异，新规划把平汉铁路和陇海铁路交会点的西南方向确定为新市区的发展方向。该方案认为，"规划市区，当首先考察以往之变迁，及预计将来之发展，并审查该市所具特殊之性质，而加以精密调查与研究，方能规定市区地域之大小；且着手规划之初，即须预定本市区发展之年限，俾区内各部分，均留有伸缩余地，是一切建筑与设备，皆得为有条理有规则之进展，不至于听其自然趋势，杂乱无章也。""今郑埠初创市制，规定市区，至少亦须有百年或数十年发展之预算，欲推测此百年中市区发达至何种程度，以为划定市区范围之标准。"③强调城市规划必须在深度调查研究的基础上进行，并结合城市功能分区、规划的时限与长效性等因素进行综合考量。就空间范围和人口容纳量而言，新市区预计南北长7公里，东西宽5公里，面积达35平方千米，预设人口规模为25万人。④但该规划方案的25万人口，包含当时城区已有居民8万人，新市区实际预增人数应为17万人。

---

① 赵守钰，《呈河南省政府请将关于财政计划核准以利进行建设由》，《郑州市政月刊》1928年总第1期，公牍部分，第2～4页。
② 《郑州市新市区建设计划草案》，《郑州市政月刊》1928年总第3期，言论部分，第1页。
③ 同上注，第2页。
④ 《郑州市新市区建设计划草案（续）》，《郑州市政月刊》1929年总第4期，言论部分，第1页。

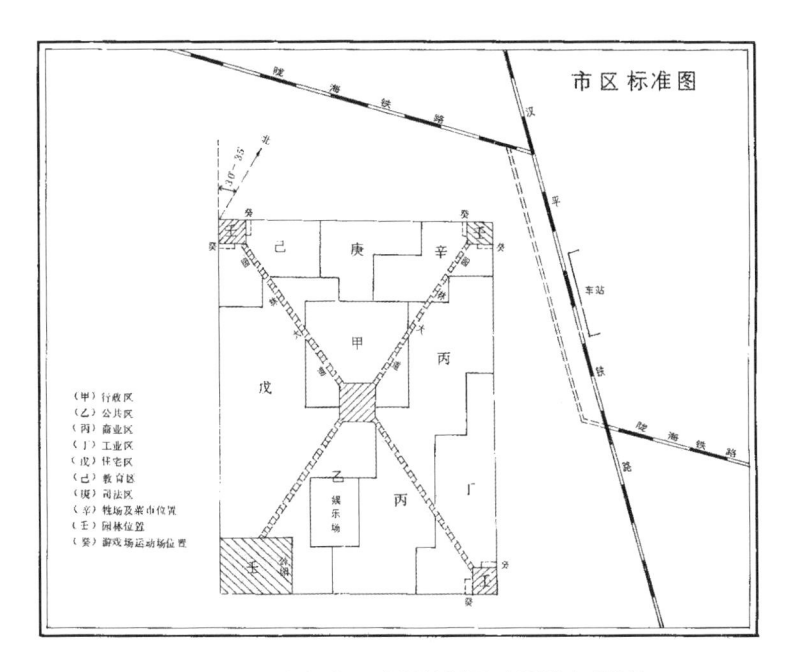

图 7.5　郑州市新市区建设计划图（1928 年编制）

资料来源：《郑州市新市区建设计划草案》，《郑州市政月刊》1929 年第 1 期（总第 4 期）。

郑州的城市规划实践，无疑受到当时欧美国家及国内口岸城市规划思潮的影响。如 20 世纪 20 年代的美国，其城市规划主要是通过功能分区制度来进行调整，这一城市功能分区思想对近代中国城市规划布局的取向产生了深刻影响。但是这种带有传统意味的功能分区制度，往往简单而直观，从地理上将一个城市划分为几个不同的功能区，[①]如商业区、居民区和工业区，等等。根据郑州城市功能分区的基本设想，《郑州市新市区建设计划草案》明确把新市区划分为行政区、商业区、住宅区、教育区、工业区、公共建筑区和司法区等七类区域，其城市功能分区设计理念得以清晰显现。

行政区——包括市政府暨所属各局、市参议会及其他一切行政捐税机关，按照世界城市改造的整体趋势，应"集合公共机关于一圈""建议集建各大衙署于市之中央"，行政机关的建筑风格"须庄严雄伟"，[②]从外部观感上彰显政府的权威。

---

① 朱春玉，《城市规划法律制度变革的趋势》，《河南师范大学学报》（哲学社会科学版）2007年第 3 期，第 80 页。
② 《郑州市新市区建设计划草案（续）》，《郑州市政月刊》1929 年总第 4 期，言论部分，第 4 页。

商业区——银行、旅馆、公司及一切大小营业商号，均属于商业，系"市政最重要之部分，市政发达之程度，恒视商业区位置之适宜与否为断，故商业区纵不能据市区之中心，亦必居市区之腹部，最好具有狭长之形式，其边界可与其他各区略成犬牙相错之势。在商业方面，便于交易；在需求方面，易于购取"。基于交通是商业发达之基础的认识，认为商业区的一端"宜近于铁路车站，利于货物之运输，其他一端宜接于市区边界，以为将来有更图发展之余地"。①

住宅区——"即为大部分市民居址之所在"。住宅区必须进行有规则的设置，一是考虑安全问题，二是清洁卫生条件。从住宅区在城市中的位置来看，"为预留将来再有发展余地起见，亦必使住宅区毗连市区边界，为谋市民衣食住行之便利，尤须与商业区市场公共娱乐场及公园等处，皆具有交通联络之捷径，方足以增进民众幸福也"。②规划中的住宅区既保留发展的余地，又充分考虑到交通便利、生活便捷等因素。

教育区——"各种大中小学校，教育成绩陈列所、幼稚园、学生寄宿舍、各种学会体育场，暨其他关于教育学术之一切机关皆属之。"③教育区的位置，应当选择幽静之处，远离娱乐场或闹市区，且应使学校相对集中于一处，以便彼此观摩切磋、实现资源共享，这对国民教育的前途多有裨益。

工业区——"凡公立私立之工厂、制造厂、机器厂及原料储存所，以及工人住所等项，皆应属于工业区域。"工业区的位置设计，应远离住宅区，以免扰及市民的宁静生活，防止危及公共卫生。新市区的工业区域，"应居于市东南隅，而东部又为衔接铁路车站之处，所有外来之原料品，以供给工厂制造者，可得转运之便利"。④这一规划思路明显是受到铁路交通、季风风向等综合因素的影响。

公共建筑区——所属公共建筑区者，"即为公共图书馆、博物院、陈列所、格言亭、纪念碑、铜像、邮局、医院、电报局，及其他关于公用公安或慈善性质之一切建筑"。规划认为，公共区内应划出两部分，分别"建立公园及公共娱乐场，如剧场、影院、茶社、弹子房及一切游戏消遣之场所"。就公共区的位置而言，"虽不能如行政区得居于市之中央，而其

---

① 《郑州市新市区建设计划草案（续）》，《郑州市政月刊》1929年总第4期，言论部分，第5页。

② 同上注，第6页。

③ 同上。

④ 同上注，第5～6页。

一端，宜与行政区接近，俾为政治上之联络，其他端应濒于市区边界，以便于需要时有扩充之余地"，①对公共建筑区的方位选择进行了带有前瞻意味的设计。

司法区——包括地方法院、司法警察所、拘留所、监狱、犯罪习艺所、律师事务所、囚犯教养局及其他司法机关。司法区的位置，"因政治上之关系，应与行政区相密迩"，且应将司法建筑物单独设区，"俾与行政区巍然对峙，可以耸动民众观感，而表现其司法独立之精神"。考虑到当时郑埠司法机关尚属少数，但必须就此做出长远规划，"将来市政发达，或跻于特别市之地位，则人事日繁，诉讼案件亦必加剧，自有设立高级法院及各种司法机关之必要"，②规划方案基于城市空间布局的综合考量，拟为司法机关预留建设用地，这从一个侧面体现出该规划方案的预见性和前瞻性。

此外，《郑州市新市区建设计划草案》还规划有园林绿地、运动游乐场以及菜市场等。关于园林绿地的面积和位置，受欧美城市园林规划思想的影响，郑州市政当局依据美国城市规划的一个重要理念——城市公园应占城市总面积的12.5%，认为郑州城市公园的规划设计，可结合"郑埠实际情形，则极相宜，可以采用"。以预估郑州"全市面积5000公顷"为计量标准，"而取其12.5%"，即为"625顷，约合华亩100顷"。而园林绿地位置选择的"最良之法，莫若于择定适当地段，建筑一大公园之外，更在市区中心及四隅，各划定若干区域，以建园林"；③关于运动游乐场的位置，"皆宜分设于各园林两旁，务使市民随时随地，皆得享此高尚娱乐"。运动游乐场的面积，则遵从国际惯例，"每公顷以2500人至3000人为限"，"足以应市民与儿童之需求矣"；④关于菜市场的设置，"零星食物"，"则不妨准设各项小肆于各区之适当地点，以便市民之临时采购，唯大菜市自以设在市之一隅，与杀牲场附近为宜"。⑤该规划方案的整体思路是跨越铁路线设计城市发展框架，为便于加强新城区与原商埠区、老城区的空间联系，规划了两处横跨铁路的立交桥，通过立交桥向西开辟新市区，这一都市规划的实施将会使郑州的城市空

---

① 《郑州市新市区建设计划草案（续）》，《郑州市政月刊》1929年总第4期，言论部分，第5页。

② 同上注，第7页。

③ 《郑州市新市区建设计划草案（续二）》，《郑州市政月刊》1929年总第5期，言论部分，第4～5页。

④ 同上注，第6页。

⑤ 同上注，第2页。

间大为延展。

三、《郑州市复兴规划指导委员会初步建设计划纲要》：第三次都市规划

"得中原者得天下"，中原历来是兵家必争之地。在20世纪上半叶，郑州作为中原地区的交通重镇，往往成为各方势力反复争夺的对象。在抗日战争时期，郑州惨遭日军炮火重创。"豫自割入战区，郑州顿成为军事上重要据点，敌我必争之地，市内建筑，迭经炮火，损坏甚剧，满目疮痍，不堪言状""抗战之时，被毁于炮火者，约计20%。以铁路车站附近地带受害最烈"，[①]由此足见战争因素对郑州城市发展的负面影响之大。战后，郑州城市重建工作与市政规划再次被提上议事日程。

为统筹城市的发展规划设计，郑州市政当局于1946年4月专门设立"复兴规划指导委员会"，编制出台《郑州市复兴规划指导委员会初步建设计划纲要》，指明了城市发展的基本方向和建设目标指向，主要包括五个方面：（1）图谋市民生活之方便与安全；（2）促进市民之健康；（3）提高市民之文化；（4）增进市民工作之效率；（5）增进城市环境之美观。[②]城市建设计划的具体实施项目有市区规划、城市土地登记与整理、住宅规划以及道路整备等。郑州城市建设是在新老城区的基础上向外拓展的，政府通过征收或限制使用城市中心区域，植入生态理念，在车站、公园等附近地带实施绿地改造工程。就整体上的城市功能分区而言，建设计划纲要明确把工业区划定在铁路以西区域，也就是在郑州城市西部重点发展工业；市区的东、北、南三面主要用来安排居民区；商业区的规划还是沿袭郑州城市的传统，以火车站为中心向老城区辐射延伸，集中在德化街和大同路一带；而行政区则规划在商业区以东区域。

四、《郑州市将来发展计划》：第四次都市规划

中华人民共和国成立之初，郑州因循交通地位之重要，其城市建设与城市发展颇受各方关注。1950年2月，郑州市高级工业职业学校土木、水利两科学生共75人组成测量队伍，对市区进行实地测量，绘制城市平面图。随后，城市规划问题再次被郑州市政府提上重要议事日程。1950年8月，北京市都市计划委员会的陈翰、钟汉雄来郑参与郑州都市规划，提出

---

① 《郑州市复兴规划委员会初步建设计划纲要》，《郑州日报》1947年6月23日。
② 同上注，《郑州日报》1947年6月27日。

《郑州市将来发展计划》设想。① 该规划确定建设年限为30年，城市人口规模100万，规划面积为108.9平方千米。发展计划重新划分城市功能分区，主要包括行政区、商业区、住宅区、工业区等。行政区位于市区北部的任寨一带，其南部紧接老市区，面积为1.8平方千米；商业区的地理方位在旧城区及岗杜以西、货站以东，面积为5.8平方千米的一个狭长区域；住宅区环绕市中心区分布，面积约41.4平方千米；工业区位于乔庄以东、豫丰纱厂以南地区，具有危险性的工业则布置在冯庄以南地区，总面积为11.3平方千米；工人住宅区位于齐礼阁以北、郑洛公路以南，面积为34.2平方千米；学校区位于市区北部，面积为14.4平方千米。此外，规划方案还专门设计有园林绿地，位于金沙岭及弓庄以东。

同年，上海联合工程师事务所的哈雄文教授等人受邀来到郑州，通过实地勘察，另外提出一个新的城市规划方案——《郑州市都市计划报告书》。② 从规划设计的年限、城区范围和人口规模来看，该都市规划与《郑州市将来发展计划》大致相仿，分别是20年年限、城区为87.64平方千米和110万人口，共设7类区域，主要有铁路区、行政区、工业区、商业区、仓库区、文化区和住宅区。其中，铁路区位于南阳寨和天主教堂之间，面积为11.75平方千米；行政区包括金水河以北、顺河路东展以及城市西部，面积约为3.42平方千米；工业区位于市区西北部的三角地带和陇海路东段的外侧，面积约为17.23平方千米；商业区则位于城市中心区域（火车站一带——笔者注），面积为3.80平方千米；仓库区分别位于市区的北部和东部，面积为2.20平方千米；文化区位于市区东北部，面积为8.46平方千米；住宅区则位于铁路的西南和东北方向，面积为40.7平方千米。该都市计划总的指导思想，是充分利用现有城区的物质基础，围绕城区逐步向外扩展，采取欧美"花园城市"的规划手法。③ 规划方案以铁路交通因素为基础，充分考虑到铁路对郑州城区的象限分割。

从国家发展的宏观背景来看，经过1949年至1952年约三年时间的努力，中国国民经济得到快速恢复与发展，并于1953年起开始实施"第一个五年计划"。郑州被纳入国家"一五计划"重点发展城市，计划兴建若干大型棉纺织厂，建设成为重要的棉纺基地。1954年河南省省会迁至郑

---

① 郑州市地方史志编纂委员会编，《郑州市志》（第3分册），郑州：中州古籍出版社，1997年版，第16页。
② 郑州市建设委员会编，《郑州市城乡建设志》（第1册）（未刊稿），郑州：郑州市建设委员会，1993年版，第5页。
③ 刘宴普，《当代郑州城市建设》，北京：中国建筑工业出版社，1988年版，第33页。

州，其铁路交通枢纽地位更加彰显，郑州成为国家第一批轻纺工业基地和交通枢纽，城市发展的核心取向是构建交通枢纽城市和棉纺织工业城市。此间，苏联专家穆欣为郑州城市规划设计了草图，对城市框架是否跨越铁路在西部设立工业区进行了科学论证：一是郑州西部地下水位深、地耐力高，工程施工的地质条件较好；二是靠近铁路，可铺设支线对接干线，便于大批量原材料及产品的运输；三是西郊有贾鲁河作为城市水源。据此确立了郑州城区跨越铁路向东西两个方向发展的基本思路，城市功能分区的定位是西部设为工业区，东部划为行政区和文化区。此时郑州的城市规划深受苏联城市规划思想的影响，采取4～6公顷的小街坊布置方式，对自然地形和建筑朝向等考虑不够，[①]有些脱离了郑州市情，或是不太合乎中国人对建筑物坐北朝南这一传统文化取向的要求。不过，从整体上而言，这一时期郑州的城市规划理念、道路网络设计、城市功能分区、面积和人口的设计，符合当时郑州的实际及其城市发展的需求，初步构成了现代郑州城市发展的基本框架。

五、功能分区：四次都市规划的分析比较

近代郑州的四次都市规划方案分别对城市的功能分区、区划范围、道路系统等进行了整体性规划设计，体现了都市规划作为一种政府职能用以干预城市发展、引导城市沿着其特有的城市功能取向实现城市现代转型的导向作用。郑州数度出台都市规划的基本思路，均是基于铁路交通的功能性发挥、交通枢纽城市的建构和转运贸易的需要，"施以有条理之规划，务使市区发达，与当地各种情形之变化程序相符合"，[②]推动了郑州由传统城市向现代城市转型的进程，交通功能型城市得以初步形成。

1927年《郑埠设计图》及其规划方案，是近代郑州的第一个城市总体发展规划。该规划的制订，既有郑州城市发展、社会进步等方面的客观需要，是郑州作为区域交通中心和经济中心地位的集中体现；也有河南省政府及郑州市政当局在铁路交通时代的大背景下思想意识转变等方面的主观促进，其中冯玉祥个人的推动作用亦非常重要。

《郑埠设计图》规划方案中明确划定了郑州的城市空间范围，首次对郑州未来的城市规模进行了预测，并依据铁路的地理方位和空间影响力重新对城市进行功能分区。该规划注重市政基础设施的设计与投入，对城区

---

① 刘宴普，《当代郑州城市建设》，北京：中国建筑工业出版社，1988年版，第33页。
② 《郑州市新市区建设计划草案（续）》，《郑州市政月刊》1929年第1期。

各个组团亦进行了较为详细的规划设计，城市空间在原来基础上大为拓展。但是《郑埠设计图》存在一个明显缺陷，就是没有制订规划方案的可行性报告和具体的实施计划，而且数目不菲的市政建设经费无从保障，亦没有指明市政建设资金如何筹措。就郑州本埠孱弱的财政状况来看，仅仅依靠政府财政拨款是无法保障如此庞大的建设规划付诸实施的，这就使得规划方案成为镜中花、水中月。再加之市场萎靡不振、中原地区战争频仍等诸多不确定因素的影响，社会资金筹措的空间亦非常有限，远远满足不了城市规划方案的需要，致使许多规划项目仅仅停留在纸面上而无从实施。但是，郑州商埠设计总图的出台，把铁路和城市功能分区作为城市规划指向，毕竟是为郑州量身订制了一套有别于传统城市格局的现代城市发展方案，这在郑州城市发展史上是史无前例的，体现了其城市规划理念的一种巨大进步。郑州人的近代城市意识由此开始萌芽、生根，从而在更深更广的领域推动了郑州市民现代观念的演进。

《郑州市新市区建设计划草案》的设想，亦是基于铁路因素对城市进行功能分区和整体规划的，这一点与《郑埠设计图》对城市发展的整体考虑大体相同。建设计划草案对行政区、商业区、工业区、教育区、生活区、公共区、休闲游乐场所等进行功能细分，对城市园林绿化等进行空间布局、功能分割，并加强基础设施的规划设计，体现了郑州城市发展的现代取向。尽管两套规划方案出台时间相隔很短，但是两者对城市空间发展方向的认识却迥然不同：前者的发展重心为平汉铁路以东，在铁路与老城区之间向南北方向发展；后者则是在平汉铁路以西开辟新市区，跨越铁路向西发展。[①]郑州市政府曾在1928年10月报请财政部门"核发新市区测量费3000元"，用于"测量平汉以西、陇海以南新市区"，[②]表明郑州市政当局已经把跨越铁路设计城市框架纳入操作层面。但与此同时，《郑州市新市区建设计划草案》在新市区位置选择问题上，并不赞成在铁路之间筹建新区，认为"郑州居汉平（平汉）陇海两铁路交叉之点，钢轨错杂，汽车纷驰，选择市区位置，若介于铁路之间，而以铁路车站为全市之中心，在理论上似为有利于市政之建设，实则为害滋甚！姑无论全市街道因跨越铁路，增高其建筑经费，即市民安全，亦将因火车往来驰骤，而频遭其危害！""故郑州在昔筹办商埠之时，即于汉平（平汉）陇海两路车站之西南

[①] 刘晏普，《当代郑州城市建设》，北京：中国建筑工业出版社，1988年版，第32页。
[②] 赵守钰，《呈河南省政府请将关于财政计划核准以利进行建设由》，《郑州市政月刊》1928年总第1期，公牍部分，第5页。

方，附近一片平原，选择为开辟商埠之适宜地点。"①为规避铁路线对城市的分割之害，这个以新的商埠区及以商埠区为依托设立新市区的设想，倾向于在郑州的西南方向开辟新市区，形成一个较为独立的城市系统。总之，这两套规划方案的基本着眼点大体相同，均是考量如何更加高效地利用铁路交通，两者的最大区别是郑州城市空间结构布局是否跨越铁路。

郑州城市规划的落实，关键在于解决资金来源问题，其资金渠道主要有两个：一是地方政府财政拨款；二是社会各界筹款。城市建设的先决条件是财政问题，郑州市政当局致力于财税的开源节流，制订建设资金筹措方案，开列筹划建设事业经费清单，②为宏大的城市建设计划提供经费保障。在郑州市政当局的强力推动和市民商户的协助下，经多方筹措资金，修建了一批市政基础设施，如汽车站、平民村、平民公园、公共厕所等，尤其是重视对市区道路的整修。福寿街、大同路、德化街等新市区的主要街道均采用新式筑路方法，以煤渣砖渣铺垫硬化，用水泥预制板铺设马路两旁的人行道，并对一马路、二马路、钱塘里、西大街等街道进行整修，规划方案的设想得以部分实施。此外，城市道路的修建开始尝试跨越铁路，初步整备城市西郊的道路系统。如从火车站北闸口过铁路向西至碧沙岗，修筑了一条长 2.5 千米、宽 9 米的马路，用碎石和三合土铺筑，为郑州当时路面质量较好的一处，③为落实跨越铁路向西建设新市区的都市规划方案创造了基础条件，使得郑州的城市空间大为拓展。更为难能可贵的是，郑州市政当局清醒地认识到，若未来"以成欧亚交通海陆转运之大干线，与西比利亚路线营业相争衡，引起中国情势之大变化，则郑县将一跃而为世界贸易市场之中心"，强调"若就交通上加以注意，则回溯已往变迁，预测将来趋势，实有不可限量之发展焉"。④铁路交通因素成为助推郑州城市发展的核心动力，该动力机制的生成，对郑州城市未来发展走势发挥着决定性作用。这种铁路与城市发展密切相关的理性认识及相关规划设计理念，在《郑州市新市区建设计划草案》中得以清晰地体现。

---

① 《郑州市新市区建设计划草案》，《郑州市政月刊》1928 年总第 3 期，言论部分，第 1～2 页。
② 郑州市政府，《函河南建设厅仅就市区内应需之各种建设经费缮折（附郑州市最近筹划建设事业应需经费之支配）》，《郑州市政月刊》1928 年总第 1 期，公牍部分，第 7～14 页。
③ 河南近代建筑史编辑委员会编，《河南近代建筑史》，北京：中国建筑工业出版社，1995 年版，第 78 页。
④ 《郑州市新市区建设计划草案》，《郑州市政月刊》1928 年总第 3 期，言论部分，第 3～4 页。

关于城市功能分区与空间布局，在《郑州市复兴规划指导委员会初步建设计划纲要》和《郑州市将来发展计划》中，市政当局已经意识到如何处理城市中心区和工业区、住宅区三者之间关系的问题，明确规定："住宅地带须绝对与工业地带隔离，然亦不宜集中于市中心区。"[①]规划要求增加公共会场、公园、运动场、图书馆、博物馆、公共厕所、公用水道等公共设施，从而满足市民的公共服务需求。从整体上来看，这两个规划方案均考虑到铁路线对城市分割所带来的影响，注重处理中心城区人口集散等相关问题，将工业区、中心城区和居住区分开设置，扩大城市绿地面积，改善城市居住环境，这些做法均是值得肯定的。但是因为时局条件所限，这两个建设计划偏向于维持现状，许多新的设想亦难以落实，无法引领郑州城市的现代转型。

由于历史发展基础的限制和客观现实条件的制约，特别是1930年蒋（介石）、冯（玉祥）、阎（锡山）发动中原大战，使得前两个规划方案未能有效实施。此外，前两个都市规划方案均存在明显的理想化色彩，可操作性不强，超出当时郑州发展的历史阶段，这亦会影响到方案的实施效果。但不可否认的是，规划方案对郑州城市发展起到某种意义上的导向作用，而且在内忧外患、战乱频仍的历史环境中，部分规划内容却在客观上得以落实，这是极为难能可贵的。

第三、四次规划方案均以铁路为基点，围绕老城区向外拓展，并借鉴欧美城市建设的绿化理念，旨在构建花园式现代城市。因战争未平或中华人民共和国刚刚成立等时局条件所限，政府的中心任务或是赢取解放战争胜利，或是恢复生产、稳定社会秩序、改善民生，都市的规划与建设并非当务之急，故而这两个规划方案并未得到全面实施。但是，方案对于郑州未来城市发展取向的设想还是具有一定的前瞻性的，从今日郑州城市的功能分区和空间布局等诸多方面依然可以看出当时城市规划方案的深刻影响。就宏观层面而言，铁路交通的功能性发挥是郑州构建交通功能型城市指向的基本依据，铁路依然是20世纪初以来郑州城市发展的根本动力所在，只不过是在特定的历史时空中，铁路交通的作用遭到弱化而已，郑州城市空间拓展的整体趋势还是向前发展的。

从郑州都市规划的指导思想和内容设计上来看，上述四个规划方案均表明市政当局已经具有一定的近代都市规划意识，并基于铁路因素的考量初步形成了城市规划体系，其中不乏科学合理之处，客观上推动了郑州城

---

① 《郑州市复兴规划委员会初步建设计划纲要》，《郑州日报》1947年6月28日。

市建设的进程，对此后的郑州都市规划及城市发展亦具有重要的启示意义和借鉴价值。

第三节 铁路线：城市空间的界限与突破

从城市结构形态来看，近代中国的城市大多拥有相对规则与方整的城池，市政建设主要在城池内进行，道路网络多是规整的十字道或丁字街。直至清朝末年，郑州的城市空间一直在按照原有的历史文化逻辑缓慢演化。1905年，郑州全城仅有房屋3万余间，[1]城区的范围是"东西2华里，南北1.3华里，城墙高2丈8尺，周长6.6华里，城池的四角分别建有2层的阁楼，东西南北四门分别称为宾阳门、西城门、阜民门和护城门"，[2]一幅传统小城的景象。城内有东西南北大街交会，仅"东西大街尚称繁华，不过街道、房屋依然是非常狭小"。[3]另据白眉初所著《鲁豫晋三省志》之河南省志部分的记载，20世纪20年代初郑州老城的景象，"城周九里三十步""为四门，墙壁尚高，内部土多崩塌。城内外绿树参差，民房栉比，西关外尤为人家密集之地""县公署在城北隅，警察厅在西门内营门街，唯城内街道洼下，遇水有积水之虞"。[4]从整体上而言，受农业劳动生产率低下和运输方式落后等因素的制约，近代郑州城市的规模较小，功能单一。受此局限，郑州的城市内部空间结构非常简单，官府衙门作为王权的象征而居于城市的中心，[5]强调官府等权力机构居于城市核心位置的空间结构布局，显示出20世纪初之前郑州城市空间结构的一个显著特点。

一、新市街：城市空间的外延性成长

铁路的引入并十字交会，使得郑州逐步成长为重要的交通枢纽。交通枢纽的作用影响到城市格局的变化，促使城市中心区的转移和城市范围的

---

[1] 郑州市地方史志编纂委员会编，《郑州市志》（第3分册），郑州：中州古籍出版社，1997年版，第189页。

[2] 〔日〕東亜同文会，『中国省別全誌』（第8卷，河南省），東京：東亜同文会，1918年版，第49頁。

[3] 〔日〕青島守備軍民政部鉄道部，『隴海鉄道調査報告書』，青島：青島守備軍民政部鉄道部，1920年版，第298頁。

[4] 白眉初，《鲁豫晋三省志》之河南省志部分，南京：中央地学社，1925年版，第30页。

[5] 从地理方位上来说，郑州的官府衙门居于城中偏北的位置。

扩大，使得传统的城市向郊区发展，成片的工业区和工业住宅开始出现。[①]
交通枢纽的辐射力给郑州城市空间结构带来巨大冲击，改变了城市发展的方向，城市道路建设突破了城池的局限。平汉、陇海铁路这两条交通线原本是在郑州老城西门外穿过，新建的火车站和联系旧城的西门之间形成了新的城市生长点。铁路的筑成使得人的活动范围大为延展，工商业活动日益频繁，铁路与老城之间的联络地带率先发展，陆续修建了一些不规则的道路系统，营业、生产和住宅用房相继沿街建起，火车站和老城西门之间很快形成一片新市街。按照郑埠的规划设计，沿火车站向西门方向延伸的马路大街成了郑州城市扩展的中轴线，德化街、天中里、朝阳街、兴隆街向东发展，西关大街、苑陵街向火车站方向发展，并陆续建立了邮政、电信、电话、电灯照明等设施，并对这一地区的街道进行了整修，初步形成了火车站附近的繁华商业区。[②]随后，《郑州市新市区建设计划草案》《郑州市将来发展计划》引领郑州城市发展跨越铁路，突破了原有的城市结构框架，呈"带形"[③]结构、沿铁路放射性发展的态势（参见图7.6）。

基于城市发展和新市街建设的需要，河南省政府于1913年设立专门管理郑州城市道路建设的机构——马路工程局，它的设置标志着郑州城市道路建设步入有组织、有程序、有设计的管理阶段，[④]迈出了现代市政管理的重要一步，同时为郑州城市空间规划布局的系统化、规范化、科学化提供了可能。马路工程局组织修建了火车站一带的道路，在老城区与火车站之间已有道路的基础上，依照三个规划方向整修街道：一是沿火车站的马路向南北方向发展；二是顺德化街、天中里、朝阳街、兴隆街向东发展；三是由西大街、苑陵街向火车站延伸。据《郑县志》记载，1910～1920年后期，郑州火车站附近的马路街道大为拓展，主要包括位于马路大街（自吕祖庙街南口至火车站售票房）南北的各街衢，其中马路南各街衢有宏农里、昇平里、上元街、文寿里、花地岗、余庆里、钱塘里、南川街、东兴

---

① 许学强、周一星、宁越敏编，《城市地理学》，北京：高教出版社，1997年版，第59～60页。
② 河南近代建筑史编辑委员会编，《河南近代建筑史》，北京：中国建筑工业出版社，1995年版，第28页。
③ 系统的"带形"城市构想，是西班牙工程师索里亚·伊·马塔（Arturo Soria Y. Mata）于1882年提出的。他认为有轨运输系统最为经济、便利和迅速，从交通环境的角度来考虑的话，城市应沿着交通运输线绵延，使得城市的发展既接近自然又便利交通，他把这种城市发展结构视为最合理化的。由此而言，郑州的双"带形"城市发展路径，即沿平汉、陇海二路向外辐射发展，是具有一定的合理性的。
④ 郑州市城乡建设管理委员会编，《郑州市城乡建设志》（第2册）（未刊稿），郑州：郑州市城乡建设管理委员会，1993年版，第1606页。

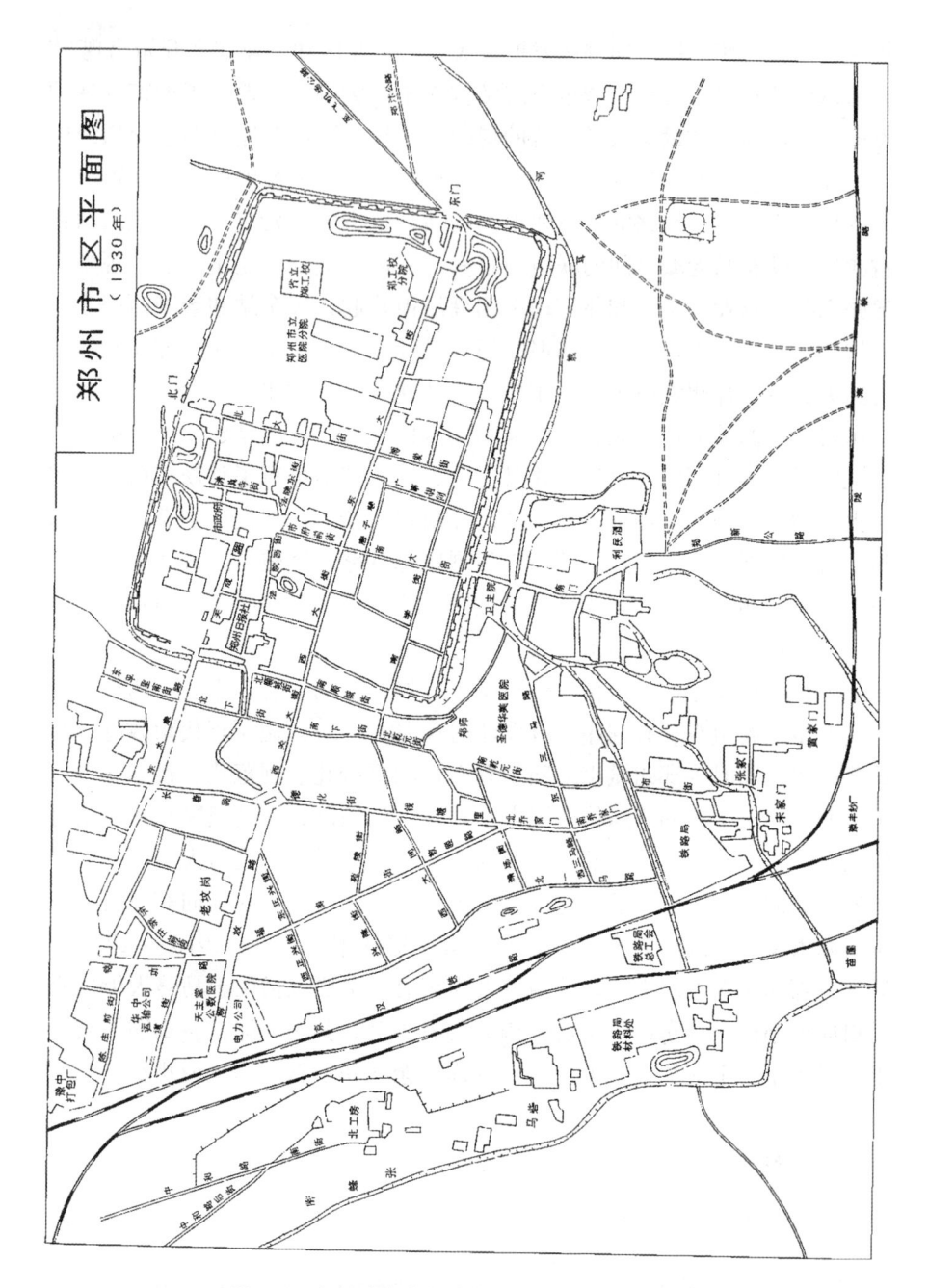

图 7.6　郑州城市空间结构图（20 世纪 30 年代）

资料来源：郑州市地方史志编纂委员会编，《郑州市志》（第 1 分册），郑州：中州古籍出版社，1999 年版，第 220 页。右上方的长方形框架内为老城空间，其左向与铁路之间的地带为郑州新生的城市空间——新市街与商埠区。

里、乔家门街、丰乐东里、丰乐西里、敦睦东里、敦睦西里、敦睦里巷、文得里等，马路北各街衢有保寿街、汉川街、丁字街、延陵街、天中里、德化街、苑陵街、石平街、天牲街、福寿街、三多里、凤鸣街、朝阳街、智仁里、商场（内有两条胡同，1912年集资兴建）、兴隆街、票房后街、顺河街等，①火车站区域的道路系统初步形成。1920年前后，郑州全城共有92条街道，其中42条集中在火车站一带，②城市的空间布局发生了根本性变化。

另据1916年调查，郑州老城内仅有居民3300人，其余大多数人口则居住于老城外以火车站为中心的新市街③，足见当时新市街已初现繁荣，居民商户聚集，郑州的城市空间在新市街和火车站附近区域得以快速延展。

二、地价变化与城市空间、职能的关联性

城市空间布局与地价之间存在一定的关联性，地价的变化在一定程度上折射出郑州城市的发展方向及其与铁路之间的内在关系。1920年前后，郑州的地价腾升，地段不同，价格亦相差甚远，其中"大马路每亩2500元左右，金水河以南每亩700元左右，而金水河以北的开埠预定地每亩仅为300元"。④从火车站连接老城西关的大马路一带，其地价是金水河以南区域地价的3.5倍，而金水河以北虽然是开埠预定地段，具有值得期待的商业前景，但由于距离火车站相对较远，其地价仅相当于火车站附近地段的1/8。由此可见，地价最高的郑州火车站区域作为新兴的商业中心地，居于整个城市空间结构的核心，并呈现出以这个新的城市中心向外放射性拓展的空间格局。

---

① 周秉彝等修、刘瑞麟等纂，《郑县志》，1931年版，台北：成文出版社，1968年影印本，第176～180页。
② 河南近代建筑史编辑委员会，《河南近代建筑史》，北京：中国建筑工业出版社，1995年版，第78页。据1916年《郑县志·街衢》记载，当时（指1916年，而非1920年）郑州共有街道92条，其中42条在老城以西的商业区。
③〔日〕東亜同文会，『中國省別全誌』（第8卷·河南省），東京：東亜同文会，1918年版，第46～47頁。刘海岩先生在《近代华北交通的演变与区域城市重构（1860～1937）》一文中，引述日本东亚同文会1916年调查之郑州城外新市街有10万居民。查证『中國省別全誌』（第8卷·河南省）原文，调查员当时对郑州城市人口的估计是1万人，这个数字本身亦不够确切。1916年前后，郑州的城市人口并无详细统计，而据1920年日本青岛守备军民政部铁道部的调查统计，郑州的城市居民大约是5万人。
④〔日〕青島守備軍民政部鐵道部，『河南省鄭州事情』，青島：青島守備軍民政部鐵道部，1922年版，第23～24頁。该调查显示，等待开发的商埠预定地地价约为每亩300元。而在白眉初所著《中华民国省区全志·鲁豫晋三省志》中，亦有大致相仿的记载，商埠空地地价约为每亩200元或250元不等。

20世纪30年代中期，河南省城镇商业中心地的价格，除省城开封超过郑州之外，其余均远低于郑州（参见表7.1）。由该表可以看出，地价较高的城镇基本上是铁路线的重要站点，表明铁路对区域城市空间布局具有显著的影响力。若按最高值来计算的话，这一时期郑州商业中心地的地价是全省平均值的7倍，住宅地价为1.5倍，园圃地价大约也是1.5倍，两相比较，郑州商业地价的比值远远高于普通地段价格的比值。再者，郑州商业中心地的价格达3000元/亩，是该市住宅地的10倍，园圃地的近20倍，这从一个侧面说明火车站及其所在的商业中心已成为郑州城市空间结构的核心。而同期郑州的住宅地价偏低，不仅远低于开封、洛阳，甚至不及商丘、灵宝等交通沿线中小城市，说明当时郑州尽管人员流动量很大，居住人数骤升，但绝对数量并不多，约10万人，余则主要是从事经贸活动或旅途中转，外来人口聚集度还不高，住宅需求较低，致使住宅地价低落。与此同时，城市内部不同区域地价的差别，意味着城市建设在特定时期发展重心与发展方向的差异性。

表7.1　河南省城镇地价一览表（20世纪30年代中期）　　单位：元/亩

县别	商业中心地		住宅地		园圃地	
	最高	普通	最高	普通	最高	普通
郑州	3000	1000	300	100	160	100
开封	8000	2000	1200	400	200	80
永城	45	40	30	25	25	20
商丘	2000	700	1200	400	120	60
安阳	550	350	260	200	150	110
滑县	57	54	45	38	30	28
新乡	500	400	400	300	250	200
许昌	100	80	100	80	100	80
西平	1800	1000	320	180	240	80
洛阳	2500	1800	1400	800	300	180
陕县	167	72	70	53	103	66
灵宝	1000	500	600	200	100	100

资料来源：《城镇地价》，《河南统计月报》1936年第2卷第8期。表中各县商业中心地最高价的平均值为432元，普通价的平均值为235元；各县住宅地最高价的平均值为205元，普通价的平均值为122元；各县园圃地最高价的平均值为96元，普通价的平均值为66元。

商业地价高企，固然从一个侧面证明了郑州城市的商业规模和利润空间。然而住宅地价偏低似乎又说明了商业利润中有相当部分呈现外流态势，或许是由于其商业的相当部分属于纯粹的中转贸易，其附加值未能像加工业附加值那样分配至所在城市居民手中，致使城市自身的消费能力有限，未能形成铁路沿线乡村农产品的重要消费群以及工业制成品的供给群。而现代城市经济的一个重要特征，就是城市是否已经成为市场经济的一个终端或分支性终端。因此，从城市功能承担的角度来看，20世纪30年代的郑州依然主要是铁路沿线乡村与外界物资交换的中转站。

三、市政建设与城市空间的改善

就宏观层面而言，城市并非是简单的立体空间聚合，在担负复杂城市职能的同时，必须有配套的物资、金融与信息交换设施以及相应的管理系统，这些同样是城市空间的必要组成部分，否则城市无法维持一个运行良好的生态系统。市政工程的筹划、设计及其实践，是现代城市空间拓展和合理布局的重要基础。

20世纪30年代初，河南省建设厅基于"郑州为国内商埠，市政之整理与市区之繁荣，关系至重"的综合考量，特"设立郑州市区工务局，计划改良建筑，整理市区"，[①]推进市政建设。在郑州市政事业得以有效实施的同时，河南省建设厅还专门委派技术人员规划市政工程，并以火车站为起始点，整修或新建马路及排水设施，主要工程涉及大同路、一马路和二马路等路段。其中，大同路自火车站向东至南下街，长900米，宽16米，原有马路路面破烂不堪，石子突出，若有雨水则满街泥泞，遂翻修成水黏碎石路；新筑一马路和二马路，前者东起陇海路，西达火车站，长800米，后者东起火车站，西至电灯厂，长约600余米，两路均筑成水黏碎石路，宽16米。上述三条马路配套修筑了排水沟，装置了进水井和进人井，以利雨水排泄。[②]此外，还在主要街道两侧修建了6229米的下水道[③]，以维持市容整洁。到了1937年，郑州城市道路总数已达200余条，城市建设取得了非凡的成就。

就郑州城市空间的延展状况而言，县政府第三科土地股曾在1935年对

---

① 张斐然，《河南的建设》，《河南政治月刊》1933年第1卷第1期。
② 张静愚，《河南建设述要》，开封：河南省政府建设厅，1935年版，第45～46页。
③ 河南近代建筑史编辑委员会编，《河南近代建筑史》，北京：中国建筑工业出版社，1995年版，第78页。

市区土地进行丈量，测得总面积为 52.5 平方千里，住户为 18532 户，[①]市区扩容达到抗日战争全面爆发前的高点。就整体上而言，铁路交通的发展带动了城市空间的扩展，并在某种程度上促使城市外部形态发生改变。可以说，铁路因素对城市空间的扩展具有明显的导向作用。铁路交通枢纽的形成，是郑州城市空间拓展的直接动力之一。铁路的出现，使得郑州这类位于纵横通道节点上的交通枢纽，既是铁路运输的集中地和列车交接站，又是组织铁路客货运输的中心环节，形成车流、人流和货物流的集散地，城市聚集效应增加，并导致资源要素更大规模的集中和城市空间的拓展。反过来，聚集规模的增加，又进一步促进了更多交通方式在更大范围的延伸和要素的更大规模集中，这样，城市在更大的时空范围内得到发展。[②]当然，城市空间的扩展受自然、经济、社会、历史、文化和政府政策等诸多方面因素的影响，是多重动力机制综合发挥作用的结果。不可否认，近代郑州城市发展的动力在特定的历史时空中有所弱化，不过其城市空间拓展的步伐并没有停止过。

第四节　"火车拉来的城市"：城市景观变化与功能转换

郑州从一座名不见经传的小县城，快速成长为区域中心地，而促使这一改变的最主要因素，是平汉、陇海两条铁路交通干线在郑州交会，使之一跃成为全国重要的交通枢纽，故言之郑州是"火车拉来的城市"。铁路给郑州带来无限的市场和商机，由此搭建起这座城市发展的基本架构和经济基础，引发城市空间结构的重新整合，城市的外在景观因之变化，城市功能随之发生转换。

一、城市景观变化

城市外在景观的变化是郑州城市社会变迁的一个突出表现，市区的发展不再像传统城市那样呈现整齐划一的方格状结构，而是基于商贸活动对交通的需要，城市平面与铁道线呈辐射状延伸。特别是郑州市区跨越平汉铁路向西发展后，其城市框架更是鲜明地体现出以火车站为中心点向外辐射的特征。

[①] 郑州市地方史志编纂委员会编，《郑州市志》（第 3 分册），郑州：中州古籍出版社，1997 年版，第 202 页。

[②] 赵淑玲，《郑州城市空间扩展及其对城郊经济的影响》，《地域研究与开发》2004 年第 3 期。

火车站和铁路沿线区域所形成的新市街迅速发展，与之相对，老城区道路整备不足，破败不堪，往日的荣光已然逝去，除官府衙门所代表的传统政治象征尚有些许留存之外，其与郑州市民现代生活的距离日渐疏远。与之相对，火车站和铁路沿线区域所形成的新市街却是迅速发展，一副繁荣的景象，旧城墙成为分割新老城区的一大障碍。城墙是中国传统城市景观的代表性建筑，它的最初出现是因为军事防卫层面的需要，发挥保境安民的功能。从这种功能自然地衍生出作为统治和权力象征的意义，体现出国家的权力和天朝帝国的威严，城墙所保护的核心场所是代表皇权的官府衙门，由此彰显一个城市的特殊地位，传统郡县城市城墙的功能性发挥大都如此。城墙作为中国传统城市的象征，其封闭型外观意味着城市的保守性，近代以来城墙越来越被视为阻碍贸易流通和人们出行的历史遗迹，它的存在一定程度上制约了商业交往、城市空间延展乃至城市的整体发展。

为促进商贸和方便货物流通，必须拆除造成交通阻塞的旧城墙，拆墙成为民国时期城市改造的一个重要特征，同时它也反映了一种新的社会价值观的生成，商业利益的重要性显然超越了传统城墙所提供的安全和威严。[1]1928年2月20日，郑州开始拆墙之举，至29日全部拆除。市政筹备处派员调查砖石数目，拟以改建公益所。[2]据统计，全墙计拆砖700余万块，用来建造平民住所及修筑全市马路，[3]建筑市政基础设施。旧城垣的拆除和新街道的开辟，大大改变了郑州原本意义上的城市聚落景观，疏通并加强了老城与新市区之间的联系，城市的空间范围得以拓展，城市发展格局呈现出开放的态势。

城市外部铁路交通系统和内部道路交通系统的生成，亦在一定程度上改变了郑州的城市景观。与20世纪二三十年代中国部分城市的内外交通相比较（参见表7.2），郑州的外部交通系统相对单一，主要是通过铁路。铁路自城市外部向城市内部延伸，一方面吸引城市的构成因素在空间上向铁路沿线集聚，城市景观发生显著变化；另一方面亦在客观上造成对城市的分割，铁路轨道和站场成为新的景观。与此同时，城市平面空间在这里被分割为路内和路外两个景观迥然不同的区域，铁路亦成为郑州城市发展过程中一时难以突破的边界。

---

[1] 周锡瑞，《重塑中国城市：城市空间和大众文化》，《史学月刊》2008年第5期。
[2] 大中社，《郑州城垣动工拆除》，《兴华》第25卷第7期，第39页。
[3] 《晨报》1928年4月12日，第6版。

表7.2 郑州与部分城市内外交通比较表

城市	城市对外交通系统	城市对内交通系统
上海	轮船，帆船，铁路，少量汽车，极少量飞机，马车	马车，黄包车，公共汽车，电车
天津	轮船，帆船，铁路，少量汽车，马车	马车，黄包车，公共汽车，电车
北京	铁路，少量汽车，马车	马车，黄包车，公共汽车，电车
济南	铁路，少量汽车，马车	马车，黄包车，公共汽车，少量私人汽车
大连	轮船，帆船，铁路，马车	马车，黄包车，有轨电车
青岛	轮船，帆船，铁路，马车	马车，黄包车，公共汽车
南京	帆船，轮船，铁路，汽车，马车	马车，黄包车，公共汽车，有轨电车
无锡	帆船，铁路，汽车，马车	马车，黄包车，少量私人汽车
汉口	帆船，轮船，铁路，汽车，马车	马车，黄包车，公共汽车，轮渡
郑州	铁路，少量汽车，马车	脚踏车，黄包车，少量汽车[①]
	帆船，马车（早期交通手段）	人力车，马车（早期交通手段）

资料来源：曹钟勇，《城市交通论》，北京：中国铁道出版社，1996年版，第105页。在原表的基础上有所删改，汉口、郑州的城市交通系统为笔者所加。

就内部交通系统而言，郑州远远落后于上海、北京、青岛、南京、武汉等城市，由公共汽车、电车等所构成的现代意义上的公共交通系统尚未建立，基本上还是沿袭着传统的交通方式。显然，此时的郑州还称不上是一座拥有较为完整的人员流、物资流循环系统的近代化城市。

从道路系统来看，郑州新老城区的差异性较为明显。郑州老城区道路的整备不足，在很长的历史时段没有发生大的变化；而新市街的道路则较为完备、平整、通达，市面繁华，楼房林立，完全改变了原来的野外荒郊之景象。不过，无论是新老城区，郑州的内部交通主要依靠黄包车、脚踏车等带有些许近代色彩的传统交通工具，尽管汽车已经开始出现，但是数量非常之少。由于内部交通因素的限制，新老城区的耦合进程亦受到一定程度的不利影响。

---

① 《河南各县社会调查（郑县）》，《河南统计月报》1935年第1卷第1期。

二、城市功能转换

中国数千年来是一个农业国家，作为大工业和商业中心的城市极为稀少，传统意义上的城市生生不息。[①]中国传统城市大多是单一功能结构性城市，除少量商业性和手工业市镇之类的城市外，大部分是行政中心或军事重镇。传统城市的生存长期处于一种较低水平循环的格局，但因外力的强势进入，改变了中国封建传统政治行政中心型城市的性质，通商口岸城市成为西方列强商品倾销的市场和原材料供应地。[②]近代中国城市性质的重大变化，致使城市功能发生与传统城市迥异的近代转型，在城市的功能结构要素中，经济因素逐步取代政治和防御功能而成为城市功能的主体。[③]可以说，城市的经济功能日益突出，使得近代中国城市的功能呈现出明显的复合化特色。

近代郑州发展的契机，如同石家庄、蚌埠等城市一样，是伴随着铁路的兴起而发展起来的。在铁路建成通车后，因铁路附属工业的创设、商业的繁盛、工商从业人口及其他人员的聚居，郑州城市得以快速兴起。那么，城市的拓展往往会沿着铁路进行，城市经济生活依赖铁路，城市中心亦转移至铁路站区，郑州因之被打上了深深的铁路印记，具有因交通而兴的鲜明特点，城市的其他功能也与交通密切相关并为交通中心功能提供服务。在发展经济学的代表人物、瑞典经济学家冈纳·缪尔达尔（Karl Gunnar Myrdal）看来，城市的成长遵循"循环与累积因果原则"（Principle of Circular and Causation），即一旦某种力触发了城市的成长，由于各产业部门相互联系的性质，将促进其他有关部门的成长。这些部门的成长又孕育着另外一些部门的成长，接着引发一些新的产业部门进入城市，由此开始

[①] 中国传统城市之所以生生不息，在周谷城看来，主要有四个方面的原因：（1）多是行政官署的所在地。一省的行政机关所在地是个城市，一县行政机关所在之处是个城市，甚至乡镇公所所在之地也是个城市，行政机关成为城市的主要支撑。（2）常在交通方面占据重要地位。如在省与省之间、县与县之间、乡与乡之间，虽因农耕时代工商业不发达，彼此联系较少，但不是完全没有联系，愈是如此，城市的交通地位愈是彰显。（3）为手工业的中心。尽管中国已有许多新式工厂，然而手工业并未完全消灭，在一切新式工厂未曾开设之前，这种手工业当然是中国产业界重要的元素。除部分在农村家庭进行之外，手工业的大部分设在城市，以便于吸收原料，发售成品。故手工业有赖于城市，城市亦复借手工业而长存，甚至渐渐繁荣起来。（4）是交换的中心（旧式商业的中心）。各地物产，多通过城市来完成交换，实现供需平衡，旧式城市，也因交换的中心而长期保持不盛不衰的状态。参见周谷城，《中国社会之变化》，上海：新生命书局，1931年版，第93～94页。

[②] 何一民主编，《近代中国城市发展与社会变迁（1840～1949）》，北京：科学出版社，2004年版，第15页。

[③] 涂文学，《中国近代城市化与城市近代化论略》，《江汉论坛》1996年第1期。

新一轮的循环。①近代铁路交通运输条件的改善，使得铁路成为郑州城市"循环与累积效应"的强大触发力和重要诱导剂，从而引发城市功能的转换。

铁路筑通后，在交通网络节点及铁路沿线，基于铁路运输与生产的需要，由铁路相关企业及其从业者集聚而形成交通社区。交通社区往往形成于铁路线两旁，是一种相对独立的社会生活共同体。根据社区功能来定义，交通社区是为了满足交通部门职工生活和工作需要，建立在交通线站点上的区域性社会。作为铁路站区的重要组成部分，铁路居住区作为铁路职工劳动和生活的场所，在站区用地内呈带状分布。②交通社区以铁路站场为中心，沿铁路线两侧分布在一个狭长的区域内，集中成为"长带状"的、具有交通功能的专门社区。③郑州的交通社区系铁路从业人员工作、生活的集中场所，亦是沿铁路线带状分布。这种依据不同的用地功能来设计建设地段的情形，在历次都市规划中均有所体现，由此形成功能鲜明的城市分区，这也是近代郑州城市发展的一个鲜明特点。

从20世纪30年代初期郑州各机构（含派驻机构）在城市中的位置分布状况④来看，传统意义上的市政党务机关，如县政府、县党部、保安司令部、地方法院、教育局、行政督察专员公署等，分别位于城内中山北街、弓背街、法院街、磨盘街等处，几乎全部在老城之内或老城区与新市街的衔接处，老城区依然是传统意义上的行政中心所在地。而一些新兴部门如邮政局、电报局、电话局、交通部无线电台等，则分别位于车站下沿、钱塘里、苑陵街、兴隆街等车站附近区域，是新商业中心所在地。与铁路相关的各部门，如平汉铁路郑州办事处、陇海铁路管理局、平汉铁路车务第二总段和陇海铁路特别党部等，则分别位处车站南头、一马路、车站和操场街等铁路沿线区域或铁路站点。⑤加之商埠区的形成，表明郑州城

---

① Myrdal. *Economic Theory and Underdeveloped Regions*. London：Duckworth，1957；张复明，《区域性交通枢纽及其腹地的城市化模式》，《地理研究》2001年第1期。

② 谷中原，《交通社会学》，北京：民族出版社，2002年版，第210页。

③ 刘晖，《铁路与近代郑州城市空间结构变动及功能演变》，《安徽史学》2015年第4期，第102页。

④ 参见陇海铁路管理局总务处编译课编，《陇海铁路旅行指南》（第3期），郑州：陇海铁路管理局总务处编译课，1935年版，第115页。

⑤ 抗日战争全面爆发之前，郑州与其他交通中心型城市相比较，有一个显著不同的特点：就是城市的行政机构规模虽小，但交通管理和服务机构却在行政机构中占据主要位置，这些机构又大体位于铁路沿线，进一步扩大了铁路沿线社区规模。与此同时，也使得商业和金融机构向其邻近区域分布，而不是完全以车站为中心聚集，由此可见，郑州新市街呈带状分布是有其特殊原因的。

市建设依托铁路形成了新的功能分区，它改变了郑州以官府衙门和寺庙为重心的传统城市布局，郑州火车站附近区域逐渐形成了以商品经济活动为主要内容的新的城市中心。

郑州商业所涉及的各个部门，多集中于火车站附近的大同路、福寿街、苑陵街、二马路一带，或设于铁路沿线，由旧县城向火车站聚集，是郑州最繁华的商业地带，初步形成了功能鲜明的商业区。火车站附近系商业区的中心，"繁盛街市，为大通路、钱塘里、敦睦里、天中里、三多里、福寿街，皆在车站之东，经商多汉口、天津人，河南人竞争于商业者，颇不多见"。[1]铁路通车后，郑州城市商业经历了一个由转运业向工贸业转型的过程，在某种意义上来说，前者是传统商业的扩张与发展，后者则是新式机器加工业向商业领域的延伸（或者是前者向机器加工业的转型），其在城市经济中的渗入程度完全是质的区分。[2]随着郑州的转运业实现转型，商业区得以进一步拓展，与交通社区连接在一起而形成了以商品贸易为导向的新市街，郑州由此从初级的商品转口型城市逐渐向部门相对多样的工商业综合性城市转型，城市商业发展步入兴盛期。

在近代郑州商业的大舞台上，众多工商行号"你方唱罢我登场"，各自演绎多彩的故事，构成郑州城市发展不可或缺的环节。纵观20世纪上半叶郑州城市商业的发展历程，大致可划分为4个阶段，[3]体现出郑州因交通而兴、依托交通实现功能分区的鲜明特点。

1. 市场初兴，郑州城市商业分区初具雏形（1905年至1920年）

郑州火车站设于老城以西约1公里处的一片荒野地。建站之初，一些卖小吃的商贩在车站附近搭棚经营，周边的农民亦把土特产拿来销售，形成了一个商品市场，后逐渐发展到了大同路、一马路、二马路、操场街、万顺街、三多里、宝昌里一带。在平汉铁路以东区域，即南起豆腐寨、北至二道街、东与老城相接的范围内，星罗棋布地修建了不少房屋，包括汴洛（陇海）铁路局、中立久粮行、大生堂中药铺、鸿兴源商行，等等。1916年以后，郑州商业市场的发展速度加快，新的店铺如雨后春笋破土而出，楼房阁宇替代了原来的席棚。经过市场最初的发展，形成了四个小规模的商业区：

---

[1] 吴世勋编，《河南》，上海：中华书局，1927年版，第72页。
[2] 秦熠，《民国时期华北机制面粉工业与新式交通（1912~1937）》，载吴松弟、樊如森主编，《近代中国北方经济地理格局的演变》，北京：人民出版社，2013年版，第65页。
[3] 郑州市工商业联合会编，《郑州工商业兴衰史概况（1904~1948）》（未刊稿），郑州：郑州市工商业联合会，1984年版，第6~66页。

(1) 火车站商业区（参见图7.7，A区）。火车站前的空地上，从搭盖席棚起步，嗣后分三路渐次发展：即沿着大同路向东经福寿街口到德化街口再转向西北方向发展，沿一马路向南到操场街，沿二马路往北转向兴隆街、饮马池、苑陵街、福寿街等处。

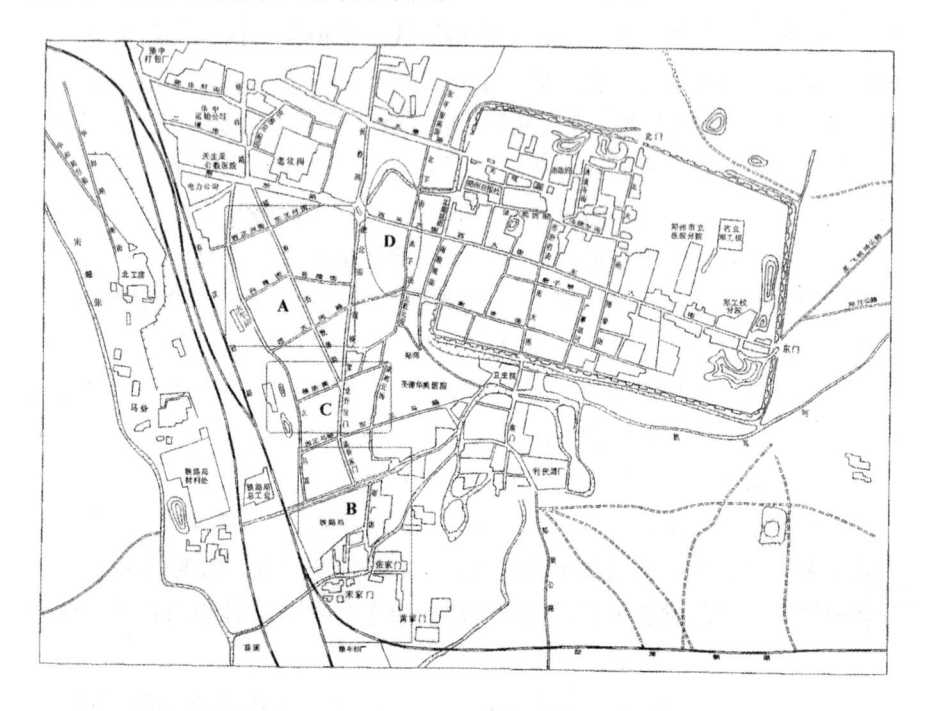

图 7.7 郑州商业区分布图（1910～1920 年）

资料来源：郑州市地方史志编纂委员会编，《郑州市志》（第 1 分册），郑州：中州古籍出版社，1999 年版，第 220 页。在原图的基础上做了更改，并借用 20 世纪 30 年代郑州城区图展示的商业区的地理方位，各商业区的大致范围系笔者所标注。

(2) 以豫丰纱厂、陇海大院为中心的商业区（参见图7.7，B区）。该商业区包括东、西豆腐寨，以及厂前街、金隆街、惠工街、布厂街、陇海马路，北到南乔家门、三马路口等处。

(3) 以汴洛（陇海）铁路局为中心的商业区（参见图7.7，C区）。汴洛（陇海）铁路局在操场街修建了管理局用房，吸引诸多商户进驻附近区域，并以此为中心向四面发展，往西经一马路连接火车站，往北经银行街到大同路，往东则经犁铧街呈扇形展开：经敦睦里与福寿街衔接，过菜市街连钱塘里，顺乔家门到三益街，形成了一个小商业区。

(4) 老城西大街商业区（参见图7.7，D区）。新市街商业的初兴，亦对老城区商业产生一定的联动作用，原有的西大街商业区继续向西发展到南下街口，再分两个方向逐步向火车站延展：一路向南到南稍门（大同路东口），沿大同路向西发展；另一路则直达西稍门（今德化街北口）。

以上商业区的发展参差不齐，并非完全同步。1920年前后已基本连成一片，郑州商业城市初具雏形。相对于老城区商业的缓慢发展，新市街商业区则是日新月异。就商业区的行业布局而言，受铁路交通因素的影响，自然地形成了下述几个商业区：大同路、德化街南段为郑州新商业中心，布匹绸缎店、时货铺、银行、旅馆、饭店多集中于此；货栈、转运业集中于兴隆街口、二马路的南段；棉花市场、花行、银行、仓库集中在兴隆街、饮马池和福寿街；旅栈业的集中区域为大同路西段、火车站附近及万顺街、宝昌里等地；钱塘里、敦睦里、火车站及顺河街一带主要是中小饭店、土产杂货、日用品店和戏院的集中地；而油行、粮行、山瓷、铁货、石灰行、磨刀行多集中在南下街、西关大街及西稍门一带。

2. 市场繁荣，郑州商业布局趋于定型（1921年至1930年）

1920年后，郑州市区的范围进一步扩大，商品市场更加活跃。自1923年起，郑州的棉花交易量直线上升，1928年达到顶峰，棉业的繁荣亦带动了其他行业的发展。这一时期，郑州的市场区域扩大到南起豫丰纱厂、北至太康路、东到西陈庄的范围内，平汉铁路以东地区与老城旧商业区完全连为一体，构成了以大同路、火车站为中心的大市场，商店栈行鳞次栉比，商业甚为繁荣，在中心市场的周边形成了四个特色商业区，郑州的商业布局逐渐得以定型。

（1）棉花商业区（参见图7.8，A区）。该商业区以饮马池为中心，有关棉花的交易几乎全部在该处进行。二马路、兴隆街、苑陵街西段、福寿街北段到西陈庄一带分布着花行、仓库和货栈等，棉花交易的车辆、人员川流不息，市场隆盛。

（2）南乔家门商业区（参见图7.8，B区）。这是一个综合性商业区，以南乔家门、三马路为中心，南至豫丰纱厂、陇海大院，西到三马路、一马路口，东至三马路东口，北到犁铧街。主要是经营饮食、糕点、酱菜、杂货、山货、铁瓷等日常生活用品的店铺，小百货、布匹、文化用品商店亦不少。这个商业区的服务对象以铁路员工、豫丰纱厂职工及其家属为主，此外还有很多在附近居住的南方人，大多是平汉、陇海铁路的高级职员、工程技师及郑州金融界人士。

（3）老坟岗商业区（参见图7.8，C区）。该商业区是游艺场所和妓院集中之处，往来游客颇多。西一街、西二街为曲艺、杂耍、唱戏之所，其东边是妓院。老坟岗南、沿迎河街一带是家庭手工业集中区，遍及各个行业，多是作坊加营业的模式，边生产边销售。老坟岗东南是迎河街、顺河街（今解放路），街道两旁为地方小吃的集中之处。老坟岗以东即为长春路（今二七路），多是烟酒店、杂货铺、旧衣摊之类的小店铺。

（4）西大街商业区（参见图7.8，D区）。该商业区位于老城西部与新市街的连接部，集中在西大街、北下街、南下街北段等几条街道上，主要是皮毛行、油行、杂货、干果行的汇集之地。

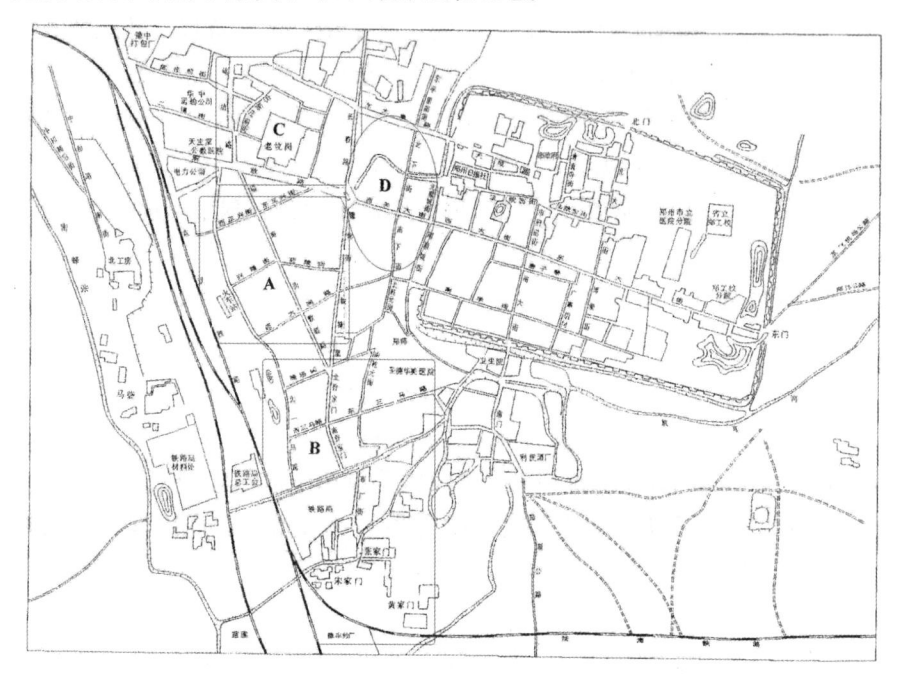

图7.8 郑州的商业布局（20世纪20～30年代）

资料来源：郑州市地方史志编纂委员会编，《郑州市志》（第1分册），郑州：中州古籍出版社，1999年版，第220页。在原图的基础上略有更改，各商业区的大致范围系笔者所标注。

3. 市场兴衰更替，郑州商业分区外延（1931年至1945年）

1930年后的数年时间，金融、棉花等行业呈现衰退迹象。但郑州市场在时货业、服务业等领域依然保持着往日的繁荣，如中国国货公司1935年开业，位于火车站附近的大同路，生意隆盛，是郑州时货业中规模最大的一家；华阳春，系一家综合性服务大楼，建于火车站下沿，1936年开始营业，内设旅馆部、中餐部、西餐部和洗浴部等，率先尝试现代化经营。

抗日战争爆发后，豫丰纱厂、中国国货公司、各大银行以及一些实力雄厚的企业商铺纷纷迁往重庆、贵阳、西安等地。日军对郑州的轰炸，使得郑州城满目疮痍，铁路交通几乎完全中断，物资匮乏，民生困苦，往昔商业繁盛的火车站、大同路，已是一片萧条景象。但日用品行业却曾经昙花一现，盐业、手工卷烟以及餐饮业也曾经活跃过一段时间，在战争的冲击下勉以为继。

就这一时期的市场范围而言，与前期相比并没有发生大的变化，市场的外延区域有所拓展，如铁路以西附近、东三马路到阜民里以及老城南关附近，多为一些小商铺。而在老城区的南大街、唐子巷、盐店后街、磨盘街一带，一个颇具规模的药材市场得以兴起。

4. 由停滞到逐步复苏，郑州商业市场重新布局（1946年至1954年）

抗日战争胜利后，战时西迁的工厂、银行、商号，多数纷纷回郑，各业复活，逐步形成了四个大的市场：（1）旧货市场，是一个破旧物什的集中交易市场，以摆地摊为主，地点在图7.8的D区附近；（2）振兴市场，以经营布匹为主，百货次之，大体上在图7.8的A区；（3）太康市场，原是一个四方杂陈之所，现以百货销售为主，大致方位在图7.8的D区北部；（4）益民市场，地点在老坟岗，是一个杂货市场，兼有民俗、杂艺表演，大致在图7.8的C区。

尽管战争的阴霾未散，通货膨胀越发严重，但郑州商业市场还是在凌乱无序中呈现出整体回暖的迹象。1948年上半年，郑州市区恢复营业的各类商铺共578家，从业人员2364人。同年10月，市区各类商铺增至928家，另有个体商贩1000余户。为稳定中华人民共和国成立之初的经济秩序，控制市场投机和涨价风潮，郑州市政府采取了紧缩货币发行、发行抵实公债、整顿各项税收等措施，推行商业合作机制，平抑市场物价。1952年底，全市国营合作商业机构发展到139个，个体商贩为11372个。该年度市区社会商品零售总额为3979万元，比1949年的1425万元增长了1.8倍。[①]商业市场日渐恢复，其市场分布格局在原来的基础上，政府加大了对粮食、油盐、布匹等生活必需品的调控，对一些重要的消费品实行定额配售，或是统一定价，并于1953年起成立了国营百货、花纱布、煤炭、盐业、粮食、水暖器材等市属公司。随后，分别对粮油、棉布、棉花等实行统购统销政策，进一步加强国营商业对市场的控制与领导，郑州商业市场的格局发生了根本性变化。

---

① 郑州市地方史志编纂委员会编，《郑州市志》（第5分册），郑州：中州古籍出版社，1998年版，第5～6页。

第五节 小 结

　　城市的集聚效应主要源于产业在地域上的集中所带来的经济效益，城市空间格局演变的实质是产业地域分布和空间组织的演变，而交通在这一演变过程中发挥着主导作用。①可以说，交通因素通过影响城市各组成要素的空间分布，从而影响到整个城市的空间布局。近代郑州城市发展的核心动力源自铁路，是伴随平汉、陇海铁路的兴起而成长起来的。像近代中国的许多城市一样，为避免对城墙的冲击以及铁路站场、铁道占用大量空地的现实需要，郑州把火车站设在老城外部。铁路建成通车之后，火车站及新市街的快速发展，交通运输、工商贸易诸业的繁盛及其所形成的集聚效应，推动了郑州城市的发展进程。由此，近代郑州城市成长呈现出一个基本规律：城市空间扩容是沿铁路线而展开的，城市功能分区与铁路交通需要密不可分，城市经济生活依赖铁路，城市的中心亦转移至铁路站点及其周边区域，郑州因之被打上深深的铁路印记，具有因交通而兴的鲜明特点，城市的其他功能也与交通密切相关并为交通中心功能提供服务，这些均是郑州都市规划所考量的基本因素，历次城市规划方案均是依托铁路进行布局设计的。

　　铁路在很大程度上改变了郑州原有城市交通的吸引点，主导着产业、商业等要素的空间分布，车站与新市街遂共同成长为新的城市中心。与此同时，伴随市内道路系统的修建和公共设施的整备，火车站、新街区和老城区开始有机地融合为一个整体，使得铁路交通的功能自然延伸，渗透到郑州城市的每个区域和经济层级，由此实现火车站与新老城区的耦合，体现了郑州依托铁路与火车站形成城市新框架的鲜明特点。

　　随着郑州的快速成长，使得城市对人口的吸纳能力大为增强。近代郑州城市人口增长的最初来源，是大批铁路工人的涌入，铁路工人的集聚生活，便形成了颇具特色的工人聚居区——交通社区，使得郑州城市的人口聚集、空间拓展及功能分区均表现出浓厚的铁路色彩，郑州亦在此后很长的一段历史时期拥有"铁半城"之称，这是自20世纪初以来郑州城市发展的一个鲜明特征。

　　近代以来，铁路线所经城市的空间结构一般会发生较大变化。铁路站点

---

① 张颢瀚、孟静，《交通条件引导下的长江三角洲城市空间格局演化》，《江海学刊》2007年第1期，第77页。

附近区域往往会形成新的城市中心——商埠区或者新市街,它要么取代老城传统的行政中心(商业中心)而成为新的城市中心,要么与传统的行政中心(商业中心)共同成为该城市的两个中心,即双中心结构,城市功能随之发生转换。随着郑州转运业完成转型,商业区得以进一步拓展,与交通社区连接在一起形成了以商品贸易为导向的新市街,郑州由此从初级的商品转口型城市逐渐向部门相对多样的工商业综合型城市转型。

总之,因之铁路贯通和商业繁荣,郑州的城市空间结构及功能至少发生以下四个方面的显著变化:一是城市发展重心向新市街转移,形成了双中心的城市格局,行政中心在老城区,商业中心在火车站和新市街;二是城市的空间结构呈现沿铁路线放射性发展的态势。在铁路通车早期,郑州城市空间延展大体局限于平汉铁路以东、陇海铁路以北联络老城区的区域,以商业空间为主。后来则跨越平汉铁路向西延展,布局与铁路密切相关的棉纺织工业区和铁路工人居住区,形成城市的新生空间;三是因循铁路形成不同的功能分区;四是铁路亦会导致对市区的分割。在相当长的一个历史时期,由于技术方面的原因,铁路把郑州分割成为四个象限,导致城市各区域呈现非均衡发展的态势,但是各个象限均向火车站聚集发展,这成为近代郑州城市发展的重要特征之一。

此外,还有一点值得关注,郑州商埠区的设立,由于没有在先期存在的密集建筑与传统手工业基础上起步,这在很大程度上减少了城市发展初期规划以及建设的成本,对于依托旧城镇并以旧城区外部为主发展起来的近代城市而言,是一种比较有效率的城市发展路径,在近代中国城市发展史上不乏此类典型案例。

第八章 铁路与郑州城市社会结构变迁及观念更新

以机械为动力的新式运输工具被引入中原腹地，它带来大量信息、商品和人口的涌入，冲击着郑州人的感官与传统生活方式，其与外界封闭隔绝的状态终被打破。近代铁路交通的殷惠，为郑州带来大量商机和就业机会，吸引各地商民前来，郑州城市人口快速增长，工人特别是铁路工人在其人口结构中占有重要地位。近代教育的初步成长、西方教义的传播、报纸杂志的出版发行、同业公会和社团的组建，及其与近代交通的融通，加速了信息与知识的流动，推动了城市社会的组织化进程，给民众思想观念和行为方式带来新的冲击与洗礼。在空前的对外联系与交往中，郑州人的生活方式和思想观念在时空转换中悄然发生变化。郑州铁路工人运动的广泛兴起以及工人阶级的整体性历练成长，亦逐步改变了郑州社会政治力量的对比。

第一节 城市人口：增长与结构

近代铁路技术的导入带动了产业的深度变革，铁路的兴筑、人口密集型近代工业的成长、商业贸易活动频度的增加，使得大批量、成建制人口集聚生活成为可能，它打破了近代郑州城市人口增长困顿的既有逻辑，城市人口呈现出前所未有的快速增长态势。现代工业的诞生、分化与整合，形成了诸多新的业态、新的职业和新的职业群体，使得近代郑州城市人口结构日趋多元。

一、城市人口数量的快速增长

19世纪末，郑州仅仅是一座衰落的小县城，其城市人口数量尚不足2

万人。[①]1897年和1905年，平汉、汴洛铁路相继动工兴建。以铁路的修筑为契机，大量筑路员工涌入，铁路附属工厂亦吸引不少工人，郑州的常住人口数量骤增。铁路通车为郑州带来诸多商机，各地客商蜂拥而至设栈贸易，更多的就业机会以及现代化的城市生活方式亦吸引大量农村人口进城，郑州城市人口呈现快速增长之势。到了1920年前后，郑州的城市居民增长到"5万余人"。[②]1928年初，市区人口达20513户，计81360人，其中男性为53178人，女性28182人。[③]此后两年，郑州城市人口（四乡除外）快速增加，1930年增至22433户，合计95482人，其中男性为57955人，女性37527人。20世纪30年代初数年间，郑州时局较为稳定，铁路运输畅通，城市工业及手工业快速发展，1934年底城市人口上升到27892户，计124377人，其中男性为74086人，女性为50291人。[④]1936年则直线猛增到196000人，另有流动人口5万人，[⑤]城市居民总数约为铁路通车之初的10倍。

抗日战争爆发后的第二年，国民党军队为阻止日军，于1938年6月炸开郑州北郊花园口黄河大堤，致使郑州数万民众丧失性命或流离失所，人口骤减，全县总人口（含城市人口和农村人口）降为213144人。加之1942年郑州遭受特大水旱蝗灾和1944年日军第二次占领郑州，使得人口持续减少。一则灾民四逃，民不聊生，人口自然减员现象严重；二则交通受阻，商业萧条，商户外迁，人员外流。1945年抗战胜利后，解放战争又起，郑州人口初有所增加，后因战争波及，又呈现减少趋势。到1948年年底，城市人口总数为164839人。[⑥]1949年中华人民共和国成

---

① 郑州市地方史志编纂委员会编，《郑州市志》（第3分册），郑州：中州古籍出版社，1997年版，第3页。
② 〔日〕青岛守備軍民政部鉄道部，『河南省鄭州事情』，青岛：青岛守備軍民政部鉄道部，1922年版，第12页。
③ 刘宴普，《当代郑州城市建设》，北京：中国建筑工业出版社，1988年版，第336页。
④ 陈赓雅，《西北视察记》，上海：申报馆，1936年版，第472页；沈云龙主编，《近代中国史料丛刊续编》（第76辑），台北：文海出版社，1980年影印本；郑州市地方史志编纂委员会编，《郑州市志》（第1分册），郑州：中州古籍出版社，1999年版，第343～344页。关于1934年郑州城区人口的数据统计，陈赓雅的《西北视察记》与《郑州市志》采用的数据均为124377人；而据河南省政府秘书处1934年年底所做的统计，郑州的城郊人口总数为125129人（参见《河南各县社会调查——郑县》，《河南统计月报》第1卷第1期，1935年1月），两者比较接近，是一组较为客观可信的数据。
⑤ 郑州市工商业联合会编，《郑州工商业兴衰史概况（1904～1948）》（未刊稿），郑州：郑州市工商业联合会，1984年版，第31页。
⑥ 郑州市地方史志编纂委员会编，《郑州市志》（第1分册），郑州：中州古籍出版社，1999年版，第344页。

立时，郑州城市人口有所增长，达到 18.11 万人。1950～1952 年，郑州的城市人口分别是 16.59 万人、15.75 万人和 16.13 万人，总量不升反降，盖因时局初稳、百废待兴、区域发展道路尚不明朗所致。郑州非省会治所，这在当时政治因素彰显的时代背景下，要想获取区域发展的优势资源并进行整合是非常困难的。而开封因居省会之利，政治要素和文化因素的作用彰显，更加容易获取发展的机会。此后，受省会即将迁郑的舆论及铁路交通运输业、纺织业兴起等诸多因素的综合影响，郑州城市人口在 1953 年比上一年度激增 40%，达 22.90 万人。及至 1954 年河南省会迁郑之后，其城市人口呈现快速增长之势，其中 1954 年为 24.95 万人，1955 年增长到 31.89 万人，1956 年则快速攀升至 41.28 万人，[1] 3 年间平均每年增长 30% 左右。

20 世纪上半叶，特别是铁路开通以后，郑州城市人口整体上呈快速增长之势，先后出现四个高峰期：最初源自铁路工人的大批涌入，他们居住在火车站与老城之间的铁路沿线区域，形成了颇具特色的铁路工人聚居区——交通社区，外国工程师、铁路高级技工和普通劳工均在此居住，这是第一个高峰期；第二个高峰期是 1910～1920 年，随着郑州商业市场的繁荣，各地客商纷至沓来，周边地域的农民进城或做小买卖，或做搬运苦工，或从事各种服务，从此定居下来，渐渐融入郑州这座城市；第三个高峰期是 20 世纪 20 年代初至 30 年代中期，郑州工商业进一步发展，特别是豫丰纱厂、大中打包厂等大型近代工业企业的建成，吸纳了大批破产农民，加之城市空间延展和容纳能力的增强，大大增加了郑州城市对外部人口的吸引力；第四个高峰期出现在 1954 年前后，伴随河南省省会由汴迁郑，郑州城市人口得以爆炸式增长。

二、城市人口结构的多元构成

在郑州城市人口结构中，以铁路工人、纺织工人和棉花打包厂工人为主体的早期产业工人是其重要组成部分（参见表 8.1）。20 世纪 30 年代中期，郑州共有各类工人 30000 余名，[2] 其中铁路工人是早期郑州工人群体的主体，铁路护路工及警务员司亦是铁路工人的有机组成部分。仅以 1932 年陇海铁路驻郑相关员司而言，分别为护路队队部（郑州）14 人，第四中队

---

[1] 参见《郑州市人口分类统计》，载郑州市地方史志编纂委员会编，《郑州市志》（第 1 分册），郑州：中州古籍出版社，1999 年版，第 347 页。

[2] 《河南各县社会调查——郑县》，《河南统计月报》1935 年第 1 卷第 1 期，第 103 页。

（郑州）152 人，警务训练所（郑州）153 人，另有陇海铁路警务段第三分段（郑州）员司长及警夫 166 人。①伴随郑州近代工业的成长，如豫丰纱厂、机器打包厂的设立，产业工人队伍快速壮大，逐渐成为郑州工人群体的主要组成部分。

表 8.1 郑州早期产业工人统计表

厂名	建成时间	职工人数	其中				
			职员	工人	女工	童工	临时工
郑州电报局	1901	21					
京汉铁路	1906	1100					
陇海铁路	1909	200					
明远电灯公司	1914	38					
德丰面粉厂	1916	不详					
志大蛋厂	1918	18					
豫丰纱厂	1920	4170	170	2700	900	400	
大昌蛋厂	1920	13					
华兴厚铁工厂	1921	35		35			
大东机器厂	1925	33		33			
豫中打包厂	1925	4060	20	40			4000
大中打包厂	1933	725	18	7			700
协和打包厂	1934	738	20	18			700

资料来源：王宝善主编，《郑州工会志》，郑州：中州古籍出版社，1990 年版，第 82 页。表中陇海铁路工人统计数据明显有误，因陇海铁路管理局设于郑州（陇海铁路管理局最初称谓是汴洛总局，1906 年 12 月在郑州开办。1912 年 11 月，陇海总公所成立于北京，督办陇海铁路事务。1927 年 5 月西北军控制中原，派设陇海局长在郑视事，嗣后南京国民政府在徐州设立陇海铁路管理局。1930 年 10 月，复将陇海铁路管理局由徐迁郑。参见陇海铁路管理局编，《陇海年鉴》，陇海铁路管理局，1934 年版，第 6～9 页），附属总务、工务、车务、机务、会计等机关工作人员，以及站场职工、技师、机修工人等，职工数量庞大，其总人数远远超过 200 人。据 1932 年下半年统计，陇海全路员人数为 1265 人，工人 7873 人，合计 9148 人（参见陇海铁路管理局编，《陇海年鉴》，郑州：陇海铁路管理局，1934 年版，第 37 页）。郑州作为全路最大的站场和局机关所在地，其员工人数不在少数。

---

① 陇海铁路管理局编，《陇海年鉴》，郑州：陇海铁路管理局，1934 年版，第 349～350 页。

郑州除了拥有规模庞大的铁路工人群体外，亦有大量与铁路运输关联性很强的工商业者群体，以及搬运工人、转运仓储业工人相关行业从业者。棉纺织业是郑州最为重要的产业之一，因为"裕丰（豫丰）纱厂的存在，郑州有了近四千人的女工，童工而且非常之多"。[①]就郑州与开封的城市职业分类比较而言，郑州的工商业从业者和交通运输业从业者数量远远多于开封，而开封的公务人员则比郑州的公务人员多得多，显示出郑州是一座交通功能型工商业城市，其城市职业集中于交通关联产业，而开封作为当时河南省省会城市，是一座行政功能型城市，其城市职业中公务人员所占比例明显居多（参见表8.2）。

表8.2　郑州、开封的城市职业分类表（1936年）

职业 县别	工业	商业	公务	交通运输	自由职业	小计
郑州	40102	39112	3615	6710	3818	86647
开封	9639	18689	10897	419	12579	52223

资料来源：《河南人口统计——职业分类》，《河南统计月报》1936年第2卷第7期，据表制作而成，与原表有变动。

就职业的选择及其观念的演化而言，在追求现代城市职业的时代潮流中，一种基于现代契约条件下的朴素职业观以及反抗压迫、追求民主和权利保障的意识，在郑州工人群体中逐渐得以形成。"没有钱不是穷，没有职业才是穷""糟蹋厂方的一根纱也要赔偿的"等标语，是豫丰纱厂诸多宣传口号之一，女工们被视为"忠于工作不忠于生活的人""便永远被压在地层底下，她们没有怒吼过，只听见一些偷偷的诉苦和叹息"，[②]可以感知到城市职业对时人的吸引度、近代企业制度建构的认同度以及隐藏其中的维权意识。尽管豫丰纱厂工人受到厂方的诸多压制和盘剥，但是近代企业制度、契约机制和现代职业观念的形成，无疑会对人们的择业观产生重要的浸润作用。

此外，郑州的城市手工业尚属发达，据不完全统计，1936年郑州约有城市手工业工人3903人，主要集中在卷烟、成衣等行业领域（参见表8.3）。

---

① 子冈，《郑州的妇女》，《申报周刊》1936年第1卷第24期，第573页。
② 同上。

表8.3 郑州手工业工人统计表（1936年）

业别	家数	工人	其中女工	业别	家数	工人	其中女工
炉坊业	1	10		银楼业	15	70	
玻璃业	1	46		砖瓦窑业	19	143	
帆布业	1	43		成衣业	60	235	25
草帽业	1	30		鞋帽业	79	240	8
胰子业	8	58		织绸业	9	37	9
制革业	3	76		笔墨业	19	61	28
铜器业	15	35		印刷业	15	45	
制鞋业	30	110		卷烟业	500	2500	
木器业	28	88		合计	826	3903	70

资料来源：王宝善主编，《郑州工会志》，郑州：中州古籍出版社，1990年版，第83页。

在郑州的城市人口体系中，铁路的高级职员、银行的白领、工厂的技术人员和经济实力较雄厚的商贩大都来自外地，这些群体的加入，改变了近代郑州的城市人口结构。郑州不仅仅在城市空间拓展及城市功能分区方面，而且在城市人口聚集方面亦表现出浓厚的铁路色彩，这一点在20世纪50年代显得更为突出，郑州由此获得"铁半城"之称。也就是说铁路企业单位、铁路职工及其家属，大体可以占到郑州城市人口的二分之一，这是近代郑州城市发展与人口增长的一个鲜明特点，也是郑州城市职业分布的一个重要特征。

郑州因据交通之区位优势，来往四达，亦吸引了不少外国人进驻，或传播西方教义，或从事商贸交流，或从事工程技术活动。美国的基督教士早在1905年便来郑传教，修建了教堂和美华医院。1906年和1915年，意大利、英国天主教也分别来郑建教堂、设医院，传教布道。[1]1917年前后，共有13家日商在郑设立贸易机构，英美商号亦有进驻。1922年郑州全城约有300名外国人常住，其中铁路技师15人，以法国人、意大利人居多，日商为30～40人，美孚洋行、豫丰纱厂、中华蛋粉公司

---

[1] 曹洪涛、刘金声，《中国近现代城市的发展》，北京：中国城市出版社，1998年版，第229页。而据曾友山《河南基督教沿革述略》（载《河南文史资料》第17辑）一文，美国传教士陆德恩1904年来郑传教，创办了郑州第一家教会组织。

及美国青年会有美国人 10 名左右，各国传教士若干，外国人家属 230 人左右。①西洋文化及现代生活方式的导入，与中国传统文化碰撞、汇聚、融合，可谓是新旧观念杂糅、传统与现代并存，这无疑大大丰富了郑州市民对外部世界的认知。与此同时，近代城市生活方式的普及、外部交通运输的便利、商贸经营活动的频繁、相对丰富的物质生活诱惑以及更多的就业机会，又反过来吸引更多的农村人口以及外来商务人员涌入，工人、商人和知识分子群体迅速扩大，从而使得近代郑州城市人口的结构层次发生深刻变化。

第二节　文化教育、同业公会、社团：新媒体与新组织

在近代郑州城市转型过程中，与铁路交通运输业的成长、城市工商业的繁荣、城市空间结构变动、人口的聚集及职业分殊等相伴而生的，是这座交通功能型城市社会结构的深刻变化。郑州的现代教育机构开始由无到有、报刊的创办与信息传播、各业同业公会的纷纷成立、市民社团组织相继出现，意味着郑州因交通区位优势带来了人员及信息在更大范围内的流动，这种新的态势打破了郑州城市社会结构的传统封闭格局，使得现代知识及信息的传播速度加快，社会的组织化程度大为提升。

一、文化教育

郑州的传统教育由来已久，如位于南城下的天中书院、位于州治花园门街路北的南公馆和位于州治东门内的东里书院等。迨至 19 世纪末，除东里书院改为中学校之外，余则多荒废不用。1904 年，郑州知州饶拜飏因东里书院改建，添修齐房 3 排，共 32 间，后改建为小学。高等小学位于州治西南的五道胡同前，1906 年添修齐房数十间。京汉（平汉）铁路实业学校于 1906 年兴建，位于火车站东南，②是平汉铁路管理局基于培养铁路技工和实业人才的需要而兴办的一所专门学校，为郑州铁路事业的发展输出了一批专业技术人才。郑州公立实业学堂，"始由旅郑同人鸠资创办，嗣经

---

① 〔日〕青岛守備軍民政部鉄道部，『河南省鄭州事情』，青岛：青岛守備軍民政部鉄道部，1922 年版，第 15～16 頁。
② 周秉彝等修、刘瑞麟等纂，《郑县志》，1931 年版，台北：成文出版社，1968 年影印本，第 155～157 页。

邮传部准拨按月津贴。作为公立实业学堂，本年（1909 年——笔者注）上学期招考新生，来学者实繁有徒，兹复扩增学舍，添聘教员，准于下学期续招新生 80 名"。①实业学堂的不断扩充，培养了一批郑州铁路通车早期的实业人才。

1927 年，郑州市政府筹备处筹资创建了平民学校，位于平民公园内。因平民公园附近人口稠密，居民多是生活贫困的工人和商贩，很多儿童难以就学，故在此处兴办。平民学校"遵照冯玉祥先生关于'要使人人有受教育、读书识字的机会'的精神"，"对入学者一律不收学费"，解决一些经济困难儿童的受教育问题，颇受市民欢迎。学校在开办之初，"仅设初小一、二年级，有男女学生 80 名"。1929 年更名为郑州市第一小学校，设"初小 4 个班级"，又"增设一班高小五年级，男女学生 50 名"。同时还附设平民夜校，"年龄、性别不限，招收学生 40 名，旨在扫盲教育"，②传播公民教育理念和平等教育观，对郑州的民智开发、社会教育事业的推动具有一定的先导作用。

1928 年郑州城区共设初级小学 20 所，完全小学 3 所（含女子学校 1 所），其中完全小学校在校人数为 518 人（男生 350 人，女生 168 人）。③据 1929 年度学校教育情况统计，郑州全县共有初级小学 64 所、完全小学 5 所和师范讲习所 1 所，在校学生约 3000 人（参见表 8.4）。

表 8.4　郑州 1929 年学校教育统计表

种　　别		初级小学	完全小学	师范讲习所
学校数	男	64	4	1
	女		1	
学生数	男	2418	513	50
	女	166	175	
毕业生数	男	166	81	
	女	24	19	

① 《郑州实业学堂之扩充》，《教育杂志》1909 年第 1 卷第 7 期，第 52 页。
② 李荣家：《冯玉祥二次主豫时在郑州的新政和建设》，《郑州文史资料》（第 4 辑），郑州：政协河南省郑州市文史资料委员会，1988 年版，第 67～68 页。
③ 河南新志编纂处编，《河南新志》（上册），开封：河南新志编纂处，1929 年版，河南省地方史志编纂委员会、河南省档案馆整理再版，郑州：中州古籍出版社，1988 年版，第 455 页。在该《河南初等教育机关概括统计表》中，郑州初级小学和在校人数被分别统计为 20 所与 400 人，原文中的人数为 508 人，合计有误，应为 518 人。后表统计数据的可信度较高。

(续表)

种　别		初级小学	完全小学	师范讲习所
教职员数	男	281	28	
	女		7	
经　费（元）		18508	15132	2328

资料来源：河南教育厅编辑处，《河南教育周刊》第 1 卷第 14 期（1930 年 12 月 20 日），第 16 页。

及至 1933 年，郑州在学校教育事业和民众教育普及方面均有所进展。在学校教育方面，初级小学增至 72 所，完全小学 7 所，私立中学 1 所，铁道部立扶轮中学 1 所，扶轮小学 2 所，私立小学 2 所，年支教育经费为 50000 元，皆由田赋附加项下拨发；关于民众教育方面，设有民众教育馆 1 所，民众图书馆 1 所，民众学校 3 所，民众阅书处、阅报处共 7 所，①为郑州城市的社会教育普及和民智开发奠定了初步的基础。

据有关社会调查结果显示，20 世纪 30 年代中期，郑州全境受过小学教育的人数为 8965 名，受过中学教育的人数为 469 名，受过大学教育的人数为 26 名。入私塾学习者为 3256 人，成人受教者有 3645 人，共计 15461 人。其中学龄儿童在学者占 37%，失学者占 63%。②1935 年，郑州城区学校"计有扶轮中小学，及县立中小学校数所，还有些私立小学"，③这些为数寥寥的教育机构，是远远无法容纳适龄受教者的。郑州教育的衰敝态势，与外国资本渗透、铁路交通需求降低、商埠繁华渐逝、市民生活困苦而无力应对教育开支等息息相关。在这种极为困顿的时代条件下，郑州地方当局设法创办了公共阅览室、通俗图书馆、民众教育馆、公共运动场、补习学校、民众学校等，④极力推动民智开发，受教之所初具规模。"惟农村教育发展之程度极低，其困难之点，一因过于注重城市教育发展，而轻视农村教育。二为农村教款困难，与城市相差太远，以致农村几无教育。职业教育亦尚幼稚，仅有创办伊始之郑州职工学校一处。至青年学生之体育训练情形，或为柔软体操，或为器械运动，或为国术训练。"⑤城乡教育资源配置及教育水平的差距甚大。

---

① 陇海铁路车务处商务课编，《陇海全线调查》，郑州：陇海铁路车务处商务课，1933 年版，第 164 页。
② 《河南各县社会调查——郑县》，《河南统计月报》1935 年第 1 卷第 1 期，第 104 页。
③ 秋士，《衰落的郑州：有畸形的发展》，《拒毒月刊》1935 年总第 85 期，第 22 页。
④ 《河南各县社会调查——郑县》，《河南统计月报》1935 年第 1 卷第 1 期，第 104 页。
⑤ 同上注，第 104～105 页。

教会学校的创设以及西方教义的传播，亦成为郑州文化教育事业的重要组成部分。据统计，郑州在1934年年底共有教会学校5所，分别是天主堂养老院附设初级小学（设立于1927年）、培德女子小学（设立于1929年）、善导中法学校（设立于1927年）、天主堂私立初级小学（设立于1933年）、私立履光小学（设立于1930年）。① 除私立履光小学属于理公会之外，余则全部属于天主教会。

从1904年到1948年10月，先后共有基督教的8个派别在郑州进行传教活动。美国浸礼会是首家在郑州设立教会组织的基督教派。1904年，美国南浸信会（浸礼会）传入河南，其华内区的创办人之一——美国传教士陆德恩在郑州西门内找到一所院落开始布道，并设立了郑州第一个教会。此后不久，陆德恩在菜市街附近购买大片土地，建造了礼拜堂和教会医院。后来浸礼派田道生兄弟来郑州协助发展教会，先后开办博文中学、博育女中、小学校和华美医院，培养教会人才。② 1923年，浸礼会在郑州的发展达到顶峰，菜市街教会区有平房37栋、楼房10栋480余间，设有医院门诊、职工宿舍、培灵小学、养老院、贫儿院等附属机构。浸礼会上海总会不断派牧师、医生来郑扩大势力，教会下设两个分堂和西大街、敦睦街两个布道所，在市区内有教徒420人，③ 并向荥阳、氾水、巩县（今巩义市）、新郑、密县（今新密市）延伸，使郑州教会区成为中国浸礼会华内区较大的一个分会。

基督教的另一支——北美循理会，也是较早开始在郑州传教的教会。1907年，该教的安培生和安梅氏夫妇来到开封开拓教区，另一位苏姓牧师则于1908年在荥泽县（县治为古荥镇——今属郑州市荥阳市古荥镇，笔者注）设立教堂，吸引众多信徒入会。循理会豫西连环区以郑州为总据点，下辖古荥、广武县等7个教会。④ 此外，中华圣公会在郑州建有履光堂，信义会亦在郑州设有布道点，一些本土创办的基督教性质的教会，如基督复临安息日会等也在从事教会活动。

---

① 《河南省各县教会学校概况统计表》，《河南统计月报》1936年第2卷第5期，第54页。
② 曾友山，《河南基督教沿革述略》，《河南文史资料》（第17辑），郑州：政协河南省委员会文史资料委员会，1986年版，第118～119页。陆德恩夫妇后来转入开封布道，南浸信会在郑州只剩下田道生一家和芮克德从事教会工作，直至抗日战争爆发。
③ 郑州市第三人民医院院志编写组编，《郑州市第三人民医院院志》（内部资料），郑州：郑州市第三人民医院，1985年版；卢帅，《基督教在近代郑州的传播》，《郑州航空工业管理学院学报》（社会科学版）2011年第6期。
④ 曾友山，《河南基督教沿革述略》，《河南文史资料》（第17辑），郑州：政协河南省委员会文史资料委员会，1986年版，第117～118页。

据统计，抗战前基督教各派在郑州市区内共有教堂 11 所，房间 363 间，登记在册的学校 5 所，外国传教士 70 人，新教教徒 413 人，天主教信徒 469 人。①1948 年，基督教新教在郑州共有 8 个派别，13 处教堂，信徒 1300 多人。天主教在郑州有教堂 3 处，15 名神甫，30 名修女，教徒 2000 余人，②教会活动甚为活跃。

传媒事业的发展往往会加速城市社会的近代转型，而近代交通工具则会使媒介信息流动的速度大大提高。报刊等新媒体既给郑州人的思想观念带来巨大冲击，同时又把他们与外部世界紧密联系在一起。

据职业报人曹弃疾回忆，由于平汉、陇海铁路建成，"郑州成为交通枢纽，市场日益繁荣，京、津、沪、宁和开封出刊的报纸，如北京的《泰晤士报》《北京日报》《盖世报》，天津的《大公报》，上海的《申报》《新闻报》，开封的《通俗报》等，由"五洲派报社"承销派送，使得郑州各界耳目一新。但因需要长途邮送，到达郑州需费时一二日以上，新闻总是朝花夕拾。同时，郑州的市政发展、社会新闻，也因没有当地的报纸而无法反映"。③应社会各方需要，郑州有史以来第一家地方报纸——《郑州日报》创办，此后地方报业得以逐步发展，规模稍大的报社有如下几家：

《郑州日报》④创办于 1916 年，系郑州首家报纸，由马超然倡议、刘瑞璘主编。该报得到郑县（郑州）议会、议事会的支持，使用石印机印刷，由马超然在大同路创建的文亦可印刷所承印，报纸为 4 开版面，后停办。1927 年，冯玉祥创办了《革命军人朝报》，该报宣传三民主义，提倡放足剪发、革新思想，令人耳目一新。新版《郑州日报》，作为国民党郑州市党部机关报，创办于 1930 年 8 月，报社位于汉川街 15 号。总经理刘澄清曾为河南通讯社记者、河南民报记者，主笔徐鑑泉曾任《革命军人朝报》总编辑，舒梦蝶、贾放夫为报社的主要编辑，每日发行 3000 余份，并设副刊 5 种。《郑州华北日报》，创办于 1933 年 2 月，以改良社会、补助教育、开发民智为宗旨，报社位于郑州火车站附近苑陵街。总经理兼主笔李隽

---

① 河南省政府秘书处统计室，《河南统计月报》1936 年第 2 卷第 5 期。经查阅《河南统计月报》各卷期，未查到该组数据的出处。或参见卢帅，《基督教在近代郑州的传播》，《郑州航空工业管理学院学报》（社会科学版）2011 年第 6 期。

② 郑州市地方史志编纂委员会，《郑州市志》（宗教卷），郑州：中州古籍出版社，1997 年版；卢帅，《基督教在近代郑州的传播》，《郑州航空工业管理学院学报》（社会科学版）2011 年第 6 期。

③ 曹弃疾，《解放前郑州报业史话》，《郑州文史资料》（第 9 辑），郑州：政协河南省郑州市委员会文史资料委员会，1991 年版，第 1～2 页。

④ 同上注，第 2 页。

锋，天津人，曾任河南汴尘报社社长，天津国光报社经理。上官祥符、杨兰亭、陈昇初任报社的主要编辑，每日发送 2400 份，并设副刊 7 种。[①]《郑州大东商报》，创办于 1932 年 4 月，以提倡商业、领导商民为宗旨。社长李泰东系山东商业大学毕业，曾任《河南民报》编辑，主笔王茗岑，曾任《河南民报》编辑、主任，主要编辑包括张一林、李铭夫等人。大东商报主要在商界发行，发行量月 1000 余份，设副刊 1 种。《大华晨报》，创办于 1933 年 11 月，该报的使命是开发西北，报馆位于车站附近西敦睦里。社长黄天佑系东南大学毕业，兼任陇海铁路特别党部秘书。主笔陆竹声，多年在政界游历，曾在东三省任过县长、法官等职，赖尧柄、蔡评秋、梁子安、许永绥等为编辑，设晨光、铁骑、归雁、儿童、大众等副刊，除关注大众生活、社会百态、文学艺术之外，亦开设各重要商埠商业信息等栏目，每期发行量为 5000 份左右，[②]是一份颇受郑州各界民众欢迎的报纸。仅上述 5 家郑州报纸，每期的发行量达 1 万余份，加之民国《河南日报》《中央日报》《申报》《大公报》等各类外埠报纸的发行，为郑州这座交通功能型城市传递了大量的知识与信息。

20 世纪 30 年代是郑州报业发展的一个高峰期，除上述报纸之外，市面上还有《兴中晨报》《画报》《通俗日报》《新生活日报》[③]等，涉及民生、社会、资讯、教育等诸多领域。而《两河商报》和《郑报》[④]则侧重刊登商业贸易信息，以激发市场活力。抗日战争爆发后，许多报刊为时局所困而无奈停刊，同时也有一些带有抗战色彩的报纸应运而生，如《阵中日报》《大刚报》《豫中民报》《国民报》《建国日报》《扫荡简报》[⑤]等，其中《豫中民报》在 1938 年郑州遭到日机轰炸之后，仍坚持出版发行。《国民报》的刊登内容多系关乎抗战的鼓词、快板、小调及战地故事，间或插有本刻和漫画，文字通俗易懂，为郑州社会各界凝聚共识、形成抗战合力发挥了极为重要的作用。

---

① 许晚成，《全国报馆刊社调查录》，上海：上海龙文书店，1936 年版，第 214 页。该调查显示，《郑州日报》的创刊时间为 1920 年 10 月，既不与郑州第一家报纸《郑州日报》的创刊时间一致，也不与后来的国民党郑州市党部机关报《郑州日报》的时间相同，但两者的总编辑为同一人，报社地址相同，据此判断，该报应是后者，创刊时间为 1930 年 8 月 15 日（曹弃疾文）。
② 许晚成，《全国报馆刊社调查录》，上海：上海龙文书店，1936 年版，第 215 页。
③ 曹弃疾，《解放前郑州报业史话》，《郑州文史资料》（第 9 辑），郑州：政协河南省郑州市委员会文史资料委员会，1991 年版，第 5～6 页。
④ 《河南各县社会调查——郑县》，《河南统计月报》1935 年第 1 卷第 1 期，第 105 页。
⑤ 曹弃疾，《解放前郑州报业史话》，《郑州文史资料》（第 9 辑），郑州：政协河南省郑州市委员会文史资料委员会，1991 年版，第 6～8 页。

抗战胜利后，郑州市面上又涌现一批新报纸，主要有《胜利日报》《中报》《春秋时报》《〈郑州日报〉〈国民报〉联合版》《风沙晚报》《群力报》《实言报》《诚报》《经济时报》《郑州日报》（复刊）、《天风报》《工商日报》①等，其办报时间短则数月，长则数年，在战乱时期传递了郑州各界民众的声音，这从一个侧面反映了郑州城市社会政治变迁的生态。

除报纸之外，20世纪上半叶在郑州创办的期刊亦不在少数，其中与铁路工程建设、铁路营运业务相关联的刊物包括《路工半月刊》《潼西工程月刊》以及陇海铁路管理局主办的《陇海日刊》《陇海铁路机务月刊》等，其中《陇海日刊》每期发行量900份，余则不详；②市政建设类刊物有《郑州市政月刊》（1928年创办）；教育类刊物包括《明新月刊》（1934）、《民众》半月刊（1935）、《扶中生活》（1937）、《民生》周刊（1946）等；文艺类刊物有《劲风》（文艺月刊，1936）、《捷声画刊》等；综合类刊物有《通讯》（月刊，1940）；另有民生等领域的专门刊物，如《甲戌邮刊》（1933）、《善后救济总署河南分署周报》（1946）、《黄河堵口复堤月刊》（1946），等等。这些在战时困境中艰难生存的近代报纸杂志，对于启发民智、除旧布新无疑具有重要的推动作用，在媒体信息、商贸实业和社会众生的相互激荡与碰撞中，郑州城市开始由封闭逐渐走向开放，从传统向现代转型。

现代意义上的图书馆，既是信息与科学知识传播的媒介，同时也是城市公共空间的一个载体。平民图书馆是近代郑州的第一所图书馆，该馆位于"平民花园的西北隅，是一座坐北向南的四合院"，包括"南房5间""北房5间""东西厢房各3间""四面房屋彼此对应，互相连接，且都有走廊"。"南房为报刊阅览室，其余各房都藏有书籍，每日上午8时至下午6时开放，来此阅览的人络绎不绝"。③1928年4月，冯玉祥为平民图书馆"拨付购置图书费3000元""由市政筹备处改建设馆，分图书室、阅报室及儿童图书室三部。共有新旧书籍11000余卷，4900余册"。④在创办平民图书馆的基础上，市政当局于1931年设立郑县（郑州）图书馆，藏书约2000册，⑤相比平民图

---

① 曹弃疾，《解放前郑州报业史话》，《郑州文史资料》（第9辑），郑州：政协河南省郑州市委员会文史资料委员会，1991年版，第9～13页。

② 许晚成，《全国报馆刊社调查录》，上海：上海龙文书店，1936年版，第215页。

③ 李荣家，《冯玉祥二次主豫时在郑州的新政和建设》，《郑州文史资料》（第4辑），郑州：政协河南省郑州市文史资料委员会，1988年版，第66～67页。

④ 孙国栋，《郑州市新建设之沿革》，《郑州文史资料》（第4辑），郑州：政协河南省郑州市文史资料委员会，1988年版，第59页。

⑤ 郑州市地方史志编纂委员会，《郑州市志》（第6分册），郑州：中州古籍出版社，1998年版，第410页。

书馆而言，整体规模有所缩小。但是，郑州近代图书馆的开设，对于科学文化的传播以及市民的现代性培育，提供了新的孔道和平台。

二、同业公会与社团

伴随着郑州商贸活动的增加、商户经济利益保障机制的建构以及社会组织化的现实需要，广大郑州商民开始自我组织起来，组团结社颇为盛行（参见表8.5）。就行业公会组织而言，郑州最早的行业公会当属1916年成立的郑州花行同业公会。据郑州商会的统计资料显示，郑州（郑县）客商棉业同业公会于1934年3月成立，计有会员445人，委员（含候补）20人，[①]其会员遍及各大货栈、商行的花庄。随后，郑州（郑县）棉业同业公会于1935年成立，会址位于宝昌里公字1号，其第一届当选委员9名，分别代表仁记花行、永昌花行、宏远长花行、中和兴花行、祥阜花行、慎昌花行、义隆花行、裕兴成花行和福信花行。[②]棉业同业公会的成立，把分散的棉花经销商纳入到一个统一的组织体系中，推动了郑州棉业市场的有效整合。

表8.5　郑州民众结社团体一览表

社团类别	社团名称	社团类别	社团名称
新闻教育研究类	郑县新闻记者联合会	商业类	郑县煤业公会
	郑县教育会		郑县煤炭业公会
	郑县中医研究会		郑县书笔业公会
	郑县（郑州）新生活运动促进会		郑县西药业公会
	郑州邮电人员新生活运动促进会		郑县五金业公会
	陇海铁路新生活运动促进会		郑县丝绸业公会
群众团体类	郑县农会		郑县棉业公会
	陇海铁路工会		郑县纸烟业公会
	郑县建筑业工会		郑县铜瓷业公会
	郑县棉业打包业工会		郑县木料业公会
	郑县堆栈转运起卸工会		郑县酱果业公会
	郑县粪业工会		郑县客商棉业公会

[①] 中国第二历史档案馆馆藏，《河南省郑县客商棉业同业公会卷》，卷宗号：422（4）-8570。

[②] 中国第二历史档案馆馆藏，《河南郑县棉业公会卷》，卷宗号：422（4）-8576。

(续表)

社团类别	社团名称	社团类别	社团名称
宗教乡族类	中华回教郑州支会	商业类	郑县骡马业公会
	郑县中华宣理圣教会	服务栈馆类	郑县估品业公会
	河北省旅郑同乡会		郑县浴业公会
	开归陈旅郑同乡会		郑县银楼业公会
商业类	郑县商会	轻工类	郑县照相业公会
	郑县胶车业同业公会		郑县旅栈业公会
	郑县瓜子白米花生业公会		郑县馆业公会
	郑县粮业公会		郑县药栈业公会
	郑县绸缎匹头业公会		郑县货栈业公会
	郑县时货业公会		郑县转运业公会
	郑县杂货业公会		郑县银钱业公会
	郑县国布业公会		郑县银行业公会
	郑县衣业公会		郑县屠业公会
	郑县鞋业公会		郑县印刷业公会
	郑县卷烟业公会		郑县蛋业公会

资料来源：中国国民党陇海铁路特别党部编，《陇海铁路调查报告》，郑州：中国国民党陇海铁路特别党部，1935年版，第134～135页。在原统计表的基础上略有改动。该统计表中各业公会的名称均为简称，如"郑县棉业公会""郑县银行业公会""郑县钱业公会"，其全称应为"郑县棉业同业公会""郑县银行业同业公会""郑县钱业同业公会"。值得说明的是，上述表格所统计的仅仅是郑州社团组织的一部分，此外尚有部分社会团体，如郑州基督教青年会、郑州打包业公会、郑州建筑公会、郑州皮毛业公会等，没有统计进去。

　　郑州（郑县）银行业同业公会成立于1933年12月，当时共有中国、交通、金城、上海、中国农工、北洋保商及浙江兴业等7家银行入会。1935年，大陆、中孚两家银行加入，中国农民银行则于1936年加入同业公会。大致在同一时期，为携手降低金融风险，给市场提供更好的金融服务，郑州各银号钱庄亦开始组织起来，并于1935年12月成立郑州（郑县）钱业同业公会，计有大小会员23家，11名委员系10家银号的代表（参见表8.6）。

表8.6 河南郑县钱业同业公会第一届当选委员名册

姓名	职别	年龄	籍贯	店铺（银号）	店址	备注
张波岑	主席	52	汜水	豫大	钱塘里	
王子峰	常务委员	50	同上	华兴银号	大同路	
张耀亭	常务委员	37	巩县（今巩义市）	源和胜	六合里	即源和盛，是一家老字号钱庄
孙瑞五	执行委员	63	荥阳	同上	同上	
杨锡九	执行委员	44	汜水	泰生仁	大同路	
张俊彦	执行委员	37	同上	俊泰	德化街	
高子修	执行委员	36	同上	信隆	同上	
杨晓峰	执行委员	45	长葛	信孚	福寿街	
白景文	执行委员	33	巩县（今巩义市）	祥盛昌	万顺街	
杨祥麟	候补执委	40	汜水	益记	福寿街	
徐德瑄	候补执委	30	孟县（今孟州市）	同兴昌	三多里	

资料来源：《河南郑县钱业公会卷》，中国第二历史档案馆馆藏，卷宗号：422（4）-8564。郑县钱业同业公会首届会员计23家，会址位于德化街祥生长后院。会员的资金实力大小有别，多为兼营店铺的小钱庄，表中仅涉及钱业同业公会的委员所在银号。该表格系1935年12月20日填写。

郑州的社团组织由来已久，源自传统的同乡会、行会或秘密结社等，涉及面非常广，包括运输部门、工厂、服务行业等领域均设立有社团协作组织。如郑州商务运输协进会，成立于1925年5月21日。"转运棉业、纱业、银行、盐业等各界要人""在青年会支部召集开会，到会者众，公推中国银行行长束云章为临时主席，宣布开会宗旨。次由豫丰纱厂总经理穆藕初详述交通阻滞情形，并代表组织团体共同进行，一致赞成定名为郑州商务运输协进会，订立章程8条，公推穆藕初为正会长，金颂匋、吴德丞为副会长"。① 商务运输协进会是基于郑州交通运输业发展的需要而产生的，该组织的成立无疑对整合交通运输关联行业、推动郑州运输业发展大有裨益。

抗战胜利后，郑州的社团组织更加活跃。据统计，1947年郑州市民团

---

① 《郑州组织商务运输会》，《纺织时报》1925年第215期，第58页。

体主要包括：郑县（郑州）总工会，代表工会组织 27 个，会员 6640 人；[①] 商会，代表商业团体 33 个，会员 1338 人；教育会，代表乡镇教育会 13 个，会员 468 人；妇女会，会员 107 人；律师公会，会员 16 人；西医师公会，会员 43 人；中医师公会，会员 53 人；记者公会，会员 78 人，[②]等等。市民的社团组建和系列抗争活动，一方面促使郑州民众的维权意识、政治参与意识和民主意识大为提高；另一方面也大大提升了郑州城市社会的组织化水平。

第三节　"出城"与进城：社会生活观念更新

现代交通方式的引入、商贸活动的频繁和文化交流的深入，所带来的是内陆城市与港口城市的深度互动，以及国内市场与国际市场的互联互通，外部世界的现代生活样式，给郑州城市生活带来诸多新的讯息。在与外界日益密切的联系交往中，郑州居民的城市生活方式和社会观念发生着巨大变化。

一、现代社会观念的生成

郑州这座内陆城市，因为"交通的便利，各种工厂林立"，"每天总有数千以上的女工靠着工厂来生活""郑州市最普遍的工厂，以纱厂、打包厂为最多，而且全是女工，至于男工只占很少数"。就女工的精神面貌而言，"她们的外表还看得过去，因为郑州注重外观，她们又多爱装饰，擦粉抹粉的，穿着红绿的衣服"。[③]关于郑州生活方式以及社会观念变迁，《申报周刊》曾描述道："为了陇海平汉两路在这儿有管理局的缘故，城外的市面是大为繁荣的，一般的较高级职员全非本地人，江浙的尤其多。在马路上（可不是柏油的，在大黄风的日子依旧要飞一身尘土），在陇海花园里，在国货公司××公司里，也看得见一些旗袍曳地、浓施脂粉的都市型的姑娘，她们说着一些娇柔的家乡话，或是不地道的郑州白……大同路

[①] 王宝善，《郑州工会志》，郑州：中州古籍出版社，1990 年版，第 97～98 页。

[②] 郑州市地方史志编纂委员会编，《郑州市志》（第 2 分册），郑州：中州古籍出版社，1998 年版，第 363～364 页。

[③] 石珀，《郑州女士生活》，《工程半月刊》1936 年第 4 卷第 8 期，第 24 页。但是在其对现代生活的执著追逐背后，面孔却"总是苍白的，这表现着她们在精神上消耗的很大而且是特别的痛苦"，"她们拿着极珍贵的青春牺牲在这机械式的生活中"，表明现代工厂流水线生产在效率得以提升的同时，对劳工的身心亦带来一定程度的压迫感和伤害。

（郑州唯一的闹市）和几条别的马路上，大洋房在兴建起来了，在篱笆围子里里外外，看得见挑砖的女工，小脚吃力地拐着，和男工一齐吆喝，小贩中也多女的，她们大多住在城里。郑州城里是农村气息颇重的，茅草土房到处皆是，瓦房已极少见，比不得城外的新建的'××里××坊'了。住在城内的妇女们把出城看作进城，要有大事办货才去一次。城内的街道还十分之九是土坡呢。住户是侯门深锁，只有店家的女人才拿了针线在手里看街景。在早上，粮食的市集很热闹，以玉米、小米、高粱为大宗。每隔一些日子，城内有一次赶集，在一座无名的破塔下举行，这时妇人们也缠了头巾来赶热闹玩玩了。"①因为铁路的导入和铁路管理机构的设立，增强了郑州城市的吸纳功能，城市工商业日渐繁荣，位于老城之外的新市街快速拓展。到了20世纪30年代，新市街已经颇具规模，"城里"（老城区）与"城外"（新市街）对比鲜明，人们感觉仿佛"出城"才是"进城"，火车站和国货公司代表着新的城市生活。并非地道的"郑州白"，旗袍、胭脂和头巾、针线这两种文化样态在同一历史时空显现、交会，充分表明外来文化和本地传统文化的杂糅共生。外来的新观念新资讯，不停地冲击着郑州人的感官，在出城、进城的时空转换过程中，郑州人的生活世界在悄然发生变化。

铁路通车后，包括铁道技术、公路筑路技术、工业科技等现代科学开始更多地进入人们的视野，郑州亦多次兴起应用科学技术、改变传统生活的运动。如在孙中山"道路论"的影响下，华北、华中地区1927年率先兴起的"兴治道路"热潮迅速扩展到郑州，国内外关于"路政""路市"方面的书刊和译著在中原地区广为流传，现代科学技术逐渐为郑州人所认识与接受。冯玉祥在任河南省政府主席期间，把道路修筑列为郑州市政基础建设的"五项要政"之首，赢得郑州市民以及实业界人士的广泛响应。一时间，社会各界开始创办市政建设刊物、介绍欧美各国的城市道路发展模式、讨论郑州新市区规划与建设纲要等，民众的筑路热情甚为高涨。1927年底，政府筹备整修大通路（今大同路）、德化街、福寿街、敦睦路等道路时，郑州商民在很短时间内集资50000余银圆，承担了全部工程费用。②郑州市政当局和商民共同推动的这次筑路热潮长达两年之久，客观上促使郑州城市道路状况发生了较大改观，对市民的思想观念亦是一次冲击与洗礼。

随着平汉铁路和陇海铁路的相继通车，郑州成为全国铁路交通的重要

---

① 子冈，《郑州的妇女》，《申报周刊》1936年第1卷第24期，第572～573页。
② 郑州市城乡建设管理委员会编，《郑州市城乡建设志》（第2册）（未刊稿），郑州：郑州市城乡建设管理委员会，1993年版，第1606～1607页。

枢纽。东部沿海地区的传教士开始沿着铁路来到开封、郑州一带，并逐渐向周边城乡拓展、渗透，进行传教活动。民国初始，豫省"风气逐渐开通，对于外人，不若从前之嫉视，外国教士亦渐与士绅学者交游，由此益敦睦谊"。在省城开封与郑州诸地，教堂"设立贻遍。凡有教堂之处，无不设有小学校，招收贫寒子弟""教士等又设华洋义赈会"，①或传教或贷款或扶助各地，一时间西方教义与本土宗教信仰交会碰撞，对郑州民众观念层面的影响不可谓不深。

伴随铁路而来的大量信息，给郑州人的固有观念带来强烈冲击，逐步改变了其原有生活方式。郑州"本县土著，多住城内及散居四乡，性情朴直，但地处四达之区、交通中心，五方杂处，外省之来此经商者，年增月盛。此外，军政警工大多皆属客籍，固一切生活景象亦渐趋都市化。物价亦较他处为贵，固本籍人民渐行同化，与内地相较，诚有天渊之别，各处都市情形大抵如此也。"②申报记者陈赓雅在赴西北地区进行社会调查途中，曾多次路过郑州并在郑逗留，郑州的城市生活样态给他留下了深刻印象："抵郑州下车，时已入暮，巡礼大同路、德化街等处，商肆鳞次栉比，类多新式建筑，市招飘摇，亦多'减价'大字。路人多操道地北音，出入华洋百货商店之仕女，又多满口'交关''呒啥''一塌糊涂'之沪语，闻之不啻身已返沪。"③郑州留给时人的观感从一个侧面表明沿海商埠语言风习不断得以传入与浸润，现代城市景观逐步形成与再造，铁路交通所带来的外部交往日渐加深以及与之相伴的郑州人观念层面的深刻变化。

二、城市现代生活的丰富与多元

受近代交通变革及社会环境变迁的影响，20 世纪上半叶郑州城市居民生活趋于西化，现代观念初步建构。在铁路未兴、交通不便的时代，人们生活需求不高，日用物品相对简单，多属自给自足状态，取自本省本地大体上可

---

① 河南新志编纂处编，《河南新志》（上册），开封：河南新志编纂处，1929 年版，河南省地方史志编纂委员会、河南省档案馆整理再版，郑州：中州古籍出版社，1988 年版，第 176～177 页。基督教最初传入河南，是在南阳府的靳冈建筑教堂，随后延至光州、襄城等地。光绪十六年（1890）有英人欲来开封传教，被逐；光绪二十三年（1897）复来，遂又被逐；光绪二十六年（1900），发生襄城传教士携家由南阳赴汉口途中被杀事件。1901 年，辛丑合议达成，而南阳、光州均因杀教士而被停止考试。随后，华洋对立的情势有所缓和，一批传教士得以进入开封、郑州等地传教办学。

② 陇海铁路车务处商务课编，《陇海全线调查》，郑州：陇海铁路车务处商务课，1933 年版，第 163～164 页。

③ 陈赓雅，《西北视察记》，上海：申报馆，1936 年版，第 472 页。

以保障。伴随国门洞开和生产方式变革，欧风美语、西洋文化日开，郑州人渐渍时风，日常生活需要、外部交往需求日渐提高，仅靠本省本地物产难以供给。于是，各种舶来品及外省之纺织品等源源而入，对人们生活方式的选择、需求欲望的表达、城市生活的向往以及社会公共服务的建构等均带来深刻影响。"人群社会愈进化，则趋赴都市生活者愈众，因之都市设备亦愈繁。凡公共治安、公共卫生、公共娱乐必须适应人民之需要，而满足其欲望。"①20世纪二三十年代，郑州的餐饮服务业渐次发达，酒店饭庄日趋增多，火车站一带最为集中，有大小饭店四五十家。就服装的选择来看，随着洋装的大量输入，人们对服饰的要求亦逐渐发生变化，一度是土洋混杂。"河南民风，本极俭朴，普通皆大布之衣，妇奴多勤于织纺，中产之家终岁衣服不待外求，取诸室中而自足，各县大抵皆然。惟城市绅商及富家世族，其服物乃有丝织品耳。近数十年，交通便利，习俗渐奢，绸缎呢绒流行市肆，然乡民犹未染其习也。"②郑州城市居民开始追求时尚服装，诸多国货公司及一些洋货商铺的兴办，大体可以满足市民日常生活需求。

在休闲娱乐卫生方面，郑州人有了前所未有的新选择、新体验，一些简易的电影院、现代大戏院以及公共卫生设施开始出现。郑州人最初接触到电影这种现代城市文化新载体是在1915年3月，洛阳商人刘氏携带外国无声影片，"在郑州火车站对面的平阳里北戏院放映，这是郑州的首次电影放映"。此后，电影开始频频走进郑州市民的生活。1932年11月，"民众电影院在三马路开业，放映了第一部有声电影《一夜豪华》，一日三场，场场满座，此次才算有了一家正式的电影院"。"1948年3月，郑州大光明电影院开业，地点在钱塘路'普乐园'旧址，该院拥有自己的放映设备"。③在战乱纷扰的时代困局中，电影艺术为郑州市民提供了难得的休闲娱乐、审美品鉴活动，同时也给频受战争创伤的人们带去些许精神慰藉。

城市公园是供市民休闲游乐以及开展文化活动的公共场所，它是一座城市公共空间的重要组成部分。在20世纪上半叶，郑州城区的公园主要有三处，分别是平民公园、陇海花园和碧沙岗公园。平民公园建于1927年，系冯玉祥第二次出任河南省主席后不久，成立郑州市政筹备处并筹建平民公园，供民众游览观赏。平民公园位于"旧县城西南门外，东临南顺城

---

① 河南新志编纂处编，《河南新志》（上册），开封：河南新志编纂处，1929年版，河南省地方史志编纂委员会、河南省档案馆整理再版，郑州：中州古籍出版社，1988年版，第14页。
② 同上注，第162～163页。
③ 岭岭、德全，《郑州最早的电影院》，《郑州文史资料》（第15辑），郑州：政协河南省郑州市委员会文史资料委员会，1994年版，第142页。

街,北、西两面是乾元街,南临美华医院""园内面积约8亩之大",其"平面布局,自东向西大体分为三部分。东边为花卉区,育有地载或盆栽花木,并设有若干木质靠背连椅,供游人观赏、休息;东南角建一座八角草顶凉亭,为园内的最高处。亭内砌有水泥桌、水泥座。园内中间部分,南端为一操场,设单杠、双杠、轧板、秋千等体育设施,供附近的公职人员、学生和游人们锻炼身体和娱乐"。公园"北端为一平民学校""园内西部靠北处,有一院落,内为平民图书馆"。[①]平民公园是郑州最早的也是当时唯一的城市公园,不过其整体规模不大,基础设施较为简陋。

陇海花园,系陇海铁路管理局所建,位于平汉铁路以西、陇海铁路管理局对面,现陇海中路与铁路立交桥的南侧,内设公园、苗圃和林场,其规模比平民公园要大得多,是一处对铁路工人和市民开放的休憩游乐场所。陇海花园是近代郑州第一座带有现代意味的城市公园,与国货公司一起被视为20世纪30年代郑州城市生活的一种"象征"。陇海花园的大门"有五六间房子宽,东西两端各有二间门房""应门为一宽阔甬道,两旁遍布树木、花草、座椅及宣椅栏等。园内最大的一处建筑是路西的陇海大礼堂""为开会和演剧场所""在礼堂同侧,有一人工池塘,池内碧水清澈""四周柳荫下有长椅、石凳,供游客憩息"。公园景致优美,绿树如茵,游人"自是心旷神怡,令人流连忘返"。"园中也蓄养一些珍禽异兽,散布于路及南、中各处。"[②]

碧沙岗公园,系河南省政府主席冯玉祥1928年春拨款13万元修建,[③]位于郑州西郊。当时考虑作为一座烈士陵园而建,以纪念北伐阵亡将士,遂在"郑州郊外、豫陕甘国道之南,距郑市西北5里许碧沙岗地方,建立三民主义烈士祠,圈民地及原有老71师义地300亩,备价购买,周围砌以砖墙,内部干支苑路区划井然。全地分前后二段,前段系公园性质,实以亭台屋宇、鸟兽花草;后段系墓地,间植柳柏等树。春秋佳日,游展如云,诚为郑埠公共游憩胜地"。[④]碧沙岗公园大体包括四个园区[⑤],即:一

---

① 李荣家,《冯玉祥二次主豫时在郑州的新政和建设》,《郑州文史资料》(第4辑),郑州:政协河南省郑州市文史资料委员会,1988年版,第65~66页。

② 郑象乾,《郑州最早的公园》,《郑州文史资料》(第15辑),郑州:政协河南省郑州市委员会文史资料委员会,1994年版,第144~145页。

③ 陈传海,《冯玉祥与碧沙岗公园》,《郑州文史资料》(第4辑),郑州:政协河南省郑州市委员会文史资料委员会,1988年版,第22页。

④ 陇海铁路车务处商务课编,《陇海全线调查》,郑州:陇海铁路车务处商务课,1933年版,第165页。

⑤ 陈传海,《冯玉祥与碧沙岗公园》,《郑州文史资料》(第4辑),郑州:政协河南省郑州市委员会文史资料委员会,1988年版,第23页;上海《民国日报》1928年8月8日亦有刊载。

是中山公园，内有民族、民权、民生三亭和铁桥一座；二是烈士祠，碧瓦红苑，气象庄严，并以铜版雕刻诸烈士姓名；三是烈士公墓；四是民生公墓。

郑州的公共医疗机构还是比较匮乏的，现代意义上的医院出现较晚。最初建立的是教会医院，一般规模不大。如创立于1912年2月的天主堂医院，由圣教会主办，仅有1名医师和2间病房。此后，又有数家教会医院设立，分别是1934年7月由安息日会兴办的博施医院，有2名医师，病房3间和病床8张；由圣教会筹办的圣教会医院，设立于1935年3月，共有2名医师、5间病房和5张病床；属于浸礼会的华美医院，1935年9月建立，共有3名医师、2间病房和15张病床。①郑州地方政府主办的县立平民医院成立于1935年，为民众提供公共医疗服务，并承担瘟疫防控之职能。②这些医院规模虽小，但也普遍配备了一些基本的现代医疗器械和药品，为民众提供公共医疗救助服务，形成了郑州的初级公共卫生体系。在较为缓慢的发展过程中，公共卫生体系为郑州市民提供了低限度的医疗保障。

第四节　工人运动：郑州社会政治力量的演化

郑州近代工业和工人阶级的诞生、成长、发展与壮大，是与平汉铁路、陇海铁路的筑通以及铁路运输、商品贸易诸业的繁盛紧密联系在一起的。郑州工人阶级诞生不久，就受到"五四运动"的影响，并在中国共产党的领导下开始觉悟并组织起来，为维护自身的经济利益、保障社会权益、追求政治理想而奋起抗争，郑州遂成为近代中国工人运动重要的发源地之一，其中，影响最为深远的是京汉铁路工人大罢工③和豫丰纱厂工人系列抗争，工人阶级的历练与成长亦逐步改变了郑州社会政治力量的对比。

一、工会组织的普遍设立

郑州的工人阶级诞生之后，其早期的组织形式主要是按出身地域或行

---

① 《河南省各县教会医院概况统计表》，《河南统计月报》1936年第2卷第5期，第53页。
② 《河南各县社会调查——郑县》，《河南统计月报》1935年第1卷第1期，第117～118页。
③ "京汉铁路工人大罢工"作为一个专用名词，专指1923年2月中国共产党领导的一场规模宏大的工人运动，又称"二七大罢工"，故而本书在涉及铁路工人罢工这一问题时，不使用前文关于平汉铁路（除引文外）的统一称谓，而是采用"京汉铁路工人大罢工"这一惯称。

业领域自发地结成帮会性质的组织，包括同乡会、行帮、把兄弟、鲁班会、老君会、青红帮等，以借助群体的力量和通过集群行为来维护自身利益。"来自各地的郑州铁路工人和纱厂工人，则按地域结成湖北帮、天津帮、上海帮、彰德帮、开封帮、朱仙镇帮、郑州帮以及汲县同乡会等帮会组织。"①从整体上来看，其组织性明显不足，依然属于一种自发式的、具有传统意义的"抱团取暖式"互助劳工集团，其维系的基础往往是地缘、血缘、亲缘、业缘或是经济利益。这类行会、帮制意味的旧式组织带有明显的乡土色彩，容易被社会强势力量或经济利益所蛊惑左右，与现代意义的工会组织的本意相去甚远，因"手工帮与苦力帮均为同乡之团体，而工会则以产业或职业为区分之标准，其组织纯为阶级之联合，有时且无国境可言，自与同乡的联合根本不同"。②伴随中国近代产业工人群体的逐渐壮大，并在马克思主义信仰者的组织发动下，产业工人的大联合、组织化开始酝酿生成。

"五四运动"爆发后，郑州工人及各界民众组织"国货筹备会"，开展群众性的抵制日货斗争，声援"五四运动"，经过诸多斗争的历练，郑州工人阶级渐渐成长为一支独立的政治力量。北京共产主义小组成立后，把组织发动工人、开展工人运动视为中心任务，并派邓中夏等人于1921年1月兴办长辛店铁路工人夜校，宣传进步思想，教育工人为追求自身解放而组织起来进行斗争。工人夜校的做法以及俄国十月革命的理论很快影响到郑州，郑州铁路职工学校、郑州扶轮学校在赵子健（武汉共产主义小组的创始人之一）等人的努力下，以工人夜校的形式把铁路工人组织起来，③传授文化知识，宣传马克思主义。

从1919年起，新式工会开始活跃在中国社会政治舞台上。究其原因，其一，"当时因抵制日货及种种之原因，我国各地纱厂兴起"；其二，1919年"学生运动之方向趋向劳动方面，劳动者自觉而组织工会者极少，大抵均由学生为之指导，其后复偶有共产党加入其中，工会组织遂极发达"。在中国共产党成立前夕及成立之初，其运动"分学生及劳动者两方面""铁路工人之工会，复假共产党之手而成立"，而"劳动方面为彼等之目标

---

① 王宝善，《郑州工人运动史》，郑州：河南人民出版社，1995年版，第24页。
② 王清彬、王树勋、林颂河、樊弘，《第一次中国劳动年鉴》（第2编），北京：北平社会调查部，1928年版，第5页。
③ 王宝善，《郑州工人运动史》，郑州：河南人民出版社，1995年版，第29～31页。

者，即京汉铁路之工人也"。①此后，铁路工会组织得以普遍设立。

1921年9月成立的京汉铁路郑州工人俱乐部，是郑州最早的具有现代工会性质的团体组织。经过1922年8月10日、1923年1月5日在郑州召开两次筹备会议，于1923年2月1日正式宣告京汉铁路总工会成立。②京汉铁路总工会刚刚成立，就展现出其立场的坚定性、组织的严密性和斗争的坚决性，号召工人团结起来，进行要人权、要自由、要生存的抗争，无畏直系军阀吴佩孚军队的种种阻挠与破坏，于2月4日举行京汉铁路工人总同盟罢工。罢工在2月7日遭到军阀的血腥镇压，"结果演出数百工人之流血惨剧，失业者亦达数千"，③这就是震惊中外的"二七惨案"。京汉铁路总工会及各铁路工会或遭到破坏，或被强制封闭，工人运动受到强烈冲击。

在残酷的现实面前，工人阶级并没有退缩，执政当局的高压政策反而激起其通过组织化的路径进行抗争的斗志与勇气。若要寻求工人经济政治权益的切实保障，就必须把更多的劳工阶层动员组织起来，汇聚起强大的群体力量。就中国铁路工人的成长态势而言，"铁路罢工促进铁路工会之发达，其团结渐渐扩大"，多年的抗争和历练使得工人阶级更加成熟。经过精心筹备，"网罗全中国十二铁路全体工人之全国铁路总工会，遂于民国十三年二月七日（京汉罢工之一周年纪念日）之第一次代表大会宣告正式成立，而与中国之劳动运动以一大转机"，④铁路工人的团结与统一，引领中国工人运动在低潮中继续前行。1925年2月7日，全国铁路总工会第二次代表大会在郑州召开，推动了郑州各业工人的普遍组织化和抗争的进一步发展。

郑州的工会组织遍及城市生活的诸多领域，主要包括陇海铁路总工会（成立于1922年1月）、京汉铁路郑州分工会（1922年4月）、京汉铁路总工会（1923年2月）、豫中打包厂工会（1925年2月）、豫丰纱厂工会（1925年5月）、河南全省总工会（1925年9月）、人力车工会（1925年12月）、八作工会（1927年6月）、郑州邮务工会（1927年8月）、郑州市总工会（1927年9月）、浴业工会（1927年9月），以及中华蛋厂工会、

---

① 王清彬、王树勋、林颂河、樊弘，《第一次中国劳动年鉴》（第2编），北京：北平社会调查部，1928年版，第6页。
② 郑州铁路分局史志编纂委员编，《郑州铁路分局志1897～1990》，北京：中国铁道出版社，1997年版，第622页。
③ 王清彬、王树勋、林颂河、樊弘，《第一次中国劳动年鉴》（第2编），北京：北平社会调查部，1928年版，第6页。
④ 同上注，第101页。

志大蛋厂工会、电灯厂工会、电报工会、电话工会、陇海苗圃工会、店员工会等。①这些形形色色的工会组织，由中国共产党组织起来的有之，受政府（北京政府、南京国民政府）控制的有之，由工人自发组织保障自身权益的亦有之，因政治要求、经济利益、社会权益等诉求的不同以及工会政治立场的差异性，工会组织斗争的方式、效果、社会影响亦大有不同。

就陇海铁路总工会的成立而言，"肇始于洛阳工人俱乐部，嗣因工人不堪军阀及外人之压迫，遂起而组织陇秦豫海铁路工会时在民国九年（1920）也"，②动员陇海路工参加工会组织以保障自身经济权益。在中国劳动组合书记部的协助和支持下，陇海铁路工人举行罢工并取得胜利，并于1921年11月建立了全路统一的陇海铁路总工会。③南京国民政府成立后，为从组织上加强对全国工会及工人运动的控制，于1929年、1930年分别颁布《工会法》和《工会法施行法》，规定工人可以依法组织工会，但工会没有缔结团体协约权，也不得宣言罢工，④以合法性为取向胁迫或规约工会组织。政府还依据相关政策，对各地工会进行登记、审查、改组、整理等，⑤出台一系列工会组织活动的规则、条例，试图把工会改造成为合乎统治者需要的社会组织。为加强对陇海铁路总工会的影响与控制，南京国民政府遂派出专门机构进驻，欲使陇海铁路总工会转化为一个由国民党陇海铁路特别党部组织驾驭、带有鲜明的政府色彩的工会组织。"迨十七年（1928）8月，中央派整理委员整理会务，于是年11月召开全路第一届代表大会，选举执行委员7人，监察委员5人，成立监察委员会。依特种工会法之组织设立徐州、商丘、开封、郑州、洛阳、陕州等分会6处。""民国十八年（1929）冬至民国十九年（1930）冬，其间以军事影响，无形停顿。民国二十年（1931）春，沿路秩序大定，依照人民团体组织方案及工会法之规定，召开全路第二届代表大会，选举理事5人，监事2人，组织理监事会。"⑥在国民党执政当局的高压政策和严密控制之下，该工会仅在工作条件的些许改善、薪水报酬的合理增长等方面发出一些声音，工

---

① 王宝善，《郑州工会志》，郑州：中州古籍出版社，1990年版，第91、94～95页。
② 中国国民党陇海铁路特别党部编，《陇海铁路调查报告》，郑州：中国国民党陇海铁路特别党部，1935年版，第23页。
③ 罗章龙，《椿园载记》，北京：生活·读书·新知三联书店，1984年版，第164页。
④ 《工会法》，《中央党务月刊》1931年总第30期，第15～16页。
⑤ 孙自俭，《民国时期铁路工人群体研究——以国有铁路工人为中心（1921～1937）》，郑州：郑州大学出版社，2013年版，第125页。
⑥ 中国国民党陇海铁路特别党部编，《陇海铁路调查报告》，郑州：中国国民党陇海铁路特别党部，1935年版，第23页。

会组织所发挥的作用是非常有限的。

1930年前后，全国工人运动处于低潮期，此时的京汉（平汉）铁路工会在国民政府的掌控之下，成为维持战争后防的官僚工会，工友们称之为"黄色工会"。①该工会设有维持队，明确规定维持队的任务是纠察一切破坏工会、压迫工人者，而且参加维持队的工人也多是群众的积极分子，但是维持队的最终前途不是因为违反了黄色官僚的意志而被解散，而是工会的黄色领袖用把持、蒙蔽的手段选举成功后，却把对工人的许诺和誓言抛之脑后，为延缓工人斗争甚至不惜牺牲失业工人的利益。若工人要求增加劳动报酬，工会则布告规劝工人"一体念路局维艰"。工会民主的范围日益缩小，组长会议要么是通过一两条空泛的决议，要么是物色人选召开干事会议以左右工会决议。当工友到工会质问这些"官僚"为什么不替工人办事，却被冠以"侮辱委员、扰乱会所"的罪名。从长荣所描绘的当时国民党政权控制下"黄色工会"的运行实态来看，一方面，铁路工会在满足工人劳动报酬、改善工作环境等方面做了一些工作，客观上一定程度地维护了工人的经济权益；但是另一方面，"黄色工会"又具有欺骗性、伪装合法性，当工人的活动触及执政当局的利益时，往往会选择服务、服从于统治者需要，而不惜以牺牲工人利益为代价。

到了20世纪30年代中期，郑州工人群体中间有组织者约为11000人。其组织状况，均依照工会法成立，活动情形，除了集会之外，还组织了工人子弟学校及工人补习学校，②以期灌输三民主义，使之运用民权。

抗日战争和解放战争期间，郑州工会组织在中国共产党的领导下，投身于抗日救亡和反内战、反饥饿斗争。1948年11月2日，中共郑州市委选派干部建立了郑州市职工总会筹备委员会，筹委会为实现全市工人运动的团结统一做了大量工作。经过一年时间的筹备，郑州市部分产业工会和基层工会得以建立，工会会员已发展到1.2万余名，占职工总数的29.3%。③在此基础上，1949年11月1日至5日，郑州市首次工会会员代表大会召开，宣告郑州市总工会正式成立。

---

① 长荣，《铁蹄下的京汉路工友》，《劳动》1930年第23期，第4版。京汉铁路工会时任委员长刘文松，从形式上效仿共产党，把失业工人组织起来，建立一种类似工人纠察队的铁道队，并自任大队长，其实质上是依靠军阀并唯军阀马首是瞻。从刘氏的官衔来看，他既是国民党京汉铁路特别党部和郑州市党部的委员，又是机务处的公务员，由此可以窥见这种"黄色工会"与军阀制度之间的渊源关系。

② 《河南各县社会调查——郑县》，《河南统计月报》1935年第1卷第1期，第103页。

③ 王宝善，《郑州工人运动史》，郑州：河南人民出版社，1995年版，第174页。

二、经济权利的维护

早期郑州工人联合斗争的目标取向，主要集中在经济领域，如要求提高劳动报酬、改善劳动条件、缩短工作时间等。1912 年 1 月，京汉（平汉）铁路郑州机器厂工人举行罢工，要求增加工人工资、以维持基本生活，路局拒不接受工人提出的各项要求，在铁路巡营的暴力干预下，罢工失败。汴洛铁路工人反对路局克扣工钱，于 1913 年 5 月 16 日举行全路罢工，迫于工人的压力，路政当局答应增加工人生活费用。此后，小规模的罢工活动此起彼伏，工人在斗争历练中得以不断成长。1921 年 3 月，京汉（平汉）铁路 3000 余名车务、路务、机务工人，数次集会，公举代表联名上书政府要求按照沪宁路办法加晋工资，[①]但在路局的强势弹压下未能如愿。

就 20 世纪 20 年代中期至 30 年代初郑州工人的经济维权斗争态势来看，在强大的国家机器和资方势力面前，工人的力量在整体上还是相对弱小的。郑州本为河南省商业交通繁盛之地，四方杂处，工人较为集中，且工人运动多与中国共产党密切关联，因此政府在政治上的防范甚为严紧。1926 年 7 月，"京汉路郑州铁厂路局对于工人为复仇计取高压恐吓手段，工贼又联合下级军人四处检查，在厂内寻故示威，工友们只得忍气吞声"。工会中的积极分子多被打压，或被开除，或逃往外地，或不敢上工，路警进厂入家抓捕，"此次计开除者 31 人，其中被捕者 2 人，现在他们正是盼望着各方面的助力和同情"。[②]1929 年底至 1930 年初，郑州铁路工人的斗争开始复兴，紧接着是军阀混战，与军事混战相伴，便是更多的无偿劳动。在混乱无序的社会大环境下，"铁路完全是军阀的私产，不但战争时车头、车皮多被军阀抢去，铁路营业衰败，收入低落，仅少的收入也完全被军阀搜去充作战费"，工人的薪俸待遇无从着落，欠薪则成为一种常态。此外，"加上战争造成的物价飞涨，生活程度增高数倍，工人便只有饿着肚替军阀做活，维持军事交通"。[③]严峻的生活窘况成为工人斗争的原始动力，加之政治诉求、民族责任和国家意识等诸多因子的陆续出现，推动郑州工人运动日益深入。

在实践层面，为维护广大工会会员的权益，郑州工会组织以罢工、游

[①] 王宝善，《郑州工会志》，郑州：中州古籍出版社，1990 年版，第 25～26 页。

[②] 席士金，《水深火热之郑州工人》（七月十五日郑州通信），《向导周报》1926 年第 166 期，第 12 页。

[③] 长荣，《铁蹄下的京汉路工友》，《劳动》1930 年第 23 期，第 4 版。

行等形式向资方或政府施加压力，如京汉（平汉）铁路总工会组织了"二七大罢工"等多次同盟活动，豫丰纱厂工会等亦是罢工风潮迭起，与不平等、不民主的社会制度以及企业管理制度做抗争，从而维护和保障工人的现实利益。

就豫丰纱厂的工人抗争而言，纱厂工会组织[①]于1924年正式成立，并建立了劳工学校，有组织地与资方开展多种形式的斗争。"五卅运动"爆发后，豫丰纱厂工人大力声援，开展募捐活动，对厂方提出"增资减时"要求。因工人的正当要求没有得到厂方的有效回应，遂举行罢工运动。纱厂工人罢工得到京汉（平汉）铁路总工会的声援与支持，号召全路对豫丰纱厂采取"四不运"措施，停止为豫丰纱厂运煤、运棉、运纱、运布。在纱厂内外诸多因素的强压之下，豫丰纱厂总经理穆藕初被迫答应了工人提出的12项条件，赔偿工人的各项损失，罢工斗争取得胜利。

纱厂工人运动的蓬勃发展，使得豫丰纱厂资方认识到工人团结力量的强大，遂基于自身利益的考量，于1926年由厂方主导"设立与工会相对立的俱乐部，其中办事人员多系收买与工会做对的工友。可是当反赤军到来，资本家任其所为向工人进攻，先与资本家不两立的工会也就在形式上消灭了，当然与工会做对头的俱乐部亦就失去了作用，一般办事员，资本家此刻也就用不着，故此所谓办事员也就从此引起了痛恨。在工人群众方面为失了工人所寄托的第二生命——工会，平素所积的恨，也就无法泄露，故此次也就与一般办事员合作起来与资本家相抗，提出改良待遇、给以相当自由和增加工资等要求"。[②]豫丰纱厂工会和俱乐部办事员的联合抗争，宣告资方通过成立所谓的工人俱乐部来反制工会组织这一措施的失败。因而纱厂重施故技，企图利用政府强力机构暴力施压，在工人要求尚未答复之时，大批警察到厂，强迫工人开工。及至7月初，豫丰纱厂"一般技师、领班、工头共分红利，工人自然没有。工人以红利即系工人所做出来的，何以工人不能分红利？遂积愤不平，预备很有组织地提出条件向资本家要求"，[③]新一轮的罢工与抗争渐次酝酿生成。"郑州豫丰纱厂自豫

---

① 豫丰纱厂工会是当时郑州最大的工会组织，有会员4000余人，会址设在纱厂的东北，位于火车站南端，紧靠陇海铁路东侧。工会分为职员工会和工人工会，下设职员子弟学校和劳工学校，其中劳工学校共有14个班，小学一至六年级计12个班，师范2个班，约有学生600人。参见张子健，《我所知道的郑州豫丰纱厂工会》，《郑州文史资料》（第1辑），郑州：政协河南省郑州市委员会文史资料委员会，1985年版，第67页。

② 席士金，《水深火热之郑州工人》（七月十五日郑州通信），《向导周报》1926年第166期，第12页。

③ 同上注，第13页。

省战事发生，初犹照常开工，维持工人生活""该厂有工人4800人"。①而到了1927年，因原棉来源断绝，积纱无法出售，只得宣告停工，工人生活遂陷入困顿之中。20世纪30年代初期，豫丰纱厂劳资纠纷再起。1933年7月29日，"该厂借口棉花缺乏，营业亏累，停止工作。突于翌晨谓：接奉该厂董事会对于停工具体办法，宣告引用工厂法第27条规定之预告时期，遣散全体工人，并废止以前与工会所订一切条件，至特别用费及教育经费、工人澡堂经费、停工期内工人生活费、维持费，一律停止给付等语，以致5000工人顿告失业"，②纱厂劳资矛盾激化。关于停工的理由，厂方给出两点解释：一是棉花缺乏；二是营业亏累。而纱厂宣布停工的根本动机，是资方意图从政府获得中美借款协议中的部分美棉，故以停工混淆社会视听，从而要求政府施行救济，并借此取消劳资双方所订立的契约，重新签订有利于厂方的规定，由此更加苛刻地压榨劳工。

豫丰纱厂罢工风潮的社会影响很大，鼓舞了工人争取合法权益和追寻政治诉求的斗志。但从纱厂运营的角度来看，持续的工潮无疑打断了正常的生产销售活动，对于本已陷入经营困境的豫丰纱厂来说，无异于雪上加霜。不过，在政治、经济上并不平等的20世纪二三十年代，工人的经济诉求具有无可置疑的合理性。

1938年豫丰和记纱厂内迁时，厂方基于自身利益的考量，决定仅带部分技术人员迁往重庆，绝大多数工人一夜之间变成失业者。纱厂工会和中共党组织为最大限度地维护工人利益，同时亦基于国家民族利益的立场，同意纱厂内迁，以保护民族工业，但要求资方必须给失业工人发放生活费和遣散金等六项条件，资方不但不予理睬，反而欲借用执政当局的力量进行武力干预。经社会舆论施压和多方努力，资方终出款平息事态。在抗日战争期间，工会的职责主要是组织工人疏散，或是开展生产自救，支援抗战。抗战胜利后，国民党政权在政治上腐败、在军事上败退、在经济上崩溃，郑州工人阶级遂开展了大规模的反饥饿斗争，郑州工人运动在新的历史起点上再出发。

三、政治权益谋求与社会政治力量消长

20世纪20年代初，郑州铁路工人在中国共产党的领导下，与纱厂工人、社会各界民众一道，为争取国家独立、民族振兴和人民幸福而前赴后

---

① 《各厂消息：郑州豫丰纱厂停工》，《纺织时报》1927年第405号，第18页。
② 唐健飞，《郑州豫丰纱厂劳资纠纷调查记》，《劳工月刊》1934年第3卷第2期，第74页。

继、顽强抗争。如何再次把铁路工人组织起来，如何拯救铁路工人于艰难困苦之中，筹建全国性铁路工会组织、团结广大工人共同战斗，成为中国共产党领导中国社会革命所必须解决的时代课题。随着劳资斗争的深入，一系列带有政治意味的工人抗争的影响，加之共产党人的宣传引导，使得郑州的工人群体逐渐觉悟起来，由一个"自在阶级"转变为一个"自为阶级"，对国家、民族利益以及政治权益的考量超越了一般意义上的经济利益诉求，斗争的残酷性也使得工人阶级意识到现代组织及其组织化的重要性。

全国铁路总工会成立后，发表宣言明确宣示工会宗旨：一是谋生活之改善，地位之向上，及全体铁路工友之福利；二是实行感情之联络与互助，消除地方上及职业上感情之隔膜，排除从业者相互之纷争，俾促工会之统一；三是促进智识之向上及劳动者阶级之自觉；四是协助各铁路从业者所组织之各种总工会，并与全国各业之工会及世界各劳动团体结密切之关系。①改善生活水平、提升社会地位、实现互助统一、促进阶级自觉等口号宗旨的提出，无疑大大强化了工会组织的吸引力和聚合力，激发起郑州工人群体联合斗争的自觉意识，推动郑州工人运动向纵深发展。

抗战前及抗战期间，郑州工会组织的活动从未间断，并且明显表现出由经济诉求向政治诉求、由团体利益诉求向国家利益诉求的转向。抗日战争爆发后，在国共合作和统一战线政策的引领下，郑州铁路工人提出"宁肯失业，不作亡国奴"的口号，②工人运动和武装斗争、群众救亡运动相伴发展。在时人看来，"现在郑州的人民大部分都比从前觉悟了。以前也许有人会抱'国事管他娘'主义，糊糊涂涂混日子。现在由于外来势力的刺激，错误观念都改变了过来，都知道一个国家的完整的可贵，并晓得应该如何维护国家的生命了，大家关心着国家的安危，关心着发生在每个角落里的事情。敌人的势力侵入这块处女地，却把大部分死气沉沉的人们唤醒了！西安事变中此地人民非常关心，是个有力的证据。每天走出门看着半空中飘扬着的敌旗，心中默念一回我们所受的耻辱，同时大家沉静着、忍耐着，等待大家下最大决心的一天的来临"。③郑州人在工会组织活动的浸润、影响和推动下，在时代巨变和国难磨砺中真正实现了政治觉醒，彼此

---

① 王清彬、王树勋、林颂河、樊弘，《第一次中国劳动年鉴》（第 2 编），北京：北平社会调查部，1928 年版，第 103～104 页。

② 《郑州铁路局工会志》编纂委员会编，《郑州铁路局工会志（1919～1996 年）》，北京：中国铁道出版社，1998 年版，第 12 页。

③ 体味，《在变动中的郑州》，《申报每周增刊》1937 年第 2 卷第 9 期，第 179 页。

结成了命运共同体。

在抗日战争时期，郑州两度被日军侵占，多次遭到轰炸。受战争因素影响，造成铁路交通阻断，豫丰纱厂内迁，大批工厂倒闭，工人失业。在国破家亡的危机面前，郑州工人团结一心，毅然投身于抗日救亡运动。就铁路工人而言，主要以两种方式在两条战线上进行抗争：一是修建铁路消极怠工。日军基于军事与经济需要，抓派民工和铁路工人修复郑州南下铁路线。铁路工人则是消极应对、拖延铺设路轨时间，延缓了郑州至汉口段铁路通车时间，对日军侵华的战略需要形成一定程度的消解。二是破袭铁路打击日军。郑州铁路工人积极参加平汉铁路工人破坏大队，专门破袭日军控制的铁路。1938年5月，数十名郑州铁路工人会集信阳，经过短期训练，分赴沿线各地，打击日军据点，破坏其铁路运输，[①]郑州工人在抗日救亡运动中发挥了特殊的历史作用。

到了解放战争后期，4000名郑州铁路工人于1948年10月组织起来，成立工人纠察队，护路护厂，在人民政府接管铁路后，积极恢复运输和生产。[②]当年11月，郑州市职工总会筹备委员会成立，筹委会致力于恢复和发展生产、支援前线、协助政府搞好政权建设，救济与安置失业工人，兴办职工福利事业，保障职工生活。[③]就铁路工会组织而言，1949年2月7日陇平铁路职工总会筹委会成立，按照产业组织和民主集中制原则，筹建各地工会组织，动员铁路工人抢修铁路、支援前线，铁路工人以主人翁的姿态明确提出"解放军打到哪里，铁路修到哪里，火车开到哪里"[④]的口号，以实际行动支援人民解放军南下和西进，为全国解放做出了重大贡献。伴随全国解放战争形势的明朗化，在国家民族命运抉择和民主政治权益维护过程中，工人阶级得以历练与成长，改变了郑州社会政治力量的对比，历史的天平亦最终倒向中国共产党领导的工人阶级。中华人民共和国成立伊始，郑州总工会实行民主管理，其组织化、协同化程度显著提升，工人生产的积极性和创造性得以明显提高，工人阶级真正成为社会的主人，郑州工人以前所未有的政治身份和工作热情迎来新社会新生活。

---

① 王宝善，《郑州工人运动史》，郑州：河南人民出版社，1995年版，第132～133页。
② 《郑州铁路局工会志》编纂委员会编，《郑州铁路局工会志（1919～1996年）》，北京：中国铁道出版社，1998年版，第14页。
③ 王宝善，《郑州工人运动史》，郑州：河南人民出版社，1995年版，第160～161页。
④ 《郑州铁路局工会志》编纂委员会编，《郑州铁路局工会志（1919～1996年）》，北京：中国铁道出版社，1998年版，第14页。

第五节 小　结

　　近代铁路交通以及城市空间扩张带来了人口聚集效应，使得郑州对人口的容纳力大为增加。近代郑州不仅在城市经济样态、城市空间结构上呈现出重大变动，而且市民的职业结构、生活方式与社会观念亦发生了显著变化。以铁路工人为主的产业工人群体成为郑州城市人口的重要组成部分，其生活方式、群体性格逐渐融入郑州城市文化，并成为影响至今的文化因子。各业同业公会、各种新式职业在城市经济与城市生活中发挥着日益重要的作用，近代城市的特性日渐彰显。大众传媒的兴起，在某种程度上成为郑州市民获取信息、扩大视野的有效途径。宗教信仰的交会碰撞、学校教育的渐次普及、工人与市民的组织化，都在冲击着郑州人的感官与传统生活方式。而诸如城市公园、图书馆、电影院等公共设施的增设，某种程度上大大拓展了城市的公共空间，市民交流与娱乐的方式日益多元化。

　　城市作为知识信息的密集区，学堂、师范学校、报社、图书馆等纷纷建立，无疑对郑州传统的重农抑商观念带来猛烈冲击，民众思想观念的转变亦在情理之中，城市的社会文明程度得以提升，城市化进程加快。

　　铁路的筑通使郑州的交通区位优势得以彰显，为这座小城带来了巨变的因子。在社会变革和商业涌动的时代潮流中，随着商品经济活动的频繁和西方社会组织理念的导入，一些相同行业的企业纷纷联合，组建同业公会组织，以协同化、组织化来应对市场的诸多挑战。

　　在新旧交融、新旧交替以及传统与现代互动的过程中，郑州城市社会生活不断发生深刻变化，一个新兴的近代化城市生活习性正日渐融入郑州市民的思想与思维方式中。与此同时，人们在组织化的生活中体验着时代变迁所带来的新世界、新气象、新感觉。

　　近代郑州工人运动的此起彼伏、广泛兴起，在近代中国工人运动史上留下了光辉的一页，由此可以窥视郑州这座交通枢纽城市工人群体成长的历史风貌。工人的意愿诉求由经济层面的最低之生活保障，转变为政治层面的自由、平等、民主等要求，体现出郑州工人政治觉悟的提升以及工人组织化程度的提高。近代郑州工人运动之所以如火如荼地开展，除了郑州拥有重要的交通区位和庞大的工人群体外，中国共产党的领导亦是不容忽视的重要原因，在劳资博弈、新旧势力对决和政治抗争的过程中，历史的天平最终倾向于公平正义的一方，站在了中国共产党领导的工人阶级一边，这逐渐改变了郑州城市社会政治力量的对比。

第九章　铁路与近代郑州城乡经济关系的重构

以铁路为中心的近代新式交通体系，加强了原料产地、机器加工地和产品消费地三者之间的地域联系，在推动交通节点快速发展的同时，亦加速了沿铁路线区域的发展，使得区域经济发展呈现带状分布的整体性特征。在铁路的联动作用下，铁路站点所在城市与周边乡村的经济互动日益频繁，城市经济的集聚效应与扩散效应，初步推动了城乡经济一体化进程。伴随近代城市的进一步成长，交通手段在联结地域关系中的作用更加明显，[1]铁路把郑州与该地域的乡村紧密联系起来，在一定程度上改变了原本意义上的城乡两元对立格局，新的区域城乡经济关系得以重构。

第一节　交通经济带：基于郑州交通功能型城市的再认识

交通的发展与区域经济社会的运行息息相关，在交换经济组织里，交通的发达与否对经济生活的影响更为显著：[2]其一，开拓市场。交通发达的结果是在技术上突破了自然的隔离界限，使社会因素的快速移动成为可能，市场得以拓展。其二，扩大生产。交通的发达能够促进劳动力、土地等生产要素的供给，加速资本的流动，实现工农业生产的区域化，土地的利用更为简约、高效。第三，物价的低落与平均。这一点是相对而言的，铁路货运的远程运价较低，它能够在一定程度上降低交易成本，扩大市场的范围。而当各地产品向某一市场集中时，则会加剧市场竞争，这种市场竞争往往能够在一定程度上抑制物价。此外，交通的发达亦会影响到产业的合理布局、人口的区域分布、消费的理性选择等，并延及政治、文化、军事等诸多领域。

---

[1]〔日〕林上，『近代都市の交通と地域発展』，東京：大明堂，2000年版，序文，第1页。
[2] 余松筠，《交通经济学》，上海：商务印书馆，1937年版，第37～46页。

一、交通经济带与区域经济空间演化

交通经济带（Traffic Economic Belt，TEB）是以交通干线或综合运输通道为发展主轴，以轴上或其吸引范围内的大中城市为依托所形成的带状经济区域，它是一个由产业、信息、人口、资源、城镇、客货流等因素聚集而成的带状经济组织系统。[①]在张文尝先生看来，交通经济带既是一个非平衡、非线性相互作用的系统，这个系统的存在要通过各种要素的相互作用力来维持；同时它也是一个开放系统，在与外部环境及其他系统的交往中进行物质、能量或信息的交换。从历史上来看，铁路交通经济带是一个特殊的空间系统，它伴随经济社会得以逐步发展、不断更新、日益完善，在区域经济成长与变化的同时，其空间形态和产业结构随之发生变化，具体表现为三个过程，即：产业的空间再组织过程，产业结构的调整和升级过程，以及城镇体系格局的动态变化过程。

从时间纵轴的视角来观察，铁路经济带的空间演化大致经历了启动、雏形、形成、延伸、后工业化等五个阶段。[②]在20世纪上半叶，对于以郑州为中心点的平汉铁路经济带和陇海铁路经济带而言，尚处于一个比较初级、幼稚的阶段，大致处于交通经济带的前两个阶段——启动期和雏形期，郑州作为区域中心地，成为地区经济发展的动力源和增长极，使得城市化进程加速，集聚和扩散效应彰显，经济中心渐成规模，对周边地区的影响力日益加深。

若从空间的角度来考察的话，中国社会的巨大变化首先发端于沿海沿江的通商口岸，然后再沿着交通线往广大内地扩展，由此推动各区域发生巨变。近代中国区域经济发展的整体态势，大致体现出从重要开放口岸沿

[①] 张文尝、金凤君、樊杰，《交通经济带》，北京：科学出版社，2002年版，第28～33页。

[②] 第一阶段——启动期：据点开发阶段。新兴产业或新的生产方式兴起或者引入本区域，增长极开始发展壮大，以矿产资源开发或农产品初加工为主，工业发展以集聚为主，农村人口流向少数城市。第二阶段——雏形期：从据点开发向沿线开发迈进，集聚与扩散同时并进，经济中心初具规模，沿线开始形成若干新兴工业城镇，城市化开始加快进程。第三阶段——形成期：经济主副中心相继形成强大的经济实力，产业结构高级化，对于沿线以及周围地区的带动作用增强。产业扩散继续进行，交通沿线大规模开发，形成一系列工商业发达城市，城市化达到较高水平。第四阶段——延伸或连接期：以既有经济带为基础，沿交通集散线路向两侧区域扩散较低层次的产业，或者沿着干线与纵深的工业城市建立紧密联系，形成长大交通经济带，或者原来分布较远、内在联系不密切的区段进一步融合，连接成为更加长大的交通经济带。第五阶段——发达的经济带进入后工业化时期，向情报化社会过渡。大致趋势是交通经济带向更高产业结构发展，成为高新技术产业的研究、试验基地，扩散主要依靠高速交通，产业带作为区域产业主体的相对地位下降，但是在金融、信息情报、科研教育、商贸等方面的功能继续保持主导地位。张文尝、金凤君、樊杰主编，《交通经济带》，北京：科学出版社，2002年版，第32～33页。

河流、铁路、公路与依然使用的传统陆上道路,向口岸的内陆腹地逐渐推进的特点,①这种城市布局的整体性变化,在处于中国东西部过渡地带的河南省亦表现得非常明显。因循平汉、陇海铁路的修建,在河南省域内逐渐形成了"发达的""落后的"和"衰退的"三类区域,其中发达地区位于铁路沿线,落后地区不但远离铁路而且处于群山之中,衰退区域则位于河谷地带。在运输方面,铁路胜过了河流,所以仅仅依靠河流来发展的那些地区就衰退了,②铁路成为区域时空演化、经济变革的重要的显在影响因素。随着物资、信息流动的规模扩大与频率增加,郑州成为平汉铁路、陇海铁路两个经济带的联络点和中转站,使得交通节点城市与区域乡村间的联系与交往大为拓展。

基于统计学的观点来看,城市对其周围地区的影响力呈现距离衰减规律,即距离城市越近,外部效应就越强,反之则外部效应就越弱。"城市作为区域的中心地,因城市—区域间的相互关系在地理空间客观存在着邻接效应(neighbourhood effect)",③这种城市——区域系统被称为城市场,而城市与区域间的相互作用即为城市场的外部效应。若从城市这个向度来进行考量的话,城市场的外部效应指的就是城市的影响范围,即中心城市(或城市)对周围地区的市场分配、商品流通、农产品的集中以及人员流动、信息交流、文化扩散等多重因素共同作用所能实现的最大地域范围。对于郑州而言,作为区域经济的中心地,其外部联系的范围即城市所能达到的影响范围到底有多大?如何进行衡量?这是一个值得深入研究的课题,它对于深度理解近代郑州城乡间经济关系大有裨益。

二、交通枢纽城市的影响力

一般情况下,城市对外影响力的大小会随着距离的变化而产生逆向关系,因距离的增加往往意味着实现这种联系所付出的时间或费用会随之增加,城市对该区域的影响力自然降低。当考虑两个等级相当的城市的交互作用时,在两城市之间必然存在着一条界线,在此界线一侧的地域,以向这一侧城市的联系为主;在此线的另一侧,联系的主要方向是

---

① 吴松弟,《通商口岸与近代的城市和区域发展——从港口—腹地的角度》,《郑州大学学报》(哲学社会科学版)2006年第6期。
② 〔美〕张信,《二十世纪初期中国社会之演变——国家与河南地方精英1900~1937》,岳谦厚、张玮译,北京:中华书局,2004年版,第25~26页。
③ 顾朝林等,《中国城市地理》,北京:商务印书馆,1999年版,第315页。

另一个城市。如图9.1所示，城市A和B的影响力衰弱曲线在O相交，AO地域以城市A的影响为主，属于A城的吸引范围；BO以B城的影响为主，是B城的吸引范围。城市的吸引范围与城市的影响范围是两个不同的概念，前者往往会小于后者。为区别起见，有学者把城市的吸引范围称为城市的直接吸引范围或直接腹地。城市的直接腹地是一座城市的辐射力和吸引力对城市周围地区社会经济发挥主导作用的一个地域。[①]城市的腹地（直接吸引范围）的形成，是区域内各种力量相互平衡、城市空间交互作用的结果。

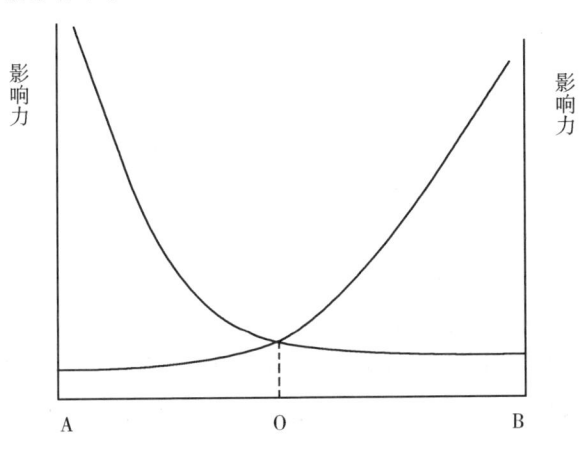

图9.1　城市影响力与直接吸引范围

资料来源：周一星，《城市地理学》，北京：商务印书馆，1995年版，第351页。

区域性交通枢纽，不仅为区域外提供运输服务，更重要的是对区域内产生强烈的辐射作用，这是交通枢纽型城市与工矿城市之间的显著区别。交通枢纽城市通过交通网络和现代化运输工具，频繁、便捷地与周围地区进行经济、社会、文化等诸方面的交流和交往。因此，交通枢纽的职能影响是相当广泛和深刻的，它与腹地区域之间存在一种天然的血缘关系。同样，邻近地区对于货物、人员流动的大量需求，是枢纽城市产生和发展的基本动因。[②]当然，腹地区域的资源支撑和消费市场拓展等作用的发挥，亦使得腹地与交通枢纽城市之间保持着难以割舍的共生关系。郑州作为铁路交通枢纽城市，具有交通便利、辐射能力较强等诸多优势，而且周边地区物产丰富，奠定了区域发展的物质基础，各种要素

---

① 周一星，《城市地理学》，北京：商务印书馆，1995年版，第350～351页。
② 张复明，《区域性交通枢纽及其腹地的城市化模式》，《地理研究》2001年第1期。

集聚互动，共同推动郑州快速成长为经贸网络的中级市场和区域的经济中心地。

第二节　区域经济的近代转型：以植棉业为视点

铁路运输改变了原来意义上的商品流动方向，扩大了商品流通的范围，对于农业生产的商品化、区域化发展发挥了重要的推动作用。铁路增加了货物的运输数量，提高了运输效率，加速了农业生产的转型，铁路沿线的农业、商业逐渐朝近代化的方向发展。[①]铁路的筑通，使得沿线乡村开始突破以往较为封闭的经济空间，与城市、港口保持密切的沟通与联系。因为工业生产与民众生活需求的增加以及交通的便捷，使得农副产品的流通范围大为延展，交易量骤增，商品经济得以快速成长，这就促使农业与手工业相结合的自给自足的自然经济受到侵蚀而迅速瓦解。其结果，农业和手工业产品的商品化率急剧提高，商品流量迅速增大，流通范围向外部世界迅速拓展，铁路运输是农产品商品化率得以提升的一个极为重要的促进因素。[②]在铁路交通的影响之下，郑州地域[③]的农业从生产格局到种植结构均发生了根本转变，从而引发区域经济的近代转型。

从地理位置上来看，郑州所在的河南省属于内陆省份，位于黄河中下游地区，在近代交通网络尚未形成之前，处于一种相对封闭的态势。19世纪末至1911年间，华北地区共修筑了9条主干铁路[④]，其中有3条在河南境内或贯穿省境：一是南北纵贯河南的平汉铁路，1906年全线通

[①] 李占才先生就铁路对区域农业经济发展的影响方面进行了深入研究，并发表了一系列研究成果，参见李占才，《中国铁路史（1876～1949）》，汕头：汕头大学出版社，1994年版，第20～36页；李占才，《铁路对近代中国农业经济的影响》，《同济大学学报》1997年第1期；李占才，《铁路与近代中国农业生产的商品化、区域化趋向》，《铁道师院学报》1997年第5期。

[②] 宓汝成，《帝国主义与中国铁路（1847～1949）》，上海：上海人民出版社，1980年版，第616～617页。

[③] 这里所言及的郑州地域，并非是地理学和行政意义上的郑州辖区的概念，而是一个相对宽泛、超越郑州行政区划的概念，系以郑州这座城市为中心、通过"十字"铁路交通运输网络而辐射影响的区域。

[④] 1878～1911年，华北先后筑有津榆铁路（天津—山海关）、津卢铁路（天津—北京）、京汉铁路（北京—汉口）、胶济铁路（胶州—济南）、道清铁路（道口—清化）、正太铁路（正定—太原）、京张铁路（北京—张家口）、津浦铁路（天津—浦口）和汴洛铁路（开封—洛阳），使得华北的铁路交通网初步形成。

车，其运输北可转运天津，南达汉口连通长江航运；二是道清铁路，1907年建成通车，是河南省道口镇（今属滑县）和清化镇（今属博爱县）的连接线。道清铁路本来是作为平汉铁路的支线而修建的，它与平汉铁路交会于新乡，在道口镇与卫水相连，货物可通过卫水转运天津；三是汴洛铁路（陇海铁路的前身），[①]1909年建成通车，由开封至洛阳，与平汉铁路在郑州"十字"交会。汴洛铁路于1913年并入陇海铁路，并向东西两个方向同时展筑。1915年向东延伸到徐州，与津浦铁路相接，继又展筑至海州大浦，通过海路可北上至青岛，南下抵上海。1927年，陇海铁路向西修筑到灵宝，继而延伸至潼关、西安、宝鸡、天水。中华人民共和国成立后续修，1950年4月起修建天水至兰州段，至1953年7月终于完工，陇海铁路全线通车，成为一条贯穿中国东西的交通大动脉。平汉铁路、陇海铁路与近代公路一起，初步构成了近代河南交通网络的基本框架，而郑州则居于这个交通网络的中心。

铁路的筑通推动了沿线地区经济作物专业区的形成，现代化的交通运输手段加速了区域经济市场化和外向化的进程。近代河南农村的经济作物种植，以棉花、烟叶、花生、药材为主，其农业种植专区的形成及其拓展、商品化程度的提升、种植结构的变迁，均与铁路的筑通密切相关。限于篇幅，本节仅以植棉业为例，来探讨铁路与郑州区域农业经济转型及城乡经济互动之间的内在关系。

综合以往相关研究，普遍认为近代河南省经济作物种植的大规模扩张，关键因素在于运输条件的改善。平汉、陇海两大交通干线建成并交会于郑州，使得铁路成为以郑州为中心的区域植棉业发展的融媒与助力器。相关研究多集中于近代中国区域棉业发展领域，或是在探讨铁路与近代中国区域经济发展的关系时有所涉及。[②]本节将着重探讨铁路与郑州区域棉花

[①] 严中平，《中国近代经济史统计资料选辑》，北京：科学出版社，1955年版，第172～174页。

[②] 研究成果主要有沈松侨，《经济作物与近代河南农村经济，1906～1937——以棉花与烟草为中心》，载台湾"中研院"近代史研究所编，《近代中国农村经济史论文集》，台北：台湾"中研院"近代史研究所，1989年版；张瑞德，《平汉铁路与华北的经济发展（1905～1937）》，台北：台湾"中研院"近代史研究所，1987年版；李占才，《铁路与近代中国农业生产的商品化、区域化趋向》，《铁道师院学报》1997年第5期；袁中金，《河南近代铁路建设与经济发展》，《史学月刊》1993年第4期；徐有礼、程淑英，《河南植棉业发展考略》，《中州古今》2001年第3期；戴鞍钢，《发展与落差——近代中国东西部经济发展进程比较研究（1840～1949）》，上海：复旦大学出版社，2006年版；〔美〕吴应铣，《发展、经济落后与衰退的现象——河南铁路运输业的引进》，郭孟良译，《殷都学刊》1992年第2期；复旦大学历史地理研究中心，《港口—腹地和中国现代化进程》，济南：齐鲁书社，2005年版。

生产格局及种植结构之间的内在关系，以期对其互动演变关系有一个较为清晰的认识，并由此来观照铁路与区域经济近代转型之间的内在关联性，进一步深化对区域经济社会变迁规律的认知与理解。

一、铁路与棉花生产的区域化、专业化

铁路的兴建把农村引向市场，而市场经济又通过铁路给农业生产施加影响，它往往会决定农民种植作物的选择。[1]铁路未通之前，中国内地植棉事业极不发达，棉花种植主要限于水运较为便利之地。黄河、淮河、卫河及汉水这四大水域便是河南省原棉的主要产地，同时也是区域商品贸易的中心。尽管近代郑州区域的水运网络不太发达，并受到季节性制约，但在传统交通时代，水运在其商品运输体系中依然占据重要地位。

20世纪初期，铁路的铺设为郑州区域经济的发展注入了新的要素，推动了植棉专业区的形成。从交通的空间视角来看，由水运到铁路运输的转变产生了足以使河南省经济面貌完全改观的经济力量，[2]加之河南省"河运相对的不发达，铁路在棉花生产区域之推广与运销之促进上所占地位益形重要"。[3]就华北地区而言，商品作物种类和所占土地比例，与人为环境、交通情形及运销组织有极大关系。[4]如表9.1所示，河南主要的产棉县多邻近铁路，尽管我们无法估计棉产增加部分有多少是铁路开通所带来的，但依照其地理分布可以发现，一些无水路交通之便的产棉县份，却因铁路便利而开始较多地选择种植棉花。[5]日本学者小岛精一在1937年所著《北支经济读本》一书中，收录一张华北农作物的详细分布图，显示彰德棉、河南棉和灵宝棉均产自铁路沿线区域，沿铁路线呈狭长带状分布。铁路的筑通，带动了沿线区域植棉范围的拓展，其对棉作的区域分布及推广的贡献不言而喻。

---

[1] 宓汝成，《帝国主义与中国铁路（1847～1949）》，上海：上海人民出版社，1980年版，第640页。

[2] 〔美〕吴应銧，《发展、经济落后与衰退的现象——河南铁路运输业的引进》，郭孟良译，《殷都学刊》1992年第2期。

[3] 张瑞德，《平汉铁路与华北的经济发展（1905～1937）》，台北：台湾"中研院"近代史研究所，1987年版，第83页。

[4] 陈伯庄，《平汉沿线农村经济调查》，上海：交通大学研究所，1936年版，第15页。

[5] 张瑞德，《平汉铁路与华北的经济发展（1905～1937）》，台北：台湾"中研院"近代史研究所，1987年版，第83页。

表 9.1 铁路沿线产棉区及河南省其他主要产棉县棉花运输状况表

县名	1927～1936年年均产量（担）	与运输路线接近程度 铁路	与运输路线接近程度 水路	备注
安阳	137932	平汉沿线		
武安	40275	平汉沿线		
汤阴	20578	平汉沿线		
新乡	19751	平汉、道清沿线		
获嘉	11175	平汉、道清沿线		
洛阳	37996	陇海沿线		
灵宝	37204	陇海沿线		
陕县	21412	陇海沿线		
孟县	21292	陇海附近		孟县，今孟州市
偃师	19998	陇海沿线		
巩县	13220	陇海沿线		巩县，今巩义市
阌乡	25664	陇海附近	√	阌乡，以盛产棉花而著名，今属于河南省灵宝市
杞县	18316	陇海附近	√	
睢县	12337	陇海附近		
虞城	11410	陇海附近		
永城	34800	陇海附近		
泌阳	62263		√	
邓县	39419		√	邓县，今邓州市
太康	77267		√	
淮阳	18749		√	
唐河	17456		√	
正阳	15090		√	
临漳	15050		√	
淅川	14560		√	

资料来源：〔日〕大塚令三，『河南の棉花』，上海：中支建设资料整备委员会，1940年版，第10～15页。与原表略有变更，表中棉产量的单位1担=50千克。

1910年前后，豫北地区的安阳、孟县（今孟州市）、内黄、获嘉，豫西地区的洛阳、灵宝、阌乡，豫东地区的商丘、虞城、兰封、西华、尉氏，豫中地区的汜水、荥阳、鄢陵、洧川，豫南地区的汝阳、罗山、商水、邓县（今邓州市）等地，均大面积种植棉花。从河南全省范围和棉产总量来看，棉花集中种植区主要分布在豫北地区的平汉铁路沿线和豫西地区的陇海铁路沿线附近。在平汉铁路沿线，以武安、安阳、汤阴、新乡诸县产棉为盛；豫西产棉区则以陇海铁路为中心呈东西带状分布，灵宝、阌乡、陕县、新安、洛阳、偃师、巩县（今巩义市）等地皆有大面积种植，北隔黄河与山西省棉作区相连，西与陕西省棉产区相接，是河南省产棉最为集中的区域，①使得以郑州为中心的河南省植棉区逐渐得以形成，年产量达50万担以上，②棉花生产呈现出显著的区域化特征。20世纪20～30年代，河南省棉花面积呈整体性增长之势，而增长速度最快的是交通便利之处，铁路沿线地区成为棉花种植最为集中的区域。

　　铁路的筑通不仅推动了以郑州为中心的植棉区的形成，而且植棉的区域化与专业化程度亦显著提高。据华商纱厂联合会的统计，1922年至1926年，河南省年均植棉面积为2856822亩，占全国植棉总面积的9.7%，年均产棉579350担，约占总产量的7.82%。③到了1930年前后，河南"全省108县，植棉者已占90县之多"。④1934年，偃师、阌乡、陕县3县植棉面积分别占其耕地面积的70%、60%和55%，⑤棉花种植专业化程度明显提升，经营规模有所扩大。河南省内豫丰纱厂、华新纱厂等大型纺织企业的设立，使得原棉消费量大为增加，亦对棉农基于市场需求和利润追逐而扩大生产形成推动力。如郑州豫丰纱厂每年消费皮棉达10万担，刺激了郑州、新乡、孟县（今孟州市）等地植棉面积的扩张。⑥而且只要条件成熟，棉田就会不断地侵蚀其他作物耕地，在这种演化态势中，郑州区域的棉花种植专业化程度越来越高。

---

　　① 〔日〕榎本中衛、長谷川清三郎，『河南省の棉作』，長春：満洲棉花協会，1937年版，第6頁。
　　② 李占才，《铁路与近代中国农业生产的商品化、区域化趋向》，《铁道师院学报》1997年第5期。
　　③ 华商纱厂联合会棉产统计部编，《中国棉产统计（全国棉产统计之各省棉田面积部分）》，上海：华商纱厂联合会，1929年版，第1～3页。
　　④ 周志骅，《中国重要商品》，上海：华通书局，1931年版，第8页。
　　⑤ 中华棉业统计会编，《中国棉产统计》，上海：中华棉业统计会，1934年版，第107～108页。
　　⑥ 行政院农村复兴委员会编，《河南省农村调查》，上海：商务印书馆，1934年版，第2页。

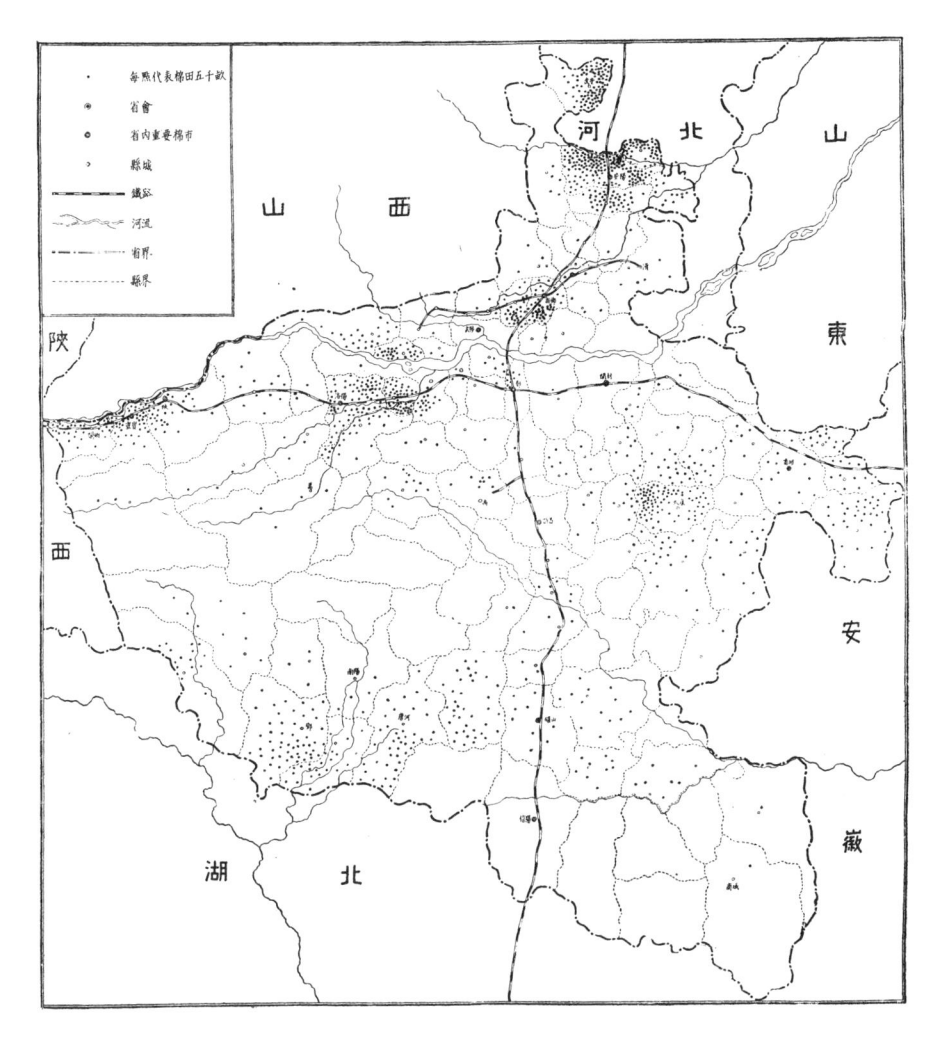

图 9.2　铁路与河南省棉田分布图（1936 年）

资料来源：全国棉业统制委员会河南省棉产改进所编，《河南棉业》，开封：河南省棉产改进所，1936 年版，插图部分。图中纵向延伸的铁路是平汉铁路，横向贯穿河南省东西的铁路是陇海铁路，豫北较短的铁路是道清铁路。

二、铁路与区域棉花生产的商品化

近代中国棉业的兴起，从根本上而言，是庞大的消费市场刺激了原棉的大量种植与产出，并依托现代交通方式进入流通领域和消费领域。植棉区之所以能够专业于种植棉花，是因为有便利的交通，以便利于经济作物的输出和粮食的输入。①平汉、陇海铁路的筑通，使得郑州区域交通运输状况大为改观，棉农从事棉花生产的目的指向亦发生变化，商品化逐渐成为棉花生产的主要选择。

19世纪后半叶至20世纪初，国际棉纺织业快速发展，带动了棉花价格的提升。第一次世界大战结束后，中国的棉纺织业获得空前发展，全国纱厂的棉花消费量随之剧增，1919～1920年全国纱厂消费总量为260万担，至1930～1931年则达880万担。②在此期间，河南各地亦纷纷建立现代纺织工厂，其中规模较大的4家分别为郑州的豫丰纱厂、卫辉的华新纺织股份有限公司、安阳的广益纱厂和武陟的钜兴廷记纱厂，年使用棉花总计约为25万担，③用棉多来自本省。河南省棉纺织业的快速发展，使得棉花需求量大为增加，市场需求刺激了原棉的大面积种植，而近代交通网络的整备，则为郑州区域供需的畅通提供了保障。两者的互动作用，推动了区域棉花种植的市场化转向，原棉生产的目的开始由自给自足转为商品出售。

铁路兴修以后，交通运输的便捷使得商货到达通商口岸的时间大大缩短。在这种态势下，棉花种植的目的取向已经发生重大变化，棉花开始由封闭的农家自用的小天地走向规模化市场交易，使得大面积的商品化生产成为可能。以出产优质棉著称的灵宝，其75%的耕地用来种植棉花，农民几乎完全放弃了粮食生产而不得不从其他地区购进粮食。④据河南棉产改进所的估计，1936年河南棉产总量为130余万担，其中农家自身消耗30余万担，其余约100万担原棉则流向市场。除本省四大纱厂消耗25万担之外，约80万担输出河南境外。⑤从整体上来说，20世纪30年代河南棉花的商品率达70%，⑥足见当时棉花生产的商品化程度之高。

就华北平原农作物的商品化生产而言，农业生产外向化的主因是天津、烟台、青岛等北方口岸城市对外贸易的发展，把一部分华北农村与世界市场联系对接起来，带动了农产品中供出口的经济作物率先进入世界商

---

① 何汉威，《京汉铁路初期史略》，香港：香港中文大学出版社，1979年版，第173页。
② 严中平，《中国棉业之发展》，上海：商务印书馆，1944年版，第280页。
③ 〔日〕大塚令三，『河南の棉花』，上海：中支建设资料整备委员会，1940年版，第117页。
④ 〔美〕吴应铣，《发展、经济落后与衰退的现象——河南铁路运输业的引进》，郭孟良译，《殷都学刊》1992年第2期。
⑤ 全国棉业统制委员会河南省棉产改进所编，《河南棉业》，开封：河南省棉产改进所，1936年版，第26页。
⑥ 袁中金，《河南近代铁路建设与经济发展》，《史学月刊》1993年第4期。

品市场，从而推动了这些出口农产品商品化程度的提升，改变了农村社会的传统生产方式。[①]在外贸需求的推动下，郑州产棉区的棉花大多通过陇海铁路、平汉铁路外销，转运到沿海通商口岸或者国际市场等更大的原棉消费地。上海、汉口、天津、青岛等口岸城市，均是郑州区域产棉的重要销售市场和出口口岸。通过近代铁路交通网络，不仅密切了郑州城乡之间的经济联系，推动了棉花生产的商品化，而且区域棉产在郑州大规模集聚并销往各大通商口岸，扩大了区域间的供需流通及其经济互动，从而加速了区域经济外向化发展的进程。

三、铁路与区域棉花种植结构的嬗变：由传统中棉到现代美棉

铁路运输速度快，运量大，适合批量商品的长途贩运，且运价相对低廉，能够实现与通商口岸及国际市场的低成本有效对接。受利益的驱使，农民改变了传统的土地利用方式，选择种植经济回报率更高的农作物。郑州周边及铁路沿线的农民面向市场从事棉花生产，使得引进新品种、改良新技术有了内在驱动力量，棉种改良风潮推动棉花种植结构产生显著变化，现代美棉逐步取代传统中棉成为郑州区域棉花种植的主体。

在铁路通车之前，即20世纪初之前，郑州及其周边区域的植棉基本上都是传统中棉。传统中棉属于亚洲棉，有拉力但纤维短粗，混杂不洁，不合乎现代纺机对细长纤维原棉的需要，且产量较低，棉种退化状况严重。而美棉（主要包括德字棉、脱字棉、郎字棉等，统称美棉或洋棉）的纤维细长，色泽白亮，拉力较强，适合现代机织。此外，美棉的抗旱、抗病虫性较强，产量亦稍高于中棉，价格还较土布优厚。从表9.2可以看出，就收益比例而言，美棉比国棉高出很多，农民基于出售盈利目的而选择种植美棉的动力被激发起来，纷纷"争趋其利，广种棉花，几有每年连麦全不种的"。[②]尽管种植棉花的支出费用要比种植其他作物高，但是其较高的损益比例还是吸引了广大农民为市场需求而选择种植棉花，当然这是以交通整备、市场需求、运销渠道畅通为前提的。况且中国农村劳动力普遍过剩，从事劳动力密集型的棉花生产活动，以寻求生存之道，具有其天然的

---

① 戴鞍钢，《发展与落差——近代中国东西部经济发展进程比较研究（1840～1949）》，上海：复旦大学出版社，2006年版，第68页。铁路促进了一些经济作物的种植，同时亦导致某些供需不旺产品的衰落，铁路使得国外商品更容易向更广阔的地域渗透，这给原本兴旺发达的区域手工业带来了毁灭性打击，家庭手工业遂走向衰落。

② 章有义，《中国近代农业史资料》（第2辑），北京：生活·读书·新知三联书店，1957年版，第150页。

合理性。

表 9.2 华北地区种植棉花与其他作物收支比较表　　单位：元/亩

农作物	收入	支出	损益
美棉	25.80	17.90	7.90
国棉	19.25	16.17	3.08
大豆	9.10	7.20	1.90
高粱	10.50	9.70	0.80
粟	11.70	12.20	-0.50
小麦	10.50	11.30	-0.80
花生	14.40	15.60	-1.20
玉米	8.50	9.90	-1.40

资料来源：陈庚荪，《华北棉花栽培问题》，《国际贸易导报》1936 年第 8 卷第 2 号。

平汉、陇海以及道清铁路的通车，把内地市场与各通商口岸紧密连接起来，加之国内新式棉纺织工业的兴起，棉花的市场需求大幅增长，刺激了中国中西部地区植棉业的快速发展。民国初年，美棉传入河南，豫西地区陇海铁路两侧的农民率先开始弃种中棉，改植美棉，灵宝棉、洛阳棉成为闻名全国的优质美种良棉。1916 年，北京国民政府在平汉铁路重要站点——彰德（今安阳）设立了中央直辖的模范植棉场，1918 年复自美国购入大批脱字（Trice）及郎字（Lone Star）棉种，[①]分发给棉农种植。郑州周边乃至河南全省植棉区改良棉种、推广美棉渐呈风行之势。

如表 9.3 所示，河南省种植洋棉的比例在整体上呈现逐年提高的态势，但是直至 1930 年以前，洋棉种植面积仅占全省植棉的三成左右。尽管棉种之优劣存在明显差异，但在美棉传入初期，其产量与中棉相比并无太大差别，且存在退化的情形，棉农的种植习惯延续着传统农耕经验的惯性，在豫东、豫南地区依然普遍种植传统中棉，美棉的推广并非一帆风顺。1930 年后，南京国民政府在华北的棉种改进工作始见成效，美棉改良获得重大突破，其种植面积方呈大幅增长之势。特别是 1933 年南京国民政府成立棉业统制委员会，并在河南省太康县、安阳县等地设立棉产改进所推行棉种改良后，郑州依托铁路交通运输优势，组织棉花运销合作社，产供销一体

---

① 严中平，《中国棉纺织史稿》，北京：科学出版社，1955 年版，第 324 页。

化组织得以形成。

表 9.3　美棉推广及河南省历年中洋棉田、棉产比较表（1922～1936 年）

年别	棉田面积（亩）			洋棉所占比例	皮棉产额（斤）			洋棉所占比例
	中棉	洋棉	合计		中棉	洋棉	合计	
1922	2627820	419324	3047144	13.8%	474516	80520	555036	14.5%
1923	1977430	715638	2693068	26.6%	490328	177184	667512	26.5%
1924			2677000				572141	
1925			2985700				544634	
1926			2881200				557427	
1927			2816950				590220	
1928			1566600				214282	
1929	667690	240800	908490	26.5%	81680	41200	122880	33.5%
1930	1668860	1011410	2680330	37.7%	370055	196474	566529	34.7%
1931	1105590	1774820	3880410	45.7%	217017	427527	644544	66.3%
1932	1183770	2240370	3424140	65.4%	277976	318779	596755	53.4%
1933	1071446	2636191	3707637	71.1%	186096	630554	816650	77.2%
1934	1057437	3034334	4091771	74.2%	227474	794883	1022357	77.8%
1935	420437	1374923	1795360	76.6%	90437	326341	416778	78.3%
1936	1531174	4514872	6086046	74.2%	267304	1099722	1367226	80.4%

资料来源：全国棉业统制委员会河南省棉产改进所编，《河南棉业》，开封：河南省棉产改进所，1936 年版，第 3 页。1924～1928 年间仅有植棉总面积与总产额的统计，在原表格的基础上略有变动，洋棉所占比例为笔者计算。

河南棉产改进所根据各地的气候与地质状况，选种早熟丰产质优的斯字棉或德字棉，大力推动美棉改良。优质棉种的培育与推广，使得美棉的耕种面积及其品质、产量均大有提升，经济收益的鲜明对比改变了棉农植棉的选择，传统中棉（国字棉）的耕种面积自然缩减。到了 1936 年前后，美棉的种植已经占据绝对优势，种植面积约占全省植棉总面积的 80%，而传统中棉所占比例降至仅 20% 左右。从整体上来看，美棉种植集中在豫北、豫西铁路沿线产棉区及豫南地区，而传统植棉主要分布在豫东地区。这一时期在全省形成了三大棉产改良区，即太康区、彰德区和豫中豫西区,①后两者分别位于平汉铁路和陇海铁路沿线,铁路沿线地区成为美棉种植最为集中的区域。据上海商品检疫局的检定,在上海市场的各地来棉中,以灵宝棉和洛阳棉的品级最高。就整体上而言,河南棉花居全国棉产品级的第一位,②这也从一个侧面表明河南棉产改良之成效显著。河南省棉花种植结构由传统中棉向现代美棉的转型、美棉推广的组织化以及棉花生产管理的加强,加速了区域植棉业现代转型的进程。在外部流通需求和铁路运输的保障下,郑州作为区域植棉中心的地位进一步得以强化,同时也使得郑州与周边地区的经济互动关系更加密切。

四、影响郑州区域棉业转型的多重因素

近代郑州区域棉业的发展,受到多重因素的影响。既有以铁路为中心的近代交通网络的推动,同时亦存在其他因素,如政府的棉产改良计划、棉纱厂商对棉花产销的推动、利益驱动下棉农的选择、金融机构的介入、国际棉花市场供需关系的影响以及国内棉纺织业的兴起,等等。

国民政府在棉种改良、推广棉田方面发挥了重要作用。在改良棉种方面,政府着力推广绒长质优的美棉,"经于七年二月间,订定推广美棉办法,通行产棉省份,筹备照办"。③"官厅提倡美棉,自民国八年始,每年春季散发种子,并不取价,农民请领者为数甚众。其成绩之优,以河洛道属为最,如孟津、渑池、陕县、阌乡等县,所有棉田,概行改种美棉,本地土棉,几至消灭矣。"④农商部规定植棉面积超过10亩的农户可免费领取美棉种子,每亩将配给种子2.5千克,免费数量以100斤为限,植棉不足10亩者则不予分配,通过实业厅、各棉花试验场及各地农会散发,激发了农民植棉的积极性。1934年,全国棉业统制委员会设立河南棉产改进所,置棉场、添设备,成立集生产和销售为一身的棉花产销合作社。1935年底,"计有太康县四社,杞县、洛阳、灵宝各一社,社员共达4200余人"。为推进各社业务,河南省

---

① 王树槐,《棉业统制委员会的工作成效(1933~1937)》,载台湾"中研院"近代史研究所编,《抗战前十年国家建设史研讨会论文集(下)》,台北:台湾"中研院"近代史研究所,1984年版,第737页。

② 金陵大学農学院農業経済系编,『河南湖北安徽江西四省棉産運銷』,〔日〕鉄村大二訳,東京:生活社,1941年版,第70~71页。

③ 《农商部给各省实业厅的训令》(1921年3月9日),《农商公报》1921年第81期,政事,第10页。

④ 吴世勋,《分省地志——河南》,上海:中华书局,1927年版,第33页。

棉产改进所"向上海财团接洽借款，截至10月底（1935年——笔者注）已有108500元"。①1936年，增设郑州、太康、洛阳、灵宝、开封5处试验棉场及洛阳、灵宝、禹县、商丘、确山等指导所，并根据各地的棉作状况、交通条件和行政区划的不同，把河南省划分为19个棉产区，②向各产区派驻技师，试验棉种改良，推广美棉良种，扩大植棉面积，建立集棉花生产、信用、运销于一体的农业合作组织，进一步促进了棉花生产的组织化。

一些棉纱厂商及棉花运销机构为拓展棉花来源，亦在棉花产销链条的前端——推广植棉方面做了不少工作。穆藕初，郑州规模最大的棉纺织厂——豫丰纱厂的创办者，曾致力于植棉事业。"自民国三年归国以后，鉴于植棉业之重要，首创植棉试验场于上海，研究改良推广之方法，并刊行植棉浅说及植棉试验场报告，以传播植棉改良之常识。"③"民国九年，华商纱厂联合会由美购脱字棉及郎字棉等十吨，运赴豫、陕分散。民国十八年，江苏财政厅拨50000元，棉商荣宗敬捐助15000元，由美购爱字棉100吨，运往豫、陕代赈"。④在棉花运销合作事业尚未发达之前，生产者与消费方之间一般需要经过中间环节，即由农民经花贩—轧户—小花行—大花行—庄号再行出售，故中间棉商在郑州地区棉花贸易网络中发挥着重要作用。

金融机构除了开展自身的信贷业务外，还介入从棉花生产至销售的整个过程，对郑州区域植棉业发展有着独特的影响。20世纪30年代，郑州市面上共有中国、金城、上海、商业、河南、农工、中央、交通、中南等10余家银行，其分支机构分设于省内各地。此外，各棉产区普遍设有银号、钱庄，这些金融机构多兼营行外生意，介入棉业。银行家以农业仓库为基础经营农业产销合作，代表着这一时期棉花运销的新趋势。银行家的活动还从运销过程向前延伸到生产过程，在郑州、洛阳等地，中国银行和

---

① 骆耕漠，《中国农产运销底新趋势》，载中国经济情报社编，《中国经济论文集》（第2集），上海：上海生活书店，1936年版，第160页。
② 〔日〕大塚令三，『河南の棉花』，上海：中支建设资料整备委员会，1940年版，第120～125页。
③ 《救济棉业计划》，《商业月报》1928年第8卷第7号。
④ 赵连芳，《今后我国棉作育种应取之方针》，载上海华商纱厂联合会编，《中国棉产改进统计会议专刊》（演讲部分），上海：华商纱厂联合会中华棉产改进会，1931年版，第10页；章有义，《中国近代农业史资料》（第2辑），北京：生活·读书·新知三联书店，1957年版，第169页。

浙江兴业银行均置有轧花机、打包厂、仓库等设备，[①]他们一方面将涣散的棉农变成产销合作社成员，以便接受播种他们所希求的美棉棉种；一方面又以轧花机等设备来加工并储存棉产，集中运销到各地市场，这对于区域棉花流通无疑具有重要的推动作用。金融机构还与河南棉产改进所及地方各所通力合作，组织发放棉花贷款。贷款一般包括种子肥料等生产贷款、轧花打包等设备贷款和运销贷款三种形式，在一定程度上解决了农民在棉花生产和销售领域遇到的困难，客观上推动了区域植棉业的发展，带动了郑州棉花市场的繁荣。

　　国际棉花市场的需求以及国内棉纺织业的兴起，特别是豫丰纱厂等大型棉纺织企业的兴办，带给近代郑州棉业发展的影响是深远的。第一次世界大战期间及战后之初，国际市场棉花需求量增加，这给中国植棉业以及棉纺织业提供了一个难得的发展机遇，棉纺织业快速兴盛起来。就河南省及郑州地域而言，自20世纪20年代初开始，豫丰纱厂、华新纱厂等相继建成，原棉的消费量大增，刺激了植棉面积的大幅扩张。从国际市场的情况来看，1929年爆发的世界经济危机并没有立即波及中国，但是在1931年各国放弃金本位制后，对中国的外贸出口产生负面影响。原材料出口价格的降低和外来工业制成品的倾销，使得中国的市场购买力大为降低，加之各国棉纺织业再次将目光转向远东市场，给国内棉纺织业带来强烈冲击，棉花贸易的内外环境明显恶化。自1933年起，中美棉麦贷款开始施行，美国借此转嫁其农业危机，更是给近代中国棉业包括河南棉业带来深刻影响。在这种情势下，以郑州为中心的河南植棉区，依托铁路交通网络的便利，谋求棉种改良，拓展棉田面积，开展棉业合作，促进棉花流通，以应对棉业危机，但市场需求的萎靡不振决定了郑州区域植棉业只能在颓势之中勉以为继。

　　郑州位处河南中部地区，历来为兵家必争之地，屡屡遭受战乱之苦，战争因素给近代郑州植棉业带来了诸多不利影响。特别是中原大战的爆发及其前后，郑州政局不稳，社会动荡，铁路交通或遭阻断，或被征为军用，棉花种植、销售以及运输均受到严重影响，致使区域植棉面积缩减，棉花产量锐减。1929年河南全省的植棉面积为908490亩，棉产量仅122880担，棉田不及常年的1/3，产量更是仅为常年的1/5左右。尽

[①] 骆耕漠，《中国农产运销底新趋势》，载中国经济情报社编，《中国经济论文集》（第2集），上海：上海生活书店，1936年版，第157、160页。

管在此期间一些棉产区有自然灾害发生，但战乱的负面作用是显而易见的。

第三节　市场结构与运销结构：郑州城乡经济变迁

1840年鸦片战争后，尽管中国的门户大开，但由于郑州深居内陆地区，受自然地理位置、传统交通运输方式等诸多条件的限制，区域经济基本上仍旧保持着耕织结合的自然经济形态，商品流通及市场结构较为简单，交换多在生产者与消费者之间直接进行，传统经济结构依然占据绝对优势地位。在这种传统经济样态下，郑州地域乃至河南全省的农产品流通范围都非常小，农民所生产的经济作物大都仅限于在农村附近的集镇市场圈流通，在性质上仍属于小农业生产者彼此间的互通有无，[①]"小农业与家庭手工业的结合很大部分是通过在市场上的余缺调剂，即使用价值的交换完成的"。[②]区域经济结构的状况决定了市场结构的基本走势，而铁路的筑通促进了郑州这个内陆腹地商品经济的发展。与之相伴，区域城乡市场结构亦发生显著变化，本节仅以棉花运销为例来对近代郑州城乡市场间的互动及其市场结构变迁做一历史考察。

一、市场结构

1. 传统小农经济及交通的制约

从全国范围内来看，中国在19世纪之前就存在棉花流通的问题。但由于地理条件的差异性，使得其流通路径大体上是北棉南运，东棉西运，其流通方向是从棉产剩余的区域流向棉产不足的区域。在进入20世纪之前，郑州地域的棉花种植并未被视为商品而生产，而只是对消费后的剩余进行出售，真正通过长途贸易网络流入市场的很少。究其原因，主要是小农制居于区域农村经济结构的核心，束缚了棉花的商品化生产。尽管一些产棉区市场良好，中间人以低价自粮食过剩地区运来粮食，使得这些地区逐渐变为依赖出售棉花所得现金购买粮食，但是大部分的内地农民仍仅以自给为耕种目的，如能敷一家之用，即

---

① 沈松侨，《经济作物与近代河南农村经济，1906~1937——以棉花与烟草为中心》，载台湾"中研院"近代史研究所编，《近代中国农村经济史论文集》，台北：台湾"中研院"近代史研究所，1989年版，第340页。

② 吴承明，《中国资本主义与国内市场》，北京：中国社会科学出版社，1985年版，第124页。

不愿多种，①以规避饥荒的侵袭，小农传统在很大程度上制约了区域棉花市场的形成与发展。

除此之外，交通的制约也是一个不容忽视的重要因素。就大的空间范围来看，郑州区域乃至河南全省的传统水运网络在近代就已非常衰落，运输功能大为弱化，限制了区域农产品的外向性流通的规模，流通的范围亦相当有限。如安阳县境西北及西南为棉花产区，在平汉铁路尚未通车时，原棉多半由小车、马车运销卫辉、怀庆一带，远及黄河以南，直达开封、许昌等处，②灵宝、陕州（陕县）、新乡等地盛产棉花，但由于交通不便，这里的原棉很难运出。③到了20世纪初，华北区域的农作物种植出现了新的发展趋向，商品化、市场化因子逐渐彰显，表现出以下特征：（1）先粮食而后商品作物；（2）商品作物，只能利用产粮所需以外的余地与产粮所不需的余时；（3）粜精籴粗，然后才能进一步增加商品作物。④农作物生产的商品化、市场化在与小农自足经济的冲突中相互融合、相互补充，得益于该区域铁路交通网络的初步建成。在一定的时限和区间范围内，交通的整备与否，往往是区域商品流通和市场活跃度的晴雨表。

2. 市场结构的转换

平汉、陇海铁路的筑通，一改郑州区域传统封闭的面貌，偏远封闭的乡村市场亦能够通过现代运输方式与通商口岸乃至国际市场连接起来。由此，郑州的近代市场开始发轫，刺激了商品经济的发展，区域市场结构亦随之发生质的变化。农民手中的棉花，往往无法直接销售给纱厂，故随着终端消费市场的形成，必然会引发中级转运市场以及原始贩卖市场的兴起。在这一态势下，商品由生产者与消费者之间的直接交换，逐渐演变为由生产者产出，经商人收购、转运和销售，再到消费者手中或转运出口至终端消费市场的流通过程。市场结构亦由原来产地市场、消费市场所构成的两级结构，发展成为原始市场—中转（或集散）市场—消费市场或终端市场的三级市场结构。⑤如果说农民所赖以直接出售产品

---

① 张瑞德，《平汉铁路与华北的经济发展（1905～1937）》，台北：台湾"中研院"近代史研究所，1987年版，第79页。

② 方策，《续安阳县志》（第7卷），民国铅印本，1933年版，第4页。怀庆府，其地理位置大致为今河南省焦作市的行政区域。

③ 张学厚，《郑州棉花业的兴衰》，《河南文史资料》（第37辑），郑州：政协河南省委员会文史资料委员会，1991年版，第43页。

④ 陈伯庄，《平汉沿线农村经济调查》，上海：交通大学研究所，1936年版，第15页。

⑤ 贾贵浩，《1895～1937年河南集市贸易的发展》，《史学月刊》2008年第6期。

的原始市场，是分散在产棉区的农村或集市，那么中级转运市场位置的选择，除了依据原棉产地的地域分布状况之外，主要由交通运输条件来决定。

近代郑州区域市场结构的变迁，突出地表现在以植棉业为中心的经济作物领域，特别是在棉花集中种植区表现得更加明显，而引发这种突出变化的一个基点，就是平汉、陇海铁路运输使得区域间大规模商品流通成为可能，从而实现了地方市场的迅速连接。棉花的广泛种植与频繁交易，刺激了区域商业的发展，一些商业活跃区逐渐形成。这些商业区一般具备两个条件，要么集中种植棉花，要么邻近便利交通线。[1]河南棉花的主要产地市场有灵宝、陕州（陕县）、洛阳、新乡、许昌、商丘、确山、信阳等处，中级市场则有郑州、安阳、汲县（今卫辉市）、武陟四处，较大的产棉市场和中级市场几乎全部居于铁路沿线或站点。安阳作为豫北的棉花中级市场，辐射范围为安阳、汤阴、武安、临漳一带，每年产棉30余万担；豫北汲县（今卫辉市），辐射范围主要为浚县以南、黄河以北地区，产棉除供应卫辉华新纱厂及武陟钜兴纱厂之外，余则集中于新乡，通过平汉铁路转运郑州或安阳，或由道清铁路转卫水船运至天津，年产数千担或2万～3万担不等；在陕州（陕县）、灵宝、阌乡一带，棉产较优，统称灵宝棉，大部分通过陇海铁路再转海路运至上海，部分经郑州转运汉口、青岛等地，每年常达30万～40万担；洛阳的辐射范围为伊川、济源、孟县（今孟州市）、孟津等地，棉产集中于洛阳、白马寺、偃师等站，转运郑州、上海、无锡等地，年约10万担。[2]这些产地市场和中级市场都发挥着棉花集散的功能，均可视为集散市场。郑州在整个河南省棉花市场体系中扮演着绝对核心的角色，周边棉产地的棉花通过铁路及其他交通工具集聚郑州，再通过铁路网络转运至终端消费市场。

铁路与集散市场的分布状况，折射出两者之间的密切关系，既显示出河南棉产区域分布的突出特点和河南棉花集散市场分布的特征，同时也凸显了郑州作为中级市场和区域经济中心的重要地位。这种以铁路交通为导向的市场结构布局，亦对郑州区域棉花运销结构产生深刻的影响。

---

[1] 徐有礼、程淑英，《河南植棉业发展考略》，《中州古今》2001年第3期。
[2] 全国棉业统制委员会河南省棉产改进所编，《河南棉业》，开封：河南省棉产改进所，1936年版，第95页。

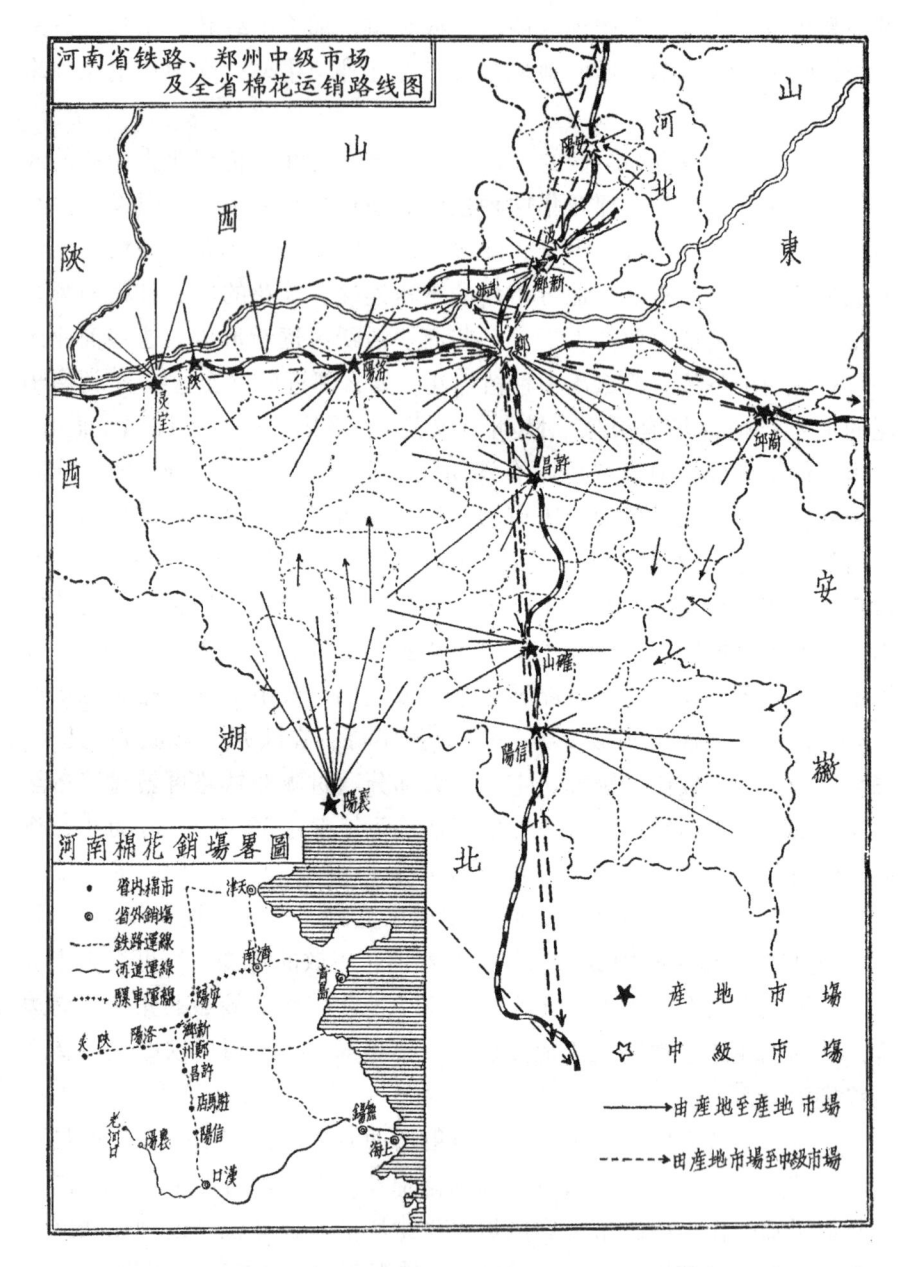

图 9.3 铁路、郑州棉花集散市场及河南省棉花运销路线示意图

资料来源：〔日〕大塚令三，『河南の棉花』，上海：中支建設資料整備委員会，1940年版，插图部分。

二、运销结构

铁路将原本偏僻封闭的地域与郑州及其区域外的诸多城市中心直接联系起来，并渐渐取代了原本以河流和驿路运输为中心的运输路径，推动了区域经济资源的重新配置，从而引发郑州区域市场结构的重大变化。如果把棉花的产地市场、中级转运市场、消费市场包括通商口岸与国际市场，视为棉花市场一个个点的话，铁路则把这些点在更广阔的空间里连为一体，成为棉花运销及其市场体系中不可或缺的重要环节。铁路的远达性使得物资运销结构在空间上大为延展，郑州及其周边地区的棉花外向型销售在其整个运销体系中逐渐占据了主导地位。如位于平汉铁路线上的豫北重镇安阳，其棉花销路"可分为供应当地纱厂消用及运输出境二种，前者因纱厂锭数未能全数开工，供给原料不多；而后者几占全部产量的80%。除少数粗绒运往邻县及山西等处，为人民衣服、棉胎用外，余则打成木机包，贩运天津、上海、济南等埠"，[①]外埠输出几乎全部依靠平汉铁路或通过平汉铁路转运他路。灵宝产棉外销分为铁路运输和水路航运两种，铁路运输"或由陇海路运至大浦，转输运往上海，或至郑州站，再转平汉道运往津、汉；航运则由黄河下流经陕县、孟津、巩县（今巩义市）、汜水、荥阳至黄河桥登陆，装平汉车运往津、汉、齐鲁等处"，[②]最终路径仍是通过铁路网络销往各通商口岸，铁路是灵宝棉花外向输出中最主要的运输工具。在近代中国陆路远程运销体系中，交通运输工具别无选择，几乎全部要依靠铁路。

在影响郑州区域棉花运销结构的诸多因素中，运价问题是不容忽视的一环。就整个中原地区的棉花短途运输费用而言，以陆路最为昂贵，铁路次之，水路最为价廉。若以单位距离的运费而论，因运输工具和运输通道状况的不同，运输费用存在很大差异（参见表9.4、表9.5）。水运的费用较低，如由唐河到樊城（今属湖北省襄樊市），每担公里的运费不足1分7厘，但它受到季节及水道通航续航能力的制约；而选择陆路运输的费用则要高出许多，从巩县（今巩义市）至郑州若用大车每担公里约需运费2分7厘，采用同样的运输工具从郑州到许昌则需要3分3厘。从邓县（今邓州市）到方城，若采用牛车，每担公里需运费3分3厘，用架子车则需要5分8厘，运费几乎增加1倍。在短途运输中，铁路运费低廉的优势尚显

[①] 顾裕昌，《安阳县棉业调查》，《国际贸易导报》1935年第7卷第10期。
[②] 河南省政府秘书处，《豫西五县棉作调查》，《河南政治月刊》1932年第2卷第7期。

现不出来,但是长途运输的费用则远远低于水路和旱路。例如从郑州到上海,通过铁路运棉大致为每吨公里2～3分,尚不足陆路运输费用的1/20。特别是在近代郑州区域水路运输衰落、陆路交通不发达和经济外向发展的历史态势下,铁路运费低、运程长的优势得以充分体现,铁路运输遂成为郑州区域棉产最主要的运销手段,陆运和水运作为区域运销网络的补充手段,在连接棉产地与铁路的通道中依然发挥着重要作用。

表9.4 郑州及其周边地区棉花运输费用统计表Ⅰ（陆运、水运）

起讫地点	相距公里数	运输工具	每市担运费（元）	所需时间（天）
洛阳至巩县	65	大车	2	1.5
巩县至郑州	90	大车	2.5	2
郑州至许昌	90	大车	3	2
邓县至方城	120	牛车	4	4
邓县至方城	120	架子车	7	2
新野至许昌	250	牛车	7	9
新野至许昌	250	架子车	10	5
唐河至方城	75	大车	4	2
唐河至樊城	120	帆船	2	2

表9.5 郑州及其周边地区棉花运输费用统计表Ⅱ（铁路运输）

起讫地点	五等货运费（元/吨）	四等货运费（元/吨）	起讫地点	五等货运费（元/吨）	四等货运费（元/吨）
郑州至上海	15.95	21.48	陕州至青岛	16.77	22.82
郑州至青岛	14.75	20.27	安阳至上海	24.24	33.08
灵宝至上海	18.67	24.77	安阳至青岛	15.49	24.15
灵宝至青岛	16.97	23.07	安阳至天津	15.49	24.15
陕州至上海	18.47	24.52			

资料来源:杨逸农,《棉花》,南京:正中书局,1948年版,第172、174页。表9.4和表9.5均系1936年的统计数据。

据中华棉业统计会及华商纱厂联合会的统计,从1919年至1936年,河南省产棉量在全国总棉产中所占比例为7%～9%,年均582471担,同期全国年均额为7973604担,河南占7.31%,在各省中大致排在第五位。河南产棉,多时每年达100余万担,除一小部分满足自用以外,其余大部分则要通过流通途径即近代交通网络（以铁路为主，辅之以水路和陆路）到达原棉消费市场。在郑州销售或转运的棉花，除陕西、山西两省来棉之外，余则主要来自河南本省，几乎所有来棉均需通过陇海铁路和平汉铁路运输销售，大量的原棉运销推动了郑州区域流通市场的兴起。

铁路在棉花运销上的贡献在于从内地的市场吸收了更多的棉花，并运至通商口岸的终点市场，降低了运费和风险，有助于区域间贸易的改善。[①] 铁路作为连接市场的介质和桥梁，进一步强化了各通商口岸对内陆经济的辐射和带动作用，省内市场与省外市场的双向互动、郑州城乡农产品流通网络的构建以及集散交易市场的繁荣，加速了郑州区域市场结构的转型。在商品贸易网络和铁路交通网络的联动作用下，郑州的农产品运销体系得以重构，城乡之间的经济互动更加密切。

第四节　小　结

以铁路为中心的近代交通网络，把棉花的产地、产地市场、中级市场与消费市场、通商口岸紧密联系在一起，带动了以郑州为中心的区域棉业的外向型发展，从而把郑州城乡经济逐步纳入到沿海和国际市场的轨道，拓展了其外部市场空间，推动了区域经济的近代转型。

首先，铁路的开通给工业化进程以强劲的推动力，加速了商品的流通，从而引发了以郑州为中心的区域棉花生产格局的变迁。一方面，铁路为贸易的拓展提供了便利条件；另一方面，在靠近铁路的区域推广棉花种植，无疑能够降低成本，使得商品化棉田沿铁路线集中分布，植棉专业化程度亦大为提升。

其次，铁路的修筑以及经济利润的驱动，改变了农民利用土地的传统方式，引发了区域棉花种植结构的嬗变，美棉种植逐步占据主导地位。当然，区域棉花种植结构的转变，还得益于执政当局的棉种改良运动等诸多因素，但交通的整备是一个重要的前提条件。

再次，铁路的铺设改变了郑州区域棉花运销的路线，使得大规模商品流通成为现实，从而迅速连接起各地市场，促进了区域市场由产地市场—消费市场所构成两级结构，演化为原始市场—中转市场—消费市场或终端

[①] 张瑞德，《平汉铁路与华北的经济发展（1905～1937）》，台北：台湾"中研院"近代史研究所，1987年版，第72页。

市场的三级结构。

有一点值得说明,以植棉业为例观照铁路在郑州城乡经济转型过程中的作用,它是一个渐变的历史过程,并非是铁路一通,区域棉花生产格局、种植结构以及棉花市场结构随即发生巨变。而且铁路只是作为外因发挥着助力器作用,它不可能从根本上决定区域棉业的内在结构。此外,铁路所发挥的作用在不同的地区亦会有所差异。在传统交通体系未及的地区,铁路的开发作用特别显著,而在与原有水路或陆路交会的地区,则是各种交通方式相互影响、相互推动,从而引发区域经济的兴衰更替。从根本上来说,植棉业发展的核心动力源自工业化发展所带来的大量的原料需求,工业化的推进刺激了原棉需求和贸易拓展,而市场需求给农民植棉带来了更多更可靠的利益保障。棉农获取经济利益的内在驱动,成为植棉业发展的重要的直接动力。因此,铁路不是推动郑州区域植棉业发展的根本性变革因素,但它却是影响该地区城乡经济互动和区域市场结构变迁最显著的外因。

总之,在郑州近代工业化转型和区域农产品商品化进程中,以铁路为中心的近代交通网络成为区域联系、沟通外部世界的桥梁和中介,在区域经济变迁进程中发挥着重要的传递与连接功能,铁路沿线区域经济得以快速发展,形成了中国中部地区最具活力的经济增长带。从经济学的角度来看,铁路为区域经济资源的重新配置注入新的要素,为其经过的地区提供了新市场,将穷乡僻壤与郑州及诸多外部城市中心直接联系起来,大大缩短了与贸易港口或通商大都市的空间距离。由此,铁路推动了郑州区域农业生产结构及市场结构的转变,扩大了城乡经济的互动交流,加速了区域经济的近代转型,可谓是近代郑州城乡经济发展新的驱动力。

第十章 终　章

　　从宏观层面上来看，近代中国出现了两次城市化高潮：第一次是开埠通商。1840年以后，迫于外来压力，中国沿海、沿江地带开埠通商通航，使得近代城市体系的地域空间发生了显著变化，以航运交通为功能导向的城市体系初现雏形，这对传统意义上的行政功能型城市体系产生了巨大的冲击。沿海与沿江港口城市迅速兴起，形成了以水路交通为主导的两大城市带，由此掀起了近代中国第一次城市化高潮；第二次是铁路的修筑（1889～1911年、1928～1937年两个筑路高峰期）。铁路被引入中国之后，由于其强大的运输功能，改变了人员、商货的基本流向，传统的运输通道发生转换，再一次对原有城市体系产生冲击。铁路沿线及其辐射区域新兴工业城市和新兴交通功能型城市快速崛起，掀起了近代中国第二次城市化高潮。港口城市因铁路的联络关系而更加繁盛，传统市镇则趋于衰落，铁路沿线继沿海、沿江之后，成为经济增长速度最快的区域。

　　近代中国的城市化过程十分复杂，其动力主要来自两个方面：一方面是内力的作用，即中国社会内部结构变革特别是工业化进程所产生的推动力；另一方面是外力的影响，即外国资本、现代技术进入中国所带来的影响力。这两种力量又分别由若干不同的力量组合而成，多重力量的结合与相互作用形成聚合力，共同推动了近代中国城市化的进程。

　　近代中国资本主义的发展，以及铁路沿线大批城市的兴起，在不同程度上推动了农村人口向城市的流动。如果要对近代中国城市发展的动力机制做整体性判断的话，可以说，甲午战争前中国城市化的推动力主要是商业，而在此后直至抗战前，中国城市化的主要推动力乃是工业和新式交通运输。[①] 在以交通为导向的区域城市化的最初阶段，城市的交通职能逐渐强化，产生了一系列的交通节点城市。一种新的交通运输方式的产生，一条

---

① 李蓓蓓、徐峰，《中国近代城市化率及分期研究》，《华东师范大学学报》（哲社版）2008年第3期。

新的交通运输线路的开拓，或者一个新的交通节点的出现，均会对区域的地域结构演进以及城市化进程带来深刻的影响。在近代经济社会发展的初始阶段，交通职能作为城市的基本职能，是城市发育成长的重要条件和推动力量，交通节点往往成为区域性中心城市的理想区位和有利生长点。此时，城市人口开始出现快速增长势头，机械性迁入人口明显增多，城市伴生性职能逐步发育，城市的交通、经济影响趋于扩大，交通运输活动对于城市和区域发展的动力作用初步显现。①从城市形成的环境条件和区位特点来看，在近代中国城市经济发展中起决定性作用的是有利于工业与商业发展的种种因素，便利的交通则是其中的重要环节。交通区位优势便于获取各种原料、燃料和必需的资源，形成既集中又有广阔发展前景的市场，有助于产品的运销等。因此，交通的重要通道往往是形成城市的天然条件。铁路作为近代交通运输方式的代表，对城市的经济发展具有直接的影响力。②当然，影响城市化进程的因素是多重的，不同发展类型的城市，其城市化的主要驱动力亦各有侧重。

对于郑州这样一个交通功能型单体城市而言，其城市化的动力主要源自铁路交通和商业，铁路交通运输是近代郑州经济活动最重要的组成部分，它为整座城市经济社会发展带来强劲的动力支撑，商业贸易的先导亦是推动近代郑州城市化进程的重要因素。与此同时，民风渐开的时代背景、较为优越的交通区位、自开商埠的设立、近代城市工商业的兴起、三大商圈的互动与影响、现代知识与信息的传播、近代城市生活观念的导入、社会组织化程度的提升、工人运动的政治涵育、市民社会的初成、铁路沿线农业生产的区域化专业化及城乡经济良性互动等，亦为近代郑州城市化演进带来积极的因子，它是多重因素综合作用的结果。除了上述积极因素的影响之外，自然灾害、战乱及其所引发的交通阻滞等消极因素，则在一定程度上迟滞了近代郑州的城市化进程。

---

① 张复明，《区域性交通枢纽及其腹地的城市化模式》，《地理研究》2001年第1期。
② 铁路对城市的影响主要体现在以下几个方面：（1）铁路由客站、维修、机务、编组站场等系统组成，在所处城市形成了一个庞大的运输产业，铁路产业对城市的经济发展有着延伸和带动作用，并影响到城市的布局与发展方向；（2）铁路发展所形成的大规模的人流与物流，刺激和带动了仓储业、商业和服务业的发展，使得铁路所在城市成为同周围地区社会经济联系的纽带，促进了以城市为中心的市场网络的形成；（3）因铁路发展而延伸的主导产业提供了大量的就业机会，吸纳着大量的劳动力，农村剩余劳动力不断向城市的转移和集中，从而使原有城市规模不断扩大；（4）便利的交通使得空间位移距离感大大缩短，良好的运输环境使得投资成本和生产成本减少，有助于增加城市的吸引力。参见李文耀，《铁路与中国城市的发展》，《人民铁道报》2001年4月28日。

影响城市化进程的因素固然很多，但郑州因交通而兴的特点非常明显，铁路对城市兴起的推动作用尤其突出，城市的其他功能也是因交通而产生并为交通中心功能服务的。平汉、陇海铁路筑成通车，其交通区位优势为郑州的城市发展带来新的机遇。在城市的形成与发展过程中，近代交通体系拓展了交通枢纽城市工商业的辐射能力，原本在市场贸易网络中并无突出地位的郑州，日益扩张并上升为地区中心城市。[①]近代郑州城市的发展历程，鲜明地体现出铁路交通功能型城市的主要特征，其城市成长的基本进程，对于中国近代城市发展史而言具有重要的典型性意义。

其一，铁路作为郑州与外部世界进行物质、信息交流的媒介，促进了其城市经济的外向化发展。交通及联络工具的现代化，使得物资位移、人口移动、信息转换与传播更加频繁，城市之间、城乡之间的联系日益紧密。铁路运输的快捷，亦大大缩短了内陆与通商口岸间的时空联系，靠近以铁路为中心的交通网络，事实上就等于更加接近沿海和国际市场。近代以来，郑州借助于铁路交通之利，与各大通商口岸密切往来，架起了中国东部与西部、内陆与国际市场贸易的桥梁，在通商口岸与内陆腹地的过渡链上发挥着重要的中介和桥梁作用，进一步扩大了郑州的外部市场空间，初步实现了其经济的外向转型。

其二，铁路交通网络所带来的商业化是近代郑州城市化的重要推动力。铁路交通网络的初步构建，打破了郑州对外封闭隔绝的状态，由此引发区域工业化兴起、贸易规模扩大。当然，铁路的作用并不是单独表现出来的，往往是与其他因素交织在一起共同发挥作用。近代郑州的商业化表现出以转运贸易为主的特征，商业贸易成为城市的重要标识，郑州城市发展的这种历史特点至今依然清晰可见。

其三，郑州城市的空间拓展是依托铁路呈带状布局的。新式交通运输业的出现和发展，促进了新式工商业的勃兴，便利了资源的开发、货物和人口的流通，从而促进了新城区的开发和新旧城市的变化。[②]在20世纪上半叶，关系到郑州城市空间布局的四次都市规划方案先后出台，对该城市的成长发挥了重要的推动作用。规划方案的考量基点是铁路对城市功能分

---

① 江沛，『華北における近代交通システムの初步的形成と都市化の進展』，青柳伸子訳，〔日〕『現代中国研究』第18号（2006年3月）。

② 何一民主编，《近代中国城市发展与社会变迁（1840～1949年）》，北京：科学出版社，2004年版，第41页。交通线的开辟或变迁，与城镇兴衰及城市布局有着密切关系。在中国由农业社会向近代工业社会转型过程中，交通中心城市的商业功能彰显，传统的行政中心城市政治功能趋弱，这种态势影响到城市的兴衰更替，如河南省的郑州因交通而快速兴起，而当时作为省会的开封却因为缺乏交通区位优势，发展迟缓，呈相对衰落之势。

区的影响、铁路对城市空间的分割等因素，在此基础上对城市空间格局、城市功能分区、城市道路网络系统、交通功能的彰显、城市的成长路径及其发展方向等关乎城市成长的诸多领域进行规划设计，以更好地实现铁路交通的功能性发挥，进而构建交通枢纽城市，推动转运贸易业的快速发展。从近代郑州城市的空间架构来看，最初是由火车站向东联结旧城区，此后向西跨越平汉铁路呈放射状拓展，由此发生了由以官署所在地为中心，向依托铁路交通的商业地为中心的城市空间结构变迁，从而加速了郑州城市化进程。

在时人看来，郑州因据交通要衢，孕育着成就大市场的能量，将来必然会成为汉口以北内陆地区的中心市场。特别是郑州在通商口岸与内陆腹地的过渡链上发挥着重要的桥梁作用，控制着陕西、河南等省的产棉地市场，将会成为棉纺织工业的重镇，此后郑州城市历史的发展脉络清晰地验证了这一点。

尽管近代城市化最重要的动力是商品经济发展，所显示的基本特征是聚集效应，但铁路作为工业文明时代生产力的重要体现，是大量机制产品进入中国内地和资源流动的载体，是沟通中国与世界、打破国内各区域隔绝的利器和外部信息导入的媒介，可以说是震撼和冲击中国传统生产方式与生活方式的演变器。因而它的影响和作用绝非仅仅停留在贸易增加、人口迁移、城市的兴衰更替和交通运输功能的改善上，而且扩散和影响到社会生活的各个层面。[①] 铁路是近代郑州与外部世界进行物质、信息交流的媒介，是大量机制产品和资源流动的载体。

总之，近代郑州城市的发展与铁路运输密切相关，铁路因素的导入及

---

① 朱荫贵，《近代新式交通运输业与中国的现代化——以铁路轮船为中心的考察》，载朱荫贵、戴鞍钢主编，《近代中国：经济与社会研究》，上海：复旦大学出版社，2006年版，第646页。但是对铁路的社会功用应辩证分析，其负面的影响也应引起注意。诚如运输经济学专家荣朝和先生所担忧的那样，人类不应过分陶醉于交通包括铁路交通在人与货物空间位移能力方面的成就，其对生态环境所带来的威胁不容小视。荣朝和认为，运输的机动性目标和人类应有的环境目标是一对矛盾体：要满足经济的发展，就必须改善运输，以便提供良好的机动性；但随着运输量的增大，运输的环境负效应也随之加剧，从满足环境目标的要求来看，运输活动总量又必须受到控制。人们往往看到的是交通对社会经济发展的重大促进作用，而常常忽视它所造成的直接和间接的环境影响。在铁路交通运输问题上，其环境影响涉及诸多方面，既包括噪声污染、能源消耗、土地占用和水土流失，又造成对城市的分割、破坏自然景观和干扰各种动植物的生态平衡等。这说明任何发展都不是无限制的增长，交通运输业的发展也有自身的极限。参见荣朝和，《运输发展理论的近期发展》，《中国铁道科学》2001年第3期。对于郑州而言，铁路固然为该城市的发展带来了强劲的助力，城市工商业的繁盛、城市空间的拓展等均受到铁路因素的影响，但是铁路客观上引发了分割城市、影响城市景观、噪声污染等诸多问题，给郑州人的城市生活带来一些负面影响。

其与诸多因素的复合作用,使得郑州逐渐脱离传统机制的制约,促发了郑州城市工商业的兴起、交通运输业的繁荣、城市人口的增长以及城市空间的拓展,地域构造发生变容,城市的社会结构及功能随之发生改变,郑州城乡经济关系得以重构。在传统与现代糅合共生的过程中,铁路作为强有力的助力器,在影响近代郑州城市发展的诸多因素中占有突出位置,有力地推动了郑州城市化进程,这也是铁路枢纽型城市在其城市发展过程中所表现出来的普遍特征,同时也从一个侧面展现出近代中国城市成长和区域经济社会变迁的历史面貌。

参考文献

一、中文文献

（一）理论论著

1. 著作

〔美〕保罗·克鲁格曼（Paul R. Krugman），《地理和贸易》，张兆杰译，北京：北京大学出版社，2000年版。

〔美〕保罗·克鲁格曼（Paul R. Krugman），《发展、地理学与经济理论》，蔡荣译，北京：北京大学出版社，2000年版。

〔美〕布赖恩·贝利（Brian J. L. Berry），《比较城市化——20世纪的不同道路》，顾朝林、汪侠等译，北京：商务印书馆，2008年版。

〔美〕黄宗智，《华北的小农经济与社会变迁》，北京：中华书局，1986年版。

〔美〕彭慕兰（Kenneth Pomeranz），《腹地的构建——华北内地的国家、社会和经济（1853～1937）》，马俊亚译，北京：社会科学文献出版社，2005年版。

〔美〕施坚雅（G. William Skinner），《中国农村的市场和社会结构》，史建云、徐秀丽译，北京：中国社会科学出版社，1998年版。

〔美〕施坚雅（G. William Skinner），《中华帝国晚期的城市》，叶光庭等译，北京：中华书局，2000年版。

〔美〕张信，《二十世纪初期中国社会之演变——国家与河南地方精英1900～1937》，岳谦厚、张玮译，北京：中华书局，2004年版。

〔日〕滨下武志，《中国近代经济史研究——清末海关财政与通商口岸市场圈》，高淑娟、孙彬译，南京：江苏人民出版社，2006年版。

〔日〕藤田昌久、〔美〕保罗·克鲁格曼（Paul R. Krugman）、〔英〕安东尼·J. 维纳布尔斯（Anthony J. Venables），《空间经济学——城市、区域与国际贸易》，梁琦译，北京：中国人民大学出版社，2005年版。

〔英〕汉猛德（Hammond），《汉猛德将军视察中国国有铁路报告》，出版地不详，1937年版。

〔英〕K. J. 巴顿（K. J. Buton），《城市经济学：理论和政策》，上海社会科学院部门经济研究所城市经济研究室译，北京：商务印书馆，1984年版。

〔英〕克里斯蒂安·沃尔玛尔（Christian Wolmar），《技术、资本、战略的200年铁路史》，陈帅译，北京：中信出版集团股份有限公司，2017年版。

〔英〕克里斯蒂安·沃尔玛尔（Christian Wolmar），《铁路改变世界》，刘媺译，上海：上海人民出版社，2014年版。

〔英〕肯德（P. H. Kent），《中国铁路发展史》，李抱宏等译，北京：生活·读书·新知三联书店，1958年版。

〔英〕约翰·里德（John Reader），《城市》，郝笑丛译，北京：清华大学出版社，2010年版。

北京政府交通部，《中华国有铁路沿革史》（光绪十五年至民国七年），北京：北京政府交通部，1918年版，台湾"国史馆"，1984年影印本。

曹洪涛、刘金声，《中国近现代城市的发展》，北京：中国城市出版社，1998年版。

曹钟勇，《城市交通论》，北京：中国铁道出版社，1996年版。

柴彦威，《中日城市结构比较研究》，北京：北京大学出版社，1999年版。

陈晖，《中国铁路问题》，上海：商务印书馆，1936年版，三联书店，1955年重印。

程有为、王天奖主编，《河南通史》（第3卷），郑州：河南人民出版社，2005年版。

从翰香主编，《近代冀鲁豫乡村》，北京：中国社会科学出版社，1995年版。

戴鞍钢，《发展与落差——近代中国东西部经济发展进程比较研究（1840～1949）》，上海：复旦大学出版社，2006年版。

戴均良，《中国城市发展史》，哈尔滨：黑龙江人民出版社，1992年版。

董鉴泓，《中国城市建设史》，北京：中国建筑工业出版社，1989年版。

复旦大学历史地理研究中心,《港口—腹地和中国现代化进程》,济南:齐鲁书社,2005年版。

傅崇兰、白晨曦等,《中国城市发展史》,北京:社会科学文献出版社,2009年版。

高佩义,《中外城市化比较研究》,天津:南开大学出版社,1991年版。

龚骏,《中国都市工业化程度之统计分析》,上海:商务印书馆,1934年版。

龚骏,《中国新工业发展史大纲》,上海:商务印书馆,1933年版。

谷中原,《交通社会学》,北京:民族出版社,2002年版。

顾朝林,《中国城镇体系——历史·现状·展望》,北京:商务印书馆,1992年版。

顾朝林等著,《中国城市地理》,北京:商务印书馆,1999年版。

管楚度,《交通区位论及其应用》,北京:人民交通出版社,2000年版。

关庚麟,《京汉铁路之现在及将来》,北京:京汉铁路管理局,1915年版。

韩彪,《交通经济论——城市交通理论、政策与实践》,北京:经济管理出版社,2000年版。

何汉威,《京汉铁路初期史略》,香港:香港中文大学出版社,1979年版。

何一民,《从农业时代到工业时代:中国城市发展研究》,成都:巴蜀书社,2009年版。

何一民,《近代中国城市发展与社会变迁(1840～1949年)》,北京:科学出版社,2004年版。

何一民,《近代中国衰落城市研究》,成都:巴蜀书社,2007年版。

江沛、秦熠、刘晖、蒋竹山,《中华民国专题史:城市化进程研究》,南京:南京大学出版社,2015年版。

江沛、王先明,《近代华北区域社会史研究》,天津:天津古籍出版社,2005年版。

金家凤,《中国交通之发展及其趋向》,南京:正中书局,1937年版。

靳润成主编,《中国城市化之路》,上海:学林出版社,1999年版。

金士宣,《铁路运输学》,上海:商务印书馆,1948年版。

金士宣、徐文述,《中国铁路发展史》,北京:中国铁道出版社,1986

年版。

李长莉、左玉河主编，《近代中国的城市与乡村》，北京：社会科学文献出版社，2006年版。

黎德扬、高鸣放、成元君等，《交通社会学》，北京：中国社会科学出版社，2012年版。

黎德扬等，《社会交通与社会发展》，北京：人民交通出版社，2001年版。

李国祁，《中国早期的铁路经营》，台北：台湾"中研院"近代史研究所，1976年版。

李明伟，《清末民初中国城市社会阶层研究：1897～1927》，北京：社会科学文献出版社，2005年版。

李文耀，《中国铁路变革论——19、20世纪铁路与中国社会、经济的发展》，北京：中国铁道出版社，2005年版。

李毓芳，《论铁道与工商业之关系》，上海经世文社，《民国经世文编》，北京：北京图书馆出版社，2006年影印版。

李占才，《中国铁路史（1876～1949）》，汕头：汕头大学出版社，1994年版。

凌鸿勋，《中国铁路概论》，台北：台湾"国立编译馆"，1950年版。

凌鸿勋，《中华铁路史》，台北：台湾商务印书馆，1981年版。

刘宴普，《当代郑州城市建设》，北京：中国建筑工业出版社，1988年版。

陆汉文，《现代性与生活世界的变迁：20世纪二三十年代中国城市居民日常生活的社会学研究》，北京：中国社会科学文献出版社，2005年版。

罗荣渠，《现代化新论》，北京：北京大学出版社，1993年版。

罗荣渠，《现代化新论续篇》，北京：北京大学出版社，1997年版。

罗澍伟，《近代天津城市史》，北京：中国社会科学出版社，1993年版。

马里千，《中国铁路建筑编年简史（1881～1981）》，北京：中国铁道出版社，1983年版。

马陵合，《清末民初铁路外债观研究》，上海：复旦大学出版社，2004年版。

马正林，《中国城市历史地理》，济南：山东教育出版社，1999年版。

茅芜，《城市功能开发研究》，上海：三联书店，1998年版。

皮明庥主编，《近代武汉城市史》，北京：中国社会科学出版社，1993

年版。

任放,《中国市镇的历史研究与方法》,北京：商务印书馆,2010年版。

沈松侨,《经济作物与近代河南农村经济,1906～1937——以棉花与烟草为中心》,台湾"中研院"近代史研究所,《近代中国农村经济史论文集》,台北：台湾"中研院"近代史研究所,1989年版。

宋美云,《近代天津商会》,天津：天津社会科学院出版社,2002年版。

苏全有,《清末邮传部研究》,北京：中华书局,2005年版。

孙科,《二十五年之铁道》,南京：铁道部,1930年版。

孙自俭,《民国时期铁路工人群体研究——以国有铁路工人为中心(1912～1937)》,郑州：郑州大学出版社,2013年版。

唐恢一编著,《城市学》,哈尔滨：哈尔滨工业大学出版社,2001年版。

唐凌,《自开商埠与中国近代经济变迁》,南宁：广西人民出版社,2002年版。

汪敬虞,《中国近代经济史(1895～1927)》,北京：人民出版社,2000年版。

隗瀛涛,《中国近代不同类型城市综合研究》,成都：四川大学出版社,1998年版。

王明德,《从黄河时代到运河时代：中国古都变迁研究》,成都：巴蜀书社,2008年版。

王相钦、吴太昌,《中国近代商业史稿》,北京：中国商业出版社,1990年版。

向德平,《城市社会学》,武汉：武汉大学出版社,2002年版。

谢彬,《中国铁道史》,上海：中华书局,1929年版。

徐晓霞,《中原城市群城市生态系统研究》,开封：河南大学出版社,2006年版。

薛凤旋,《中国城市及其文明的演变》,北京：世界图书出版公司,2015年版。

杨勇刚,《中国近代铁路史》,上海：上海书店出版社,1997年版。

杨哲明,《都市论 ABC》,上海：世界书局,1928年版。

叶舜赞主编,《城市化与城市体系》,北京：科学出版社,1994年版。

尹铁,《晚清铁路与晚清社会变迁》,北京：经济科学出版社,2005

年版。

虞和平，《中国现代化历程》（三卷本），南京：江苏人民出版社，2001年版。

余松筠，《交通经济学》，上海：商务印书馆，1937年版。

曾鲲化，《中国铁路史》，北京：北平燕京印刷局，1924年版。

曾鲲化，《中国铁路现势通论》，南京：中国铁路学社，1945年版。

张洪藻，《中国铁路现势纪要》，北京：中华铁路协会，1918年版。

张嘉璈，《中国铁道建设》，上海：商务印书馆，1946年版。

张来友，《郑州地理环境与经济发展》，北京：农村读物出版社，1994年版。

张利民，《华北城市经济近代化研究》，天津：天津社会科学院出版社，2004年版。

张瑞德，《平汉铁路与华北的经济发展（1905~1937）》，台北：台湾"中研院"近代史研究所，1987年版。

张瑞德，《中国近代铁路事业管理的研究——政治层面的分析（1876~1937）》，台北：台湾"中研院"近代史研究所，1991年版。

张文尝、金凤君、樊杰，《交通经济带》，北京：科学出版社，2002年版。

张雨才，《中国铁道建设史略（1876~1949）》，北京：中国铁道出版社，1997年版。

中国经济情报社，《中国经济论文集》，上海：上海生活书店，1935年版。

郑也夫，《城市社会学》，北京：中国城市出版社，2002年版。

钟伟成，《铁道经济论丛》，上海：交通大学管理学院，1933年版。

周一星，《城市地理学》，北京：商务印书馆，1995年版。

朱荫贵，《近代新式交通运输业与中国的现代化——以铁路轮船为中心的考察》，朱荫贵、戴鞍钢主编，《近代中国：经济与社会研究》，上海：复旦大学出版社，2006年版。

2. 论文

〔美〕吴应铣，《发展、经济落后与衰退的现象——河南铁路运输业的引进》，郭孟良译，《殷都学刊》1992年第2期。

崔志海，《论清末铁路政策的演变》，《近代史研究》1993年第3期。

葛玉红，《清末铁路：社会嬗变的推进器》，《江苏大学学报》（社会科学版）2008年第6期。

龚关,《近代华北集市的发展》,《近代史研究》2000年第1期。

何一民,《21世纪中国近代城市史研究展望》,《云南大学学报》2002年第3期。

何一民、曾进,《中国近代城市史研究的进展、存在问题与展望》,《中华文化论坛》2000年第4期。

江沛,《交通与近代中国社会变动的关联性》,《中国社会科学报》2009年12月17日,第5版。

江沛,《近代以来中国转型期若干社会问题治理片论》,《天津社会科学》2008年第6期。

江沛,《民国时期华北区域社会变迁》,《南开学报》1998年第4期。

江沛、熊亚平,《铁路与石家庄城市的崛起: 1905～1937年》,《近代史研究》2005年第3期。

姜益、徐精鹏,《铁路对近代中国城市化的作用探析》,《上海铁道大学学报》2000年第7期。

李文耀、王成林,《近代中国农民对铁路态度的变化》,《苏州铁道师范学院学报》(社会科学版)2000年第1期。

李占才,《铁路与近代中国农业生产的商品化、区域化趋势》,《铁道师院学报》1997年第5期。

李占才,《铁路与中国近代的民俗嬗变》,《史学月刊》1996年1期。

刘海岩,《近代华北交通的演变与区域城市重构(1860～1937)》,载〔日〕渡边惇,『20世紀前半華北地域の都市近代化にたいする日本の影響』(研究报告书),驹沢大学文学部,2002年版。另载《城市史研究》第21辑(特刊),天津: 天津社会科学院出版社,2002年版。

刘海岩,《近代历史上天津与西部的关系》,《城市》2001年第2期。

欧名豪、李武艳等,《城市化内涵探讨》,《南京农业大学学报》(社会科学版)2002年第2期。

任银睦,《现代化、城市化与近代城市现代化》,《东方论坛》1999年第2期。

荣朝和,《论交通运输在经济时空推移和结构演变中的宏观作用》,《地理学报》1995年第5期。

荣朝和,《运输发展理论的近期发展》,《中国铁道科学》2001年第3期。

涂文学,《中国近代城市化与城市近代化论略》,《江汉论坛》1996年第1期。

王先明、熊亚平，《铁路与华北内陆新兴市镇的发展（1905～1937）》，《中国经济史研究》2006年第3期。

吴宝晓，《清末华北铁路与经济变迁》，《历史档案》2001年第3期。

吴俊范，《近代中原外向型经济的发展及其影响》，《中国历史地理论丛》2006年第1辑。

行龙，《近代中国城市化特征》，《清史研究》1999年第4期。

熊亚平，《华北铁路沿线市镇商会初探（1904～1937）》，《社会科学战线》2009年第4期。

熊亚平，《铁路与华北内陆传统工商业市镇的兴衰（1905～1937）》，《河北大学学报（哲学社会科学版）》2006年第5期。

熊亚平，《铁路与华北内陆地区市镇形态的演变（1905～1937）》，《中国历史地理论丛》2007年第1期。

熊亚平，《铁路与沿线地区城乡经济关系的重构——以1888～1937年间的石家庄、郑州、天津为例》，《安徽史学》2009年第3期。

许檀，《清代河南的商业重镇周口——明清时期河南商业城镇的个案考察》，《中国史研究》2003年第1期。

许檀，《明清时期的开封商业》，《中国史研究》2006年第1期。

徐有礼、程淑英，《河南植棉业发展考略》，《中州古今》2001年第3期。

袁中金，《河南近代铁路建设与经济发展》，《史学月刊》1993年第4期。

张利民，《近代华北港口城镇发展与经济重心的东移》，《河北学刊》2004年第6期。

赵志强，《京汉铁路研究（1897～1937）》，南开大学历史学院2008届博士学位论文。

朱军献，《由边缘而中心——近代以来郑州崛起之动因分析》，《历史教学》2009年第22期。

（二）历史资料

1. 档案与年鉴

《全国商埠考察记》，著者不详，上海：世界书局，1926年版。

陈伯庄，《平汉沿线农村经济调查》，上海：交通大学研究所，1936年版。

戴鞍钢主编，《中国地方志经济资料汇编》，北京：汉语大词典出版社，1999年版。

国民政府主计处统计局，《中华民国统计提要》（1935年），上海：商务印书馆，1936年版。

河南农工银行经济调查室编，《河南之棉花》，开封：河南农工银行经济调查室，1941年版。

河南省地质调查所，《河南矿业报告》，地质报告书第3号，开封：河南省地质调查所，1934年版。

河南省建设厅卷宗，河南省档案馆馆藏。

河南省实业厅，《河南全省棉业调查报告书》，开封：河南省实业厅，1925年版。

河南省统计学会，《民国时期河南省统计资料》（上），郑州：河南省统计学会，1986年版（内部版）。

河南省统计学会，《民国时期河南省统计资料》（下），郑州：河南省统计学会，1987年版（内部版）。

河南省郑县商会卷（含各业同业公会卷），中国第二历史档案馆馆藏。

河南省政府秘书处统计室，《河南省政府五年来施政统计》（1935年），台北：文海出版社，1993年影印本。

华商纱厂联合会棉产统计部编，《中国棉产统计》及中华棉业统计会编，《中国棉产统计》各卷。

江沛主编，《中国近代铁路史资料选辑》（104卷），南京：凤凰出版社，2015年版。

交通部、铁道部交通史编纂委员会编，《交通史·路政编》，南京：交通部、铁道部交通史编纂委员会，1935年版。

交通部年鉴编纂委员会编，《交通年鉴》，南京：交通部年鉴编纂委员会，1935年版。

交通部铁路联运事务处编，《中华国有铁路旅行指南》，北京：京华印书局，1922年版。

交通银行郑州分行卷宗，河南省档案馆馆藏。

陇海铁路管理局，《陇海年鉴》，郑州：陇海铁路管理局，1933年版。

陇海铁路管理局，《陇海铁路工作报告》，郑州：陇海铁路管理局，1931年版。

陇海铁路管理局车务处编，《陇海铁路全线调查》（1932年度），郑州：陇海铁路管理局车务处，1933年版。

陇海铁路管理局卷宗，河南省档案馆馆藏。

马秉祥,《开封郑州两市办理土地登记之研究》,萧铮,《民国二十年代中国大陆土地问题资料·中国地政研究所丛刊28》,台北:成文出版社,1977年版。

马秉祥,《郑州实习调查日记》,萧铮:《民国二十年代中国大陆土地问题资料·中国地政研究所丛刊174》,台北:成文出版社,1977年版。

马鹤天,《山东河南印影录》,北京:公记印书局,1924年版。

宓汝成,《帝国主义与中国铁路（1847～1949）》,上海:上海人民出版社,1980年版。

宓汝成,《中国近代铁路史资料（1863～1911）》,北京:中华书局,1963年版。

宓汝成,《中国近代铁路史资料（1912～1949）》,北京:社会科学文献出版社,2002年版。

穆家修、柳和城、穆伟杰编,《穆藕初年谱长编》（上、下卷）,上海:上海交通大学出版社,2015年版。

穆湘玥,《藕初五十自述》,上海:商务印书馆,1926年版。

彭泽益,《中国近代手工业史资料（1840～1949）》（第1～4卷）,北京:中华书局,1962年版。

平汉铁路管理局、陇海铁路管理局档案,中国第二历史档案馆馆藏。

平汉铁路管理局卷宗,河南省档案馆馆藏。

平汉铁路管理委员会,《平汉年鉴》,北京:平汉铁路管理委员会,1932年版。

全国棉业统制委员会河南省棉产改进所编,《河南棉业》,河南省棉产改进所专刊第1种,开封:河南省棉产改进所,1936年版。

申报年鉴社编,《申报年鉴》（1933年）,上海:申报馆特种发行部,1934年版。

实业部国际贸易局,《武汉之工商业》,南京:实业部国际贸易局,1932年版。

实业部中国经济年鉴编纂委员会编,《中国经济年鉴》（上、中、下）,上海:商务印书馆,1935年版。

实业部中国经济年鉴编纂委员会编,《中国经济年鉴续编》,上海:商务印书馆,1935年版。

铁道部联运处编,《中华民国全国铁路沿线物产一览》,南京:铁道部联运处,1933年版。

铁道部、商业部及北京政府交通部档案,中国第二历史档案馆馆藏。

铁道部铁道年鉴编纂委员会编，《铁道年鉴》，第一、二、三卷，南京：铁道部铁道年鉴编纂委员会，1933、1935、1936年版。

铁道部总务司统计科，《中华国有铁路统计总报告》，1932、1933、1934年度。

行政院农村复兴委员会，《河南省农村调查》，上海：商务印书馆，1934年版。

许晚成，《全国报馆刊社调查录》，上海：上海龙文书店，1936年版。

徐义生，《中国近代外债史统计资料》，北京：中华书局，1962年版。

严中平，《中国近代经济史统计资料选辑》，北京：科学出版社，1955年版。

喻守贞等编，《全国都会商埠旅行指南》（上卷），上海：中华书局，1926年版。

张静愚，《河南建设述要》，开封：河南省政府，1935年版。

郑州国棉二厂，《郑州豫丰纱厂概况及穆藕初简介》（手抄本，未刊稿），郑州国棉二厂党史办，1986年9月整理。

郑州市工商业联合会编，《郑州工商业兴衰史概况（1904～1984）》（未刊稿），郑州：郑州市工商业联合会，1984年编印。

政协河南省委员会文史资料委员会，《河南文史资料》第44辑之张炎卿，《郑州花行旧闻》，第37辑之张学厚，《郑州棉花业的兴衰》，及《河南文史资料》其他各辑。

政协郑州市委员会文史资料委员会，《郑州文史资料》各辑。

中国国民党陇海铁路特别党部，《陇海铁路调查报告》，郑州：中国国民党陇海铁路特别党部，1935年调查。

中国铁路史编辑研究中心编，《中国铁路大事记（1876～1995）》，北京：中国铁道出版社，1996年版。

周志骅，《中国重要商品》，上海：华通书局，1931年版。

2. 方志

白眉初，《鲁豫晋三省志》，南京：中央地学社，1925年版。

白眉初，《中华民国省区全志》，北京：北京师范大学史地系，1924年版。

河南省档案馆、河南省地方史志编纂委员会编，《河南新志》（上、下），郑州：中州古籍出版社，1990年版。

河南省地方史志编纂委员会编，《河南省志·公路交通志》，郑州：河南人民出版社，1991年版。

河南省地方史志编纂委员会编，《河南省志·铁路交通志》，郑州：河南人民出版社，1991年版。

交通部邮政总局编，《中国通邮地方物产志》，上海：商务印书馆，1937年版。

林传甲，《大中华河南省地理志》，上海：商务印书馆，1920年版。

凌鸿勋，《中国铁路志》，台北：文海出版社，1954年版。

吴世勋，《分省地志——河南》，上海：中华书局，1927年版。

杨大金，《现代中国实业志》，上海：商务印书馆，1938年版。

杨文洵等，《中国地理新志》（黄河和海河流域部分），上海：中华书局，1935年版。

张钺修、毛如诜纂，《郑州志》（一、二、三），清乾隆十三年刊本，台北：台湾学生书局，1968年影印本。

郑州市城乡建设管理委员会编，《郑州市建设志》，郑州：中州古籍出版社，2005年版。

郑州市地方史志编纂委员会编，《郑州市志》（第1～8分册），郑州：中州古籍出版社，1997～2000年版。

郑州市建设委员会编，《郑州市城乡建设志》（第1～4册），郑州：郑州市建设委员会，未刊稿，1993年3月。

郑州铁路分局史志编纂委员会编，《郑州铁路分局志（1897～1990）》，北京：中国铁道出版社，1997年版。

郑州铁路局史志编纂委员会编，《郑州铁路局志（1893～1991）》（上册），北京：中国铁道出版社，1998年版。

周秉彝等修、刘瑞麟等纂，《郑县志》，1931年版，台北：成文出版社，1968年影印本。

3. 报刊

《大公报》

《东方杂志》

《独立评论》

《工商半月刊》

《国际贸易导报》

《汉口商业月刊》

《河南财政统计月刊》

《河南统计月报》

《河南政治月刊》

《黄河水利月刊》
《交通经济汇刊》
《交通杂志》
《陇海日刊》
《民国日报》
《农村经济》
《农商公报》
《申报月刊》
《申报周刊》
《铁道半月刊》
《铁道公报》
《铁路协会会报》
《铁路月刊》（平汉线）
《铁路杂志》
《郑州市政月刊》
《中国国有铁路统计月刊》
《中华国有铁路月刊》
《中华实业月刊》
《中行月刊》

二、外文文献

（一）日文文献

〔日〕参謀本部，『天津商工業調査』，参謀本部，1922年版。

〔日〕村上捨己，『北支農業経済論：特に棉花生産と合作社の問題を中心として』，日光書院，1942年版。

〔日〕大阪市役所商工課，『支那動乱の影響と漢口天津大連市場』，大阪市役所商工課，1923年版。

〔日〕大塚令三，『河南省の棉业』，中支建設資料整備委員会，1940年版。

〔日〕東京商工会議所，『北支那経済調査報告』，東京商工会議所，1938年版。

〔日〕東京商工会議所，『支那経済事情に関する調査』，東京商工会議所，1936～1937年版。

〔日〕東亜同文会，『東亜同文書院大旅行誌』（第1～36卷），雄松堂，2006年復刻版。

〔日〕東亜同文会，『中国省別全誌』（河南省），東亜同文会，1918年版。

〔日〕東亜同文会，『中国省別全誌』（陝西省），東亜同文会，1918年版。

〔日〕東亜同文会，『中国省別全誌』（直隷省），東亜同文会，1918年版。

〔日〕東亜同文書院，『京漢線調査報告書』『河南湖北線調査報告書』『河南陝西線調査報告書』『漢口駐在班調査報告書』，東亜同文書院［1898～1909］年代の調査報告，手抄本。

〔日〕東亜研究所第二調査委員会内地委員会第一部会，『黄河を中心とした交通経済』，其1（河南省），其2（山東省），東亜研究所第二調査委員会内地委員会第一部会，1940年版。

〔日〕福井隆一，『河南省彰徳縣事情』，朝鮮銀行調査課，1938年版。

〔日〕福田英雄編，『華北の交通史——華北交通株式会社創立史小史』，株式会社ティビーユス・プリタニカ，1983年版。

〔日〕岡崎清宜，『恐慌期中国における信用構造の再編：1930年代華北における棉花流通・金融を中心に』，『社会経済史学』第67巻第1号（2001年5月）。

国立北京大学附設経済研究所，『京漢沿線主要都市を中心とする糧谷市場構造』，国立北京大学附設経済研究所，1943年版。

〔日〕横浜正金銀行，『河南省鄭州事情』，調査報告第12号，横浜正金銀行，1920年版。

〔日〕華北航業総公会調査科編，『北支各港港湾要覧』，華北航業総公会，1941年版。

〔日〕華北交通社史編集委員会編，『華北交通株式会社社史』，華交互助会，1984年版。

〔日〕華北交通株式会社編，『華北交通』，華北交通株式会社，1941年版。

〔日〕姫野徳一，『最新対華経済資料』（第1～5輯），日支問題研究会，1936～1937年版。

〔日〕榎本中衛、長谷川清三郎，『河南省の棉作』，満洲棉花協会，1937年版。

江沛,『華北における近代交通システムの初歩的形成と都市化の進展』,〔日〕青柳伸子訳,『現代中国研究』第18号（2006年3月）。

〔日〕江澤譲爾,『黄河流域に於ける農業形態の経済地理的考察：北支経済空間の分析』,日本文化中央聯盟,1939年版。

〔日〕金井清,『支那鉄路の現状及其の改革案』,鉄道省北京辦公処,1928年版。

〔日〕軍特務部,『北支那経済資料』,出版地不明。

〔日〕林久治郎,『河南視察報告進達ノ件』,在漢口日本総領事館（1924年5月31日）,日本国立公文書館収蔵。

〔日〕林上,『都市交通地域論』,原書房,2007年版。

〔日〕林上,『近代都市の交通と地域発展』,大明堂,2000年版。

〔日〕麻生平八郎,『交通経営論』,白桃書房,1976年版。

〔日〕名古屋市産業部,『北支経済調査』,名古屋市産業部,1938年版。

〔日〕南満洲鉄道天津事務所調査課,『北支工業要覧』,南満洲鉄道天津事務所調査課,1936年版。

〔日〕南満洲鉄道天津事務所調査課,『北支棉花に関する一考察』,南満洲鉄道天津事務所調査課,1936年版。

〔日〕南満洲鉄道株式会社経済調査会,『北支那外国貿易統計年報』,1921〜1930年各巻。

〔日〕南満洲鉄道株式会社総務部資料課,『北支事情総覧』,南満洲鉄道株式会社総務部資料課,1936年版。

〔日〕千葉正史,『近代交通体系と清帝国の変貌——電信・鉄道ネットワークの形成と中国国家統合の変容』,日本経済評論社,2006年版。

〔日〕千葉正史,『清末における電信・鉄道ネットワーク形成の展開——国家統合の変容と交通ネットワーク形成課題の転換』,『現代中国研究』第17号（2005年9月）。

〔日〕青島守備軍民政部,『鄭州ヲ中心トシタル工業』,青島守備軍民政部,1920年版。

〔日〕青島守備軍民政部鉄道部,『河南省鄭州事情』,青島守備軍民政部鉄道部,1922年版。

〔日〕青島守備軍民政部鉄道部,『隴海鉄道調査報告書』,青島守備軍民政部鉄道部,1920年版。

〔日〕青島守備軍民政部鉄道部,『徐州漢口間沿線経済事情踏査報告』，青島守備軍民政部鉄道部，1919年版。

〔日〕日満実業協会，『北支農村救済と植棉改進問題』，日満実業協会，1935年版。

〔日〕森時彦，『中国近代の都市と農村』，京都大学人文科学研究所，2001年版。

〔日〕上田恭輔，『支那の外国借款と鉄道の現状』，東亜経済研究会，1928年版。

〔日〕石原潤，『中国鄭州市住民の生活空間』，名古屋大学出版会，1996年版。

〔日〕斯日古楞，『満鉄の華北への進出』，『現代社会文化研究』第21号（2001年8月）。

〔日〕『天津貿易年報』，天津日本人商業会議所出版，1925～1929年各巻。

〔日〕天津日本帝国総領事館，『産業上より見たる天津市と北支の経済情勢』，天津日本帝国総領事館，1938年版。

〔日〕田辺寿利，『経済と交通』，石泉社，1954年版。

〔日〕鉄村大二訳，『河南湖北安徽江西四省棉産運銷』，金陵大学農学院農業経済系編，生活社，1940年版。

〔日〕鉄道部庶務課，『鄭州事情』，1918年6月調査。

〔日〕鉄道大臣官房外国鉄道調査課編，『支那之鉄道』，鉄道大臣官房外国鉄調査課，1923年版。

〔日〕鉄道省運輸局編，『支那之鉄道』，鉄道省運輸局，1938年版。

〔日〕吾孫子豊，『支那鉄道史』，生活社，1942年版。

〔日〕小島精一，『北支経済読本』，千倉書房，1937年版。

〔日〕小林良正，『交通機関の発達と内外市場の形成＝展開』（上、下），岩波書店，1932年版。

〔日〕興中公司総務部庶務課業務係，『北支電気事業の概況』，興中公司，1939年版。

〔日〕原田勝正，『鉄道と近代化』，吉川弘文館，1998年版。

〔日〕中国駐屯軍司令部乙嘱托鉄道班，『隴海鉄道調査報告——工務関係』，出版地不詳，1937年版。

〔日〕中国駐屯軍司令部乙嘱托鉄道班，『隴海鉄道調査報告——総務、経理関係』，出版地不詳，1937年版。

〔日〕中国駐屯軍司令部乙嘱托鉄道班，『平漢鉄道調査報告——車務、通信、保安関係』，出版地不詳，1937年版。

〔日〕中国駐屯軍司令部乙嘱託鉄道班,『平漢鉄道調査報告——工務関係』，出版地不詳，1937年版。

〔日〕中国駐屯軍司令部乙嘱託鉄道班,『平漢鉄道調査報告——経理関係』，出版地不詳，1937年版。

〔日〕中国駐屯軍司令部乙嘱託鉄道班,『平漢鉄道調査報告——運輸関係』，出版地不詳，1937年版。

〔日〕中国駐屯軍司令部乙嘱託鉄道班,『平漢鉄道調査報告——総務関係』，出版地不詳，1937年版。

〔日〕総務部資料課,『隴海鉄道』，出版地不詳，1932年版。

〔日〕総務部資料課,『平漢鉄道』，出版地不詳，1933年版。

（二）英文文献

Clarence B. Davis, Kenneth E. Wilburn, Ronald E, Robinson Railway Imperialism, Praeger Publishers Inc, 1991.

Claude Comtois, Professor Becky P. Y. Loo, Professor Markus Hesse, *Sustainable Railway Futures: Issues and Challenges*, Ashgate Publishing Limited, 2015.

Harry Dimitriou, *Urban Transport Planning (Routledge Revivals): A developmental approach*, Routledge, 2013.

Katrin Luger, Chinese Railways, *Reform and Efficiency Improvement Opportunities*, hysica, 2010.

Minoru Sawai, *The Development of Railway Technology in East Asia in Comparative Perspective*, Springer, 2017.

Percy Horace Kent, *Railway Enterprise in China*, London: Edward Arnold, 1907.

Planka. Nu, *The Traffic Power Structure*, PM Press, 2016.

Richard Christopher Rapier, *Remunerative Railways for New Countries: With Some Account of the First Railway in China*, Pen & Sword Transport, 2017.

Yrdal G, *Economic Theory and Underdeveloped Regions*, London: Duckworth, 1957.

索 引

A

安阳　36，38，42，43，46，75，79，96，97，99，106，108，144，166，222，275，276，278，280，286，287，289，290

B

宝鸡　3，8，58，59，93，273

北京　2，3，7，36，38，42，50，56，74，89，144，169，175，191，196，226，239，246，272

比利时铁路电车公司　57，58

汴河　41，44，45

汴洛铁路　3，8，57～59，78，87，88，178，194，195，197，237，272，273

C

长江　41，42，71，82，96，134，164，171，175

D

大浦　3，8，59，83，99，170，273，289

道口镇　43，70，166，273

道清铁路　60，74，78，165，166，272，273，277，280，287

F

福公司　82，138

G

公兴存转运公司　102，103

观音堂　3，8，58，83，84，97，113，114，176，177

管城驿　36，43，47，48

H

海州　3，8，58，115，169，170，172，273

汉口　3，7，8，24，27，38，39，42，55，56，72，79～82，96～102，123，131，134，144，146，162～164，166～170，172，173，175，176，183～186，189，191，196，199，203，204，226，229，254，266，272，273，279，287，296

华北　16，73，75，101，106，128，164，165，166，170，253，272～274，280，285，286

黄河　3，26，35，36，38～45，48，55，70，71，93，94，96，97，106，113，133，157，166，168，174～176，178，191，274，276

黄河南岸　7，74，113，114，171，176

黄河铁桥　55

火车站　7，27，65，68，103，107，110，112，113，137～139，143，149，160，184，193～195，197～200，202，203，207，212，213，216，219，221～225，230～235，238，242，246，253，255，263，296

J

济南　2，3，96，102，141，166，172，175～176，190，201，226，272，289

贾鲁河　42，70～72，204，214

津浦铁路　8，50，96，170，172，175，176，190，272，273

京汉铁路　7，20，41，55，56，58，78，89，113，168，239，259，272

K

开封　3，7，8，36，38～44，47，55～58，61～67，70，71，75，80，81，83，85，123，128，131，140，164，173～175，178，179，187～189，197，222，238，240，245，246，254，260，272，273，283，286，295

L

兰州　3，7，8，58，59，79，182，190，273

老城区　194，198～200，202，205，207，211，212，215，217，219，225，228，230，231，233～235，253

连云港　2，3，8，58，115，170

灵宝　8，36，80，84，96，106，108，116，142，144，145，177，222，

273，276，278，282，283，286，287，289，290

六河沟　84，85，124，177

陇海铁路　2，3，6～8，11，14，15，17，22～24，26，50，55，58～60，68，69，71，73，74，78，83～97，99，102，108，111～115，118，119，129，134，139，140，142，144，145，163，166，169，170，172，173，179，180，194～196，200～202，206，208，219，231，234，235，239，246，253，257，263，270，273，276～280，286，287，291，295

陇海铁路管理局　3，21，93，94，195，196，228，239，248，256

卢汉铁路　7，55，56，203

洛阳　8，36，39，41，43，44，47，57，58，61，62，65～67，71，75，79，80，83，92～94，96，108，123，128，142，144，158，174，175，178，187～189，222，255，272，273，275，276，282，283，287，290

M

美孚洋行　241

明远电灯公司　119，121，198，239

N

南京　2，38，66，67，81，184，185，204，226

P

平汉铁路　3，6～8，14～16，23，25，26，38，50，55～57，60，69，72，74，78，83～85，87，89，90，94，96，97，99，112～114，119，138，144，166～169，175，179，180，190，191，194～197，201，202，206，208，215，224，229，231，235，253，256，257，269，270，272，273，277，279，280，282，286，287，289，291，296

平汉铁路管理局　21，90，195，242

平民图书馆　248，249，256

Q

青岛　3，8，86，98～100，102，115，141，144，164，166，172，175，176，226，273，278，279，287，290

清化镇　39，55，79，124，166，273

S

陕州 3，36，39，58，59，84，96，106，108，113，114，116，166，176，189，260，286，287，290

商埠 31，140，141，183，197，199～203，205，207，208，211，215，216，220，221，223，228，235，244，254

商丘 8，36，39，41～43，46，62，67，79，83，84，177，222，260，276，283，287

上海 2，3，8，24，56，57，72，74，79，97～102，108～110，114～116，123，126，127，129，131，139，141，144，147，162～164，166～173，175，176，184～186，189，191，204，226，246，250，273，279，282，283，287，289，290

社旗镇 43，70，72，75

石家庄 2，18，19，84～86，89，176，227

T

天津 3，8，24，27，38，39，42，79，80，86，97～100，102，131，141，144，162～168，169，172，173，175，176，184，185，189，191，199，226，246，272，273，278，279，287，289，290

铁道部 21，90，106，116，244

铁路实业学校 242

铁路总公司 56，57

通济渠 29，41，44，47

同业公会 236，242，249，250，267

W

卫河 38～40，43，71，166，175，274

X

新市街 17，18，27，193，194，197，199～203，205，218，219，220，221，225，226，228，232，234，235，253

新乡 36，38，39，42，66，67，75，81，84～86，97，101，106，124，128，133，144，166，222，273，275，276，286，287

徐州 2，3，8，39，41，42，58，67，80，83，84，101，102，131，133，170，172，175，177，178，184，190，239，260，273

许昌 38，39，42，62，63，65～67，72，75，79，131，133，157，222，286，287，289，290

Y

驿路　26，33，35，36，38，39，42～45，48～50，55，57，61，65，75

荥阳　7，36，38，40～42，47，61，66，83，84，113，159，177，245，251，276，289

荥泽　7，36，38，39，42，43，55，245

禹县　62，80，110，146，283

豫丰纱厂　26，72，80，81，83，119，121，126，129～135，138，142，143，153，160，191，198，213，230～232，238～241，251，259，263，264，266，276，278，283，284

豫中打包厂　107，153，239

运河　2，26，29，35，41，42，44，47～50，73，166，175，176，178

Z

彰德　38，39，42，79，81，85，87，89，99，166，169，280，281

郑县　7，39，62，104，143，144，158，165，166，190，199，201，208，216，246，248～251

郑州花行同业公会　139，249

郑州棉花掺水掺杂取缔所　108，145

郑州商埠　198，200～203，205，215

郑州站　7，58，78，80，83，86～88，111，177，194～196，289

中国国货公司　155，198，232

中牟　7，36，40，42，43，58，64，66，157

周家口　3，42，62，70，71，139，175

朱仙镇　38，42，55，70，72，75

驻马店　2，38，75，82，85，87，139

自开商埠　197，201，294

图表目录

图 2.1　清末河南省驿运路线示意图 ·············· 37
图 2.2　鸿沟水系示意图 ·············· 40
图 3.1　平汉、陇海铁路河南段及郑州交通区位图 ·············· 69
图 5.1　豫丰纱厂外景（1932 年）·············· 130
图 5.2　德化街的商业景象（20 世纪 20 年代）·············· 137
图 6.1　天津的腹地范围示意图（1930 年前后）·············· 167
图 7.1　郑州火车站图景（20 世纪 20 年代）·············· 194
图 7.2　郑州火车站配线图（20 世纪 30 年代）·············· 196
图 7.3　郑州商埠区、老城区及铁路位置图 ·············· 200
图 7.4　郑埠设计图（1927 年）·············· 206
图 7.5　郑州市新市区建设计划图（1928 年编制）·············· 209
图 7.6　郑州城市空间结构图（20 世纪 30 年代）·············· 220
图 7.7　郑州商业区分布图（1910～1920 年）·············· 230
图 7.8　郑州的商业布局（20 世纪 20～30 年代）·············· 232
图 9.1　城市影响力与直接吸引范围 ·············· 271
图 9.2　铁路与河南省棉田分布图（1936 年）·············· 277
图 9.3　铁路、郑州棉花集散市场及河南省棉花运销路线示意图 ·············· 288
表 3.1　陇海铁路历年运输能力比较表（1917～1932 年）·············· 59
表 3.2　陇海铁路历年车辆运用效率比较表（1925～1932 年）·············· 60
表 3.3　河南省公路里程表（1935 年）·············· 62
表 3.4　郑州联络公路里程及车辆（1947 年）·············· 64
表 4.1　交通部直辖各路中华民国元年营业收入比较表 ·············· 78
表 4.2　郑州集散物产一览表 ·············· 79
表 4.3　郑州进出口货物调查表 ·············· 80～82
表 4.4　陇海铁路主要各站运出煤觔数量表（1934 年）·············· 83～84
表 4.5　平汉铁路主要各站运出煤觔数量表（1933 年）·············· 84～85

表号	表名	页码
表4.6	平汉铁路8个主要站点客运人数比较表（1908～1912年）	87
表4.7	陇海暨汴洛铁路历年客运人数报告表	88
表4.8	郑州运销各地棉花统计表Ⅰ（1927.10～1928.9）	98
表4.9	郑州运销各地棉花统计表Ⅱ（1928.10～1929.9）	98
表4.10	郑州运销各地棉花统计表Ⅲ（1929.10～1930.9）	98～99
表4.11	郑州市场各类棉花的运销去向及比例（1927～1930年）	99
表4.12	郑州市1935年进出口棉花数目调查	100
表4.13	郑州工商行号调查——转运业	103～104
表4.14	郑县转运业同业公会会员一览表	104～105
表4.15	连云港贸易量一览表	115
表5.1	郑州商办工厂一览表	120～121
表5.2	郑州手工业统计表（1936年）	123
表5.3	郑州市个体手工业历年发展情况（1952～1954年）	125
表5.4	郑州棉花征税所按月纳税棉花包数统计表	142
表5.5	郑州花行一览表（1931年）	143
表5.6	河南省郑县客商棉业同业公会第一届当选委员名册	144～145
表5.7	郑州新登记注册公司一览表（1934～1935年）	148
表5.8	郑州贩卖业和服务业状况一览表（1936年）	148～149
表5.9	郑州工商行号调查1	150～152
表5.10	郑州工商行号调查2	152～156
表5.11	河南省郑县银楼业申请许可登记表（1948年8月）	158～159
表6.1	1905～1919年天津口岸凭子口税单对河南输入和从河南输出货物的数值	165
表6.2	郑州金融汇兑情况一览表	185
表6.3	各地银行调查——郑州、开封、洛阳	187～188
表7.1	河南省城镇地价一览表（20世纪30年代中期）	222
表7.2	郑州与部分城市内外交通比较表	226
表8.1	郑州早期产业工人统计表	239
表8.2	郑州、开封的城市职业分类表（1936年）	240
表8.3	郑州手工业工人统计表（1936年）	241
表8.4	郑州1929年度学校教育统计表	243～244

表 8.5　郑州民众结社团体一览表 ·················· 249～250
表 8.6　河南郑县钱业同业公会第一届当选委员名册 ·············· 251
表 9.1　铁路沿线产棉区及河南省其他主要产棉县棉花运输状况表 ··· 275
表 9.2　华北地区种植棉花与其他作物收支比较表 ··············· 280
表 9.3　美棉推广及河南省历年中洋棉田、棉产比较表（1922～1936 年）
　　　　··· 281
表 9.4　郑州及其周边地区棉花运输费用统计表Ⅰ（陆运、水运）··· 290
表 9.5　郑州及其周边地区棉花运输费用统计表Ⅱ（铁路运输）······ 290

后　记

　　终于要搁笔了，但却找不到丝毫如释重负的感觉。

　　说起《铁路与郑州城市化进程（1905～1954）》这一选题，源自我的博士论文《铁路与郑州城市化进程（1905～1937）》，是在其基础上将研究的视域后延17年并对前期研究加以补充拓展而成。该选题乍看起来不大，但是涉及的领域很广，而且20世纪上半叶中原地区战乱频仍，历史资料或是被战火焚毁，或是本身留存不足，或是碎片化现象严重，使得史料发掘面临一系列难题。一开始我也有顾虑，但经过导师江沛教授的细致分析、耐心引导和支持鼓励，坚定了我继续做下去的信心。江老师学识渊博、才思敏捷，他富有哲思、高屋建瓴的教导，精益求精、严谨治学的态度，求真求实、高效干练的风格，给我以启迪与鞭策，使我从未有懈怠之思。我是幸运的，在南开园入"良师"之门，得"益友"之师，就像是为我特意酿制了一瓮美酒，愈陈愈香，值得用一生来品味。

　　回首走过的求学和学术研究之路，虽说不上是布满荆棘，却也经历了诸多艰辛与磨炼。在女儿蹒跚学步的时候，我有幸来到了心仪已久的南开园，她浓厚的学风和研究氛围以及扎实的学术品格滋养了我饥渴求知的心田；在女儿初入幼儿园的时候，我背起行囊东渡扶桑，再次踏上求学之路，其开阔的研究视野、精细化研究方法和严谨治学精神维系起我学术求索的丝线；在女儿即将读小学的时候，我用本着历史学的治学准则、历经数载完成的论文，来接受专家教授和各方学人的批评检验；女儿十岁时，我的课题申报书有幸通过国家社科规划办的评审，获得后期研究项目资助。恰在这一年暑假，女儿奔赴远方，去另一座城市读书求学，而我则到地方挂职，课题研究被迫搁浅两年；而后我奔波于上海、南京和郑州之间，多方收集史料，在女儿十四岁时终于完成了课题研究报告，并通过了商务印书馆严格的出版评审。女儿的成长记录，多是用照片和视频累加起来的。摔倒了，女儿总是自己爬起来，铸就了她坚强的性格；没有爸爸的陪伴，养成了她独立的品格。正是女儿的懂事和乖巧，给了我求索的时间和空间，思念伴我度过了难忘的研究及学习生活。

  难以忘却的是与导师江沛教授相处的点点滴滴：课堂研讨时的辩论争鸣，三好寓所的彻夜长谈，研究史料的协同搜集，那远行的背囊、档案馆的冷板凳以及新史料发掘所带来的喜悦，历历在目；国际学术会议的缜密筹办，培养推介学生的良苦用心，球技演练时的嘴仗对垒，修学旅行时的笑语欢歌，那种种历练、便当啤酒、寺院红叶，似在眼前；还有导师特有的调侃式教育方法，意味深长。在南开大学期间，魏宏运先生不顾高龄，谆谆教导，当铭记在心；王先明教授、李金铮教授、张思教授、常建华教授、张利民教授、马世力教授、孙立群教授等授业传道，师恩难忘；日本爱知大学加加美光行教授、马场毅教授、张琢教授、周星教授、三好章教授、刘柏林教授等指点迷津，教益良多；日本大阪大学田中仁教授、近畿大学上田贵子教授、爱知学院大学菊池一隆教授等，分别就研究内容热情指导。研究的顺利进行，得益于南京大学张宪文教授、北京师范大学朱汉国教授、中国社科院左玉河研究员、河南大学翁有为教授以及复旦大学朱荫贵教授、吴松弟教授、樊如森教授的不吝赐教！感谢南京大学陈谦平教授、马俊亚教授以及山东大学徐畅教授等专家的点评建议，感谢李玉教授、朱从兵教授、丁贤勇教授、马陵合教授的论点评析，感谢尹书博教授、乔培华教授、谢晓鹏教授一直以来的关心与支持！

  中国第二历史档案馆、河南省档案馆、台湾"中研院"近史所档案馆、日本京都大学图书馆、爱知大学图书馆以及爱知大学国际中国学研究中心（ICCS）事务室的老师们，在资料查阅和收集整理方面提供了诸多便利与帮助。同门李丽娜、赵志强、秦熠、李海滨、熊亚平、迟晓静、郭海成、马义平、黄宗华、孙桂珍、耿科研、张志国、万妮娜、张学见、马瑞洁、邹灿等，学友王少卿、胡现岭、李剑力等在资料搜集、论点推敲诸方面助益良多。

  不论是在河南省委党校还是上海市社会主义学院，单位的领导和同事均在生活、研究等方面给予诸多帮助，这些将永志于心。

  本书的出版，得益于国家社科规划办的资助，感谢商务印书馆的大力支持，感谢责任编辑穆葳女士，其严谨求实的专业精神和认真负责的职业素养令人钦佩！

爱人张翡英女士学思睿智，温贤淑雅，她独自担负起持家、敬老、育女、工作等重任，经历了常人难以逾越的困境，为我和家庭付出了太多而毫无怨言。没有她的全力支持，无论是学业的完成还是学术研究的推进，都是无法想象的事情。父母的殷殷期待给了我前行的动力，遗憾的是在文稿即将完成之际，我深爱着的母亲却与世长辞了，这也成为我心中最大的伤痛！在爱与回忆的维系中，我将继续前行……

刘 晖

2018年11月16日于上海浦东寓所

图书在版编目(CIP)数据

铁路与郑州城市化进程研究:1905－1954/刘晖著.—北京:商务印书馆,2018
ISBN 978-7-100-16721-5

Ⅰ.①铁⋯ Ⅱ.①刘⋯ Ⅲ.①铁路运输—关系—城市化进程—研究—郑州—1905－1954 Ⅳ.①F532.9 ②F299.276.11

中国版本图书馆 CIP 数据核字(2018)第 235251 号

权利保留,侵权必究。

铁路与郑州城市化进程研究(1905～1954)
刘晖 著

商 务 印 书 馆 出 版
(北京王府井大街36号 邮政编码100710)
商 务 印 书 馆 发 行
北京顶佳世纪印刷有限公司印刷
ISBN 978-7-100-16721-5

2018年12月第1版 开本710×1000 1/16
2018年12月北京第1次印刷 印张 21¼
定价:62.00元